Tourism Research
and Quantitative Analysis Approaches

旅游研究
与定量分析方法

主编◎陈 楠

郑州大学出版社

图书在版编目(CIP)数据

旅游研究与定量分析方法 / 陈楠主编. — 郑州：郑州大学出版社，2023. 8
ISBN 978-7-5645-9817-4

Ⅰ. ①旅… Ⅱ. ①陈… Ⅲ. ①旅游经济 - 经济管理 - 高等学校 - 教材 Ⅳ. ①F590

中国国家版本馆 CIP 数据核字(2023)第 146911 号

旅游研究与定量分析方法
LÜYOU YANJIU YU DINGLIANG FENXI FANGFA

策划编辑	申从芳	封面设计	苏永生
责任编辑	王晓鸽	版式设计	苏永生
责任校对	刘晓晓	责任监制	李瑞卿
出版发行	郑州大学出版社	地　　址	郑州市大学路 40 号(450052)
出 版 人	孙保营	网　　址	http://www.zzup.cn
经　　销	全国新华书店	发行电话	0371-66966070
印　　刷	广东虎彩云印刷有限公司		
开　　本	787 mm×1 092 mm　1 / 16		
印　　张	17.5	字　　数	417 千字
版　　次	2023 年 8 月第 1 版	印　　次	2023 年 8 月第 1 次印刷
书　　号	ISBN 978-7-5645-9817-4	定　　价	59.00 元

编委会

主　编　陈　楠

副主编　陈玉英　徐　茜

编　委　（按姓氏拼音字母排序）

陈　楠　陈玉英　何韶许

王　欢　王亚西　卫玉倩

徐　茜　阎　明　袁　箐

前 言

交叉和融合是当前世界科学发展的两大趋势，是通过碰撞产生新学科的有效手段。对旅游学科的性质、研究对象、研究内容以及研究方法的争论持续至今，而结论却很不统一。我们认为旅游学是将旅游作为一种综合的社会现象，全面研究旅游的本质属性、运行关系、内外条件、社会影响和发生发展规律的新兴学科。国内的旅游教育开始于20世纪70年代末80年代初，呈现出旅游教育、旅游产业实践、旅游研究"三位一体"的发展模式。旅游现象是涉及经济、社会、文化、政治等多方面因素的复杂现象，更需借助不同学科的理论基础和研究方法进行多角度研究。近十年来，中国的旅游研究在数量上、质量上都有了深层次、快速的积累发展。在研究方法上尽管出现了争论，但无论是国外旅游研究，还是中国旅游研究，使用定量分析方法成了一种趋势。

旅游研究方法是旅游管理专业高年级本科生、硕士研究生掌握旅游研究的入门课程，也是旅游管理专业学生需要学习的一门核心课程。它侧重于介绍旅游学研究中的基本理论问题，培养学生的科研能力，对于处在学习阶段的高年级本科生、硕士研究生和博士研究生来说，不同阶段需要培养的侧重点也不尽相同。高校一些学者关注到了研究方法的重要性，相继出版了相关书籍，其中既有我国学者翻译的外文旅游研究成果，也有我国学者自己编著的各种旅游研究方法教科书。伴随着社会经济的发展、旅游业的快速扩张和旅游高等教育的不断进步，旅游研究方法的教学也随之有了较大发展，应该把新的理论、方法、实践案例等方面的研究成果及时反映到教育教学中来。鉴于此，我们组织河南大学、河南财经政法大学、浙江海洋大学、河南牧业经济学院、昆明学院与韩国培材大学等六所本科院校的旅游专任教师编写了这本教材，编委均具有海外留学或访学经历，具有规范的学术道德和严谨的科研态度，对定量分析的研究具有较深刻的把握。

本书在对以往研究方法成果作体系归纳、总结和比较分析的基础上，提出和构建旅游研究理论和定量分析方法。全书共分为十五章，主要内容为科学研究与旅游研究，研究设计，文献法，访谈法，问卷法，抽样法，实验法，单变量统计，双变量统计，因子分析，聚类分析和判别分析，回归分析，交互作用与非线性回归，路径分析，研究报告撰写，研究伦理。本书适合高等院校旅游专业高年级本科生、跨专业研读旅游管理专业的硕士研究生阅读和学习，也可作为旅游管理学术科研培训教材和参考读物。

本书由陈楠担任主编，陈玉英、徐茜担任副主编，负责全书的写作组织、提纲拟定、统稿和审定工作。陈楠（河南大学）、何韶许（昆明学院）负责第一、第十四、第十五章的编写，陈玉英（河南大学）、王亚西（韩国培材大学）负责第二、第三章的编写及附录的整理，徐茜（河南牧业经济学院）负责第四至第六章的编写，阎明（河南财经政法大学）负责第七、第八章的编写，卫玉倩（浙江海洋大学）负责第九、第十章的编写，王欢（河南大学）负责第十一章的编写，袁箐（河南大学）负责第十二、十三章的编写。河南大学研究生任贺、周建美、陈鑫月、王连、张少康、王亮、刘远程、王安鑫、莫治平、吴博、卜方方、高雅、靳怡菲、高华云等参与了资料收集与文字的校对工作。

在编写本书过程中，参考并借鉴了诸多学者的研究成果，在此谨向这些文献资料的作者表示深深的感谢。本书的出版得到了河南省高校科技创新人才支持计划（人文社科类）（2020-cx-002）、河南大学研究生教育教学改革研究与实践项目、河南大学本科教学改革研究与实践项目的资助，得到了郑州大学出版社的大力支持和帮助，在此一并致谢！

旅游研究是不断更新发展的，由于编写人员水平有限，加上时间仓促，虽然力求减少谬误，但仍会存在不少阐述未尽或不当之处，恳请各位专家学者和广大读者批评指正。

编　者

2023 年 1 月

目录

第一章 科学研究与旅游研究 …… 001

第一节 科学研究的概念与方法 …… 002

第二节 旅游研究与研究范式 …… 007

第三节 旅游研究步骤与框架 …… 013

第二章 研究设计 …… 019

第一节 研究设计概述与类型 …… 019

第二节 研究问题与设计 …… 025

第三节 测量与操作化 …… 033

第四节 研究的信度和效度 …… 038

第三章 文献法 …… 043

第一节 文献的概念与分类 …… 043

第二节 文献法的特点、作用和操作过程 …… 045

第三节 文献检索 …… 047

第四节 文献综述 …… 053

第四章 访谈法 …… 057

第一节 访谈法的定义与类型 …… 057

第二节 访谈法的实施技巧 …… 060

第五章 问卷法 …… 065

第一节 问卷法的优缺点 …… 065

第二节 问卷的类型、结构与设计原则 …… 066

第三节 问卷设计的基本步骤 …… 069

第六章 抽样法 …… 073

第一节 抽样概论 …… 073

第二节 概率抽样 …… 075

第三节 非概率抽样 …… 084
第七章 实验法 …… 088
第一节 实验法的内涵与特点 …… 088
第二节 实验法的分类和操作程序 …… 090
第三节 实验效度的影响因素及控制 …… 093
第四节 实验设计模式和方法 …… 099
第八章 单变量统计 …… 104
第一节 集中趋势的度量 …… 104
第二节 离散趋势的度量 …… 107
第三节 假设检验 …… 112
第九章 双变量统计 …… 119
第一节 列联相关系数 …… 119
第二节 定类变量与定类变量（或定序变量）的相关测量 …… 129
第三节 定序变量与定序变量的相关测量 …… 133
第四节 定类变量（或定序变量）、定距变量与定距变量的相关测量 …… 136
第十章 因子分析、聚类分析和判别分析 …… 142
第一节 因子分析 …… 142
第二节 聚类分析 …… 146
第三节 判别分析 …… 151
第十一章 回归分析 …… 156
第一节 一元线性回归分析 …… 156
第二节 多元线性回归分析 …… 161
第三节 虚拟变量的使用 …… 165
第四节 Logistic 回归分析 …… 167
第十二章 交互作用与非线性回归 …… 175
第一节 交互作用 …… 175
第二节 非线性回归 …… 181
第三节 曲线估计 …… 190
第十三章 路径分析 …… 199
第一节 测量模型 …… 199
第二节 结构模型分析 …… 212
第三节 多群组分析 …… 216

第十四章　研究报告撰写 …… 226
第一节　研究报告概述 …… 226
第二节　绪论与文献述评 …… 231
第三节　研究方法 …… 239
第四节　结果、讨论和结论 …… 241
第十五章　研究伦理 …… 247
第一节　研究伦理概述 …… 247
第二节　社会研究中的伦理准则 …… 249
第三节　旅游研究中的伦理问题 …… 253
附录 …… 258
附录一　常用概率分布表 …… 258
附录二　调查问卷示例 …… 265
参考书目 …… 268

第一章　科学研究与旅游研究

学习目标

1. 了解科学研究的目的与功能以及量化研究方法的发展过程。
2. 了解科学研究的两大特性和科学研究的几大范式。
3. 了解并掌握科学研究中常用的学术用语。
4. 了解旅游研究的发展过程与现今旅游研究的范畴。
5. 了解并掌握旅游研究的基本步骤。

科学是什么？哈佛大学教授托马斯·库恩（Thomas Kuhn）以"解谜的活动"来定义科学。就好比有些人热衷于玩猜字谜游戏（crossword puzzle），科学家就是一群充满好奇心，具有解题的能力、技巧与创造力的解谜者（puzzle-solver）。在人类世界中充满有待解决的谜题（puzzle），经过科学研究活动，人类的知识领域大为扩展，逐渐挣脱了懵懂、无知、迷信及神秘的牢笼，创造了人类今日的文明。

而科学不同于字谜游戏，能够为人类求知获解，主要是因为它采用一套特殊的方法与程序。从科学发展史中，我们可以清楚地看到人类追求知识的活动，逐渐从启蒙运动之后的唯心传统，配合19世纪末数学与逻辑的发展，走上一条量化、实证、非历史、非主观的科学实证范式。在学术领域，一套以数学为基础的符号逻辑思考体系，取代了亚里士多德以来的形式逻辑概念，发展出以量化研究（quantitative research）为主轴的科学研究范式。多年以来，这些主导常态科学（normal science）的学者专家，共同建构了一套区分科学与非科学的科学程序与检证标准，而这套逻辑即决定了20世纪以来科学的发展。虽然20世纪末期，主张后实证科学的学者不断挑战实证范式的科学传统，但是实证主义下的符号逻辑思考体系，仍是当代科学研究的主流思想，量化研究方法作为学术训练的主体现象，仍然普遍存在于各学科之中。

科学活动的探讨，可以区分为方法论（methodology）与研究方法（research method）两个层次。科学研究的方法论，涉及科学活动的基本假设、逻辑及原则，目的在于探讨科学研究活动的基本特征。其内容多属基本概念，牵涉各门科学在方法上共同具有的特征。相对于方法论所具有的浓厚的知识论色彩，研究方法则是指从事研究工作所实际采用的程序或步骤，由于不同的科学学科所关心的问题不同，研究方法自有差异。

第一节　科学研究的概念与方法

一项研究要符合科学的原则，必须具备科学的精神，并使用科学的方法。美国心理学会将科学的最低要求定位在具备理解、执行、应用研究发现的能力（APA，1952）。不论是学术研究者还是实务工作者，科学的精神与方法是他们日常生活的基本态度与工作方式。基于这一概念，我们可以将科学定位成一种态度（attitude）与方法（method），以进行有系统的观察与控制，精确地定义测量与分析，完成可重复检证的发现。而科学研究就是采取“有系统的实证研究方法”所进行的研究。

对于科学家而言，他们所研究的现象往往不能够亲身经验，因此科学活动所采取的过程与标准，是决定一个“真相”是否存在的重要依据。一般而言，科学的知识，必须通过逻辑（logic）与实证（empirical）的支持，以使得其不但能够合理地解释各种现象，也符合经验世界的观察。这两个重要的科学判断标准的实践，使得知识的发生具有自我修正（self-correcting）的功能，也就是能够从旧的发现到新的发现之中，找到更具有解释力的结果。或是从客观数据当中不同的线索与事实的辩证中，得到最符合真实的结果。

本书所提及量化研究与统计分析的概念，基本上以社会与行为科学为范畴，涉及的学科包括了社会学、心理学、管理学以及传播学等相关应用领域。这些学科的共同性，是对于人类社会的现象、活动与行为特质的好奇。过去，这些学科统称为社会科学（social science）；对于探讨人与社会相关的议题，且符合科学原则的研究，称为社会研究（social research）（纽曼，Neuman，1991）。其后，因为科学心理学在美国的高度发展，一群美国学者倡议在社会科学之外，另行发展行为科学（behavioral science）的概念，因此逐渐分离出所谓社会与行为科学两个科学领域。事实上，两个学科同源，皆以“人”与“社会”作为研究焦点，研究方法与策略亦相通，本书将不针对社会或行为科学做特别区分与介绍。

一、科学的目的与功能

科学活动是一套以系统化的实证方法，获得有组织的知识的过程与活动。科学的知识可以用于对现象的描述、解释、预测与控制，最终改善人类的生活质量。

从学术研究者的立场，研究工作的主要目的在于进行社会现象与行为特性的描述（description）与解释（explanation）。对于某一特定的社会现象或行为模式，研究者首先必须能够清楚且完整地加以描述，使得研究者本身或他人能够完整而明确地理解该议题的内涵与属性，进一步通过实际的研究，发现事情的成因与关系，提出合理解释。

描述与解释可以说是科学的基本目的，科学活动所产生的结果与发现，不但可以让我们对于所研究的主体有一个清楚的了解，同时这个了解还可以扩展到相类似的情境当中。然而，在类别化的过程中，往往会遇到一些问题，需要进一步的探索与再解释，或是通过单一的研究，为所观察的现象或现象间的关系提出充分的描述解释，因此，这个描述与解释的过程是动态与持续进行的。经由科学发现的累积，最终可以形成一个完整的描述解释系统，也就是理论的提出。通过理论，我们对于世界可以提出完整有效的解释与说明。

除了能够描述与解释之外,科学的活动还能达成预测(prediction)与控制(control)等积极功能。相对于描述与解释的消极性,预测与控制则包含有预知与介入的积极意义。其中,预测是基于先前研究的发现所发展的概念架构,或是运用知识或理论逻辑意涵(logical implication)的推导,对于尚未发生的事项所做的推估。预测的功能除了具有实用的价值,可用作为实际行动的依据,也具有研究的价值,引导研究假设的发展。而控制作为科学的最后一个目的,即在于利用预测的功能,可经由研究者或实务工作者操纵某一现象的决定因素或条件,产生预期的改变。

一套发展成熟的科学知识,不但能够描述、解释与预测人类行为与社会现象,最重要的是具有实务运用的价值,可以用于改善人类的生活质量,为人类社会的发展贡献力量。

二、科学研究的特性

(一)传统的知识活动

人类使用科学方法来追求知识或解决问题是近几世纪的事。在此以前,人类往往采用一些非科学的方法来追求知识或解决问题,赫尔姆斯塔特(Helmstadter,1970)指出四种过去常用的知识获取策略:第一,惯常法(the method of lenacity),人们对于现象的了解基于惯例、传统及先入为主的印象或观念,过去总是如此或天经地义的事情,便认为是真实的或可信的。第二,权威法(the method of authority),人们对于现象的了解是来自权威的个人、团体的论著。全盘接受来自权威的想法与观念。第三,直觉法(the method of intuition),人们的观念与知识诉诸直观与直觉,人们相信自己的经验、判断与知觉,从个人的顿悟与奇想中,发现新的想法与概念。第四,推理法(the method of rationalistion),强调推理(reaxoning)或推论的可靠性,认为只要推理或推论是对的,所得的结论便是真实或可信的。

学术工作者在追求知识或解决问题时,在起点或是过程当中虽有可能运用上述传统的策略,但是研究的完成,则须依循系统化的实证步骤。杜威(Dewey,1910)指出,研究者面对问题时,解决的程序有五个阶段:遭遇问题与困难、认定和界定问题与困难、提出问题的解决方法与假设、推演假设的结果、检验假设。这五个步骤也可被视为科学方法的基本步骤。研究者同时需要运用归纳(induction)与演绎(deduction)的原则与方法,来整合知识并扩大其范畴。归纳法是通过观察、记录访问等各种方法,针对具有同一特质或现象的不同案例,探求其共同特征或关系,进而寻求一个具有解释力的普遍性结论。相对的,演绎法则是自一项通则性的陈述开始,根据逻辑推论的法则,获得对于现象的个别性陈述。

(二)科学研究的特性与精神

一个符合科学精神的研究,应具有系统性、客观性和实证性三个特征。研究活动以一个清楚明确的问题为起点,以获得显著结果的结论为终点。虽然并不是每个问题的研究都有特定、相同的系统步骤,但是任何科学研究的本质都具有相当的系统性,有学者称之为纪律的探究(disciplined inquiry)(克隆巴赫,苏佩斯,Cronbach & Suppes,1969;怀尔斯,Wiles,1972)。一般而言,科学研究的呈现,无不详细交代研究样本选取的过程、变量的选定与界定、实验的操纵与控制、测量工具的发展过程与特性、数据收集、研究发现与限制因素等,使他人能够理解,甚至重复研究,这些学术工作者普遍接受的程序,反映了科学研究系统性的特性。

客观性(objectivity)是科学研究的另一个重要特征。所谓客观性,是指研究者所使用的一切方法和程序,均不受个人主观判断或无关因素的影响。一个没有客观性的研究,无法进行比较,不具有应用的价值。要具备客观性,研究者必须使用或设计有效的测量工具(包括测验、量表和各种仪器),在一定的程序下进行观察、测量和记录。同时,所收集的数据分析与解释,必须尽可能不涉及个人的成见或情绪色彩。控制实验情境时,研究者应排除无关的因素干扰,确立研究程序的标准流程与步骤,使不同研究者得以重复进行研究。

实证性(empirical character)是指科学研究的内容必须是基于实际观察或数据收集所得,可从中获得明确的证据来支持或否定研究者提出的假设。一个没有实际数据证据的概念或想法,仅是一种臆测或个人的推想,无法被接受为科学的证据。透过集体的努力,学术工作者得以建构出整合性的知识,推导出理论的发展。研究的成果,除了必须能够通过其他研究者重新验证的检验之外,更能够启发新的观念与想法,扩大科学活动的意义,并延伸其影响的层面。因此,科学活动具有集群性与合作性的特质。

最后,科学活动除了上述的特性,同时也是一个连续、循环发展的过程,其成果的发展具有累积性。当科学家发现了某一个问题,从一个混沌未知的谜团,逐步厘清其脉络,建立一套解释性的知识架构,到最后能够提出一套为人们所运用的实用知识,展现了科学活动的严谨与丰富内涵,为人类生活带来源源不绝的发展动力。一个社会拥有完整成熟的学术体系,也正代表该社会持续发展的可能性。

三、科学研究的内容

(一)变量与操作型定义

回顾科学发展史,以数学为基础的符号逻辑贯穿了20世纪以来科学活动的核心内容。科学研究所处理的内容,主要是实证性的概念或变量。实证研究常与量化研究画上等号,统计学成为许多不同学科的共同必修课程。在量化研究的架构下,科学研究的基本元素是由数字构成的变量(variable),科学知识的基本单位则是描述变量与变量之间关系的假设(hypothesis)。所谓变量,是在表现被研究对象的某一属性因时、地、人物不同,而在质(quality)或量(quantity)上的变化。单一的变量,仅能作为现象与特征的描述,通过变量之间关系的描述与验证,我们才能了解现实世界的种种情况,发展具有意义的知识与概念。因此,大部分科学研究,目的在于探讨多个变量间的关系。

在科学研究的典范下,一个符合实证精神的概念或变量由操作型定义(operational definition)决定。相对于操作型定义对于研究过程的角色,一般科学领域对于现象进行的描述,多采用文义定义(literary definition)来进行。这两种定义,前者多由研究者与相关同好者约定,后者则涉及现象真实意义的描述。曼德勒与凯森(Mandler & Kessen,1959)

以约定性定义(stipulated definition)与真实性定义(real definition)来做说明,认为前者是基于使用者的需要、特殊目的或方便性,所做的关于某个概念的说明,例如"智力"可以被界定为"认知思考的能力"或"以100乘以心理年龄与生理年龄的比值"。此类定义无明确的正误。相对地,某些现象有其一定的界定方式,而不能以研究者之意愿来定义,称为真实性定义。操作型定义在界定一个概念或变量时,举出测量该变量或产生该事项所进行的操作活动,而非描述变量或现象的性质或特征者,称为操作型定义(Underwood,1957),前述"以100乘以心理年龄与生理年龄的比值"对于智力的定义,即属一种操作型定义。除了"变量"是直接由操作型定义决定其内容,一个概念(concept)是否算是一个科学的概念,亦视此一概念是否具有操作型的定义而定。

科学研究采用操作型定义,有下列几项优点,第一,可使研究者的思考具体而清晰,防止暧昧而含混的陈述。第二,定义操作化可以减少一门科学中所使用的概念或变量的数目,只有在操作程序显著不同时,才会增加一个新的概念或变量。第三,操作型定义可以确保研究者沟通的正确性,防止误解的产生(杨国枢,1989:20)。

(二)假设、假说与定律

所谓假设(hypothesie),简单来说,是研究者对于一个有待解决的问题所提出的暂时性或尝试性答案。其形成可能来自研究者的猜想与推论、过去研究的引导与暗示,或从理论推导而来,以作为研究设计的依据。若以量化研究的术语来说,假设是指变量间的可能关系或对于变量关系的陈述,且其内容必须是具体而可以被客观程序所验证的。在形式上可以由条件式陈述、差异式陈述、函数式陈述等三种不同方式来呈现。

第一,在条件式陈述中,假设是以"若 A 则 B"的形式加以表达,其中 A、B 分别代表两个不同条件。A 代表先决条件(antecedent condition),B 代表后果条件(consequence condition),以陈述性的语句表示之。例如 A 是指"沉浸式体验的主题公园提供特色化的优质服务",B 则可能是指"促使游客产生旅游动机",以"若 A 则 B"的形式表示则为"如果沉浸式体验的主题公园提供特色化的优质服务,则能促使更多的游客产生旅游动机"。

在实验研究中,由于涉及明确的条件设定与情境控制,因此实验研究的假设多属于条件化假设,即由先决条件与后果条件相互作用的条件化假设,实验研究得以推导出因果的结论。但是值得注意的是,条件式假设的两个条件虽具有因果的设计与安排,但是并未排除两组条件同时存在的可能事实,因此要以条件化假设去形成因果结论,必须提出更充分的证据。

第二,差异式陈述是表现不同个体或事物之间是否存在差异的假设形式,内容多牵涉分类(classification)。在某个分类架构下,研究对象被区分为不同的组别,假设的内容在于说明各组间在其他变量上的可能差异。例如,不同性别的学生对于婚前性行为的接受度不同。此一假设涉及的变量,包括"性别"与"婚前性行为的接受度",而性别变量就是造成差异存在的决定因素,所形成的假设称为差异性假设。一般在调查研究中,研究者搜集各种不同的背景变量,将受测者区分成不同的群体来比较,即是一种差异性假设的实例。

第三,函数式假设多是以数学方程式的形式,表现变量之间的特定关系,其基本形式是"y 是 x 的函数",其中 x 称为自变量(IV),y 称为因变量(DV)。与条件式和差异式假设相较，函数式假设更能表现假设所涉及的变量关系，一般多个连续变量之间共变关系的检验，多以函数式的假设来表示。例如，“年龄越大，对信息科技的接受度越低”“学习动机越强，学习成果越佳”。这类型的假设多用于多个量化数据变动趋势的检验，因此又称为关联性假设，多出现于相关性研究中。

在一个量化研究当中，假设有下列几项功能，第一，研究假设可引导研究的方向与内容，扩大研究的范畴。研究假设的拟定，除了具体指出研究所欲探讨的变量内容与关系，更具有演绎推论的功能，研究者可自特定的假设中，延伸出更特殊的现象或关系，扩大研究的范围。第二，假设有增进知识的功能。因为假设通常从某一个理论演绎推导而得，假设的支援或推翻，皆有助于科学知识的进步。如果某一个假设获得证实，此时便成为被实证数据证实的一套命题假说（assertion），也就是说，假说是具有实证证据支持的假设。

如果一个假说的真实性经过了反复证实，最终获得相关研究者的一致认可与接受，便可视为法则或定律（law）。在自然科学中，法则与定律的数目甚多，但在社会及行为科学中，法则与定律的数目则很少。假说与法则，并不代表真理，而假说与法则的身份亦可能被推翻，如果假说与法则无法解释某一个新的现象，或曾经解释的现象经再次验证不再受到支持，或有新的证据显示假说与法则的缺陷，此一假说与法则即可能会丧失身份，再度成为假设层次的概念。

四、理论及其功能

科学的目的是对于自然或人文现象进行描述、解释、预测及控制。因此，科学知识不能以记录零星事实与孤立的科学发现为满足，而应以发展一组有组织、架构与逻辑关系的知识系统为目标，也就是理论（theory）的发展。

理论的建立可以说是科学的主要价值之所在，因为理论能够统合现有的知识、解释已有的现象、预测未来的现象，并进而指导研究的方向。由于理论能够统合现有的知识，使不同研究者的研究发现系统化、结构化，并据以用来解释各种现象，进而形成科学的共识。

进一步讲，理论能够根据由实证数据整合分析得到的假说与命题，推论、引导出尚未发生的现象。正如理论是解释的主要工具，理论也是预测的主要依据，通过理论的陈述与推导，研究者可以获得更多可待研究的假设，扩展研究的空间，进而影响现实生活空间的运作。

实证传统下的科学活动，都以建立一个具有广泛解释力的理论为目标，主要的理由即是理论具有上述这些功能，可以同时满足科学的描述、解释、预测与控制等几个目标，并对我们身处的社会产生具体的贡献，但是理论的建立却要耗费研究者无数的心力与时间，在社会与行为科学界中，变量之间关系复杂，干扰因素众多，尤其不容易找到放诸四海的通则，因此社会与行为科学所发展的理论多属中小型的理论，而学术界的研究者也多能体会理论建立的困难，而将理论的建立视为终身努力的方向与目标。

简单来说，理论是科学领域对于特定现象所提出的一套解释系统。这套解释系统可能是科学研究所证实的普遍法则所构成的理论（theory of general principle），或是通过某些中间机制所形成的概念与解释性系统(theory of intermediate mechanism)(Anderson,1971)。此一中间机制牵涉其他的相关概念或理论观点,间接协助了科学家去理解未知的现象。阿尔努(Arnoult,1976)把这个中间机制以四种不同形式的理论本质——隐喻式(metaphorical)、类化式(analogical)、公约式(reductionistic)与抽象式(abstract)理论,做了更清楚的说明。

首先,隐喻式理论是指将现象利用某些概念或符号系统的譬喻来加以解释与说明,例如用草莓族来说明时下青少年的特质。阿尔努认为此种理论非常肤浅与粗糙,不应被视为科学化的理论。其次,类比式理论则是利用其他已被众人了解与普遍接受的现象,来类比所欲说明的现象的一种解释策略,并利用实证数据来进行佐证,例如以计算机操作系统来类比人类的认知历程,形成了信息处理理论(information process theory)。此种理论虽然是一种可为科学验证的理论,但是往往受限于类比的概念的局限,导致理论的解释力不足。再次,公约式理论则是利用一个较简化的现象来解释较复杂现象,例如本土心理学者以关系取向或关系主义来说明华人人际互动的特性,就是一种公约论的观点。最后,抽象式理论则是以抽象概念或符号系统来解释现象。例如,以原欲(libido)来说明人类行为的内在动力,或是以数学关系式 $E=mc^2$ 来解释质能互换的相对论。

基本上,不论是哪一种形态的理论,一个优越的科学理论,必须能够清楚、正确地说明变量间的关系与现象的特征,因此好的理论应具备可验证性(testability)、简约性(simplicity)、鉴定力(power)与丰富性(fertility)几个基本特质(Arnoult,1976)。尤其是可验证性的存在,使得理论能够在有凭有据的基础上,对现象进行合理的说明。因此往往被列为首要的条件。

对量化研究而言,理论的验证性也正是量化研究最能够有所发挥的优势。通过假设的检验,研究者得以建立法则、定律或假说,进而形成理论。然而,由于假说与定律的特性,理论应被视为暂时性知识,而非绝对的真理,理论、假说或定律应持续地被直接或间接地验证,如有疑义应进行修改,以使其更为精确。此种实事求是、精益求精的精神,也是科学研究的重要价值之一。

第二节 旅游研究与研究范式

一、旅游研究的范畴

(一)旅游研究的发展

“旅游是什么”的本质问题是学者们不断追问的旅游元问题,也是旅游研究的核心内容。与其他学科不同,旅游研究从最初就是国内外学者立足于自身的学科背景,从不同学科与旅游的关系中审视旅游以及旅游研究。多学科的视角为探究旅游以及旅游的本质提供了立体的面向。在旅游研究中,除了通过理论创新整合知识深度和知识体系外,还应包括知识体系的支持与创造。通过研究,一方面能够让我们像哲学家一样独立思考研究的本质，另一方面能更好地认识我们的研究工作，认识到旅游研究的本质是什么。在目前的旅游研究中，思辨和实证两种方法在现实中出现了应用上的偏颇，在科学实证成为主导范式的大背景下，工具主义盛行，秀方法成了时尚。因此，在理论建构的过程中，需要处理好二者的关系。在未来的旅游研究中，哲学思辨和科学实证两种研究策略可形成合力，共同为建构旅游理论、推进旅游学科建设服务。

国际上旅游学术研究从 20 世纪 60 年代末开始，国内相对较晚，从 1970 年代末才开始。在国内外有名的学术期刊要算是 1973 年创刊的 *Annals of Tourism Research* 和 1986 年创刊的《旅游学刊》。专门研究旅游方法的专著出现得更晚，S. L. J. Smith 1989 年出版的 *Tourism Analysis* 是比较早且实用性很强的一本专门讲述旅游研究方法的书籍。2010 年，S. L. J. Smith 出版了新的研究方法的书籍 *Practical Tourism Research*，是在第一部书的基础上，从旅游研究的本质入手，将旅游研究建立在社会科学层面上进行探讨的一本全新的介绍旅游研究方法的书。还有 *Research Methods for Leisure and Tourism：A Practical Guide* 在国内旅游研究中的传播也较为广泛，出版的有中译本。

（二）旅游研究的含义

1. 围绕旅游领域展开

当前旅游领域的研究，是一个十分宽广的范畴。从对旅游概念的理解来看，学术界越来越倾向于“大旅游”的概念，开始在空间上突破异国他乡的异地性，在时间上突破 1 天的时间性，在属性上突破不含工作的消遣性。从行业领域来看，应该包含了旅游、酒店、会展三大领域。

值得指出的是，旅游业具有十分突出的延展性，具备明显的平台属性，很容易与各类相关产业交融产生跨界融合，延伸出新领域，这是旅游研究最需要关注的研究课题。

旅游融合以多种形态发生，突出表现在“旅游+”和“+旅游”两种类型上。简单地理解这两种类型，就是在旅游业发展基础好的地区，充分发挥旅游业对相关产业的带动作用，主动融合，以旅游业主导地方经济发展，形成旅游业为龙头的产业体系，就是“旅游+”的表现；而在相关产业发展基础好、势头好、优势明显的情况下，旅游业积极配合发展，附加在相关优势产业发展的平台上，积极发挥旅游优势，促使相关产业发展更加顺畅，旅游业发展成为相关产业发展的润滑剂，就是“+旅游”的表现。无论旅游以什么角色融合发展，都极大地拓宽了旅游研究的领域。

2. 解决旅游发展中的新问题

新时代，旅游业以移动互联网技术为主导，大众旅游时代各阶层、各行业、各年龄阶段的旅游者，充分展现出消费的个性化与普遍化，形成了日益增长的新旅游消费需求，刺激各种旅游新供给的出现，使得旅游要素由经典的“食、住、行、游、购、娱”供给要素，向着更多的供给形态发展，“学、养”等要素相继出现。从消费者的角度来看，共享旅游经济开始出现苗头；从投资者的角度来看，现代制造业直接以产品作为旅游设备参与旅游开发的投资方式出现，例如，上市公司桃花江旅游和太阳鸟游轮，直接投放设备开发水上旅游项目，中国铁路集团和中国车辆制造集团以技术、设备和资金直接投资建设雪峰山云端观光项目，实现轨道上山的旅游新形式，旅游业的融合发展出现了全新的方式。

从 2015 年开始，全域旅游成为新的战略理念，旅游业的发展由职能部门管理到政府协同管理，由景区景点开发迈向目的地全面发展，由日间时段旅游业主导到各类需求的全时段的全面服务，由面向旅游者提供服务到主客共享的公共服务体系，由旅游业率先发展到跨界融合实现业态整合，促进全体居民全面积极参与旅游发展的各种活动。尽管这样的理念与现实有十分明显的距离，但是表现出旅游业发展的一个全新方向，将孵化出大量新机会和新问题。

二、旅游研究的属性

旅游研究具有一般研究的全部属性。但由于研究对象的特殊性，产生了旅游学自身特有的属性。这种特殊性表现在研究的综合性、复杂性、创意性。

（一）旅游研究是综合性探索

旅游是一种综合性的活动，包含着技术与文化、自然环境与资源的综合利用、文化资源的保护与传承，这种复合型的问题不仅仅是管理学、经济学的关注对象，也是社会学、人类学的关注对象，更涉及了地质地貌、水文天文、气象气候、植物动物等自然学科，关系到城乡发展、文化传承与创新等，需要多领域的专家从多个学科努力探索。

（二）旅游研究是复杂性探索

旅游是一种复合型的复杂现象，包含着自然规律、社会规律、经济规律、文化规律，每一种规律的运行都遵循自身的逻辑，还可能出现规律背反现象，这就使得旅游问题的探索带有更加突出的复杂性。在旅游景区的承载量管理的实施中，常常表现出十分明显的复杂性特征。出于对旅游景区生态环境的保护和旅游利用的可持续性考虑，甚至更主要是为了旅游者感受上的舒适性，旅游景区需要限制旅游者的进入量。这里至少表现出生态规律和经济规律的"背反"现象，生态平衡需要限制旅游者人数，经营绩效则需要"旺丁旺财"，需要客流保障绩效。从管理的角度来看，承载量管理涉及政府环境管理的生态效益、旅游经营者的经济效益、旅游者的满意水平、当地居民的发展机会等多方面的冲突和联系。

（三）旅游研究是创意性探索

旅游研究更多是面向未来、面向新技术革命带来的刺激，是一种积极心态的应对方案，是以创新为标识的探索。旅游研究的创意包含对旅游领域新问题的敏锐性，及时准确地描述新问题的状态与规律，这是学理探究的创意表现。旅游研究的创意更多地表现为新供给的创造，及时发现潜在的需要，以时尚的方式呈现，这是新的旅游产品和业态的创意表现。

从学者的角度来看，一个不断更新发展的研究领域，存在着不断出现的新挑战，也存在不断创新的大可能。同时，旅游问题带有现实性，需要面对消费者的选择，面对同行和不同行业的竞争。从旅游角度思考研究问题，更看重对未知的想象，更需要大胆的创意。旅游问题是旅游者的全面满足，是满足人们对美好的向往，这就需要探索未知的美好，发现潜在的需要，以合适的形式展示和体现。

三、科学研究范式

（一）存在论和认识论

存在论是所有研究的起点。先有存在论，然后出现了认识论和方法论。对于存在论，布莱克(Blaikie)给出了如下的定义：存在论是有关世界本质、存在和组成，以及组成成分之间相互关系的假设。简而言之，存在论就是人们关于世界组成的假设。

每个人都有自己关于世界是由什么组成的，以及其中最重要的组成成分是什么的观点。存在论观点认为“确实存在着不同”，这些观点将导致不同的研究方法。当研究者对此有了清楚的理解和认识之后，才可能真正开始从事相同的研究。学术界存在着两种截然相反的存在论观点：基础主义的观点和反基础主义的观点。持有基础主义观点的人(基础主义者)认为：真正的知识必须存在于一组固定的、毫无疑问的，以及清楚明白的真理之中，人们的信仰可以从这组真理中被推演出来。“世界独立地存在于人们关于它的知识之中”是基础主义者的核心观点，这也是实证主义的研究出发点。作为对立面，持有反基础主义观点的人不认为世界独立地存在于人们关于它的知识之中。术语“客观主义”和“构成主义”是对上述两种不同存在论的不同称呼。一般来说，客观主义的存在论观点认为：社会现象及其含义独立于社会参与者。而构成主义的存在论观点则认为：社会现象及其含义始终伴随着社会参与者。这也就意味着，社会现象不仅是通过社会参与者的交互产生的，同时，它们还处在不断完善的过程中。从上述两种不同的存在论观点中可以清楚地看到：不同的存在论观点势必会影响学者可能采取的研究方法。同时，持有相同存在论观点的学者势必会从相同的世界观出发开展研究，并且使用相似的术语捕捉和描述现实世界。

如果说存在论是关于人类对于世界的认识，那么认识论就是关于人类认识世界的方式，认识论是一个涉及知识理论，特别是方法、验证，以及获取知识可能方式的重要哲学分支。认识论侧重知识的发现过程，同时关注知识发现过程中所使用的研究方法，以及用于描述和解释指导发现的理论框架的合理性。

（二）实证主义范式

在讨论科学研究的过程时，把实证近似地等同于科学研究过程，认为实证过程的目标或结果就是证实或证伪；在讨论科学研究的方法时，把实证研究与规范研究相对，认为实证研究是用经验事实回答诸如是什么(关于常识的那一部分)、什么样和为什么之类问题的科学研究，而把规范研究视为与伦理研究、对策研究相近的非科学研究。通过这样的讨论，我们对实证的内容已经逐步了解，对实证研究的重要性已见其端倪。

伴随着实证主义理论范式的形成与发展，实证主义的内涵也发生了变化。“实证”是孔德实证哲学的核心术语。1844 年，孔德(Comte)在其《论实证精神》中阐述了他对“实证”的解释：第一，实证是现实的而不是幻想的；第二，是有用的而不是无用的；第三，是可靠的而不是可疑的；第四，是确切的而不是含糊的；第五，是肯定的而不是否定的。如果说孔德的论述还带有浓厚的哲学意味的话，那么涂尔干(Durkheim)则鲜明地指出社会科学研究首要和最基本的规则：把社会事实当作物。孔德和涂尔干的观点代表实证主义发展的经典阶段。其基本特征可概括为:第一,社会科学的学科性质和自然科学是一致的;第二,社会科学的目的和自然科学一样,是寻找和建立"规律";第三,社会科学研究的对象(社会事实)是一种客观存在;第四,整体主义的方法论。

根据以上对"实证"范畴的考察,我们也大致可以归纳出实证主义理论范式最核心的理论特点:

第一,本体论上的自然主义取向。实证主义理论范式在本体论上的自然主义取向就是指追求社会事实原来的自然状态而不要过分人为地干预,实证主义者承认自然科学方法论在社会科学中的正当性,坚持统一的科学观,认为社会是在自然之中的,社会现象与自然现象之间并没有本质的差异;社会科学研究对象与自然科学研究对象一样,都是纯客观的;社会现象背后存在着必然的因果规律,在自然科学中运用的那些方法在社会科学中同样适用。因此,可以仿效自然科学将社会学建设成一门类似自然科学的精密学科,即用自然科学的方法论来研究社会现象。

第二,认识论上的经验主义取向。实证主义理论范式在认识论上的经验主义取向就是指重视经验和感性资料在社会认识中的重要作用,坚持认为社会研究的逻辑方法是假设演绎法,科学假说的陈述必须由经验事实来检验,理论仅当它得到经验证据的完备支持时才是可接受的。这些经验证据可以是个人的,也可以是群体的或他人的,借鉴他人的经验,才能获取现有的知识。因此,实证主义者主张研究结果必须由经验所证实,从而得出结论。因为实证主义者只承认感官确认的"真"的问题,作为社会学家,应该放弃对被研究对象与所获得的结果的本质做任何的判断,也就是要保持"价值中立"的要求。

第三,方法论上的整体主义取向。实证主义理论范式在方法论上的整体主义取向就是指强调只有研究社会整体的本身才能理解社会整体的部分(社会唯名论)。因此,主张在研究某个特定问题时反对孤立地研究这个问题,而主张将问题放到整个社会之中加以认识与理解。

(三)解释主义

解释主义作为最早的反实证主义的理论范式,似乎与社会哲学有着一种天然的理论联系。它旨在挖掘富有创造性和具有启发意义并使思维变得愈加敏感的思想和观念,刺激人们不断地反思和探索,更加深刻地理解社会生活并积极地参与其中。因此它非常关注某些特定事件或过程所拥有的独特价值与意义,关注社会行动者的动机与意图。马克斯·韦伯(Max Weber)的重大突破则在于重新提出"价值关联"的问题。韦伯继承与发展"理解"方法,创立了"理解社会学",即社会学是一门科学,其意图在于对社会行动进行诠释性的理解,并对社会行动的过程及结果予以因果性的解释。在韦伯看来,所谓理解是关系到行动者对行动或作为手段或作为目的的选择,而且也常牵涉行动的指向,只有在这样的范畴中,才谈得上对这种对象的理解。所谓"行动"意指行动个体对其行为赋予主观的意义——外显或内隐,不作为或容忍默认。"社会的"行动则指行动者的主观意图关涉到他人的行为,而且指向其过程的这种行动。韦伯有意识地强调"意向行动"是这样的逻辑,即把行动者或其行动作为理解社会学的起点。

根据以上的探讨,可以归纳出解释主义理论范式所具有的特征:

首先,与实证主义理论范式强调"价值中立"相比较,解释主义理论范式认同"价值介人”的观点。他们认为严格的“价值中立”不仅做不到，而且还有害。按照韦伯的观点，研究者在科学分析的过程中必须保持价值中立，但是在选择研究的问题时，研究者的价值不可避免地要作为研究的潜在基础。

其次，解释主义理论范式认为社会世界与自然界完全不同，它完全不能脱离个人的主观意识而独立存在。社会世界由充满了主观意义的无数“象征符号”所构成，而这些“象征符号”的意义正是由个人的经验或主观意识所赋予，随个人对它的理解的不同而不同的。由于这种差别，社会世界不存在如自然界那样的因果必然性与规律性，因而不可能像研究自然界那样来研究社会。解释主义是表意的。表意是指解释主义提供的是一种符号式的呈现或“浓厚”的描述。一份解释研究报告读起来比较像一本小说，或是一本传记，而不是一个数学证明。解释理论正是借助揭示日常生活中人们所使用的意义、价值、诠释框架和生活规则，让读者感受到另一个人的社会现实。或许可以这样说，解释理论犹如一张勾勒出社会世界的地图，或是一本描绘地方风俗与非正式规范的旅游指南。

最后，与实证主义理论范式的社会唯实论和方法论整体主义倾向相比，解释主义理论范式一般都倡导社会唯名论和方法论个体主义的原则。解释主义理论范式认为社会不是一个独立存在的实体，而是无数个人的总和而已。因此，解释主义首先把对个体行动的体验和理解引入研究中来，将社会行动作为研究对象，认为个体才是社会行动的真正主体，只有通过把握人的行动动机才能“理解”社会现象的“主观意义”，不能先撇开个体去研究所谓超越于个体之上的“社会”。社会、文化、结构、制度等都不是实体的抽象词，它们的存在及其变化不能由自身得到解释，而必须由个体的行为来加以说明。要了解社会就必须先了解社会的个体。因此，对社会的研究路径不应是从宏观整体出发再下降到微观个体，而应该是从微观个体出发逐步上升到宏观整体。

（四）批判主义

就社会批判理论的“批判”意义本身而言，隐含着双重的意义：一是对方法的内在批判，即提出任何的主张、论点，必须在理论、资料收集和语言论述三者之间取得内在的逻辑一致性。二是对社会现象本质之逻辑思维的怀疑。所谓批判主义，是一种强调对社会现实的批判和否定，并且明确地以把人从压迫性的社会现实中解放出来为理论宗旨的理论范式。批判主义的主要假设是认定事物的本质在于对现实的否定。批判理论着眼于分析现存社会的矛盾，否定现存世界的合理性。就广义意义上的批判理论而言，否定的切入点，或批判的视角扩展至整个社会，如文化、语言技术、意识形态、合理化过程等。总的来说，批判理论具有如下几个方面的特征：

一是批判理论高举批判的旗帜，把批判视为社会理论的宗旨，认为社会理论的主要任务就是否定，而否定的主要手段就是批判。批判的对象除了文化、世界观、意识形态外，就是现存的社会制度，它们与现代资本主义社会采取了势不两立的态度。不仅如此，在批判现代资本主义社会的同时，也在不同方面试图寻找“解放”的出路，通过集体行动来达到改变社会的目的。不管批判主义者提出的各种方法的可行性如何，至少都在努力地做这样种尝试。

二是反对实证主义，认为知识不只是对于“外在”那里的“世界”的被动反映，而是种积极的建构。批判主义的社会理论家反对实证主义关于科学应该描述社会的所谓“自然法则”的观点，他们相信社会是以历史性为特征的。实证主义只能“证实”已存在的事物，而无法“证实”未来或理想。按照批判理论的观点，即使不能证实对于现在的激进替代的可能性，也至少认为“过去”与“现在”不可能原封不动地变成“未来”。

三是常常通过采取把日常生活与更大的社会结构相联系的方法来分析社会现象与社会行为，十分注重理论与实践的统一。批判理论认为，正是由于传统理论把理论与实践、主体与客体、价值与事实的割裂，从而使理论研究成为脱离社会历史实践的独立王国。因此，批判理论者主张具体的否定，而不是全盘否定。批判理论主张研究者应该帮助参与研究者从错误的意识形态之中解放出来，进而寻求改革真实社会世界的可能。

总的来说，批判理论在本体论上是一种“历史现实主义”，承认客观现实的存在。但是在认识论上，它认为所谓的“现实”是历史的产物，是在历史发展过程中被社会、政治、经济、文化、种族和性别等因素塑造而成的。批判理论指导下的研究主要使用辩证对话的方式，通过研究者与被研究者之间平等的交流，逐步去除被研究者的“虚假意识”，达到意识上的真实。研究的目的就是要通过研究者与被研究者之间的对话和互动来超越被研究者对“现实”的误解。

（五）其他范式

女性主义范式着眼于女权（女权主义）、妇女解放（女性解放）、女权运动、男女平等等，对社会关系进行批判，打破自然中占统治地位的父权制。此范式引入了解释、批判和后现代范式。因而一些学者对它是范式还是视角提出了质疑。此范式基本上使用定性方法论。研究者和被研究对象都是研究的主体。

后现代主义的要旨在于放弃现代性的基本前提及其规范内容，其本质是一种知性上的反理性主义、道德上的犬儒主义和感性上的快乐主义。后现代主义范式否定了宏大理论，认为世界是由多重事实构成的，没有哪一种视角优越于其他视角。后现代范式致力于解构现象的表面特征并挖掘其内在的本质。此范式使用包括定性方法论在内的多种方法。

混沌理论范式认为世界是由开放的、动态的、持续变化的系统组成，并且具有非线性本质。科学调查以描述性算法为基础。社会科学研究采用隐喻方法来运用混沌理论。该理论认为微小变化会产生巨大的影响。作为解释世界的方法，混沌理论受到复杂理论的挑战。

第三节 旅游研究步骤与框架

一、旅游研究步骤

所谓科学研究，有狭义和广义两种理解。狭义的科学研究即指科学工作者对未知问题寻求答案的过程。广义的科学研究则指科学工作者不断发现问题、分析问题和解决问题，建立科学解释，形成科学观念和科学范式，并把它们表述出来的过程。一般来说，旅游研究整个过程大致包括以下基本步骤。

(一)确定选题

旅游研究,在某种意义上看,就是不断提出旅游学科中的问题和解决问题的过程。因此,进行任何一项具体的研究,首要步骤就是进行选题的确定。能否正确地选择和确定科研课题,对于研究工作能否顺利开展,以及确定科研工作有无意义、研究意义之大小等都具有至关重要的作用。爱因斯坦(Einstein,1938)指出,提出一个问题往往比解决一个问题更重要,因为解决一个问题也许仅是一个数学上的技巧或实验上的技能而已,而提出新的问题、新的可能性,从新的角度去看旧的问题,却需要有创造性的想象力,而且标志着科学真正的进步。

总的来说,研究主题的选择要求其具有可行性和合理性,一般可归纳为以下三个原则:首先是意义原则,即所选主题必须是有意义的,而意义的标准在于其符合客观需要;其次是可实现性原则,即所选主题经过一段时间的研究之后,能够解决实际问题;最后是独创性原则,即选定的课题应该是前人未曾解决或尚未完全解决的问题,通过研究应有所创新。

(二)文献回顾

一旦有了感兴趣且重要的研究问题,就需要进行广泛的文献回顾。全面的文献回顾有助于评价研究问题是否已经得到回答,也可以帮助找到一些相关理论来解决困惑。文献回顾还能指出更加准确的概念,从而帮助改进研究问题,甚至通过发现文献的不足或察觉未经检验的命题,更换研究问题。本质上,在第一步确定选题和第二步文献回顾之间是有回馈循环的。例如,陈楠等(2009)想研究残疾人旅游阻碍与旅游参与意图之间的关系,在文献回顾时,发现以往的研究对旅游阻碍因素有了一定的成果,但是作为研究对象的残疾人其自身的习得无助感一直未被重视。于是该研究就将无助理论引入研究中,系统研究了残疾人的旅游阻碍、无助感与旅游参与意图之间的结构关系。

(三)设定假设

研究的目的就是要达到对研究对象的本质的、规律的认识,即形成科学理论。在形成科学理论之前往往要经过推测和假说阶段。假设是对研究问题的暂时回答,是对概念之间可能关系的陈述,涉及可测量的概念(如承诺),但并非测量工具本身(如缺勤率)。假设能够指引我们研究设计和数据收集工作。例如,在旅游从业人员行为的研究当中,陈楠(2018)应用了情绪劳动理论来解释游客逆向行为与从业人员工作压力的关系,并形成了假设。

(四)实证分析

这一步骤包括研究设计、数据收集和数据分析。研究设计根据具体的研究是归纳还是演绎而有所不同。当现有理论能够帮助形成假设的时候,则可选择演绎研究,与此相对应的研究设计可以是实验或问卷调查等。当现有理论无法对研究问题提供满意的回答时,则可选择归纳研究,如案例研究或其他的定性研究方法(如访谈法)。在归纳研究中,实证研究先于理论和假设,于是第(三)步和第(四)步会颠倒过来。

（五）建立理论

理论是假说通过检验被确证之后进化而来的。如果实验获得了预期的结果，那么，假说便得到了强有力的事实依据，并可能成为一种理论，甚至成为一条“自然定律”。理论的形成也有两个相继阶段，即假说的检验而形成理论阶段、理论的内部的逻辑整理与整个理论体系的系统化过程阶段。理论一旦建立，它的基本概念、原理和精神很快就会转化为研究的新起点和方法，从而刺激科学工作者从新的角度看待旧的问题、理论、实验和方法，有助于研究人员提出新问题、新方法。

（六）论文撰写

上述五个步骤完成之后，剩下的步骤就是论文撰写了。学术论文是旅游研究工作者在学术书籍或学术期刊上刊载的呈现研究成果的文章。学术论文往往强调原创性的工作，当然也可以是对前人工作的总结回顾及评价，后者也往往被称为综述性文章（review）。论文撰写应该高度归纳，精心分析，合乎逻辑地铺陈；应该去粗取精，去伪存真，不能因不符合自己的意图而主观取舍，更不能弄虚作假。

二、旅游研究框架

（一）导言

导言一般在学术论文的开篇部分，其目的是引出研究问题，概括文章的重点内容，揭示研究目的，表明研究方法和范围。在规范的论文中，此部分不可或缺。一般情况下，“导言”的内容至少应该包括选题的价值与意义，文献评论，此文的思路、资料和方法，各章节的主要内容及逻辑安排，等等，从而突出该研究与已有成果的差异，强调此项研究在资料、方法上的独特性，以及明确写作的基本思路，以便读者更好地把握全文。

（二）理论背景

理论背景即相关文献研讨。文献综述是对该研究领域的研究现状（主要包括学术观点、前人研究成果和研究水平、争论焦点、存在的问题及可能的原因等）、发展前景等内容进行归纳整理和综合分析，并提出自己的见解和研究思路。它要求作者在确定选题后，对选题所涉及的研究领域的文献进行广泛阅读和理解，然后有条理地阐述自己的见解，而不仅是相关领域学术研究的“堆砌”。

（三）假设与研究模型

假设是研究者根据经验事实和科学理论对所研究的问题的规律或原因做出推测性论断和假定性解释，是在进行研究之前预先设想的、暂定的理论。假设主要分为描述性假设、解释性假设、预测性假设、内容性假设。通过假设导出，研究者随后可以选择合适的研究模型。

（四）研究方法

假设和模型提出之后，接下来需要使用一定的研究方法进行实验操作。在论文的写作中，研究方法主要分为定性研究方法和定量研究方法。旅游管理学一般采用定量的研究方法进行实验，其主要内容有：变量的操作定义、问卷的编制与构成、标本抽出与分析方法、样本的统计特征。

（五）结果分析

结果是实验过程中记录的各项变化和数据，可以通过图、表的形式直观地表现出来，并且要做适当的解释说明。分析是将这些结果说明了什么写出来，即结论，同时还需要进行研究模型分析与假设验证，以反映研究结果是否与预期一致。实际操作中测量项目的信度、效度是常用的分析手段。

（六）讨论

讨论部分往往紧接着结果分析，它是对假设验证结果的归纳与解说。其主要作用是回答引言中提出的问题，解释结果中数据的含义，说明研究结果如何支持该研究。作者应围绕主题，有针对性地进行讨论，避免重复叙述数据结果，避免重复摘要和引言的内容，避免冗长的文字堆砌。研究结果要与研究目的结合起来讨论，避免提出研究结果不支持的结论。

（七）结论

结论是结合前言、背景和论文里的论点作出的总结。论文的结论是最终的、总体的结论，不是正文中各章小结的简单重复。结论应该观点明确、严谨、完整、准确、精练，文字必须简明扼要。如果研究的最后导不出结论，那么可以用讨论来代替结论。结论的部分不要简单重复、罗列实验结果，而要精炼阐明文章的创造性成果和新见解，以及新见解的意义。对存在的问题和不足也应该作出客观的叙述。管理学上的论文结论通常包括：研究摘要、理论含义与管理学含义（理论贡献与实践启示）、本研究的局限与未来研究方向。

三、构建科学理论

构建理论是科学研究的目标、目的，理论的构建必然与范畴、命题相关。不管是提出新范畴、重新界定旧范畴，还是提出新命题、重新验证旧命题，都是在做科学研究工作，在做理论工作。理论的部件是范畴和命题，理论的特色则体现在本体论、认识论和方法论方面，有充分特色的理论遂成为一种范式。那么，在一次科学研究实践中，应如何构建理论？

尽管分别采取演绎路径和归纳路径的科学研究在构建理论的具体程序上会有所不同，但二者在基本目标和策略上都是一样的：通过抽象实现对事物本质和规律的概括性解释。由此可见，构建理论的手段是抽象，理论的形式则是解释性模型。

就科学研究的特点而言，理论抽象的过程必基于具体的经验事实，而其成败则还取决于研究人员的想象力、创造力和概括力。这种抽象可以概括为：列举关联因素，努力建立新的解释性概念，充分利用已有的概念——必要时要移植其他研究领域的概念，探寻背景联系和因果关系，借助概念并以命题形式建立起概念和概念间的观点性联系。由此构建的某一个主题的命题体系，则为理论。

随着科学研究的发展，尤其是受到物理学、数学及一些工程技术和计算机领域快速发展的影响，今天，人们对理论的形态也越来越倾向于模型化。换言之，将科学研究的理论发现以模型形式加以表述，在一定程度上已经成为潮流，而在科学家的日常交流语言中，模型构建或建模也几乎成了一句口头禅。因而，有必要在此简要地讨论一下可资利用的理论模型的一些基本类型。

在日常生活中我们可以听到实物模型、教学模型、数学模型、物理模型、图像模型、仿真模型等，但是其中一些模型并不能作为理论模型加以使用，有的则属于专门学科领域使用的模型统称（如物理模型、经济模型、同态模型等）。在旅游研究领域，大致可以用作理论表述的模型主要有数理模型、流程模型、概念模型等几种。科学研究的成果——理论的表达形式并不局限于一种，尤其不局限于最为炫目的数理模型这一种。

章节习题

一、单项选择题

1. 科学研究是采取（A）所进行的研究。
   A."有系统的实证研究方法"　B."无系统的实证研究方法"
   C."有系统的规范研究方法"　D."无系统的规范研究方法"
2.（B）可以说是科学的基本目的。
   A. 预测与控制　B. 描述与解释　C. 描述与预测　D. 控制与解释
3. 一个符合科学精神的研究，应具有（D）三个特征。
   A. 系统性、客观性和综合性　B. 系统性、客观性和复杂性
   C. 系统性、客观性和创意性　D. 系统性、客观性和实证性
4.（A）是所有研究的起点。
   A. 存在论　B. 认识论　C. 方法论　D. 系统论
5. 下面哪一项不是实证主义理论范式最核心的理论特点？（B）
   A. 本体论上的自然主义取向　B. 本体论上的整体主义取向
   C. 认识论上的经验主义取向　D. 方法论上的整体主义取向
6. 下列不属于科学活动的目的与功能的是（D）。
   A. 描述　B. 解释　C. 预测　D. 介入

二、多项选择题

1. Helmstadter（1970）指出的过去常用的知识获取策略有（ABCD）。
   A. 惯常法　B. 权威法　C. 直觉法　D. 推理法
2. 旅游研究的特殊性表现在（BCD）。
   A. 一般性　B. 综合性　C. 复杂性　D. 创意性
3. 旅游研究的步骤有（ABCDEF）。
   A. 确定选题　B. 文献回顾　C. 设定假设　D. 实证分析
   E. 建立理论　F. 论文撰写

三、判断题

1. 科学是一种态度（attitude）与方法（method），以进行有系统的观察与控制，精确地定义测量与分析，完成可重复检证的发现。（√）

2. 科学知识可以以记录零星事实与孤立的科学发现为满足，也可以以发展一组有组织、架构与逻辑关系的知识系统为目标。 (×)

3. 旅游研究具有一般研究的全部属性，但由于研究对象的特殊性，产生了旅游学自身特有的属性。这种特殊性表现在研究的综合性、复杂性、创意性。 (√)

4. 解释主义是最早的反实证主义的理论范式。 (√)

5. 批判理论着眼于分析现存社会的矛盾，否定现存世界的合理性。 (√)

6. 科学的知识，必须通过逻辑(logical)与实证(empirical)的支持，以使得其不但能够合理地解释各种现象，也符合经验世界的观察。 (√)

7. 一个符合科学精神的研究，只具有系统性、客观性和实证性三个特征。 (×)

8. 与实证主义理论范式的社会唯实论和方法论整体主义倾向相比，解释主义理论范式一般都倡导社会唯名论和方法论个体主义的原则。 (√)

四、名词解释

1. 变量。

所谓变量，是在表现被研究对象的某一属性因时、地、人物不同，而在质(quality)或量(quantity)上的变化。

2. 操作型定义。

操作型定义在界定一个概念或变量时，举出测量该变量或产生该事项所作的操作活动，而非描述变量或现象的性质或特征者，称为操作型定义(operational definition)。

3. 假设。

所谓假设(hypothesie)，简单来说，是研究者对于一个有待解决的问题所提出的暂时性或尝试性答案。

4. 假说。

如果某一个假设获得证实，此时便成为被实证数据证实的一套命题假说(assertion)，也就是说，假说是具有实证证据支持的假设。

5. 定律。

如果一个假说的真实性经过了反复证实，最终获得相关研究者的一致认可与接受，便可视为法则或定律(law)。

五、简答题

1. 杜威(Dewey，1910)提出的科学方法的基本步骤是什么？

答案要点：五步骤。

2. 简述旅游研究的步骤。

答：确定选题，文献回顾，设定假设，实证分析，建立理论，论文撰写。

3. 简述旅游研究的框架。

答：导言，理论背景，假设与研究模型，研究方法，结果分析，讨论，结论。

第二章　研究设计

学习目标

1. 了解不同分类标准下的研究类型。
2. 了解并区分研究问题与研究主题，并尝试举例。
3. 了解并掌握研究问题选择的过程。
4. 了解并掌握研究计划书的内容。
5. 了解并掌握测量的要素与评价标准。

旅游研究作为一种科学研究，它是人类的一种基本的社会实践活动，在几十年的发展过程中已经逐渐形成了自身的独特品质，并且在科学共同体内部构筑起了社会普遍认同的总体行动目标，建立起了为旅游研究者所共同依循的独特的规范和原则，并已伴随着多种交叉学科的涉入而逐渐积累起了大量的方法和策略。

因此，我们在从事相关旅游研究时会发现，尽管不同研究者关于某一旅游研究的具体实践过程不尽相同，但是对于旅游研究的基本技术过程早已达成了基本的共识，大致可以概括为确定研究问题、课题设计、实施研究方案和报告研究成果等环节（见图 2-1），本章所关注的内容涉及实施具体研究方案之前的两个重要环节，即研究问题的确定与研究课题方案的设计。

图 2-1　旅游研究的过程

第一节　研究设计概述与类型

一、研究设计概述

在展开正式研究之前是否有研究方案的设计环节是区分传统学术研究和现代学术研究的标志。换句话说，研究设计（research design）是现代管理学研究中是一个不可或缺的阶段。风笑天（2009）在《社会学研究方法》中认为，研究设计是指对整个研究工作进行规划，制定出探索特定社会现象或事物的具体策略，确定研究的最佳途径，选择恰当的研究方法，同时还包括制定详细的操作步骤及研究方案等方面的内容。因此，在该观点中，研究设计环节是当研究课题确定后，为顺利达到研究课题所确立的目标进行认真的、周密的规划和设计工作。胡荣(2021)在《定量研究方法》一书中指出学者经常在不同的意义上使用“研究设计”这个术语，在其所著中“研究设计”将作为一种更为宽泛的意义而存在，既包括对整个研究工作的规划(可称为“课题设计”)，也包括在资料收集之前的一些执行问题，如研究问题的操作化与社会测量，以及抽样等具体环节。综合上述观点，本书中的研究设计就是研究者根据自己拥有的研究手段、方法、能力、时间和财力等条件因素，为满足自己的研究目的而进行的一个初步战略规划。它以简要逻辑框架的形式集中提炼出研究的具体思路、步骤和实施方案。

二、研究设计的基本类型

旅游研究同其他科学研究一样，是用严谨的态度、科学的方法以及对学术的敏锐性去收集某些现象的信息、追溯现象背后的根源的一系列调查实践活动。在一项旅游研究中，从研究问题的确立到研究对象的厘定，从文献资源的利用到经验材料的取得和分析，从研究方案的设计到研究报告的撰写，所涉及的方法和策略，贯穿于研究的整个过程，并且人们都可以从已有的经验中总结出一些可以共享的方法、策略或技巧，这些都属于方法的范畴。研究者所采用的方法越来越倾向于多元化，从最开始单一的研究类型转向于以某一种研究类型为主，穿插一个或少数几个其他类型的研究方法。一项科学研究可被分为纯理论性质的或应用性的，定性的或定量的，探索性的、描述性的、解释性的、因果关系的、比较性的、评价性的或预测性的等多种的类型。对于刚接触学术研究的人来说，面对这多么的研究类型会感到非常困惑，但是这些都是基于其研究的功能或目标、对于所需的信息类型与使用的研究方法等不同的分类系统进行的类型划分，本书主要集中于研究者如何根据不同的标准确定某次的研究类型，选择合适的研究方法进行研究设计与方案实施，并将上述各层次的分类方法予以概括(见图2-2)。

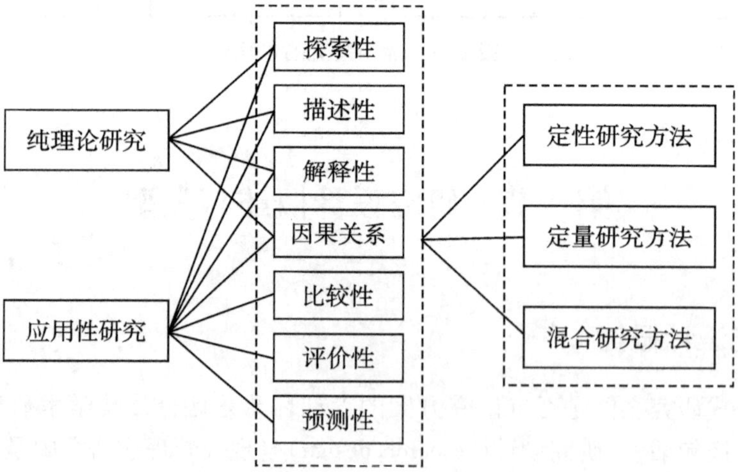

图2-2 研究的类型

（一）纯理论研究与应用性研究

按照旅游研究的功能和目标，以及研究结果对于理解旅游现象的贡献，可以将研究的类型分为纯理论研究和应用性研究两种最基本的分类。本书虽然是针对旅游学科的探讨，但是下文的表述也会涉及与社会科学等其他学科有关的内容。

1. 纯理论研究

纯理论研究也称基础研究。是为了获得关于现象和可观察事实的基本原理的新知识（揭示客观事物的本质、运动规律，获得新发现、新学说）而进行的实验性或理论性研究，它不以任何专门或特定的应用或使用为目的。其成果以科学论文和科学著作为主要形式。用来反映知识的原始创新能力。因此可以说它是构建某种理论、某种框架或者某个模式的研究，可以增进我们对世界的了解。在旅游学作为一种交叉学科领域里，我们所依托的各种理论或理论框架，不仅来自本学科，更多的是源于社会学、心理学、营销学等其他学科领域，通过从其他领域的引入，研究与检验，内化为旅游学可以使用的理论基础，涉及克劳森（Clawson，1963）的休闲体验理论、目的地生命周期理论（Butler，1980）、可持续发展理论、投入产出理论、社会交换理论、计划行为理论与拓展计划行为理论等。

纯理论研究不仅在于创建新的理论或模式，其目的还包括检验已存在的理论，从而证实、修正或推翻它们。例如，什么动机促使人们出游潜在地证实了马斯洛（Maslow，1943）的需要层次理论、契克森米哈伊（Csikszentmihalyi，1975）的旅游畅爽（tourist flow）理论，在 1982 年游憩机会谱理论（recreation opportunity spectra）经过修正，最终形成了旅游机会谱理论（tourism opportunity spectra）。从本质上说，纯理论研究既可以是探索性的或描述性的，也可以是解释性的，这些方法并不是相互排斥的。因为纯理论研究的目的是解释世界是怎样运转的，因此大多数纯理论研究可以说是解释性的研究类型，并且众多学者和研究机构都普遍采用理论性的研究类型。

2. 应用性研究

正如纽曼（2012）在其《社会研究方法——定性和定量的取向》（第五版）一书中所描述的那样，应用研究是指为获得新知识而进行的创造性研究，主要针对某一特定的目的或目标。该研究是为了确定基础研究成果可能的用途，或是为达到预定的目标探索应采取的新方法（原理性）或新途径。其成果形式以科学论文、专著、原理性模型或发明专利为主。用来反映对基础研究成果应用途径的探索，并将研究成果运用于实践。旅游应用研究中的研究的操作主体包括学术机构、学者、研究机构、政府部门和本地市级、省级、国家级等各层次的实体、旅游业组织和协会、旅游经营商、旅游业部门协会社区等。此外，某些从事应用性研究的研究者，他们收集的信息、关于论题的讨论以及所做的有关规划分析还可能是受某些赞助者或委托人的委托而进行的相关研究。

应用性研究既可以是描述性的，也可以是解释性的、因果关系性的。例如，某项研究或许旨在确定一个主要景点的游客其社会人口统计特征对于游客旅行动机的影响，该研究的一个次要目的可能会是确定到该景点旅游的旅游者的社会人口统计特征（一种描述性的方法），另一个次要目的可能是确定游客在选择旅游景点时的动机（一种解释性的方法），然后研究者将证实到该景点旅游的旅游者的社会人口统计特征和其选择旅游景点时的动机间存在何种关系（一种因果关系的方法）。因此，对于一种描述性研究而言，它们所涉及的研究方法可能是单一的、双重的，也可能是多重的。

（二）定性研究与定量研究

按照指导所有研究课题收集信息的方法而言，本质上研究类型可以分为两种——定性研究和定量研究。定性研究方法植根于解释社会学范式。定性研究方法收集信息以形成许多个文本单元，它们再现了正在研究的旅游现象的社会现实、背景和特征。这种研究从方法论的角度看，其本质是归纳性的。然而，定量研究是与定性研究完全相对的两种方法，定量研究方法首先收集关于旅游者的体验、事件或现象的基本信息，并将其抽象到可以量化、操作化的层次。定量研究方法植根于实证主义的社会科学范式。这一范式主要反映了自然科学的研究方法，且在研究过程中采用演绎的方法。但是在实践中，某些研究采用了定性和定量两者相结合的研究方法，两种方法融合的模式越来越受到大众的青睐，成为研究者广泛选择的研究方法。基于混合研究方法也是产生于定性与定量这两种类型，下文就不单独对混合研究方法进行介绍，仅围绕定性方法与定量方法两种展开。

1. 定性方法论

采用定性研究方法的研究植根于解释社会学。社会科学具有高度的复杂性和社会性，对于很多不能用数字、数据表示的资料而言，其研究的证据将会以文字的形式呈现，它们在本质上是归纳性的，是对所研究现象的文本归纳。针对定性研究进行的研究方案设计就是定性研究设计。定性研究一般是从实际情境开始，即来自经验的世界，我们关于旅游现象的资料则由研究者通过相应的研究方法从中获取，从而对这些资料进行分析，并构筑理论框架或调整原有的理论框架。

同时，在研究目的上，定性研究更重视对事实的释义性理解，强调研究对象必须经过研究者的主观诠释才能发掘其本质。定性研究的主要目的不是寻求普遍的共识，而是通过对复杂的、不确定的信息进行分析，以寻求新的、尚未了解的意义。在研究情境上，定性研究更强调研究情境的自然性，重视在实际环境中进行研究而不需做预先的安排。因此，在定性设计中，研究现场应该选择在尽可能自然的实况环境中与被试者一起相处，按照被试者看问题的角度、方法、观点去了解他们眼中的现实，以揭示其内部世界的真相。在具体方法上，定性研究更多地采用访谈、观察、小组讨论、材料分析等方法，主要以文字化的描述为主，强调研究者自身的主观能动性。在资料分析上，定性研究多以归纳分析为主，强调一边进行研究，一边分析资料，同时根据分析的结果对研究方案加以修正。在研究者与被试者的关系上，定性研究不同于定量研究的中立原则，主张研究者应积极与被试者联系并参与到被试者所处的实况环境中去，认为这是研究不可缺少的部分。

2. 定量方法论

定量研究认为，在人们的主观世界之外，存在一个客观且唯一的真相。定量研究方法植根于实证主义的社会科学范式。这一范式主要反映了自然科学的研究方法，在研究过程中主要采用演绎法。因此，就旅游研究而言，定量研究方法始于某一特定旅游现象的理论或假说，通过对从现实世界中收集的信息进行分析，以支持、拓展、修正或推翻该假说。从本质上看，演绎性方法开始于对旅游现象（研究的核心）的某个假说，然后运用资料收集工具（主要是调查）对资料进行收集以验证假说，最后运用统计工具对资料进行分析,以确定假说是否成立。若成立,该假说则会成为解释所研究的现象的理论框架。定量研究方法把来源于被调查者的信息抽象成统计资料,并且整个研究过程是客观的,结果对研究总体具有代表性。定量研究方法的具体表现在于:

①强调对事物进行量化的测量与分析;

②强调对研究对象进行人为干预,创设实验条件;

③主要采取假设检验的方式。

由此出发,定量研究形成了包括严格的抽样技术、量化的资料收集及以数理统计为基础的分析技术在内的一套完整的方法体系。由于定量研究的量化、客观化倾向与社会科学的发展方向相契合,自19世纪后期以来,定量研究很快取代了思辨研究的位置,在社会科学领域得到了广泛的应用,成为主导性的研究范式。但是,应该注意的是,定性研究与定量研究同样重要,不存在哪一个绝对更优,并且许多研究都会采用一种混合式的研究方法展开设计与实施。

(三)研究类型划分

上文我们解释了基于不同的分类要求,可以划分出多种不同类型的研究设计,并且在一项研究中可能存在多种不同类型的研究方法。下面我们将要介绍的7种研究方法是依据研究主体对于研究信息的需求所划分出的类型。

1. 描述性研究

描述性研究提供描述性或叙述性知识。描述性研究使研究者得以描述所研究的旅游现象,而并不试图解释现象的原因。从根本上讲,描述性研究主要是研究“是谁”和“是什么”的问题。旅游学科发展至今,相当一部分的研究成果依然是基于描述性的研究方法。例如,对某一基于旅游者或居民为调查对象的定量研究中的人口统计特征分布的描述,对旅游者旅游动机的描述,对旅游者的旅游决策过程的描述,对旅游停留时间、交通方式、住宿类型等的描述,对旅游流和旅游业发展的空间分布的描述,对某一地区的旅游资源禀赋的描述,等等。

描述性研究可被用于制定和改进旅游政策、进行旅游规划、建立未来的监控标准、评估旅游业发展趋势和方式。描述性研究还可能提供一些支持或批驳已有旅游学理论和概念的信息,或为这些理论和概念提出修正意见。例如,奇利安(Chirlian,1992)的旅游体验[基于克劳森(Clawson)的休闲体验理论]包括以下阶段:计划、期望、前往目的地的旅行、在目的地的旅游活动、返回和回忆。这些阶段是循环的而不是线性的过程。这一模式反映出基于一个主要目的地而非多个目的地的旅行体验。描述性研究通过对单独旅行者进行研究显示出,当考虑涉及多个目的地的总体旅行体验时该模式需要进行改进。从本质上讲,描述性研究描绘了关于旅游现象的一幅“图景”(纽曼,2000:21)。

2. 探索性研究

探索性研究,有时亦称为探测性研究,是指当对所研究的问题缺乏最基本的了解但有进一步研究的欲望或必要时,而对相关问题展开的一种初步的或前期的研究工作。艾尔·巴比(Earl R. Babbie)认为探索性研究通常可以满足三类目标:①满足研究者的好奇心和对某事物更加了解的欲望;②探讨对某议题进行细致研究的可行性;③发展后续研究中需要使用的方法。

当要调查研究的旅游现象的资料不存在或只有很少时，通常采用探索性研究方法。从探索性研究中得出的结果可用于拓展出一个更为深入的研究项目。一般来讲，探索性研究是不公开的，其主要作用是帮助建立适合于将来研究使用的类目和概念，用于确定某个主要研究的可行性或了解研究论题相关领域中存在的有关问题。探索性研究可依靠二手资料、专家观点或观察来进行。总的来看，由于探索性研究的资料收集方法具有一定的灵活性，且其研究不是基于随机抽样和研究群体的代表性样本，所以探索性研究隶属定性研究方法。

3. 解释性研究

解释性研究是指通过种种方法和手段对调查搜集来的各种资料进行整理分析，以阐明所了解到的社会现象的发生原因，并预测其变化趋势的社会实践活动。许多调查研究不但描述社会现象，而且力求解释社会现象，即阐述社会现象是为何发生和如何发生的。解释性研究的目的，一是回答已经发生的社会现象为什么会发生和如何发生的问题，二是对已经发生的社会现象在何种条件下将导致另一社会现象发生的可能性进行预测。解释性研究既可以采用定量方法，也可以采用定性方法。艾尔·巴比在其《社会研究方法》一书中曾列举了两个例子，说明“人为什么会信仰宗教”和“人们为何吸食大麻”，这两个例子都是典型的定量研究范例。借助对人们上教堂、参与教会活动的观察，对夏威夷大学在校学生吸食大麻与否的调查，分别得出了令人信服的“寻求慰藉”和“社会约束”的理论解释。

可以说，解释性研究的作用是剖析事物之间的关联性，并对这种关联性的特征作出因果解释，所以，也可以把解释性研究称为因果关系研究。二者的相似之处在于研究者都试图找出解释某一特定旅游类型或行为的原因，这一特定的旅游行为模式在描述性研究和探索性研究中已进行了描述或初步的勾勒。但是，因果关系研究依赖假说，而解释性研究并非如此，解释性研究可以采用定性、定量或混合的研究方法。

4. 因果关系研究

因果关系研究可能源于探索性研究或描述性研究。因果关系研究与定量研究方法之间的联系并不是模棱两可的，为了支持或推翻两个或多个变量之间的因果关系，运用这一研究方法时通常涉及变量的使用和假说的建立。例如，研究者可能论证以下命题：目的地城市的宣传片能够影响游客去往该城市的旅游意愿。这是一个描述两个变量之间因果关系的假说，在这一命题中，研究者假设了目的地城市宣传片和旅游意愿之间存在相关关系。其中的自变量是目的地城市宣传片，因变量是游客的旅游意愿提升。研究者将设计相应的定量研究方案进行假设的验证，从而支持或推翻该假设，判断二者是否存在因果关系。如果假设被证实是成立的，目的地管理者或者政府相关部门会采取措施设计出富有吸引力的城市宣传片，并在线上线下各个平台播放，尽可能地让游客观看到制作精良的城市宣传片，吸引他们前往目的地旅游。

5. 比较性研究

比较性研究涉及对研究单元进行时空比较研究或在各研究单元之间进行比较研究，例如，比较澳大利亚 20 世纪的初期、30 年代、50 年代、70 年代和 90 年代的国内旅游方式，或者比较旅游景点或旅游区（二者均被视为空间上的），如比较在墨尔本和珀斯两地国际游客的类型。比较还可在不同的性别、年龄、受教育程度及收入的游客的旅游体验间进行。其他的一些比较性研究可以用来确定游客之间的异同，诸如国内外游客间的差异；商务旅客与探亲访友游客消费方式的异同点——两个不同地方游乐设施对本地居民的影响，例如汤斯维尔和朗塞斯顿两地。比较性研究中最重要的是，研究者要考虑并识别出研究的地点、人群及类型之间的异同点。

比较性研究可使用定性、定量或混合的研究方法。比较性研究的成果有助于规划、政策及战略的制定，有助于开展立法、营销和宣传活动，也有助于减少负面影响乃至于推动培训与教育项目的实施和社区协商的进程。

6. 评价性研究

评价性研究主要是应用研究而非构建理论的研究，因为研究者的兴趣在于确定策略、实践活动、计划和法律机制改进的效果。评价性研究可能是以总结性或过程性的评价（summative evaluation &formative evaluation）为基础。过程性评价通常是在一项活动的进行当中实施的，而总结性评价主要是在这项活动的尾声进行，它的目的是确定某策略的成败，或者意在引入一项变革机制或行动。评价性研究依赖于定量、定性或混合的研究方法。

就海洋运输对早期未开发的航海区域产生的影响这一问题所进行的过程性评价，就是一个评价性研究的例子。在旅游规划阶段，对公众参与旅游开发的作用这一问题所做的过程性评价和总结性评价也是一例证。诸如此类的例子还有：如果开发项目得到批准，对项目实施和最终完工阶段会进行过程性评价与总结性评价；对旨在提高某一住宿设施的前厅服务质量的员工发展计划进行的总结性评价；对引入了交叉路口和道路信号灯的旅游区的交通流量情况进行的总结性评价。

7. 预测性研究

预测性研究旨在提供有关未来事件的信息。预测通常也来自预测性研究。预测性研究根据时间长短可分为以下几种：短期（1～2 年），中期（2～5 年），长期（5～10 年）及远期（10 年以上）（Mill & Morrison，1998）。预测性研究本质上依据判断，甚至在使用数学模型时也是如此，并且预测根本上是依赖专家的观点和判断作出的——判断的好坏仅取决于作出判断的专家。

预测性研究需利用描述性研究，且可使用定性、定量或混合性的研究方法。预测性研究有助于制定决策，指导规划与开发过程。

第二节　研究问题与设计

一、研究问题的产生与作用、来源

一项具体的旅游研究开始于对研究问题的选择。“选好了问题也就解决了一半。”这一说法正确地解释了提出问题与解决问题之间的辩证关系，很好地体现出提出问题对于解决问题的重要意义。只有研究问题确定了，才能展开后续的研究设计与方案实施等工作。本节将主要介绍研究问题的概念及其具体作用。

（一）什么是研究问题

所谓研究问题（research question or research problem），指的是一项社会研究所要回答的特定问题，且它应是一个可以通过运用社会科学方法来研究的问题。它与人们日常生活中所说的“问题”或“现象”既有些相似，又有所不同。社会研究中的许多“问题”，的确常常是现实生活中的某种社会现象或某种社会问题，这是它们有些相似的原因；但社会研究的问题通常比社会世界中的某种社会现象或社会问题更为具体、集中，也更为明确，这是它们之间有所不同的地方。

与研究问题有关的另一概念是研究主题（research subject or research topic）。研究主题指的是社会研究所涉及的某一类现象或问题领域。与研究问题相比，研究主题显得相对宽泛，也更具一般性。比如，旅游模式、旅游动机、旅游体验、旅游空间分布等，就是研究主题的几个例子；而“新冠肺炎疫情发生之后人们旅游模式的影响因素及其模式变化有哪些”“在文旅深度融合的背景下，大众旅游者的旅游动机在其文化性方面有了哪些新趋势”“不同年龄群体的旅游消费者在历史文化旅游类型的目的地的空间分布是怎样的”“旅游目的地居民对当地旅游发展的支持态度会对当地游客的旅游体验有什么影响”等，则是研究问题的几个例子。一般来说，一个研究主题中，可以包含许多个不同的研究问题。而选择研究问题的过程则常常是从宽泛的研究主题开始，逐步缩小到更为集中的研究问题。

（二）研究问题的作用

爱因斯坦指出，提出一个问题往往比解决一个问题更重要，因为解决问题也许仅是一个数学上或实验上的技术而已。而提出新的问题、新的可能性，从新角度去看旧的问题，却需要有创造性的想象力，而且标志着科学的真正进步。自然科学如此，社会科学也是同样的道理。具体而言，研究问题的作用主要体现在以下三个方面：

第一，它决定了资料收集的方向和目标。研究问题一旦确定了，才会找到资料收集的边界，即哪些人、哪些事情该进入你的资料收集范围都是由你的研究问题决定的。

第二，它会影响研究方法的选择。有些研究问题是比较适用于用量化方法来分析，比如旅游在线网站所传达出的旅游信息对旅游者决策行为意向的影响作用；而另一些研究问题则较为适合用定性方法来研究，例如我国文化旅游市场的发展现状与问题研究。因此，我们往往说，一旦研究问题确定了，你所能选择的主要研究方法也就基本确定了。

第三，它还会影响到研究质量和研究结果。一个不适当的研究问题就意味着它的研究质量不会很高，它的研究结果和结论可能是重复的、没有价值的；而且，如果研究问题的选择与研究者能力、社会生活的经验积累以及客观条件不相符合，研究者是很难把握的。

（三）研究问题的来源

尽管在旅游学科领域、在现实的旅游社会生活中，都存在着大量的尚未解决的一般问题，但是，要从中选择出一个有着明显研究需要和较大研究价值的特定的问题，也并不总是一件容易的事情。

对于社会现象的研究者来说，要选择一个有价值的、有新意的、可行的并且适合个人情况的研究问题，并没有普遍适用的方法。有的问题可能主要来源于研究者的某种好奇；有的问题则可能起源于研究者偶然碰到的一件事情、与朋友的一次聚会或交谈、所读的一篇文章等。但是我们不能总是寄希望于这种碰运气似的机会，或者总是期待突发“灵感”的产生。我们应该主要依靠自己所掌握的理论知识，所熟悉的生活经验，所面对的社会现实，所具有的观察、分析能力，以及对选择研究问题过程中的某些带规律性的方法和常见的选题途径的熟悉和了解。

那么，旅游研究的问题有哪些主要的来源？换句话说，我们可以从哪些方面或通过哪些途径去寻找一个合适的旅游研究问题呢？

1. 来源于现实的社会生活

千姿百态、形形色色的社会生活往往是各种研究问题最主要、最丰富和最经常的来源。各种可以作为研究问题的旅游现象、旅游行为、旅游问题、旅游大事件总是客观地存在于我们的周围。对于这一点，我们可以借用一句格言来概括，这就是处处留心皆“问题”。同时，一项好的研究问题的发现，也和作家写小说一样，既需要“深入生活”，也需要“灵感和火花”。这里所说的“深入生活”，主要指的是广泛地接触旅游的现实世界；而“灵感和火花”则指的是那些可以发展成为研究问题的最初的想法和思路。而从旅游现实生活中发现研究问题的关键，就是要善于观察、勤于思考。比如，我们在浏览抖音、微博等移动新媒体的视频时，经常会有相关的旅游景点的视频推介，有些我们可能会当广告一样一扫而过，但是有些我们会忍不住观看完整个视频内容，还会点赞、参与评论等，甚至是产生了想要前往该景点旅游的想法，立马前往浏览器进行一番搜索。这一系列操作都得益于移动互联网的发展。那么我们是不是也可以根据这种现实的情境提出“为什么”的问题呢？由此，我们就很容易从这类现象中，得出诸如“移动新媒体视频推介与旅游者的旅游行为意愿关系研究”“抖音、微博等不同移动应用中的旅游短视频对旅游者的旅游行为意愿的影响关系比较研究”等值得探讨的旅游研究问题来。

2. 来源于个人的旅游经历

个人经历和经验是人们参与社会生活的特定记录，也是人们对社会生活的认识、感受的积累和沉淀。这种经历形成了人们观察各种事物、理解各种现象的基本视角和出发点。同样，人们的旅游经历或由此生成的旅游经验也会引起、提升我们对于旅游世界的认识，帮助我们更好地观察与理解各类影响正面的或者负面的旅游现象、旅游行为。因此，对于以观察和理解旅游现象为目的的旅游研究者来说，同样也离不开个人旅游经历和经验的帮助。对于某些与旅游相关联的现象，普通的人可能看起来是理所当然、习以为常或者是可以理解、能够接受的事情。但是作为经验丰富的旅游者或者旅游人员，他们可能就会产生不同的看待视角。比如，某一趟列车到达某一个站台的时间经常会晚于既定的时间大约 30 分钟，在这个站之前下车的乘客就不会感受到这趟列车经常晚点，并且已经在车上的人或者之后上车的人也不会在意这个问题，毕竟他们只会关心自己的上车时间或者到站时间会不会晚点，而恰好在这个站上车的乘客很可能就会疑惑为什么这趟车经常晚点，还总是晚 30 分钟，普通乘客可能只会抱怨一下：“唉，火车怎么又晚点了。”对于一个经常往返该站点的旅游人员来说他可能就会形成一些问题，比如，“一般火车晚点的原因有哪些?”“这个站点有什么特殊性导致其经常晚点30分钟?”“火车晚点对于旅游者的旅游心理、旅游态度、旅游行为等方面会产生什么影响,以及影响的程度如何?”等,从而导致他选择一项“火车晚点对于旅游者的旅游心理与行为的影响以及改善方案——基于×××列车的研究”的研究问题,并通过后续的研究方案设计、实施研究等,形成最终的研究报告。

3. 来源于相关文献

研究问题的想法、灵感和火花,常常可以从学术著作和教科书的内容中、从报刊的文章和标题中,以及从学习笔记和谈话记录中采摘到。尤其是各种社会科学的报刊,常常成为这种灵感、火花和想法的重要来源地。我们的许多研究问题正是在此基础上得以形成的。

有大量的旅游学期刊可供我们去发现和探索特定的研究问题。目前国内最主要的旅游科学期刊比如《旅游学刊》《人文地理》《旅游科学》等,每年都会发表大量的旅游研究的论文和研究报告。这些论文和研究报告代表着以前的和现在的研究者对旅游现实世界各个方面的探索成果。正如后面将谈到的,这些专门的社会科学期刊常常是研究者寻找研究问题的重要来源之一。而从一些非专业的、综合性的,甚至是大众性、通俗性的文献中,我们有时也能发现这样的火花,找到合适的研究问题。

因此,我们在阅读各种文献时,其一,需要带着一种审视的、提问的、评论的眼光,不要盲目地接受、崇拜文献中所表述的一切观点。基于的视角不同,我们对同样的文献内容的看法就会有所不同,就会产生一些新的疑问、产生一些新的思索、迸发出一些新的火花。而从这些新的疑问、思索和火花中,往往能够找到值得研究也能够研究的问题。

其二,要进行广泛的联想。我们可以从纵向与横向、形式与内容、对象与方法、时间与空间等方面,从不同角度、不同侧面、不同层次,对所阅读的文献展开广泛的联想,由此及彼,换个角度观察,往往也能碰撞出一些新的火花,开启一些新的思路,并在此基础上进一步提炼出切实可行的新的研究问题来。

其三,我们可以从文献作者给出的研究可能存在的不足与启示出发。一般文献的结尾都有文章存在的不足之处的讨论与研究展望的相关内容。如何改进论文的不足就可以启发新的研究主题。例如,可以通过改进对方的研究来提高研究结果的可信度,甚至得出新的、更好的解释。研究展望是作者立足于自己的研究领域作出的一些有价值的思考。人们可以吸收这些思考来发掘自己的研究主题。

4. 来源于研究方法

从研究方法入手寻找研究主题主要有两种途径:一是创新研究方法,二是用新方法发掘新主题。前者的研究对象本身就是研究方法,后者是运用新方法研究其他现象。

创新研究方法。不断思考现有研究在方法、数据收集和处理方法等方面存在的缺陷,然后提出更科学的方法,也即偏重技术手段的创新。例如,波得萨阔夫(Podsakoff,2003)及其同事对收集数据中存在同源误差(common method error)问题的确认、分析和提出应对措施就是一个比较典型的例子。Ewards 对差异数据(different score)分析使用与非差异数据分析使用相同的方法中存在的问题和解决方案的讨论也是一个典型的例子。他们都是从研究手段的改革入手,实现创新。

用新方法去发掘新主题。运用最新出来的研究方法或者相对新颖的研究方法去研究管理现象。这里的相对新颖是指在这个研究领域尚未使用过(或刚刚兴起)的研究方法,但是其他领域可能经常使用。这种方式不同于从生活现象入手,它的出彩不在于现象本身而是方法,特别追求用所熟知的、新的或者相对新的研究方法来探究现象背后的秘密。例如,对创业者激情与他们能否获得风投以及公司的发展这个问题感兴趣,可以使用一些别人没有用过的或者新潮的方法进行研究。在这个过程中,首先要界定创业者激情这个构念的内涵和外延,然后用质性研究的方法(如访谈、问卷)开发这个构念的测量工具,并据此用实证研究的方法去检验它与风投之间的关系。为此,可以用实验室研究的方法,请两个演员来扮演创业者,其中一个以饱满的热情来介绍自己的创业项目,而另一个以相对平淡的态度来介绍自己的项目,然后观察投资者对这两个创业项目的兴趣。这两种方法在之前都不曾被用在讨论创业者激情这个概念上,因此在方法上具有新颖性。此外,也可以用断点回归的方法,以最贴近随机试验的研究方法作为亮点进行研究。

5. 来源于既有理论

在特定情境中对既有理论进行验证。一般理论都是有特定的适用边界的,但是这些边界大多时候都不是非常清晰的,解释的范围可以是领域内,但也可能跨到更大领域,也就是说没有理论可以穷举哪种情况可以被解释而哪种不可以。因此,在一些具有特殊特征的情境下,被解释的可能性变得非常模糊,我们可以对这些现象进行尝试性理论验证。如果可以解释,那么可以针对拥有这种特征的情境为什么可以被解释进行研究。如果不能被解释,则可以讨论不能被解释的原因,并进一步开展解释这种现象的研究。

从既有的理论体系导出新的研究主题。既有的理论体系只是一种框架,它描述的是这个主题领域的知识结构,并不一定有着完整和充实的研究内容。因此,面对这样的理论体系,可以从整体体系到具体问题的路径出发,探析更具体的、深层次的关系。例如,制度理论体系中,制度理论本身是一个比较完整的概念,我们要研究它本身是比较难的。但是,我们发现制度如何影响受制度控制的人这一问题似乎没有人提及。通过逻辑推导发现,中间还有制度的合理性致使人们愿意接受这种制度的规范,这就导出了合理性这个新的研究主题。

二、研究设计步骤与书写

旅游研究方案的设计过程是一项综合性的筹划工作,包括确定研究目的、选择研究类型和研究理论范式、确定研究方法以及相关研究主题与资料收集等多个部分,研究设计的质量直接关系到研究任务是否能高效完成,因此,本部分围绕上述研究设计的有关步骤进行具体展开。

(一)研究计划书的作用

计划书不但要准确地说明研究对象的性质,还要详细说明将要使用的研究方法。另外,计划书还要有足够的材料来支持说明选题的重要性和所使用的研究方去的恰当性。研究计划书的具体作用主要有以下几种。

1. 沟通作用

研究计划书旨在把研究者的研究计划传达给能够提供咨询、授予许可或者研究资金的人。对于研究生来说,论文和学位论文委员会就是研究计划书的投递对象。研究生需要通过研究计划书来与委员会进行学术沟通,传达研究的意义及计划,以获得委员会的指导或者实施研究的许可。对于个人而言,计划书的投递对象是各研究基金委员会或其他学术组织,用以获取基金会或政府的资助。通过研究计划书与评委会沟通,可以向他们传递研究者所做研究的价值。资助的性质、费用和资助的可能性都直接取决于计划书的清晰性和完整性。

2. 计划作用

计划书本质上是一项研究的行动计划。这个计划的作用表现在以下两方面:

一是向他人展示研究的完成可能性。一个研究只有被完成才有最终结果,才能实现最大价值。在研究未进行之前,以研究计划为证据让他人相信本研究能如期完成。因此,研究计划应该尽可能地描述清楚研究方案和研究进程安排,并对研究过程中可能出现的阻碍进行预警并提供预案。好的计划书的特点是研究设计细致而周全,能够让其他研究者重复该项研究。也就是说,他人按照研究计划书实施同样的观察和操作,所获结果和该研究者没有太大的差别。

二是为自己的研究提供导向。研究是一个长期工作,需要有一个纲领性的安排表来排列研究工作,以使研究能够按期进行并以科学的方案导出研究结果。

3. 合约作用

一份通过委员会审议并签字确认的完整计划书是研究者与管理者之间的契约书。一份同意资助计划书标志着研究者(以及大学)和资助方之间签订了一份合约。获准实施的计划书表明,如果具备研究能力并完全实施了研究。那么研究就应该能够提供一个符合目前标准的报告。此外,一旦签订了协议就不可以变动。除非做些小修改,但也只能在有证据表明必须修改或强烈希望修改时才可以这样做。

(二)研究计划书的内容

研究计划书的撰写要简洁和精确,这可以反映研究者对研究问题清晰思考的程度。复杂的事情只有通过简洁的形式才能更好地沟通。计划书最直接的作用就是快速准确地把研究设计传达给评审者。研究设计因不同的研究而有所不同,所以研究计划书也就没有普遍使用和唯一正确的内容格式。本节所提出的是对整个研究工作步骤、手段、工具、对象、经费、时间等的一系列规划,具体的研究计划书可根据自己的研究内容进行针对性设计,一般包含但不限于以下几个方面。

1. 研究课题的目的和意义

研究者首先要对自己的研究问题有一个清晰的认识,既包括个人对该研究问题的认知,也包括研究问题对于人们认识旅游世界、改造某一旅游现象或管理行为中的具体作用。因此,在明确自己的研究问题后,我们需要在研究计划书的开始就明确说明自己的研究目的。具体说明时,我们不需要罗列自己关于研究设想的所有内容,避免冗长乏味的语言和过于繁杂的技术细节或抽象论证。最简便的介绍研究计划的办法是,找出界定研究的核心概念,围绕核心概念开门见山、简单明了地阐述研究该问题的主要原因,同时阐明从事这项研究在理论上或在实践上有什么样的价值。关于对研究问题目的和意义的说明，这是表明研究者所选课题的动机、意图、方向、价值等是否明确，同时也有助于进一步帮助研究者强化和突出研究的总目标。

2. 研究的内容

研究内容是对研究问题的具体分解和细化。在研究计划书中，要详细说明研究的内容，这是落实目标的十分重要的一环。在明确了我们的研究问题后，具体的研究内容究竟应该涉及哪些实际现象，则是在研究计划书中所要解决的问题和所应完成的任务。假定我们所确定的研究课题是“开封市菊花文化节期间的道路交通状况及问题研究”，那么，在研究计划书中，首先应当明确菊花文化节的主要展会的区域，围绕其核心区域可以将开封市的交通状况分解为交通车辆状况、道路建设状况、交通管理状况及游客流量状况等几个大的方面，然后再在每一个大的方面中，根据课题目标的要求和现有的条件，对研究内容进一步细化，从而为研究指标的选择、问卷的设计等打下较好的基础。

3. 研究的背景和理论基础

研究问题的背景一般是对当前社会中实际情况的归纳总结。这种实际情况的存在将是研究此项问题的重要性支撑。同时，文献综述也是背景的组成部分，属于研究的理论背景的构成。研究问题不仅立足于实践，还需要与理论有所联系，需要知道在学界，其他人关于这个问题都有一些什么样的看法。因此，在文献综述中，研究者要指出该领域其他研究者主要的研究方向和方法论以及他们提出的解释。

此外，对于学术研究而言，任何研究都应该有理论基础。理论基础存在的目的是论证研究的理论合理性。论证通常既涉及推理逻辑证据，又涉及理论证据，让评审者相信该研究具备理论上的正确性，而且研究问题已经有了准确的界定。在为研究进行论证时，应该把注意力放在界定研究问题和研究意义等基本问题上，以证明整体框架的合理性，这样才能让评审者相信研究有得出正确结论的可能。

4. 研究假设的提出

并非每一类研究都需要有理论假设，但是对于那些必须有假设的研究来说，我们应该在研究计划书中单独设计一小节对研究的理论假设进行一番陈述并辅以材料支持。通常而言，探索性研究是通过了解情况来发现问题，来建立不同现象之间的联系，直至建立起解释这种联系的理论假设。因此，探索性研究显然是不需要事先建立起理论假设的。描述性研究的主要目的是全面描述某种社会现象的状况和特点，为进一步分析和探讨不同现象之间的联系打下基础。因此，它一般也不需要建立明确的理论假设。而在解释性研究中，必须事先确立好明确的理论假设才能进行后续的研究，因此，在解释性研究的计划书中，不能缺少对理论假设的陈述和说明。此外，当没有足够的证据用以预判变量的关系而无法提出假设时，可以采用提问的方式进行陈述。一般来说，多个简短的、易验证的假设比一个冗长的、难以操作的假设好。

5. 说明研究的分析单位和抽样方案

指明研究课题的分析单位，可以使研究者有针对性地收集研究所需的资料，同时也可以使研究者避免犯层次谬误或简化论的错误。而抽样常常涉及研究对象的选取问题，它也是社会研究中一项十分重要的工作。从总体中抽出的那一小部分研究对象对总体是否具有代表性、有多大的代表性，与我们的抽样方法、抽样过程紧密相关。在研究计划书中，我们需要说明：①研究的总体是什么，即对研究对象所取自的总体进行界定；②采用什么样的抽样方法和程序进行抽样，即是以某一种抽样方法单独进行抽样，还是采用几种方法结合进行，抽样的具体步骤又是如何，等等；③样本规模的大小及样本准确性程度的要求等。

6. 研究方法和程序

所有实验研究的计划书都必须对研究观察有一个严密而详细的计划。讨论方法时，一定要包括资料来源、资料收集以及资料分析。方法论部分要与研究目的相一致。计划书要为研究实施提供一个可以一步一步操作的说明。大多数研究计划书都需要说明以下问题：选择并说明样本来源和所用的抽样方法，说明研究工具和测量方法，说明资料收集方法，说明收集资料和处理资料的过程。

社会研究中的资料收集方法有各种不同的形式，每一种具体的资料收集方法都有其特定的优点和不足，它们分别适用于各种不同的条件和场合。研究者的任务，就是要根据自己所从事的研究课题的具体情况，从中进行选择，以达到最好的研究效果。资料收集方法的选择要依据多种因素综合考虑，比如研究总体的性质，样本规模的大小，研究的目标和重点，研究课题完成的时间要求，研究者的人力、物力是否充足，等等。研究计划书中的这一内容，正是要在研究实施之前，系统地分析和考虑上述各项因素，作出恰当的安排。根据研究类型的不同，资料的分析方法也有一定的差别，比如，探索性研究主要依赖于定性分析方法，描述性研究主要侧重于基本的描述统计和推论统计，而解释性研究则主要依赖于双变量与多变量的相关分析及其他一些更为复杂的统计分析方法。具体分析方法的选择同样要紧密结合研究课题的目标、内容和要求来进行。

7. 预期成果及价值

预期成果及价值一般指在理论上按照研究计划实施后能得到的结果和此结果对于研究情境之外的价值。根据研究的具体情况，研究人员应该对研究结果是否具有这些方面的含义作出说明。一项好的研究所追求的目标是填补文献中的空缺，提高人们对问题的认识水平。如果是这样的研究，研究人员应该对这些方面的意义具体说明。在陈述研究的预期结果和意义时，研究人员不要有意渲染、夸大研究结果的重要性，也不要把那些未经论证的结论视为自己的贡献。

8. 工作计划时刻表

为了表示研究工作能够在既定的时间内科学地完成，研究人员应该制订较详细的工作时刻表并予以展示。在制订工作计划时，一般需要做好两件事：一是对整个研究过程进行分解，形成若干目标及任务，以分步实施。在分解目标及任务时，需要考虑不同目标及任务之间是否存在依赖关系，即某一目标及任务的完成是否依赖另一目标及任务的完成。二是根据这种依赖关系，研究人员可以将分解出的目标及任务，按时间先后顺序排列出来。

大致估算出完成每一项目标及任务所需要的时间，把以上两个方面的信息综合起来，研究人员便可以制订出自己的工作时刻表。

一项社会研究课题从定下题目到完成报告，往往有时间上的限定或要求。为了在规定的时间范围内保质保量地完成研究任务，顺利达到预定的研究目标，研究者应该在开始课题研究之前，对整个研究工作的时间分配和进度进行安排。每一阶段所分配的时间要合适，还要留有一点余地。特别要注意给研究的设计和准备阶段多安排一些时间，不要匆匆忙忙地开始收集资料的工作。此外，对于课题经费的使用，也应有大致的考虑和合适的分配，以保证研究各个阶段的工作都能顺利进行。

9. 说明研究人员的组成、组织结构及培训安排

对于一项较大规模的研究课题来说，往往需要不止一个研究者的共同努力才能完成，同时还可能会涉及挑选、培训调查员的问题。因此，在研究计划书中，必须对研究课题的组成人员及其在研究中所承担的任务进行说明，明确分工，制定相应的组织管理办法。对调查员的挑选、培训工作也要事先进行规划，制订出切实可行的培训方案，以保证研究工作的顺利进行。

10. 边界条件和不足

任何研究都有适用边界条件和不足。但是，到底是用专门的一部分来讲还是只在出现的地方进行讨论，这取决于申请者个人。如果这些问题较少，而且很明显，后一种方式也许更好。但无论运用何种形式，研究者都有责任阐明这些限制性，并让评审者知道自己在提出研究的过程中已经考虑了这些问题。

11. 补充材料

为使表达更清晰，有些内容可以放到附录中作为主要文本的参考资料。这样评审者就可以根据需要选择材料阅读。以下内容一般可以放在计划书的附录中：设备说明、研究对象的简要介绍、被试知情同意书、预研究中的原始数据或其他材料、结构化访谈的问题、相关证明材料、研究设计的模型示意图、统计分析的模型示意图等。

第三节 测量与操作化

一、测量

（一）定义

任何一个词汇都应有其概念化界定。所谓“测量”，美国学者 Stevens 将“测量”定义为：按照一定的规则，用数字描述研究对象所具备的特征或行为，即对事物进行量化描述的基础性研究活动。在此基础上，我国学者对“测量”的含义进行了更全面的解释。杨国枢（1980）等认为，所谓测量就是“根据某种法则而分配数字于物体或事件之上”。仇立平（2015）认为，测量“就是采用预先准备或设计好的一把‘尺度’去‘量度’人或事物”。风笑天（2002）指出，“所谓测量，就是根据一定的法则，将某种物体或现象所具有的属性或特征用数字或符号表示出来的过程。测量的主要作用，在于确定一个特定分析单位的特定属性的类别或水平”。袁方（1997）提出了类似的定义，在社会研究中，“测量就是对所确定的研究内容或调查指标进行有效的观测与量度”，具体来说，“测量是根据一定的规

则将数字或符号分派于研究对象的特征(即研究变量)之上,从而使社会现象数量化或类型化"。

也就是说,测量是按照某种法则给物体和事件分派一定的数字和符号的过程和方法,并且所分配的数字必须能够准确地反映测量对象的特征,实现所分配的数字与所测量对象特征之间的一一对应。在调查研究中,测量是在对抽象概念或理论概念概念化和操作化的基础上,通过一套指标体系测量人们的特征、行为和价值观念并使之数量化的过程。例如,我们经常评价某些人的社会地位高、某些人的社会地位低,当我们想到社会地位这个概念时,首先不会去考虑什么叫社会地位,因为人们从生活常识上判断一个人社会地位的高低,通常是和对方的职业地位、教育程度、经济收入等联系在一起的。当我们把职业地位、教育程度、经济收入等各分成高、中、低三种类型,并且分别用数字 3、2、1 表示,加总以后就会得出哪些人的社会地位比较高、哪些人的社会地位比较低。

测量对象可以是人或物等一切需要研究的事物,如消费者、公司、国家、大象、厨具、饭店、洗发水、酸奶等。测量对象的属性特征可以根据研究的需要加以确定,如激励寻找倾向、成就动力、组织效能、购物乐趣、物体长度、重量、种族多样化、服务质量、条件影响、口味等。研究者虽然无法直接测量一个事物的潜在特征,但可以通过对事物外在的可观察的属性特征加以测量来实现。例如,我们可以通过观察人的相关体征来测量其外在形象或内在素质,通过女性的购物特征来测量其购买倾向。

(二)作用

通过对研究对象属性特征的观测,研究者可以得到一些直观的数字。通过这些数字,研究者可以观察到非物理世界的存在,从而能够探究复杂的自然与社会现象,并通过数字间的计算得出直观且有意义的结论。测量的主要作用可以理解为:第一,测量可以使人们客观而精确地把握自然界或社会界存在的现象特征或状况,使客观的表现成为可能。第二,测量所使用的工具通常比人的感官更敏感。通过一定工具进行的测量往往比仅靠人自身感觉的测量要精确得多,从而使准确的沟通成为可能。第三,测量将抽象或具象的概念数量化,使其能够适用于各种数学的、统计的分析技术。

(三)要素

测量通常包括四个必不可少的要素:测量客体、测量内容、数字或符号、测量标准。例如,我们测量张家界旅游者的体验满意程度,用 1 ~ 5 依次代表满意程度的高低。这次测量的客体是张家界旅游者,"1 ~ 5"为测量数字或符号,"旅游者非常不满意指派 1,非常满意就指派 5"则是测量标准。上述关于测量的定义中包含了四个必不可少的要素,分别是:测量客体、测量内容、数字和符号、测量标准。为了更好地理解"测量"这个概念,我们有必要对这四个要素进行说明。

1. 测量客体

测量客体就是测量的对象,它是世界上客观存在的事物或现象,是我们用数字或符号进行表达、解释和说明的对象。例如,我们测量一杯水的温度时,这杯水就是我们测量的客体或对象;我们测量一块石头的质量时,这块石头就成为我们测量的客体或对象。在旅游研究中,最常见的测量客体是旅游者、旅游企业、旅游目的地、旅游地居民等。

2. 测量内容

事实上，虽然我们测量的是一个客体或对象，但测量的内容却不是这个客体或对象本身，而是这个客体的某一属性或特征。比如上文中，一杯水是我们的测量客体，但这杯水本身并不是我们的测量内容，只有这杯水的特征，如温度、重量等，才构成测量的内容。所以说，测量内容指的是测量客体的某种属性或特征。同理，旅游研究中的旅游者、旅游企业、旅游目的地、旅游地居民等并不是测量的内容，它们的各种特征，如旅游者的社会资本、旅游企业的管理模式、旅游目的地的形象、旅游地居民的旅游发展支持态度等才是测量的内容。

但我们测量的这些内容，绝大部分是研究者虚构出来的，而且变量几乎没有完备的、清楚的定义。如"社会资本"，首先，它只是研究者构建出来的名词，并出于某些目的赋予它特定的意义；其次，"社会资本"并不是一个简单的概念，它包含了许多不同方面的内容，如我们熟悉的社会信任、社团参与。因此，要测量社会资本，就必须先进行概念化和操作化。

3. 数字和符号

用来表示测量客体属性或特征结果的工具就是数字和符号。比如，50℃或 122 ℉是测量一杯水的温度的结果，正极（+）、负极（-）是对电池两极的表示。在社会科学中，测量结果很多也会用数字和符号表示。比如，研究对象的出生年份、收入、消费等用数字表示；研究对象的性别（男性、女性）、民族（汉族、回族、蒙古族……）、政治面貌（共产党员、民主党派、群众……）等用文字表示。需要注意的是，用文字表示的测量结果在实际统计分析过程中会转换成数字，但这些数学并没有算术中数字的含义，只能作为表示类别的符号。

4. 测量标准

测量标准指的是用数字和符号表达事物各种属性或特征的操作规则，它指导研究者如何进行测量。在旅游研究中，研究者往往采取问卷的形式进行调查，问卷中各个问题对应的选择均有自己的规则。例如，测量地方认同感时，根据人们对目的地的地方认同感的强弱分成五个选项，数字 1 对应认同程度最弱，数字 5 对应认同程度最强。

总体来说，有些变量比较容易测量，如年龄、身高、体重；有些变量却很难测量，如人的态度、兴趣、满意度等；还有一些变量如失范、异化等不能被直接观察到，就需要分成多个维度进行测量。因此，测量标准需要根据测量内容的不同而做相应的改变，力求准确。

（四）方式

根据内容，测量可以分为社会科学测量和自然科学测量。相比自然科学测量，对社会现象的测量其标准化和精确化程度均较低，社会测量不完全是数量化的，也可以是类别化的。旅游现象属于社会科学范畴。社会科学测量方式包括定类测量、定序测量、定距测量、定比测量四种类型。

二、操作化

概念化过程的结果，形成了一些表征概念的维度和指标。经过操作化的过程，可以将这些维度和指标进一步转化为可以测量的变量。因此,操作化是指将抽象的概念转变为可测量的指标的过程,它能够明确地说明如何测量某个概念。概念的操作化指向经验观察,在整个社会研究过程中处于十分关键的位置。操作化过程主要包含两个主要方面的内容:一是界定概念,二是发展指标。

(一)界定概念

概念是对一类事物的属性在人们主观上的反映的概括和抽象。关于概念的定义可以分为真实定义、名义定义和操作定义。

真实定义反映了术语的具体化。从传统逻辑来看,赫普(Hempel,1952)认为,"真实的定义并不是刻板地判断某些事物的意义,而是概括事物的'基本特性'或实体的'基本属性'"。然而,"基本特性"或"基本属性"过于模糊,对实际研究而言根本无法使用。在实际中,一般使用名义定义和操作定义帮助我们理解、测量概念。

名义定义是指概念被赋予的含义。这个含义无须真实,是可以被任意指定的。但一般来说,名义定义是关于如何使用某一概念的共识或者惯例。

操作定义则是指研究者通过使用可供验证的和可测量的语言对研究课题和研究假设中的概念的特征、性质所作的一种界定,是用一些可观测的项目来说明如何测量一个概念。它明确、精确地规定了如何进行测量,更接近于名义定义,但比名义定义更加具体、精确、具有可操作性。例如,"青少年"是指青年和少年,或者说年轻的男女。这是名义定义,我们大致明白了青少年的含义,但无法对其作出精确测量。它的操作定义可界定为"12 岁至 30 岁的男女",这样。我们就能准确地在人群中选择出"青少年"这个群体。

如何将一个含义模糊不清的术语转化成结构化科学研究中的具体测量?图 2-3 说明了这个过程的步骤:

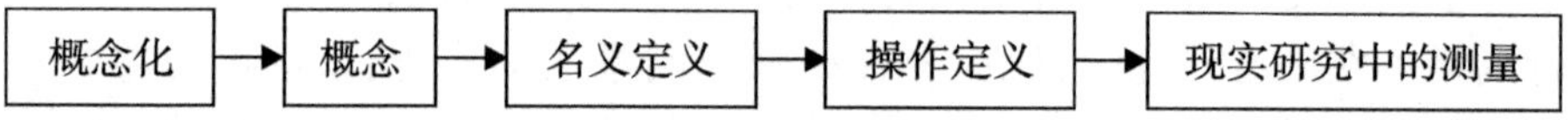

图 2-3　概念的操作化

(二)发展指标

在将一个抽象的概念转化成具体、明确的操作定义之后,我们需根据这个操作定义制定一系列能够体现其内涵的经验指标进行现实研究中的测量,具体包括以下四个方面:

第一,变异的范围和精确程度。对概念进行操作化时,都必须清楚知道变量的变异范围。这并不意味着在任何情况下,都要测量变量全部的变异,而是在自己的研究中,测量的内容需要涵盖所有的变异情况。

例如,在测量人们收入的时候,被访者中年收入最高的可能达到几百万元,远远高于平均水平。但这些人在整体研究对象数量上可能只是极少数,而且对于研究目的来说,并没有必要划分一个这么高收入的范围。因此,在实际研究中,我们会根据研究对象的整体情况划定一个比最高收入低的上限,比如 100 万元及以上。在测量有关人们对某一旅游现象的看法时，也会遇到类似选择变异范围的情形。假如我们要研究目的地居民对当地举办旅游节事活动的支持态度时，在初期的调查与访问时，我们可能会发现，一些居民非常支持当地举办各类旅游节事活动，认为这有利于增加就业岗位、提高就业率，促进当地经济的发展；有一些居民可能对此持无所谓的态度，因为他们并不以此谋生。但如果把居民对当地举办旅游节事活动的支持态度局限于"非常赞成"到"中立"之间，就会漏掉那些根本不赞成当地举办旅游节事活动的居民，因为伴随着节事举办带来的城市经济效益增加、城市声望提升，环境污染、交通拥挤、物价上涨，对本土文化的入侵等负面影响也可能会随之而来，这在某种程度上影响了居民的正常生产生活，从而会出现反对的声音。因此，变量的范围也应当包括这些内容。

在确定变异范围的同时，还需要考量变量的精确程度。例如，在探讨婚姻对人们生活满意度的影响时，对于"婚姻"这个变量的测量，是只要知道这个被访者结婚与否，还是需要知道其为已婚、未婚、离异、丧偶？显然，这与我们的研究目的有关，研究者需要根据文献与自己的研究假设来选择。

第二，变量的维度。许多概念往往具有不同的维度，它对应着现实生活中一组复杂的现象。因此，我们在操作化的时候，要清楚概念具有哪些维度，且哪些维度对自己的研究更重要。否则，我们可能会忽略研究所需的信息，或者选择了与研究目的不符的资料。

例如，在研究人们的政治效能感的时候，我们需要考虑的维度可能包括内在效能感和外在效能感两个维度，具体项目包括：

①"政府的工作太复杂，像我这样的人很难明白"；

②"我觉得自己有能力参与政治"；

③"如果让我当政府干部，我也完全能胜任"；

④"我向政府机构提出建议时，会被有关部门采纳"；

⑤"政府官员会重视我们对政府的态度和看法"；

⑥"我对于政府部门的建议/意见可以有办法让领导知道"。

一旦确定了搜集数据的方法（例如问卷访谈、实地调查），并决定了变异的范围、变异两极划分的精度等之后，接着面临的就是一种数学——逻辑化的选择，即确定测量的层次。为了探讨这个问题，我们需要再看一看变量的属性及属性间的关系。

第三，界定变量和属性。变量是一系列属性的逻辑集合。例如，常见的"性别"变量包含了"男性"与"女性"两个属性。有时变量的名称选择需要根据其具体的属性特征来决定。例如性别的英文可以表示为 sex 或者 gender，并且有时可以交替地使用这两个术语。但实际上，两者不尽相同，需要根据其语境进行判断选择。在"性别"变量含有物理意义上的男、女要素时，sex 是一个合宜的名称，而当变量是社会身份性、举止性的 femininity 和 masculinity 要素时，gender 则是合宜的，因为 femininity 代表我们传统上与女性相联系的品质，masculinity 则表示男性的相关品质。

每个变量的属性都应包含两个要素：第一，变量的属性要具有完备性；第二，变量的各个属性之间应具有互斥性。完备性是指组成一个变量的属性应当涵盖所有经验能够观察到的情况。如果在研究中把"政治面貌"这个变量的属性设计为"共产党员"和"群众"，那么就忽略了一大批的共青团员和民主党派人士，这对于研究可能会造成影响。此时,可以增加“其他”选项来达到这个变量属性的完备性。互斥性是指在一个变量的多个属性之间应当是分明的,每一种观察结果能够对应到唯一的属性。

第四,指标选择的多样性。界定了变量及变量的属性之后,我们就需要为变量确定具体测量指标。在社会科学研究中,变量大致可分为两类。一类是具有相当明确的测量方式的变量。这类变量通常只有单一的指标,如“性别”通常只被分为“男性”和“女性”两类,一个人的出生年月也只对应一个日期,一个公司正式雇员的数量也是可以得到的。另一类变量则复杂得多。我们知道,有些抽象概念很难在具体现象中找到对应的指标,而且不同的人对相同的概念往往有不同的解释,且每一种解释都有多种指标。就一项经验研究来说,测量所得的资料是其数据分析的基础,不同的测量方式和测量指标关系着一项研究的结果。因此,我们在确定概念的操作定义,并对其进行操作化的过程需要谨慎。

第四节　研究的信度和效度

一项科学研究经过了深入的概念化和详尽的操作化过程之后,便进入变量测量这一技术环节。对此,如何评价这种测量的品质?科学界形成的共识是可以从信度和效度两个方面,来衡量一种测量的好坏。这两个衡量标准虽然都是针对测量相对于目标而形成的误差而言的,但它们各自偏重于造成测量误差的不同方面。

为了阐述上的方便,笔者在此提出“能测”与“被测”(也可称为“所测”)这两个术语,分别用以指代需要借助其他指标加以说明的变量(被测)及用以充当这种测量角色的指标或资料(能测)。能测与被测的结合,构成了一个完整的测量(measure)。

一、信度

测量信度(measurement reliability)也叫测量的可靠性,指的是测量结果是否具有可靠性和一致性。也就是说,测量的结果是不是反映了测量对象的实际水平。例如,如果同一套测试在对同一测试对象(即受试者本身没有变化)进行的数次测试中,受试者的分数忽高忽低的话,则说明该测试缺乏信度。

测量信度的价值表现在:

第一,测量信度是确保测量效度的必要前提条件,即没有信度就没有测量效度可言。测量的信度与测量的效度有着密切的关系。一般说来,只有信度较高的测量才能有较高的效度,但效度较高不能保证信度也一定较高。

第二,测量的信度主要涉及测量工具本身的可靠性。由于测量工具自身的不完全性、不完整性,而导致整个测量的无效。即信度高的不一定会是好的科学调查,但是信度低的一定不是好的科学调查。

一般来说,测量所得到的最后结果受到系统误差和随机误差两部分的影响。一方面,由于系统误差总是以相同的方式影响测量值,也就不会对测量结果造成不一致;而另一方面,随机误差是随机因素造成的非系统变异,就可能导致不稳定性,从而降低信度。因此,信度是测量结果受随机误差影响的程度。

信度系数的计算以变异理论为基础,通常以相关系数(即两个数之间的比例关系)表示。若相关系数越大,信度则越高。当系数为 1.00 时,说明测量的可靠性达到最高程度;而系数是 0.00 时,则测量的可靠性降到最低程度。在一般情况下,系数不会高到 1.00,也不会降到 0.00,而是在两者之间。对信度指数的要求因测量类别的不同而不同,社会科学研究方面人们对标准化测量的信度系数通常要求在 0.80 以上,以 0.60 ~ 0.80 为可接受性系数。

测试信度的计算方法主要有三种:

①重测法(the retesting method)。对同一测量对象用相同的测量工具在不同时间内进行测量,获得两组数据,然后计算出两组数据的相关系数。当然,在两次测量中,测量对象第二次的测量数据理应比第一次的要高,因为在第二次测量时测量对象已经有了进步而且经验也更丰富了。但是若该测量工具是比较可靠的,每个测量对象在两次测量中的排名次序应该是基本不变的。

②交替形式法(the alternative method)。对同一批测量对象使用类型相同、程度相当,但内容不同的两组测量工具先后进行两次测试,然后计算出两次得分的相关系数。

③对半法(the split-half method)。测试只进行一次,但将整份试卷的题目按单、双数分成两组来分别计分,算出两组分数的相关系数,然后再用 Spearman-Brown 的公式计算整份试卷的信度系数。具体计算步骤是:将两组分数的相关系数乘以 2,再除以 1 加两组分数的相关系数。

二、效度

测量效度(measurement validity)亦称测量的有效性,指一套测量对应该测量的内容所测的程度。也就是说,一套测量是否达到了它预定的目标以及是否测量了它要测量的内容。

测量的效度一般可分为以下几类:

①表面效度(face validity)。指测量应达到的卷面标准,即一套调查问卷的问题从表面看来是不是合适的。若一次问卷中包括许多被调查者没有听过的过于专业的词汇,则可认为这次问卷调查缺乏表面效度。例如,向参加会展节庆的游客询问调查节庆活动的满意度时,应尽量使用普通游客能够理解的词汇,而非大量专业的旅游节事词汇。表面效度是调查出被调查者正常水平的一种保证因素。

②内容效度(content validity)。指一份问卷是否涵盖了应该调查的内容或者说所调查的内容是否反映了调查的要求,即调查的代表性和覆盖面的程度。例如,如果调查游客对酒店服务的满意度时,仅仅就酒店餐饮服务、娱乐服务进行调查,而不调查酒店住宿这个最主要的功能,那么该调查问卷的内容效度就很低。

③编制效度(construct validity)。指一套测试题的诸项目对编制该测试所依据的理论的各个基本方面的反映程度。例如,以结构主义语言理论为基础,认为系统的语言习惯是通过句型而获得的,那么,强调词汇和语法环境的测试题目就失去了编制效度。

一般来说,对某次测试的效度进行检验时,除了要根据教学大纲的要求和观念有效性的理论对试卷的内容进行考查以外,还须采用计算相关系数的定量方法,即计算出本次试卷与另一份已被确定能正确反映受试者水平的试卷之间的相关系数。系数高则有效性大。课堂测试的效度应在0.4 ~0.7,规模较大的测试其效度应在0.7以上。

三、影响信度和效度的因素以及相互关系

(一)信度和效度的影响因素

一般来说,测量的信度和效度不仅受到调查问卷本身的影响,还受到调查双方的影响,主要表现在:首先,调查问卷本身的因素。调查问卷必须对整个内容具有代表性:问题设计时应尽量避免容易引起误差的题型,问题难度要适中。具有较高的区分度:问卷长度要恰当,即要有一定测题量;问题的排列按先易后难的顺序。其次,测验实施中的干扰因素。诸如被访者在测验时的兴趣、动机、情绪、态度和身心状况、健康状态以及是否充分合作与尽力而为等,都会影响其在调查中的反应。还有调查者的专业能力,如是否按规定程序和标准提问,是否有意无意影响被访者,是否认真做笔记,等等,都会影响被访者在调查中的反应。再次,调查环境和调查时间。如场地的布置、材料的准备、调查场所有无噪声和其他干扰因素等。最后,样本团体。一般而言,接受调查的样本团体异质性高,会高估信度;反之,则会低估信度。

(二)信度与效度的关系

对于研究者来说,往往希望自己的测量兼具信度和效度,这两者也是科学的测量工具所必须满足的条件,但是信度和效度之间经常存在张力。测量的信度和效度之间存在着某种既相互联系又相互制约的关系。一方面,测量的信度很低,其效度必然也低,但高信度的测量并不意味着同时也是高效度的测量,它的效度可能很低。另一方面,低效度的测量,其信度有可能很高;而高效度的测量,其信度必然也高。信度是效度的必要条件,但不是充分条件。也就是说,一个测量工具没有信度就没有效度,但是有了信度不一定有效度。具体可见表2-1。

表2-1 信度和效度的关系

	效度低	效度高
信度低	√	×
信度高	√	√

在实际研究中,研究者常常面临信度与效度之间的平衡问题——为了获得效度而舍弃信度,或者为了增加信度而牺牲效度。例如,我们使用结构式问卷测量“生活满意度”,通过使用问卷中的问题反复询问同样的对象,这样就可以得到相对较高的测量信度。但是,这种测量方法的效度往往会比较低。因为人们对于生活满意度的感知并不局限于问卷上所列的这些项目,现实中人们往往有更多更复杂的感受。如果我们对每个研究对象进行深入的观察、访谈,那么所得资料的效度会比较高。但是,这种方法不可避免地损失了信度。

章节习题

一、单项选择题

1. 俗称“走马观花”式的调查研究方式是(A)调查研究。

A. 描述性　B. 解释性　C. 探索性　D. 预测性

2. 下列不属于研究假设变量之间关系的是(C)。

A. 相关关系　B. 因果关系　C. 交叉关系　D. 虚无关系

3. 以下哪种类型不适合作为研究问题的来源？(D)

A. 现实社会　B. 个人经历　C. 文献来源　D. 主观捏造

4. 下列属于概念操作定义的是(D)。

A. 学习态度　B. 小康型社会

C. 学生到课率　D. 国民生产总值

5. (D)的作用是剖析事物之间的关联性，并对这种关联性的特征作出因果解释，所以，也可以被称为因果关系研究。

A. 描述性研究　B. 应用性研究

C. 理论性研究　D. 解释性研究

6. 需要进行研究性假设的调查研究是(C)。

A. 描述性研究　B. 应用性研究研究

C. 理论性研究　D. 预测性研究

二、判断题

1. 研究设计在现代管理学研究中是一个不可或缺的阶段。(√)

2. 对于一种描述性研究而言，它们所涉及的研究方法可能是单一的、双重的，也可能是多重的。(√)

3. 定量研究是与定性研究完全相对的两种方法，因此在做研究时不能采用将定性和定量研究相结合的研究方法。(×)

4. 信度和效度虽然都是针对测量相对于目标而形成的误差而言的，但它们各自偏重于造成测量误差的不同方面。(√)

5. 旅游研究的问题来源主要包括现实的社会生活、个人的旅游经历、相关文献、研究方法和既有理论。(√)

三、名词解释

1. 纯理论研究。

纯理论研究也称基础研究，是为了获得关于现象和可观察事实的基本原理的新知识(揭示客观事物的本质、运动规律，获得新发现、新学说)而进行的实验性或理论性研究，它不以任何专门或特定的应用或使用为目的。

2. 应用研究。

应用研究是指为获得新知识而进行的创造性研究，主要针对某一特定的目的或目标。该研究是为了确定基础研究成果可能的用途，或是为达到预定的目标探索应采取的新方法(原理性)或新途径。

3. 描述性研究。

描述性研究提供描述性或叙述性知识。描述性研究使研究者得以描述所研究的旅游现象,而并不试图解释现象的原因。从根本上讲,描述性研究主要是研究“是谁”和“是什么”的问题。

4. 探索性研究。

探索性研究有时亦称为探测性研究,是指当对所研究的问题缺乏最基本的了解但有进一步研究的欲望或必要时,而对相关问题展开的一种初步的或前期的研究工作。

5. 解释性研究。

解释性研究是指通过种种方法和手段对调查搜集来的各种资料进行整理分析,以阐明所了解到的社会现象发生的原因,并预测其变化趋势的社会实践活动。

6. 定性研究。

定性研究方法植根于解释社会学范式。定性研究方法收集信息以形成许多个文本单元,它们再现了正在研究的旅游现象的社会现实、背景和特征。这种研究从方法论的角度看,其本质是归纳性的。

7. 定量研究。

定量研究方法首先收集关于旅游者的体验、事件或现象的基本信息,并将其抽象到可以量化、操作化的层次。定量研究方法植根于实证主义的社会科学范式。

四、简答题

1. 从概念到可操作化需要几个步骤?

答:概念化→概念→名义定义→操作定义→现实研究中的测量。

2. 测试信度的计算方法主要有哪些?

答:测试信度的计算方法主要有三种:

(1)重测法(the retesting method)。对同一测量对象用相同的测量工具在不同时间内进行测量,获得两组数据,然后计算出两组数据的相关系数。

(2)交替形式法(the alternative method)。对同一批测量对象使用类型相同、程度相当,但内容不同的两组测量工具先后进行两次测试,然后计算出两次得分的相关系数。

(3)对半法(the split-half method)。测试只进行一次,但将整份试卷的题目按单、双数分成两组来分别计分,算出两组分数的相关系数,然后再用 Spearman-Brown 的公式计算整份试卷的信度系数。具体计算步骤是:将两组分数的相关系数乘以2,再除以1加两组分数的相关系数。

第三章　文献法

学习目标

1. 了解文献的概念以及各类划分方式下文献的特点。
2. 了解并掌握文献法的作用与操作过程。
3. 了解并掌握文献检索的方法，并尝试实践。
4. 了解文献综述的目的与内容。
5. 了解并掌握一篇好的文献综述具备的特点。

文献法也称历史文献法，是指通过阅读、分析、整理有关文献材料，全面、正确地研究某一问题的方法。今天人类正在进入信息社会，信息社会的特征就是信息共享。文献法使我们在利用信息方面跨越了时空限制。我们在进行社会研究的时候，无不是从文献资料开始的。在不查阅前人的有关资料的情况下，是难以展开卓有成效的研究的。因此，文献法是旅游研究中最基本的方法之一。

第一节　文献的概念与分类

文献是记录知识的一切载体。具体地说，文献是将知识、信息用文字、符号、图像、音频等记录在一定的物质载体上的结合体。由此定义我们可以看出，文献具有三个基本属性，即文献的知识性、记录性和物质性。它具有存贮知识、传递和交流信息的功能。因此，我们认为，文献是具有历史价值和研究价值的知识，具有一定的载体、方法、手段、意义表达和记录体系等基本要素。

文献的类型有很多，分类方法也多种多样。接下来我们将按照不同的划分依据对各类文献的特点进行简单介绍。

一、按文献载体划分

随着技术手段的发展和文献储存需求的变化，产生了众多形式的文献载体。大致可以划分为印刷型、缩微型、磁介质型和数字型。

印刷型文献是以手写、打印、印刷等为记录手段，将信息记载在纸张上形成的文献。它是目前历史最悠久的传统文献形式。印刷型文献的特点是不需要特殊的设备，便于阅读和流传，但存储密度小、体积大，不便于管理和长期保存。

缩微型文献是以感光材料为载体，利用光学技术以缩微照相为记录手段而形成的一种文献形式，包括缩微胶卷、缩微平片、缩微卡片等。缩微型文献的优点是体积小、存储密度大、便于保存和传递、价格便宜等，但需要有较复杂的设备才能阅读。虽然世界上许多文献信息服务机构都欲将长期收藏的文献制成缩微品加以保存，但目前在所有文献类型中，缩微型文献所占数量较少，在一般的图书馆入藏的也很少。

磁介质型文献是以磁性和感光材料为介质记录声音、图像等多媒体信息的一种文献形式，也称视听型文献，包括音像磁带、唱片、幻灯片、激光视盘等。磁介质型文献的优点是形象直观，尤其适于记录用文字、符号等难以描述的复杂信息和自然现象，可闻其声、见其形，易于理解。其存取快捷，但需要利用专门设备。

数字型文献是以计算机处理技术为核心记录信息的一种文献形式。其种类多，数量大，内容丰富，包括各种电子图书、电子期刊、联机数据库、网络数据库、网络新闻等。数字型文献的特点是信息存储量大、出版周期短，可以融文本、图像、声音等多媒体信息于一体，信息共享性好、存取检索速度快，但必须利用电子设备才能阅读。随着计算机技术特别是网络技术的迅猛发展和普及，数字型文献的地位越来越受到人们的重视。

二、按文献的加工层次划分

由于文献的种类繁多，各具特色，不同类型文献所记载的信息内容也各有侧重。随着对知识信息由分散到集中、由无序到有序、由博而精地进行不同层次的加工过程。根据文献内容、性质和加工层次可将文献依次划分为零次文献、一次文献、二次文献和三次文献。它们所含信息的质和量是不同的，对于改善人们的知识结构所起到的作用也不同。

零次文献是一种特殊形式的情报信息源，主要包括两个方面的内容：一是形成一次文献以前的知识信息，即未经记录，未形成文字材料，是人们的口头交谈，是直接作用于人的感觉器官的非文献型的情报信息；二是未公开于社会即未经正式发表的原始的文献，或没正式出版的各种书刊资料，如书信、手稿、记录、笔记和包括一些可内部使用但通过公开正式的订购途径不能获得的书刊资料。零次文献一般是通过口头交谈、参观展览、参加报告会等途径获取，不仅在内容上有一定的价值，而且能弥补一般公开文献从信息的客观形成到公开传播之间费时甚多的弊病。

一次文献是人们直接以自己的生产、科研、社会活动等实践经验为依据生产出来的文献，也常被称为原始文献或一级文献，其所记载的知识、信息比较新颖、具体、详尽。一次文献在整个文献中是数量最大、种类最多，所包括的新鲜内容最多、使用最广、影响最大的文献，如期刊论文、专利文献、科技报告、会议录、学位论文等，这些文献具有创新性、实用性和学术性等明显特征，是科技查新工作中进行文献对比分析的主要依据。

二次文献也称二级文献，它是将大量分散、零乱、无序的一次文献进行整理、浓缩、提炼，并按照一定的逻辑顺序和科学体系加以编排存储，使之系统化，以便于检索利用。其主要类型有目录、索引和文摘等，如《中文科技资料目录》《中国科技期刊数据库》等。二次文献具有明显的汇集性、系统性和可检索性，它汇集的不是一次文献本身，而是某个特定范围的一次文献线索。它的重要性在于可以减少查找一次文献花费的时间，是查新工作中检索文献所利用的主要工具。

三次文献也称多次文献或三级文献，是选用大量有关的文献，经过综合、分析、研究而编写出来的文献。它通常是围绕某个专题，利用二次文献检索搜集大量相关文献，对其内容进行深度加工而成。属于这类文献的有综述、评论、评述、进展、动态等，这些对现有成果加以评论、综述并预测其发展趋势的文献，具有较高的实用价值。在查新工作中，可以充分利用反映某一领域研究动态的综述类文献，在短时间内了解其研究历史、发展动态、水平等，以便能更准确地掌握待查项目的技术背景，把握查新点。三次文献是高度浓缩的文献信息，它既是文献信息检索和利用的对象，又可作为检索文献信息的工具。

三、按文献来源划分

根据文献的来源及其公开性来划分，可将文献划分为正式文献和非正式文献。

正式文献是人们通常所理解的文献划分类别。根据不同出版形式可以分为图书、连续性出版物、特种文献，包括政府出版物、学位论文、科技报告、专利、标准、档案、会议文献、产品样本等，我们将在后面文献检索部分进行介绍。正式文献具有权威、科学、宏观的特点，正式文献的来源应该有迹可循。

非正式文献指以表达个人意志或需求为目的，发表在各个平台的网络言论、日记、自传或手写信件。发表在网络平台的非正式文献没有经过严格审核，主观性和随意性特征明显。非正式文献是进行质性分析的主要文献类型。需要注意的是，个人代表某个正式组织发表的评论、讲话应该属于正式文献。

第二节　文献法的特点、作用和操作过程

文献法是指研究者按照一定的研究目的或课题，通过研究文献活动，全面正确地了解掌握所研究的问题，揭示其规律和属性的一种方法。文献是人们专门建立起来储存与传递信息的载体，是人们从事各种社会活动的记录。它反映了该社会某一时期的社会特点和风貌，虽然有时是间接的反映，但是这也对我们研究社会的现实问题提供了有价值的参考。为了全面地研究现实，就要了解与现实有关的已有的各种资料。因此，文献法是社会调查中必不可少的一环，而各种社会研究报告本身也作为文献提供给未来的研究者。

一、文献法的特点

相对于其他的收集资料的方法，文献法有一些比较突出的特点：

①间接性。即文献研究处理的资料是间接性的资料。使用文献法的研究者可以超越时空条件的限制，研究那些不可能亲自接近的研究对象。例如，我们现在要想研究唐代佛教对社会生活的影响，只有通过查阅大量史籍才能具体进行描述与分析。还有许多

研究历史上社会现象的实例。使用文献法,可在相当大的程度上打破时间、空间的限制,研究大量他人实地观察所涉及的社会现象。

②稳定性。文献法不直接接触研究对象,不会产生研究的干扰效应。文献始终是一种稳定的存在物,不会因研究者的主观偏见而改变,也不会因研究者不同而改变。这就为研究者客观地分析一定的社会历史现象提供了条件。

③灵活性。文献法是获取知识的捷径,不受时空限制,在空间上可不用亲临现场,在时间上可灵活安排。可以用很少的人力、经费、时间,获得比其他调查方法更多的信息。文献一般集中存放在档案馆、图书馆、研究中心等地方,随时可以去查阅、去摘录,花费主要是车费、复印费和转录费等。

当然,文献法也具有一定的局限性。文献对于社会调查研究来说,总是一种不完全的资料,因为文献的各个作者并不都按照同一个主题与要求记录社会现象。文献调查所获得的信息与客观真实情况之间,也会存在着一定的距离。这是因为,任何文献都是在一定时代、社会条件下的产物,具有特定的局限性,都受到撰写者个人素质的制约。

二、文献法的作用

文献资料的上述特点,使得文献调查法有广泛的应用价值。首先,文献法能作为社会调查的先导。有利于全面正确地掌握所要研究问题的情况及现状,最大限度地利用已有的知识经验和科研成果,帮助研究者选定研究课题和研究方向、确定研究重点和建立研究假设。其次,文献法能为比较研究和动态研究提供必要的依据。有利于拓展研究思路,提升研究的基础,提高研究的创新性,避免研究中的重复。最后,文献法能为社会现象的研究提供现实的依据,有利于提高研究效益。

当然,由于文献法的局限性,在社会调查中仅仅依靠文献调查也是不够的,它常常要与其他调查方法结合起来,才能取得更好的效果。

三、文献法的操作过程

文献法的操作过程通常包括五个环节:提出课题或假设、研究设计、搜集文献、整理文献和进行文献综述。根据目的性可以将整个文献调查的过程分为三个阶段:

第一,分析和预备阶段。此阶段包括分析研究课题和确定研究设计。因为研究目的和问题不同,文献收集的范围、文献分析的重点也必然不同。所以文献法的首要工作就是要确定自己研究的目的和问题。同时还要明确文献研究法在这项研究中是当作辅助性的研究方法,还是作为一种独立的研究方法来使用,因为这会直接影响文献收集、整理、解读及分析的侧重点和方法。在此阶段要明确自己预备检索的课题要求与范围,确定课题检索标志,以确定所需文献的作者、文献类号、表达主题内容的词语和所属类目,进而选定检索工具、确定检索途径。

第二,搜索阶段。搜索与所研究问题有关的文献,然后从中选择可用的资料分别按照适当顺序阅读,并以文章摘录、资料卡片、读书笔记等方式记录收集材料。注意要提前确定好文献搜集的内容范围、时间范围和文献的类别,还要做好搜集文献和描述文献的预备工作。在搜集文献时还要注意鉴别文献的真伪,深入考察文献的来历和可靠程度。同时要注意记录文献的来源,以便保证引用文献的规范性,避免侵犯他人知识产权的情况出现。还要在时间和经费允许的情况下,适当扩大文献搜集的范围,以保证能够搜集到较为完整和系统的文献。

第三,加工阶段。由于刚搜集到的文献资料是非常庞杂的,必须经过整理才能汲取有用的情报资料。将搜集到的大量粗糙、杂乱的原始资料进行浏览和精读,即先在短时间内快速地简单了解文献的基本内容和价值,再理解性地对有价值的文献内容进行概括和升华。同时还要对文献资料进行核实并修正,按照一定的时序和规律,进行条理化、系统化、简明化地分类整理,从而揭示研究对象的本质及内在规律。此外,还要对文献进行统计分析和理论分析,形成报告。目的是剔除假材料,去掉相互重复、陈旧、过时的资料,从研究任务的观点评价资料的适用性,保留那些全面、完整、深刻和正确地阐明所要研究问题的一切有关资料。

第三节　文献检索

研究数据可通过查阅期刊、书籍和报纸等方式间接获得,这种通过查阅文献间接获得研究数据的方法被称为文献检索。文献检索是重要的数据收集方式,存在于研究的全过程。

一、文献检索的作用

通过文献检索获得的研究数据不仅可广泛应用于学术研究,在日常生活中遇到问题也可以通过文献检索解决。文献检索的作用主要有以下几点:

第一,了解研究现状并洞悉研究方向。旅游研究需要在了解研究现状、评判成绩和局限的基础上继续发现问题实现创新。使用文献检索手段获得某个领域的全部研究文献,才能准确剖析现有研究局限,精准把握研究的主攻方向。

第二,确定研究问题并构思研究方案。根据自己积累的知识和实践中的发现,通过检索文献可以识别自己提出的研究问题的新意,结合文献分析明确自身研究的切入点。通过文献检索可以确定自身研究的理论依据,形成研究假设,构建理论模型,形成研究设计。

第三,厘清理论渊源并明确研究价值。确定了明确的研究问题,必须通过文献检索,围绕核心概念梳理渊源,确定自己的定义。围绕相关理论严密思辨,确定是否需要突破现有理论创新发展。通过文献检索实现理论渊源的梳理和理论局限的揭示,确定自己的研究问题是否具有填补理论空白、完善理论、改良方法、丰富研究内容等方面的贡献,明确研究问题的研究价值。

第四,丰富研究数据并扩展研究视野。文献检索是运用最广泛的数据收集方法,传统上是二手数据收集的重要手段,是其他社会调查方法的基础。针对宏观层面的国家统计数据、具有进入门槛的保密数据和保护性的古籍资料,可以通过文献检索以间接了解相关数据和信息。同时,文献检索更是现代大数据收集的一种重要方式,特别是网络信息收集是大数据时代背景下获得研究数据的一种重要方法。结合现代分析软件的功能,文献信息已成为拓展研究视野的数据基础。

二、文献检索的程序和方法

文献法的实际运用通常是在选定课题方向后,根据需要进行检索确定查找文献的范围和深度。文献检索的目的就是获得相关信息解决当前研究者所遇到的问题。文献检索的第一步是将研究问题分解为若干个小问题,厘清问题的实质、所涉及的学科范围。将小问题进行先后、主次排序,围绕条件问题或主要问题确定检索主题和检索方法。第二步要根据自身的实际条件、所需文献类型选择合适的检索平台,尽可能多地配合利用线上线下平台搜索资料,避免片面性和滞后性。第三步对检索的文献进行整理和复检。在搜索过程中需要同步进行资料整理。利用检索的文献解决初始条件问题,明确新的条件问题以此确定新的检索主题,启动第二轮文献检索,直到研究问题得以解决,检索结束。

文献检索的方法因检索课题内容和范围的不同而分别有所侧重,采用的检索方法主要有:

①直查法。从与本检索课题有关的书刊中直接检索文献的一种方法。检索课题单一,文献集中,对于所检索书刊又比较了解的,适合于使用这种方法。

②追溯法。利用已经检索到的文献的引文、注释、脚注和参考文献,逐个地进行追踪查找,发现所需文献的一种方法。一般在已知文献很少或缺乏检索工具的情况下,可以获得一些必需的文献。

③顺查法。按照检索课题的时间范围,由远及近、从旧到新的顺序查找文献的一种方法。可得到较为系统全面完整的文献资料,但费时费力。

④倒查法。按照检索课题的时间范围,由近及远地回溯查找文献的一种方法。适用于检索新的文献,特别是理论性的研究课题。

⑤综合法。即对上述几种方法交替使用的一种方法。适用于复杂、重大的检索课题。

具体而言,如果研究者具备一定检索知识及良好素质,有较完备的检索工具,可采用顺查法和倒查法;如果是对研究课题作全面系统的综述报告,宜用顺查法;如是对新课题的研究,应以倒查法为主;如果缺乏完备的检索工具和线索,则可采用追溯法。

三、文献检索平台

检索平台指报道、储存和查找所需主题文献的渠道和终端。常用的文献检索平台有图书馆馆藏、网络数据库以及行业网站。线下来源平台的特点是系统归纳、信息可靠,线上来源平台的主要特点是全球共享、使用便捷。

(一)图书馆馆藏

国家各级图书馆、专题图书馆和高校图书馆的馆藏文献类型、数量丰富,囊括了各图书、专著、期刊、报纸等文献类型。目前，图书馆的文献资料有两种形式：纸质形式和电子形式。

纸质形式的书籍、年鉴、期刊和报纸一般统一按照中国图书分类号进行编制，分别储存在各个图书室。登陆各个图书馆的电子检索系统或直接咨询图书馆管理服务人员能够快速找到所需要的文献。如果所在的地方图书馆和高校图书馆没有收藏读者所需要的文献资料，可以利用图书馆和其他图书馆的合作共享关系向图书馆管理服务人员申请馆际互借服务，通过图书馆之间的互借机制满足文献检索需求。

电子形式文献的检索，人们可以通过访问图书馆网站查找、阅读和下载电子形式的书籍、期刊和学位论文以弥补纸质馆藏的不足。图书馆的电子馆藏资源由各个图书馆向各个网络数据库支付一定费用后供读者免费使用，所以一般来说，级别越高的图书馆拥有的电子馆藏资源会越丰富。正因如此，在使用图书馆的电子馆藏资源时会受到 IP 地址和身份的限制。

（二）网络数据库

如果所需要的文献类型是最新的期刊、统计数据而不是书籍、报纸，可以直接使用网络数据库收集。目前大多数计算机信息检索系统存有四种类型的数据库：文献型数据库、数值型数据库、工具型数据库和全文型数据库。

文献型数据库提供查找文献的线索，包含篇名、著者、文献来源、摘要、出版单位等。文献型数据库本身不直接向用户提供文献原文，而是提供简单线索，起指引、搭桥作用。例如，百度学术（http://xueshu.baidu.com/）等。

数值型数据库存储了大量的数字、参数和公式，提供统计数据、数学公式，是收集数值型研究数据的主要平台。例如，中国年鉴信息网（http://www.chinayearbook.com/yearbook/）、中国统计信息网（http://www.tjcn.org/）、国家统计局（http://www.stats.gov.cn/tjsj/ndsj/）及各地方统计局网站等。

工具型数据库提供名词术语解释、学术热点和学术研究趋势。例如，CNKI 工具书馆（http://gongjushu.cnki.net/rbook/）、CNKI SCHOLAR（http://scholar.cnki.net/）等。

全文型数据库集文献检索与全文提供于一体，免去了检索书目数据库后还得费力去获取原文的麻烦。全文型数据库免费提供浏览题录和摘要功能，一般用户浏览和下载全文则需要注册付费。图书馆购买的电子馆藏资源大多来自全文型数据库，在图书馆设定的有效 IP 地址范围内进行访问即可实现免费浏览和下载。常见的中文全文型数据库有中国知网、万方数据知识服务平台、维普网，外文数据库有 Science Direct 数据库、Web of Science 数据库等。

（三）行业网站

互联网中的行业网站和计算机软件也为研究者收集新闻、日记、统计数据等原始资料提供了便捷。按照网站的性质，行业网站可分为商业性行业网站和非商业性行业网站。

商业性行业网站包含的产品信息、产品销量、用户评价和游记都可根据研究需要充当研究数据，但请切记发布在互联网上的信息没有经过审核把关，是否适合作为研究数据还需要仔细甄别。常见的商业性行业网站有马蜂窝、携程旅行。

非商业性行业网站主要包含政府官方行业网站和民间协会行业网站，如中国旅游研究院、中国旅游协会等。非商业性行业网站以发布行业信息、行业统计数据和组织记录行业会议为主要功能，是收集最新行业政策与新闻和统计数据的主要平台。

四、文献的类型来源

不论我们采取哪种文献检索的方式、平台，绝大多数文献的原始信息都出自期刊、专著、学位论文、会议集、报纸、专利文献、科技报告、标准文献和电子资源等几大类常用的文献类型。以下将简单介绍这些常用的文献类型，并根据《信息与文献　参考文献著录规则》(GB/T 7714—2015)规定，将参考文献的著录格式的示例列举如下。

(一)期刊

期刊是一种定期或不定期连续出版的文献载体，每种期刊拥有固定的名称、国内统一连续出版物号(CN 号)或国际标准连续出版物号(ISSN 号)。学术期刊是一种经过同行评审的期刊，发表在学术期刊上的文章通常涉及特定的学科。学术期刊展示了研究领域的成果，并起到了公示的作用，其内容新颖，以原创研究、综述文章、书评等形式的文章为主，能迅速反应学科热点和研究前沿。旅游学科的著名学术期刊有：《旅游学刊》、《旅游科学》等。

期刊著录项目信息格式及示例：

主要责任者. 题名[J]. 刊名，年份，卷(期)：起讫页码.

[1]谢彦君，徐英. 旅游场中的互动仪式：旅游体验情感能量的动力学分析[J]. 旅游科学，2016，30(1)：1-15.

[2] DIMITRIOS S, AVITAL B, JASON S, et al. Residents' support for tourism development: The role of residents' place image and perceived tourism impacts[J]. Tourism Management, 2014, 45: 15.

(二)学位论文

学位论文是指高等学校或研究机构的学生为取得某种学位，撰写的研究报告或科学论文，包括学士学位论文、硕士学位论文、博士学位论文。学位论文代表不同的学识水平，是重要的文献情报源之一。学位论文具有选题新颖、引用材料广泛、阐述系统、论证详细的特点。它一般不在刊物上公开发表，只能通过学位授予单位、制定收藏单位和作者私人途径获得。国内的论文收藏单位有中国科学技术信息研究所和国家图书馆。常用的查询系统有中国知网(http://www. cnki. net)和万方数据知识服务平台(http://wanfangdata. com. cn)等。

学位论文著录项目信息格式及示例：

主要责任者. 题名[D]. 颁发学位的大学地点：大学名称，年份.

[1]尤海涛. 基于城乡统筹视角的乡村旅游可持续发展研究[D]. 青岛：青岛大学，2015.

[2]张一帆. 我国旅游 APP 用户满意度的实证研究[D]. 海口：海南大学，2015.

(三)会议集

会议集是指在学术会议所发表的论文或报告及其他有关资料,随着学术会议的召开而产生。通常在一定程度上反映了某一学科研究的水平动向,代表着最新研究成果,具有新颖和原创性特点,属一次文献,是重要的文献情报源之一。国内旅游学术会议有中国旅游科学年会、中国旅游研究年会、中国旅游发展论坛等。

会议论文著录项目信息格式及示例:

会议论文主要责任者. 题名[C]//论文集主要责任者. 论文集题名. 出版地:出版者,出版年:起讫页码.

[1]许云华,罗润. 新冠疫情对于旅游景区的影响及疫后景区振兴对策研究[C]//中国旅游研究院. 2020 中国旅游科学年会论文集 疫情应对,2020:398-408.

[2]黄超,李云鹏. "十二五"期间"智慧城市"背景下的"智慧旅游"体系研究[C]//2011《旅游学刊》中国旅游研究年会会议论文集. 北京:《旅游学刊》编辑部,2011:55-68.

(四)报纸

报纸是以刊载新闻的时事评论为主的定期向公众发行的印刷出版物,具有学术性与新闻性共存的特点。旅游学术研究通常以旅游、经济等行业报纸作为文献来源收集研究数据。

报纸文献著录项目信息格式及示例:

主要责任者. 题名[N]. 报纸名称. 出版日期(版次).

[1]"十三五"旅游业发展规划[N]. 中国旅游报,2016-12-27(2).

[2]乐琰. 疫情之下的旅游产业如何转危为机[N]. 第一财经日报,2020-02-25(A09).

(五)普通图书

普通图书以印刷方式刊行的单行本、多卷书、丛书等现代出版物。不包括线装古籍、连续出版物和各种非印刷型出版物。

图书著录项目信息格式及示例:

主要责任者. 书名[M]. 出版地:出版单位,出版年.

[1]林德荣,郭晓琳. 旅游消费者行为[M]. 重庆:重庆大学出版社,2019.

[2]O'BRIEN J A. Introduction to information systems[M]. 7th ed. Burr Ridge, Ⅲ: Irivin,1994.

(六)专利文献

专利文献是记载专利申请、审查、批准过程中所产生的各种有关文件。是技术信息最有效的载体,囊括最新技术情报,相对于其他文献形式,专利文献更具有技术性、独创性和实用性的特征。通常意义上的专利文献主要是指专利说明书。常用的专利检索系统有国家知识产权局(http://www.cnipa.gov.cn)、中国专利信息中心(http://www.cnpat.com.cn)、世界知识产权组织 WIPO(http://www.wipo.int)、美国专利商标局(http://www.uspto.gov)等。

专利文献著录项目信息格式及示例:

专利所有者.专利题名:专利号[P].公告日期.

[1]徐平.旅游数据的管理方法、推荐方法、系统、存储介质及设备:CN112241485A[P].2021-01-19.

[2]蒋涛,刘轩.一种智慧旅游管理系统江苏省[P].2021-03-05.

（七）标准文献

标准文献是指按规定程序制订,经公认权威机构批准的一整套在特定领域内必须执行的规格、规则、技术要求等规范性文献,简称标准。按照性质可分为技术标准和管理标准。标准的格式整齐划一,有固定的代号,有一定的约束力,时效性强。常用的标准检索系统有中国标准服务网(http://www.cssn.net.cn)、国家标准全文公开系统(http://openstd.samr.gov.cn)、全国标准信息公共服务平台(http://std.samr.gov.cn)等。

标准文献著录项目信息格式及示例:

主要责任者.标准名称:标准编号[S].出版地:出版单位,出版时间.

[1]全国旅游标准化技术委员会.旅游规划通则:GB/T 18971—2003[S].北京:中国标准出版社,2011.

[2]全国旅游标准化技术委员会.旅游景区服务指南:GB/T 26355—2010[S].北京:中国标准出版社,2011.

（八）科技报告

科技报告指各学术、科研团体组织,国家部门在科研活动的各个阶段,以实现科技知识的积累、传播和交流为目的,完整而真实地反映科研活动的技术内容和经验的特种文献。科技报告具有内容广泛、翔实具体、理论性强,技术含量高,能够反映新兴学科和尖端科学的研究成果。国家科技报告服务系统(http://www.nstrs.cn)已经开通了针对社会公众、专业人员和管理人员三类用户的共享服务。通过实名注册的用户即可检索国家科技计划项目所产生的科技报告,并在线浏览公开科技报告全文。系统实现科技报告向社会开放共享,同时采取了相应的技术措施,确保科技报告作者相关知识产权权益。

科技报告著录项目信息格式及示例:

主要责任者.题名[R/OL].(公示时间)[引用时间].来源网址.

[1]世界旅游城市联合会,中国社会科学院旅游研究中心.世界旅游经济趋势报告(2021)[R/OL].(2021-03-01)[2021-03-12].https://cn.wtcf.org.cn/20210312/38f6ec07-6ec3-4895-bf7e-c49fec56845b.html.

[2]文化和旅游部.文化和旅游部政府信息公开工作2020年度报告[R/OL].(2021-01-29)[2021-04-22].http://zwgk.mct.gov.cn/zfxxgknb/2020n/202101/t20210129_921143.html.

（九）电子资源

除电子期刊、电子专著、电子报纸、电子专利之外,以数字方式将图、文、声、像等信息存储在磁、光、电介质上,通过计算机、网络或相关设备使用的记录有知识内容或艺术内容的信息资源称为电子资源,如企业或政府部门的电子公告、网络头条、网络评论等。

电子资源著录项目信息格式及示例:

主要责任者. 题名[文献类型标识/OL].(公示时间)[引用时间]. 来源网址.

[1]河南省文化和旅游厅. 河南省 2021 年清明节文化和旅游假日市场综述[EB/OL].(2021-04-05)[2021-04-13]. https://hct. henan. gov. cn/2021/08-09/2198576. html.

第四节　文献综述

文献综述简称综述,又称文献回顾或文献分析,是在确定了选题后,对选题涉及的研究领域搜集大量相关文献资料,然后通过阅读、整理、融会贯通,对该研究领域的研究现状、最新进展、发展前景等内容进行综合分析、归纳整理和阐述,并提出自己的见解的一种不同于研究论文的文体。文献综述反映研究者对所研究领域文献的掌握程度和理论思维能力。它要求作者既要对所查阅资料的主要观点进行综合整理、陈述,还要根据自己的理解和认识,对综合整理后的文献进行比较专门的、全面的、深入的、系统的论述和相应的评价,而不仅仅是相关领域学术研究的堆砌。

一、文献综述的目的及分类

文献综述总结和综合了研究方向中前人已经做了的工作,了解当前的研究水平,分析存在问题,指出可能的研究问题和发展方向,等等,并且列出了该方向众多的参考文献,这对后人来说是一笔相当大的财富,可以指导开题报告和论文的写作。

文献综述的目的因研究的性质不同而不同,根据不同的研究性质,又可以将文献综述分为两类:基本文献综述和高级文献综述。

如果你的研究目的是要展现有关某个研究课题的现有知识,那么你要做的是一个基本文献综述。这类综述较为宏观,涉及的范围为整个研究领域或某一大的研究方向。立意高,范围广,不易深入,比较好读好懂。这对初入道者、欲对全局有所了解的读者而言很有参考价值。基本文献综述从选择和确立研究兴趣或研究问题开始。随着写作的不断进行,研究问题将不断缩小和澄清,成为一个研究主题。研究主题为文献综述提供了具体指向和框架。文献综述必须包括:研究论题的发现、论者的观点,以及对研究问题的回答。一般来说,不管是一份课程作业还是一篇硕士论文,都会要求有一个基本文献综述。

如果你的目的是揭示一个研究问题,从而进行深入研究,那么你要做的是一个高级文献综述。这类综述较为微观,可以涉及相当小的研究方向,谈的问题更为具体与深入。它也要选择研究兴趣和问题,之后再对相关文献进行回顾,确立研究主题。这时,它要提出进一步的研究,从而建立一个研究项目,这个研究将提出新的发现和结论。高级文献综述是确立原创性研究问题的基础,也是对一个研究问题进行探索的基础。在高级文献综述中,研究者首先陈述有关研究问题的现有知识。根据发现,研究者提出研究论题,即哪方面还需要深入研究。高级的硕士论文和所有的博士论文都以高级文献综述为寻找研究课题中未知领域的垫脚石。虽然基本文献综述和高级文献综述所包含的任务有所不同,但是它们呈现知识和提出论题的方式是相似和并行不悖的。

二、文献综述的内容和结构

通常情况下,文献综述的内容应当包含以下内容:该研究领域的研究意义,研究背景和发展脉络,目前的研究水平、存在问题及可能的原因,进一步的研究课题、发展方向概况,以及作者自己的见解和感想。

文献综述的内容决定文献的形式和结构。由于课题、材料的占有和资料结构等方面的情况多种多样,所以文献综述在写法上没有固定的结构。只要能较好地表达综述的内容,作者可创造性采用诸多形式。简单来说要包括论据和论证,通过提出问题、分析问题和解决问题,比较不同学者对同一问题的看法及其理论依据,进一步阐明问题的来龙去脉和作者自己的见解。总体上主要有如下几个部分:

①序言。即问题提出部分,主要阐明本综述撰写的目的、意义、对研究工作的重要性。介绍本文的基本内容、性质、适用范围和对象等。力求突出重点、简明扼要。

②历史发展。以时间为纲,论述各阶段的发展特点。特别要指出重大进展阶段是在什么条件下发生的,新理念新方法的引入及其效果。目的是探讨发展变化的因果规律,弄清已经解决了什么,用什么方法解决的,遗留下什么问题待解决。阐述时应说明前人对这一课题的不同看法、论点和研究成果,并说明现在达到的水平和当前要解决的主要问题。

③现状分析。横向对比各国、各流派、各观点、各方法的现有水平,着重阐述它们之间的差异,全面分析其产生的原因和背景。

④趋向预测。根据发展状况指出几种发展的可能性和对生产、教育、社会生活可能产生的重要作用以及可能出现的问题等。

⑤小结。对上述的分析做扼要的总结,对各种观点进行综合评价,提出自己的看法,指出存在的问题,更具体地提出应采取的途径、新的研究方案或设想、对其研究的可能性等。

三、如何写好文献综述

好的文献综述,不但可以为下一步的学位论文写作奠定一个坚实的理论基础和提供某种延伸的契机,而且能表明写本综述的作者对既有研究文献的归纳分析和梳理整合的综合能力,从而有助于提高对学位论文水平的总体评价。那么,想要写好文献综述,需要关注哪些方面呢?

首先,检索和阅读文献是撰写综述的重要前提工作。一篇综述的质量如何,很大程度上取决于作者对于本课题相关的最新文献的掌握程度。如果没有做好文献检索和阅读工作就去撰写综述,是绝不会写出高水平的综述的。

其次,从内容上,一篇好的文献综述既要高屋建瓴,又要脚踏实地;既要探赜索隐,又能让人醍醐灌顶。文献综述顾名思义由"综"和"述"组成。前半部分的"综"不算太难,根据所查阅大量的文献进行综合的归类、提炼、概括即可做到。后半部分的评"述"与分析则是一篇"综述"质量高下的分界线,这需要融入作者自己理论水平、专业基础、分析问题、解决问题的能力，在对问题进行合情合理的剖析基础上，提出自己独特的见解。

评价文献综述并没有硬性标准，但好的文献综述应具备以下特点：

①前沿性。文献综述应该关注学术的最新发展，不是为了赶时髦，而是为了防遗漏。

②覆盖性。一个好的综述应该涵盖所有重要文献，围绕研究的中心问题，探索方方面面的答案，包括自己不同意的答案。对与自己的假设或发现不一致的文献或理论，尤其不能忽略。首先，只有站在对立面上，才能真正深思熟虑地斟酌自己的观点。其次，如果你能驳倒某个主流的观点或有影响力的理论，那么你的研究将更有分量。最后，对立面的存在至少说明你的结论并非显而易见、琐碎无聊。

③相关性。在坚持全面的基础上，我们又不能对所有文献不加选择地包揽。我们只需要回顾与本研究直接相关的或至少间接相关的文献，避免讨论不相关文献。

④分析而不是堆砌文献。罗列文献是初级水平，成熟的文献综述要有分析。最重要的分析技巧包括辨识有重要理论贡献的关键文献，依据不同的理论视角将文献进行归类，比较各种观点之间的差异和逻辑联系，并且批判性地评估各种观点的理论价值和经验证据。

⑤连贯性。好的研究综述应该自始至终围绕一条主线，为作者的思路服务，一步一步推演出研究假设。年轻的学者容易被烦琐的文献牵着鼻子走，偏离主题。

最后，理论创新优胜于简单地综述、解释、拓展他人的理论。要在文献综述中做到理论创新，有赖大脑的创造力和对相关文献的深刻理解。也就是说，后人是站在前人肩膀上的。理论创新既包括创造新理论、新概念，也包括有创意地应用一般理论，扩展或整合现有理论。

章节习题

一、单项选择题

1. 将文献按照加工层次划分，期刊论文属于哪一类？（B）

   A. 零次文献　B. 一次文献　C. 二次文献　D. 三次文献

2. 一般在已知文献很少或缺乏检索工具的情况下，更适合选择哪种文献检索方法？（B）

   A. 直查法　B. 追溯法　C. 顺查法　D. 倒查法

3. 利用计算机检索系统查找名词术语解释、学术热点和学术研究趋势时，优先使用哪一类数据库？（C）

   A. 文献型数据库　B. 数值型数据库

   C. 工具型数据库　D. 全文型数据库

4. 根据《信息与文献　参考文献著录规则》（GB/T 7714—2015）中的规定，期刊用什么字母表示？（A）

   A. [J]　B. [D]　C. [M]　D. [OL]

5. 以下哪项不是文献综述的内容？（D）

   A. 该研究的背景和发展脉络

B. 该研究目前的研究水平、存在的问题及可能的原因

C. 进一步的研究课题、发展方向概况

D. 作者对研究问题的个人观点的详细论证过程

二、判断题

1. 文献反映了社会某一时期的社会特点和风貌，因其有时是间接的反映，所以对我们研究社会的现实问题提供的参考价值不高。 （×）

2. 文献法的操作过程通常包括五个环节：提出课题或假设、研究设计、搜集文献、整理文献和进行文献综述。 （√）

3. 文献法的实际运用通常是在选定课题方向后，根据需要进行检索，确定查找文献的范围和深度。 （√）

4. 好的文献综述，不但可以为下一步的学位论文写作奠定一个坚实的理论基础和提供某种延伸的契机，而且能表明写本综述的作者对既有研究文献的归纳分析和梳理整合的综合能力，从而有助于提高对学位论文水平的总体评价。 （√）

5. 由于文献法的局限性，在社会调查中仅仅依靠文献调查也是不够的，它常常要与其他调查方法结合起来，才能取得更好的效果。 （√）

三、名词解释

1. 文献法。

文献法也称历史文献法，是指通过阅读、分析、整理有关文献材料，全面、正确地研究某一问题的方法。

2. 文献综述。

文献综述简称综述，又称文献回顾或文献分析。是在确定了选题后，对选题所涉及的研究领域搜集大量相关文献资料，然后通过阅读、整理、融会贯通，对该研究领域的研究现状、最新进展、发展前景等内容进行综合分析、归纳整理和阐述，并提出自己的见解的一种不同于研究论文的文体。

3. 文献检索。

研究数据可通过查阅期刊、书籍和报纸等方式间接获得，这种通过查阅文献间接获得研究数据的方法被称为文献检索。

四、简答题

1. 什么是文献？文献的基本属性有哪些？

答：文献是记录知识的一切载体，是将知识、信息用文字、符号、图像、音频等记录在一定的物质载体上的结合体。文献具有三个基本属性，即文献的知识性、记录性和物质性。

2. 好的文献综述应具备哪些特点？

答：①前沿性。关注学术的最新发展，防止遗漏。②覆盖性。围绕研究的中心问题，探索所有重要文献，包括自己不同意的观点。③相关性。在坚持全面的基础上，专注于与本研究直接相关的或至少间接相关的文献。④分析而不是堆砌文献。辨识有重要理论贡献的关键文献，依据不同的理论视角将文献进行归类，比较各种观点之间的差异和逻辑联系，并且批判性地评估各种观点的理论价值和经验证据。⑤连贯性。自始至终围绕一条主线思路，逐步推演出研究假设，不偏离主题。

第四章　访谈法

学习目标

1. 了解访谈法的定义与优缺点。
2. 了解并掌握访谈法的类型。
3. 了解访谈法实施过程与技巧。

第一节　访谈法的定义与类型

一、访谈法的定义

访谈法(interview)又称访谈调查法、谈话法或访问法,是指通过访问者和受访者面对面地交谈来了解受访者的心理和行为的资料收集方法。访谈是一种研究性交谈,也就是两个人(或更多人)之间一种有目的的谈话,由访谈员一方通过询问来引导被访者回答,以此了解调查对象的行为或态度,最终达到调查目的。访谈一般以面对面的个别访谈为主,也可采用小型座谈会、调查会的形式进行团体访谈。

调查中所用的访谈是研究性的谈话,不同于一般情况下的谈话。研究性的访谈是一种有目的、有计划、有准备的谈话,其针对性很强,谈话的过程紧紧围绕着研究的主题展开。

二、访谈法的特点

(一)访谈法的优点

1. 真实性

访谈法可以获得较为真实的信息,这是因为:访谈法是研究者与被访者直接进行语言交流,通过研究者的努力开导,可以使被访者放松心情、消除戒备心理、表达心中的真实想法;访谈法基本采用一问一答的方式,被访者需要在很短时间内对问题作出回应,无法进行长时间的思考,这时他们作出的回答往往是出于自发性的反应;访谈法可以有效地避免被访者不回答问题或者遗漏问题的情况发生。因为这是研究者与被访者面对面地进行交流,问题不容易被拒绝。访谈时,由研究者事先确定访谈的提纲和地点,可以灵活地安排访谈的内容、时间及提问的次序，能有效避免其他因素的干扰，有利于被访者客观地回答问题。

2. 深入性

研究者与被访者通过面谈、电话、网络进行直接或者间接的交谈，研究者具有适当引导和进一步追问的机会，所以可以与被访者探讨一些深层次的问题。另外，在访谈中研究者可以观察被访者的表情、动作等肢体行为，以此来窥探被访者当时的心态。

3. 灵活性

研究者在事先设计访谈提纲的时候，有些情况不一定能考虑周全。因此，在实际的访谈过程中，研究者可以根据被访者的具体反应对提纲进行调整或完善。如果被访者对提问的含义没有领会清楚，误解题意，研究者也可以进一步对问题进行解释说明。

（二）访谈法的缺点

当然，访谈法也存在一些缺点：第一，在访谈过程中，研究者的态度、肢体和言语行为、穿着打扮和询问的方式都会影响被访者的回答，这就需要研究者具有一定的访谈常识和足够的访谈经验。第二，访谈法是双方直接或间接的言语交流，当无法进行录音记录时，就需要研究者具有一定的笔录速度。没有经过一定训练的研究者，往往不能将谈话内容完全记录下来。第三，由于访谈法采用面对面的谈话方式居多，所以需要安排一定的访谈地点，在访谈路上也会花费一定的开销和时间，而且还有可能发生拒访或访之不遇等情况。这些情况都会消耗研究者大量的时间、精力和物力。所以，访谈法更适合进行小样本的研究，不太适合进行大规模的研究。第四，访谈法具有其灵活性，但同时也带来了一定的随意性。研究者在访谈过程中灵活调整提纲内容的时候，有可能造成被访者的回答内容各异，没有统一的标准。由于标准化程度略低，所以对访谈结果的整理和分析会比较困难。

三、访谈法的类型

由于研究问题的性质、目的或对象的不同，访谈具有不同的形式。访谈法运用面广，能够简单地收集多方面的资料，因而广为研究者所青睐。

（一）非结构性访谈、结构性访谈与半结构性访谈

1. 非结构性访谈

非结构性访谈又称为非标准化访谈、深度访谈、自由访谈。它是一种无控制或半控制的访谈，事先没有统一问卷，而只有一个题目或大致范围，或一个粗线条的问题大纲。由访谈者与访谈对象在这一范围内自由交谈。具体问题可在访谈过程中边谈、边形成、边提出。对于提问的方式和顺序、回答的记录、访谈时的外部环境等，也没有统一的要求，可根据访谈过程中的实际情况做各种适当的安排。

非结构性访谈旨在引入一些初步议题，以便访谈者决定可对哪些变量做进一步的深入调查。在一个相对宽泛的问题领域，访谈者可能想了解情境中某些变化的模糊想法，而不是想要知道它们的实际情形。这就是非结构性访谈。访谈者在最初只会询问一般开放式的问题，并根据回答得知个人看法。询问个人的问题形式与性质需要根据受访者

的类型而定。例如,可用比较直接的问题来询问中高层管者对问题与情况的感觉,而对较低层的员工可能就要用其他不同的方式来询问。

在非结构性访谈中,针对基层员工可以使用一般开放式问题来询问他们的工作与工作环境。而针对主管可以问及有关部门、在其管理下的员工及组织的问题。例如,他们可能会被问及:谈谈你的单位与部门,或是整个组织有关工作员工以及任何你认为重要的部分。

2. 结构性访谈

结构性访谈又称标准化访谈,是一种定量研究方法,通常应用于测量研究。这种方法的目的在于确保对每一个被访者准确地以同样的顺序呈现同样的问题,以确保答案总体上可靠,并确信不同样本群之间或不同测量周期之间具有可比性。

当一开始即得知需要何种信息时,便可采用结构性访谈。访谈者会有一张事前确定的题项清单,可能通过面对面、电话或个人计算机来询问受访者。此时的问题可能会着重于从非结构性访谈中发现的、与研究问题有关的因素。当受访者表达意见时,访谈者会加以记录。而同样的问题也会以相同的方法来询问每一个人。然而,有时基于情况的迫切需要,有经验的访谈者可能会指导受访者作答,并且询问不在访谈计划中的其他相关题项。通过这个程序可能会因为有了更深入的了解而确认出新的因素。然而,为了了解可能的回答,访谈者一定要完全理解每一个问题的目的与目标。当对一个受过训练的访谈小组进行调查时,这点尤其重要。

视觉辅助工具,如图片、线条描绘、卡片及其他器材有时也会应用到访谈中。在对受访者展示适当的视觉辅助工具后,受访者即可对提出的问题作出答复。例如,可利用该技术了解消费者对不同包装类型、广告形式的喜恶等。而当访谈的对象为小孩时,绘画与描绘的视觉辅助工具通常都是有用的。不仅如此,当我们想表达难以用书面表达或说明的思想或看法时,视觉辅助工具也能派上用场。

当我们进行足够数量的结构性访谈,得到足够信息得以了解和描述在情境中运作的重要因素时,访谈者就可以停止访谈,并将信息列表显示,进行资料分析。这可以帮助研究者完成预计要进行的任务,如描述现象或测量现象,或是确认特定的问题,并提出某个影响问题的因素的理论,或是发现研究问题的答案,许多定性研究都用这种方式进行。

3. 半结构性访谈

在市场调查中采用的访谈形式,还有一种是介于结构性访谈和非结构性访谈之间的半结构性访谈。在半结构性访谈中,有调查表或访谈问卷,它有结构性访谈的严谨和标准化的题目,访谈员虽然对访谈结构有一定的控制,但给被访者留有较大的表达自己观点和意见的空间。访谈员事先拟定的访谈提纲可以根据访谈的进程随时进行调整。

在质的研究中,研究的初期多运用非结构性访谈,以了解被访者关注的问题和态度,随着研究的深入,逐渐进行半结构性访谈,对以前访谈中的重要问题和疑问作进一步的提问和追问。

半结构性访谈兼有结构性访谈和非结构性访谈的优点,它既可以避免结构性访谈缺乏灵活性、难以对问题作深入的探讨等局限,也可以避免非结构性访谈的费时、费力,难以做定量分析等缺陷。

（二）面对面访谈与电话访谈

访谈可通过面对面或是电话来讲行。虽然在组织研究中，大部分的非结构性访谈是以面对面的方式进行的，但结构性访谈可以是面对面的方式，也可以是以电话为媒介的方式，这取决于相关议题的复杂程度、所需的访谈时间、双方的方便性、调查的地理区域等条件。电话访谈适合于研究者想要快速地从分散在广大地理区域中的大量受访者处获得信息，而且访谈时间一般在10分钟左右。例如，旅游市场调查就可以通过结构性电话访谈来进行。

1. 面对面访谈的主要优点和缺点

面对面或直接访谈的优点是，访谈者可根据需要来调整问题、澄清疑惑，并通过重述问题以确保受访者能确实理解问题，还可以从受访者身上收集到非语言信息。例如，从受访者皱眉、情绪不安地轻敲桌子及其他不经意的身体语言中都可以发现其不适感、经受的压力或遇到的问题。而这些细节表现在电话访谈中是不可能被发现的。

面对面访谈的缺点是在调查中会受到地理限制，假如要进行全国性或国际性的调查，则其所需资源将相当巨大。为了使因访谈者造成的偏差最小化，训练的成本（如不同的询问方法、答案的释义）也会非常高。另外，当受访者与访谈者进行面对面交流时，受访者可能会对其回答的隐秘性感到不安。

2. 电话访谈的主要优点和缺点

电话访谈的优点，从访谈者方面看，可以在一个相对短的时期内对许多人进行访谈（如需要，可以是全国性的甚至是国际性的）；从受访者的角度看，这或许能消除他们在面对面访谈中可能会感到的不舒服，至少这样的感受可能会比面对面访谈来得少。

电话访谈的缺点，是受访者可能会不经提醒或解释就挂掉电话而单方面终止访谈，因为没有人愿意每天受到数通无关电话的疲劳轰炸。为了减少这种受访者不响应的情况，最好能在进行电话访谈之前先请求受访者参与研究调查，告诉他们访谈大概会进行多久，并且提出一个双方都方便的时间，最好不要将访谈延后到原本所设定的时间之后。受访者通常倾向于体谅研究者这种礼貌的态度，因而更愿意合作。此外，电话访谈的另一个缺点就是不能看到受访者，以至于无法进行非语言沟通。

（三）计算机辅助访谈

谈到计算机辅助访谈，则要感谢现代科技。当问题在计算机屏幕上显现时，访谈员即可直接在计算机上输入受访者的答案。而且，通过软件的程序指令可标示出“离谱的”或“超出范围”的答案，因此增加了资料收集的正确性。调查软件也会将问题自动地依照顺序显示给访谈者，可以避免访谈者询问错误的问题或是以错误的顺序来询问。这在某种程度上可以消除访谈者本身所造成的偏差。

第二节　访谈法的实施技巧

运用访谈法开展市场调查活动有几项常规的实施步骤。而不同的学者对访谈的技巧也有不同的认识。谢彦君(2018)强调访谈进行过程中,需要注意以下六个方面。第一,明确目标,强调目标确定之后,可以使没有访谈经验的研究人员也能够自觉地寻找到工作方向。第二,明确对象,确定受访群体规模的大小。第三,理解程序,主要包括前期准备、进入现场和结束访问三个阶段性的工作。第四,关注互动,特别是语言互动,那是访谈的主体内容。第五,把握关系,是指在访谈者和受访者之间建立起良好的关系。对访谈关系的把握原则,应该是建立在认识论的基础上,访谈者能够对自身的角色有清醒的认识,并能够对语言互动过程中的自身角色产生的影响作出客观评估。第六,能够应对问题,不管访谈过程中出现什么情况,都需要访谈者做好应对的准备,最终才可能完成访谈任务。姚小远和杭爱明(2015)介绍访谈法时主要从五个阶段进行了介绍。第一,做好访问前的准备。由于受访者是有思想、有感情、有知觉、有意识的个性化的人,要使他们与调查人员积极配合,并能提供真实有效的数据资料,就需要在访问准备阶段做好大量周密细致的工作,掌握适当的访问技巧。第二,选择好访谈员。访谈员和被访问者(受访者)之间在多数情况下是初次接触,即两个陌生人之间的交流。第三,创造合适的访谈气氛。创造合适的访谈气氛,对做好访谈调查工作很重要,特别是访谈的开始阶段,在很大程度上对整个访谈过程的成败有着极大的影响。第四,控制好访谈过程。在访谈过程中,访谈员要按预先拟订的调查提纲适时地提出有关联的问题,并要巧用引导和追问技巧。进行访谈调查还需要注意时间的把握,无论进行哪种形式的访谈,访问时间都不宜过长,电话访问调查一般在 5 ~ 10 分钟;街头拦截访问调查,一般控制在 10 分钟左右,最长不超过半个小时;入户访问调查,一般在 20 分钟到半个小时为宜,最长不要超过一个小时;深度访谈虽然时间可以稍长些,但也以 1 ~ 2 小时为宜。第五,结束访问。

对于实地研究中的正式访谈来说,需从以下三个阶段实施。

一、访谈前阶段

访谈前,要对访谈的主要目标和所要了解的主要内容有一个明确的认识。只有在访谈前做到心中有数,才能在访谈中主动地掌握和引导好整个访谈的进程。一种可取的方法是,事先精心准备好一组“主题标题”或“内容提示”,以保证每次具体的访谈都能覆盖访谈的主要内容。这组“主题标题”或“内容提示”一般采用简练明确的词语或短小的句子的形式,抄写在一张卡片上,或者写在笔记本上,用以作为在访谈过程中指导提向和检查遗漏的依据。当然,这组“主题标题”不是一成不变、不可更改的,相反,它通常需要根据实际访谈过程中所认识到的问题或方面,对原先考虑不足的内容进行适当的增删。

访谈前最好能对被访者的各方面情况和特征,比如,年龄、性别、职业、文化程度、家庭背景、兴趣爱好等,尽可能详细地进行了解。这样做的好处是,一方面,便于访谈员根据实际情况采取适当的角色姿态,尽可能缩小访谈员与被访者之间的心理距离,尽可能增加两者之间的共同语言,以建立起融洽轻松的访谈关系;另一方面,可以使访谈员对被访者在访谈过程中所谈的各种情况,有一个更为准确、更为客观的理解。特别是在对一些不易交谈、不易表达的内容和一些不善表达的被访者进行理解时,这种事前的了解就更具有明显的作用。在访谈前,访谈员应该事先与被访者进行联系,向被访者说明访谈目的和内容,并和被访者就访谈次数、时间长短及保密原则达成协议。

二、访谈进行阶段

访谈的时间和地点的确定应该以被访者方便为主要原则。见面时，一定要向被访者表示某种歉意。比如，“对不起，打扰了您的工作”或者“对不起，影响了您的休息”，等等。而不要以为有了正式的介绍信，或者事先已经过了被访者的上级机关和领导的同意，被访者接受访谈就是理所当然的。因为，对于任何一个具体的访谈对象来说，他并没有牺牲个人的工作、学习、休息和娱乐时间来接受你的访谈并向你提供各种情况的义务；对于每一个访谈人员来说，他也没有因自己工作的需要而占用别人工作或休息时间的权利。因此，在一开始与被访者接触时，切不可忘记十分诚恳地向被访者表达出对这种打扰的歉意。

访谈时，开场白一定要说好。其标准是：简明扼要、意图明确、重点突出。主要解释你是什么人，你想干什么，为什么要进行这次访谈，等等。其目的是消除被访者在陌生人面前所自然产生的各种疑虑和戒备心理。接着，就要清楚明白、通俗易懂地告诉被访者，你希望他谈些什么方面的问题。需要注意的是，一开始不能把你所想了解的全部问题都一一列举出来，而只能给出一个总的内容范围和一两个十分容易交谈的话题。因为即使你把全部问题都列举出来，被访者也不可能全部记住；即使他可以把问题全部记住，也不可能有条理地、一个接一个地从头谈到尾。这一阶段的主要目的是：调动回答者产生回答问题的动机，帮助他们做好回答问题的心理准备，建立起轻松、融洽的访谈关系，引导被访者开始回答第一批问题。

开始访谈是一种真正的艺术，全部资料的可靠性在很大程度上取决于访谈员在这方面的表现。为了创造有利于访谈的气氛，除了对访谈对象表示礼貌外，在进入正题之前，可以先谈谈访谈对象身边的、较熟悉的事情，以消除拘束感，比如，其住房、家庭、子女、个人嗜好等。然后逐步地把话题引向访谈的内容。开始提出的问题除了在内容上应该是比较简单的以外，访谈员提问的速度也应相对慢一点，使被访者有一个逐步适应的过程。

在被访者回答问题的过程中，访谈员要专心听，并认真记笔记。这样做可以给被访者一种正式感、受尊重感和谈话有价值感。在这一过程中最关键的因素是：访谈员的目光要恰当地同被访者保持接触。所谓恰当，指的是既不能埋头记笔记，而忽视了通过目光与被访者进行交流；又不能长时间把目光停留在被访者脸上，因为这样往往会造成被访者的紧张感、不自在感，影响到其谈话。要使自己的目光在笔记本和被访者这两者之间自然地往来，随时让被访者感到你在十分认真、注意地听取其谈话、意见和看法。

掌握正确的记录方法。访谈的目的是收集某类现象的资料，访谈记录则是关系到访谈资料的客观性、准确性和全面性程度的重要因素。在实践中通常采用两种方式进行无结构访谈的记录工作。一种叫当场记录，另一种叫事后记录。事后记录是在访谈结束后，靠回忆进行追记的方法。它的优点是既不会影响访谈时访谈员与被访者之间的互动，又有较好的消除被访者心理压力和紧张感的作用。但其缺点是所追记的资料往往很不全面，遗漏之处很多，且所记内容也不确切。当场记录即边访谈边记录，它是访谈员采用得较多的一种形式。在当场记录中，要想把被访者说的每一句话、每一个字都记下来，不仅是不可能的，而且也是不必要的。因此，应该有重点、有选择地进行记录。主要做法是：对被访者讲述的事件、列举的实例，特别是事件或实例中的时间、地点、人物、状况、性质等，要尽量完整地记录；对被访者关于某一问题所表示的观点，对某一现象的主要态度、主要见解等，要准确地记录，并且最好能记下其原话，而不要用自己的话去“概括”或“归纳”被访者的话；对于被访者在回答中的一些过渡性语言、承接性语言、重复性语言、口头语等，则不要记。记录时，对不同问题的回答，以及对不同的事件、不同的方面、不同的内容等的回答，都要在形式上明显地分开，各自形成单独的一段，而且要分层次、分段落、不留空隙地从头记到尾。当场记录的最理想方法当然是进行访谈现场录音，但这一定要事先征得被访者的同意。

三、结束访问

结束访问也是访谈法的一个重要环节，像任何工作一样，访问过程也不能够虎头蛇尾。结束访问时，要做好最后的收尾和道别工作，使本次访谈调查善始善终。判断访问过程是否应该结束，调查者可以通过对三个问题的评判来决定：第一，本次访谈调查需要询问的问题是否问完；第二，被调查者的回答内容是否充分；第三，有无必要继续访谈下去。在确定本次访问可以结束时，访谈员应该向被调查者表达真诚的感谢，尤其是要感谢被调查者对调查工作的支持与合作，因为在访谈过程中，被调查者付出了一定的时间和精力配合访问。

章节习题

一、单项选择题

1. 下列哪个不是访谈法的优点（D）？

A. 真实性　　B. 深入性　　C. 灵活性　　D. 随意性

2. 访谈法的适用范围包括（A）。

A. 多种受访者和小范围调查　　B. 个别受访者和小范围调查

C. 多种受访者和大范围调查　　D. 个别受访者和大范围调查

3. 下列哪个不属于按访谈的控制程度划分的访谈法类型？（D）

A. 结构性访谈　　B. 非结构性访谈

C. 半结构性访谈　　D. 无结构性访谈

4. 电话访问一般持续多久比较适宜？（B）

A. 1 ~ 5 分钟　　B. 5 ~ 10 分钟　　C. 10 ~ 15 分钟　　D. 15 ~ 20 分钟

二、多项选择题

1. 访谈法的优点有哪些？（ABC）

A. 真实性　　B. 深入性　　C. 灵活性　　D. 随意性

2. 访谈法的适用范围有哪些？（AC）

A. 多种受访者　B. 个别受访者　　C. 小范围调查　　D. 大范围调查

3. 以访谈的控制程度划分的访谈法类型有哪些？(ABC)

A. 结构性访谈　　B. 非结构性访谈

C. 半结构性访谈　　D. 无结构性访谈

三、判断题

1. 在调查中所用的访谈和一般情况下的谈话不同，它是研究性的谈话。（√）

2. 任何一种质性研究方法的使用都是为了获取新的知识，访谈法也不例外，因此它们产生知识的类型也大致相同。（×）

3. 运用访谈法进行市场调查，对市场调查人员的要求比较高，有时还需要市场调查人员掌握并灵活运用好一些专门的访谈技巧。（√）

四、名词解释

1. 访谈法。

访谈法是指通过与研究对象交谈收集所需资料的调查方法，又称访谈调查法、谈话法或访问法。访谈是一种研究性交谈，也就是两个人（或更多人）之间一种有目的的谈话，由访谈员一方通过询问来引导被访者回答，以此了解调查对象的行为或态度，最终达到调查目的。

2. 结构性访谈。

结构性访谈也称标准式访谈，它要求有一定的步骤，由访谈员按事先设计好的访谈调查提纲依次向被访者提问并要求被访者按规定标准进行回答。这种访谈严格按照预先拟定的计划进行，其最显著的特点是访谈提纲的标准化，它可以把调查过程的随意性控制到最小限度，能比较完整地收集到研究所需要的资料。

3. 非结构性访谈。

非结构性访谈也称自由式访谈。非结构性访谈事先不制定完整的调查问卷和详细的访谈提纲，也不规定标准的访谈程序，而是由访谈员按一个粗线条的访谈提纲或某一个主题，与被访者交谈。这种访谈是访谈双方相对自由和随便的访谈。

4. 半结构性访谈。

半结构性访谈是一种介于结构性访谈和非结构性访谈之间的访谈。在半结构性访谈中，有调查表或访谈问卷，它有结构性访谈的严谨和标准化的题目，访谈员虽然对访谈结构有一定的控制，但给被访者留有较大的表达自己观点和意见的空间。

五、简答题

1. 访谈前都需要做哪些准备工作？

答：在进行访问前有三项准备工作必须完成：第一，根据市场调查的主题选择好适当的访谈方法，掌握相应知识并据此编制好调查提纲、访谈表格，同时熟悉这些内容。第二，选择访谈对象并了解他们的一些基本情况。访谈对象的选择要服从市场调查主题的需要，并根据被调查者的性别、职业、年龄、文化、经历等特点，设计多种联络、提问和过渡的方式。第三，选择适当的时间、地点或场合进行访问等。

第五章　问卷法

学习目标

1. 了解问卷法的优缺点。
2. 了解并掌握问卷的类型、结构以及设计原则。
3. 了解并掌握问卷设计的程序。
4. 依据本章内容，尝试设计一份问卷。

第一节　问卷法的优缺点

问卷法又称为问卷调查法，是社会科学研究中经常使用的一种观察方法。问卷法的重要特征之一就是以问卷作为收集资料的工具。因此，书面语言以及书面交谈构成了问卷调查方法区别于实地研究等其他社会研究方法的重要标志。正是这种书面形式的询问，以及进行这种询问的各种具体方式和方法，构成了问卷法的特点。

一、问卷法的优点

第一，问卷法具有较高的效率。问卷调查在大范围内对众多的调查对象同时进行调查，与访谈法相比较，问卷调查法不仅调查面广，操作较为简单，而且费用支出也较为节省。同时问卷调查大多是使用封闭型回答方式进行调查，在资料的搜集整理过程中，可以对答案进行编码，并输入计算机，以进行定量处理和分析。在社会调查中，问卷调查法运用电子计算机作为统计分析的工具，是一种切实可行的大容量、高效率的定量调查方法。

第二，问卷法具有较好的客观性，保证了受访者的匿名性。在社会调查中，问卷不需要署名，调查对象可以畅所欲言地表达自己的真实想法和情况，特别是涉及个人隐私、伦理道德等敏感性问题，使用问卷调查，就能得到较好的解决。

第三，问卷法具有较好的统一性，可以避免主观偏见的干扰。由于在问卷调查中，每个被调查者都是在大体相同的时间得到问卷，以大体相同的方式回答问卷，而且问卷在问题的先后次序、问题的表达、答案的类型等方面都是完全相同的，因此，无论是在哪方面，被调查者所受到的影响都是一样的。这样就能很好地避免由于人为的原因而造成的各种偏差,减少主观因素对调查结果的真实性所产生的不利影响。

二、问卷法的缺点

问卷法除了具有上述优点外,也还存在一些不足之处,其具体表现在如下几方面:

第一,问卷法缺乏弹性。由于问卷的设计是统一的,调查的问题和问题的答案是固定的,没有伸缩的余地,故而对那些问卷设计中没有涉及的新事物、新情况、新问题就很难展开调查。

第二,问卷法对受访者文化程度有要求。由于问卷调查使用的是书面问卷,这在客观上要求被调查者首先要能看懂问卷,能理解问题的含义,并懂得填写问卷的方法。因此,在问卷调查中,要求被调查者必须具有一定的文化程度,而现实生活中不是所有的人都能达到这样的文化程度的。

第三,问卷的回收率和有效率比较低,在问卷调查中,问卷的回收率和有效率必须保证有一定的比例。不然的话,会影响到调查资料的代表性和真实性。但是,由于在问卷填写过程中,被调查者有时会出现对该项调查的兴趣不大从而不愿意合作,或者因精力、能力的限制而无法完成问卷的情况,都会影响问卷的回收率和有效率,进而影响问卷调查的质量。

问卷虽然是社会调查中十分有用的资料收集方法,但并不是万能的方法。在调查研究工作中,应该根据不同的调查目的和调查对象,采用不同的调查方法,以期获得最佳的调查效果。

第二节　问卷的类型、结构与设计原则

一、问卷的类型

调查研究中所用的问卷,按照获得问卷的方法的差异,通常可分为两种主要的类型:自填调查问卷和访问式问卷。

自填调查问卷是由被调查者自己独立填答的问卷,依据发送到被调查者手中的方式的不同,自填调查问卷可分为邮寄问卷、发送问卷与网络调查问卷。邮寄问卷是指通过邮政系统将事先设计好的调查问卷寄给被调查者,由被调查者根据要求填写后再寄回;发送问卷是由调查员将问卷直接送到被调查者手中,等被调查者完成后再由调查员收回;新技术为社会研究者提供了更多的机会和选择,网络调查问卷正是利用互联网的新技术,由被调查者通过访问问卷调查网站的方式获取问卷,进行填答。

访问式问卷是由访问员与被调查者直接接触,上门到访问地点,问卷不交给被调查者,由访问员根据问卷的结构向被调查者逐一提出问题,并根据被调查者的回答来填写问卷。典型的访问式问卷通常是以面对面访问或电话(含电脑辅助电话技术)访问的方式进行。面对面访问中访问员不但能问问题,还能够通过观察被调查者获取一些额外的

资料，如观察和记录被调查者的居住条件、穿着打扮、言行举止、回答问卷的反应、自己与被调查者的互动等。电话访问比面对面访问更为便捷、安全，通过电话沟通，可以减轻面对面交流给被调查者带来的压力，降低访问员影响被调查者的情况，但这种方法的拒访率也较高，问卷结果的有效性较差。

自填调查问卷和访谈调查问卷使得大样本的调查具有可行性。二者虽然都是社会调查研究中收集资料的工具，但也存在区别。自填调查问卷的优点在于经济、迅速，不因访问员而产生偏差，因为较具匿名性与非公开化，可促使被调查者更为诚实地回答敏感问题。但其突出的缺点表现在问卷的回答率和回收率较低，特别是邮寄问卷和网络调查问卷无法控制填答过程，调查结果的信度和效度难以保证和检验。相比较之下，访问式问卷的优势在于能对一些容易混淆的问卷项目提供指导，减少调查中的遗漏，提高问卷调查的质量，适合用来调查较为复杂的问题。但其缺点在于：一方面，访问员在一定的时间内只能访问数量有限的被调查者，样本越大，收集资料的成本越高；另一方面，访问员的一切表现可能会影响被调查者的回答，因此对访问员的要求较高。

因此，研究者必须衡量不同问卷类型的区别和优缺点，根据调查目的、调查者和被调查者的数量，调查的经费和时间，选择符合自己研究的问卷类型。

二、问卷的结构

调查问卷通常主要包括封面信、指导语、问题和答案、编码等几个部分，每一部分都有其特定的内容。

（一）封面信

封面信是一封简短的写给被调查者并谋求其合作的说明性文字。在这段文字中，一般要说明调查的组织单位或研究者个人身份，调查的主要目的、大致内容和范围、解释被调查者的选取方法、说明调查可能对被调查者产生的意义及对调查结果的保密措施等。此外，还应该把填答问卷的方法、要求、回收问卷的方式和时间等具体事项写进封面信。在信的结尾处一定要真诚地对被调查者表示感谢。整个封面信的语言要简明、亲切、务实。

封面信能够让被调查者尽快了解问卷的情况，这在很大程度上决定了调查者能否获取被调查者的信任从而使其接受问卷调查。由此可见，封面信的质量十分关键。

（二）指导语

指导语也称填表说明，是对问卷填写的方法、要求、注意事项等的简要说明，用来指导被调查者或调查者正确地完成问卷调查工作。填表说明应明确、具体，有针对性。通常，填表说明要根据试点调查的反馈信息加以组织。指导语通常置于封面信之后，以“填表说明”的形式出现，但是，在很多内容较少、填答比较简单的问卷中，也不用专门设置填表说明，常常在封面信中简单注明填答方式即可。有的问卷指导语分布在问题中间，用以提示某道题或某几道题的填答方法。指导语可以使用不同的字体或者将字体加粗等，以引起被调查者的注意。

(三)问题和答案

问题和答案是一份调查问卷中最核心的部分。从形式上来看,问题可以分为封闭式问题和开放式问题两大类。在旅游研究的调查问卷中,封闭式问题一般包括样本的统计学分布特征问项和用作研究的旅游专业问题。样本的统计学分布特征问项大致针对被调查者的个人基本情况,包括性别、年龄、教育水平、经济收入、婚姻状况、职业状况等,旅游专业问题涉及被调查者对某一旅游活动、旅游现象等的个人主观认知与感受,比如旅游机动、旅游情感、旅游态度、旅游行为倾向等内容。封闭式问题通常用于收集大量数据来定量验证假设。在由封闭式问题构成的问卷中,其末尾往往包含一两个开放式问题,用来收集那些未能列入问卷的情况。开放式问题部分也属于针对专业问题所设定的项目,不提供具体答案选项,要求被调查者用自己的语言把观点、态度和特征表达出来。设计此类问题的目的在于获得开放式文本材料,以便充分利用被调查者对相关问题的态度和观点。对此类材料的加工处理,将采用定性方法。

开放式问题和封闭式问题的选择取决于许多因素,比如问题的内容、被调查者的类型、编码技术等,对于一些关键变量,可以综合使用开放式问题和封闭式问题来测量。

(四)编码及其他材料

编码是给问卷中的每一个问题和备选答案赋予一个特定的数值作为它们的代码,以便于用计算机进行汇总、分类和统计分析。编码主要针对封闭式问题及其备选答案,对于开放式问题,由于其答案具有不确定性,较少进行编码。如果调查范围广、调查人员多,也可以对调查地点、调查问卷、调查人员进行编码。编码既可以在问卷设计的同时就设计好,也可以在问卷填写完成后再进行,前者称为“事前编码”,后者称为“事后编码”。

三、问卷的设计原则

好的问卷能够形成一个有机整体,问卷中的问题紧密联系并前后能够平滑过渡。好的问卷设计要遵守以下五项关键原则。

(一)合理性原则

问卷必须紧扣调查主题。问卷要体现调查主题根本上就是在问卷上要开发出准确表达调查主题的问项。这是问卷设计的前提条件。违背了这一前提,再精美的问卷都是无益的。问卷设计要根据调查主题,从实际出发设置问项,做到问项语句明确、重点突出,没有可有可无的问项。

(二)普适性原则

问项的设置是否具有普遍适用的意义,这是问卷设计的基本要求。如果问卷出现常识性的错误,不仅不利于调查成果的整理分析,而且会使调查对象轻视调查。

(三)逻辑性原则

问卷设计的问项之间要具有逻辑性和整体感。独立的问项本身也不能出现逻辑上的谬误。问项的排列应有一定的逻辑顺序,符合应答者的思维程序。一般是先易后难、先简后繁、先具体后抽象。

（四）针对性原则

这一原则要求问卷的命题准确、提问清晰明确。问卷要针对应答者的能力与条件，设计出针对不同对象的问卷，使应答者能够作出明确回答，并愿意如实回答。问卷中语气要亲切，符合应答者的理解能力和认识能力，避免使用专业术语。

（五）非诱导性原则

问项要设置在中性位置、不带有提示性或主观臆断性。要尊重调查对象的独立性与客观性。对敏感性问题要采取一定的技巧使问项具有合理性和可答性，避免主观性和暗示性，以免应答失真，同时要注意尊重被调查者，不要试图探询他们的隐私，不要询问让他们难堪的问题。

第三节　问卷设计的基本步骤

问卷设计主要包含四个步骤：探索性工作、设计初稿、预调查、修改和定稿。

一、探索性工作

要设计出一份调查问卷，首先要围绕研究问题开展一定的探索性工作。作为问卷设计的第一步，探索性工作有助于研究者熟悉、了解一些基本的情况，为研究者设计出合适的问题和答案奠定了基础。

一般而言，探索性工作最常见的方式是文献查阅和实地考察。学术性的社会调查并不仅仅是为了反映民情，它还是研究者建构和验证理论的资料来源。作为理论与实践中介工具的调查问卷，在设计过程中需要高度重视研究问题的理论性与本土化。如何实现研究理论与本土关怀相结合，前期的探索性工作不容忽视。

一方面，通过文献查阅把握前人的相关研究成果和理论观点，有助于将观点操作化，提出具有效度和信度的测量指标。

另一方面，实地考察，即研究者围绕着所调查的问题，以自然、融洽的方式对各种类型的回答进行非结构式访问，并观察他们的特征、行为和态度。通过实地考察可以对研究对象或研究问题形成初步的了解，从中获得关于设置问题和答案的第一手资料，这有助于掌握研究问题的本土语境。通过实地考察，尽可能避免在设计问卷中出现含糊不清、不符合客观实际的提法和回答。

二、设计初稿

问卷设计的艺术包括了研究者对研究问题、研究概念的含义、数据分析的思考，从中反映出研究者对理论思考和数据分析的理解。在问卷设计过程中，研究者需要提前思考和预测哪些资料对研究至关重要，特别是要设置好研究的因变量、自变量、预测变量和个人背景资料变量。

经过探索性工作，研究者脑海中已经有了研究涉及的主要问题和答案的初步设想，那么,就可以着手把这些零散的问题和答案组合成一份问卷。在实际设计过程中,研究者常常采用卡片法与框图法来辅助问卷初稿的设计。

卡片法的第一步是根据探索性工作所得到的认识,把每个问题及答案单独写在一张卡片上。第二步是按照卡片上的问题的主题内容,把相同主题的卡片放在一起,这样便将卡片分成了若干堆。第三步是在每一堆中,按合适的询问顺序将卡片前后排序。第四步是根据问卷的逻辑结构排出各堆的前后顺序,使全部卡片组合成一份完整的问卷。第五步是从被调查者阅读和填答的角度,反复检查问题的前后连贯性和逻辑性,对不当之处逐一调整和补充。最后把调整好的问题依次整理好,形成问卷初稿。

框图法和卡片法的思路截然相反。框图法的第一步是根据研究问题,研究假设的逻辑结构,画好问卷的各大组成部分及前后顺序的框图,第二步是具体地写出每一个部分中的问题及答案,并安排好问题的顺序。第三步是从被调查者阅读和填答的角度,对全部问题的形式、内容、顺序等方面从总体上进行修订和调整,形成问卷初稿。

三、预调查

问卷初稿设计完成以后,还不能马上直接用于实际调查。必须进行测试和修改,因为无论怎样周密的初期设计,都可能存在错误。而这种错误依靠设计者自我纠正是很难发现的,一旦问卷复印分发,可能造成难以弥补的后果。试测提供了一种第二方的反馈,这一环节可以有效地检测问卷初稿质量,发现其中隐藏的缺陷和问题并予以补救,最终形成一份高质量的问卷。由此可见,预调查是问卷设计中不可缺少的阶段。

预调查有客观检验法和主观评价法两种方法。客观检验法是将问卷初稿打印若干份,采用非随机抽样的方式选取一个小样本来进行预调查。最后回收预调查问卷,并认真检查和分析问卷初稿的问题和缺陷。需要重点检查和分析的方面有:

第一,回收率。回收率可以视为对问卷设计者的总体评价,如果问卷回收率低于70%。说明问卷的设计有较大的问题,必须作出较大的修改。

第二,有效回收率。有效回收率指的是扣除各种不符合要求、完成度较低的废卷后的回收率,它比回收率更能反映出问卷本身的质量。因为回收的废卷越多,说明问卷设计中的问题越多,导致被调查者无法顺利填写。

第三,填答错误。填答错误可以分为填答内容的错误和填答方式的错误。填答内容错误即答非所问,这一方面可能是由于被调查者不知道问题所涉及的事实,另一方面可能是对问题含义不理解或者误解造成的,因此一定要检查问题的文本用语是否准确、具体、清晰,是否符合被调查者的认知能力,是否符合客观事实。填答方式错误主要是由于问题形式过于复杂、缺乏指示语或者指示语不明确等,因此要改进填答的方式。

第四,填答不完整。填答不完整是问卷调查中最常见的现象,这会对问卷的有效回收率和统计分析产生影响,因此要对问卷填答不完整的情形作具体分析。填答不完整的情形主要分为两类:一是问卷中某几个问题未作回答;二是从某个问题开始后面的问题都未作答。对于前者,需要仔细研究这几个空白的问题,分析出被调查者未作答的原因;对于后者,要排除个人因素,找出导致填答中断的普遍原因。

主观评价法的做法是将问卷初稿打印出若干份,分别送给该研究领域的专家、研究人员及典型的被调查者,请他们直接阅读和分析,并根据他们的经验和认识对问卷进行评价,从不同的角度指出问卷的缺陷和不足,发表各自的意见。

四、修改和定稿

通过上述预调查找到问卷初稿中存在的问题后,逐一对问题进行分析和修改,形成问卷定稿。在对问卷进行印刷前,还要逐字逐句认真检查、反复校对,避免印刷错误。题目的错误可能导致被调查者对问题的错误理解,答案选项的错误可能导致所收集的资料不真实、不完整。为了避免问卷设计在最后这一环节出现纰漏,一定要认真检查,争取把各种可能的失误降至最低。

章节习题

一、单项选择题

1. 以下哪一项不是问卷调查法的不足?(D)
   A. 只能获得有限的书面信息
   B. 不适合于文化程度普遍较低的群体
   C. 回收率和有效率比较低
   D. 自身所适用的范围很小
2. 问卷的类型主要有(A)。
   A. 自填式问卷与访问式问卷　B. 自填式问卷
   C. 访问式问卷　D. 作文式问卷
3. 一份完整的问卷通常包括以下几个部分?(B)
   A. 封面信、指导语、问题和答案
   B. 封面信、指导语、问题和答案、编码及其他材料
   C. 封面信、问题和答案、编码及其他材料
   D. 封面信、指导语、问题和答案
4. 下列哪一项不是封闭式问题所具有的优点?(B)
   A. 容易回答,节省时间,应答率较高
   B. 能收集到生动、丰富的资料
   C. 易于编码和统一归类
   D. 便于统计分析和比较
5. 下列哪一项不是开放式问题所具有的缺点?(C)
   A. 需耗费被调查者较多时间和精力
   B. 对文化程度较低者应答率较低
   C. 对文化程度较高者应答率较低
   D. 往往无法归类编码,难以建立有意义的变量作统计分析

二、判断题

1. 问卷的适用范围基本不受被调查者文化水平的限制。（×）

2. 问卷调查法既是社会调查中十分有用和重要的收集资料的工具，但也不是唯一的、万能的工具。（√）

三、名词解释

1. 封闭式问题。

封闭式问题是指把问题的可能的答案以选项的形式全部罗列出来，被调查者只需在给出的答案中选出自己的最佳答案的种问题设计方式。

2. 开放式问题。

开放式问题是指在问卷中调查者不为被调查者提供具体答案，由被调查者根据自己的实际情况自由回答的问题。如果调查者对被调查者的态度等资料知之不多或者问题的备选答案无法穷尽，这类问题就可以设置为开放式问题。

3. 编码。

编码是给问卷中的每一个问题和备选答案赋予一个特定的数值作为它们的代码，以便于用计算机进行汇总、分类和统计分析。

四、简答题

1. 问卷法的优点和不足是什么？

答：问卷调查法的优点有：可以突破空间的限制，有利于对调查资料进行定量分析和研究，可以避免主观偏见的干扰，具有很好的匿名性，可以节约人力、财力和时间。

问卷调查法的不足有：只能获得有限的书面信息，不适合于文化程度普遍较低的群体，回收率和有效率比较低。

2. 问卷法的操作步骤有哪些？

答：整个问卷设计过程从初步探索开始，到问卷定稿，共需经历四个步骤：探索性工作、设计初稿、预调查、修改和定稿。

第六章　抽样法

学习目标

1. 了解抽样法相关概念术语，如总体与样本、抽样框与抽样单位、参数与统计量、统计误差与抽样误差。

2. 了解并掌握抽样过程中样本量的确定方法和抽样误差影响因素。

3. 了解并掌握概率抽样与非概率抽样的概念与特点。

4. 了解各类抽样方法及其在实施过程中的优缺点。

第一节　抽样概论

一、总体与样本

（一）总体

总体，也称母体，是研究对象的全体，是所有研究个体的集合。研究个体可能是有实际载体的事物，也可能是无物质载体的事件、现象、观念等。其中，组成总体的元素称为总体单元或者总体单位。

（二）样市

样本是指按照一定规则与方法，从总体中抽取的个体所组成的集合。其中，样本个体数称作样本量。那么如何确定样本量呢？

1. 根据允许的抽样误差的范围确定样本量

样本是总体的部分，样本的规模与总体越接近，样本的代表性就会越强，样本估计值与总体实际值的差距也就越小，即抽样误差越小；反之，样本所包含的个体越少，抽样误差就越大，两者呈负向相关。从数据精度角度看，样本量越大越好；但从经济与可操作性的角度看，样本量应该适度。确定样本量是在精度和经济间寻找平衡点，即当前条件支持多大范围的抽样误差，研究结果能否允许这个抽样误差。众多学者的实验探索总结出了抽样误差的经验值，即在置信水平95%的条件下，抽样误差不显著，则认为样本可以正确估计总体。另外，不少学者也根据调查题项确定样本量，特别是进行结构验证与路径分析时，变量的测试语句项数与样本量需要满足最小比例，才能在一定程度说明数据的代表性，但是学界关于题项与样本量的最小比例值尚未形成统一说法。

2. 根据特定目的确定样本量

已有经验总结，若样本分成不同的组，总样本量要保证每组的样本量不低于100；当每组样本还需按不同的特性或配额划分成更小的组时，应保证每小组的样本量为20～50个。例如，调查某城市居民的高铁出游选乘意向，我们可以把受访群体划分为首次高铁出游者与再次高铁出游者。如果首次高铁出游者的人数少于研究总体的10%，为了保证首次高铁出游者的样本量不低于100人，用简单随机抽样法，则总样本量就需要1000人。如果将首次高铁出游者再细分成收入高、中、低三档，其中收入高的人数最少，只占总体人数的1%，为保证该组样本量不少于20人，那么总样本量至少需2000人。因此，这个高铁出游选乘意向的调查项目样本量就应该是2000人。

总之，确定样本量要考虑样本结构、精度要求、调研条件以及总体特征易变性等因素。如果总体易变性强或者样本之间的差异性大的时候，则需要适当增加样本量。

二、抽样框与抽样单位

（一）抽样框

抽样框是对总体单元列出名册或排序编号，以确定总体的抽样范围和结构。常见的抽样框有企业员工名册、学生花名册、城市黄页里的电话列表、工商企业名录、社区门牌编号、街道派出所里居民户籍册、意向购房人信息册、客户名册等，另外在没有现成的名单的情况下，调查人员可自己编制，例如，利用随机数表生成序号。

抽样框会影响样本的代表性，讲究完整不重复，所以在利用现有的名单作为抽样框时，首先要进行去重、查漏检查，避免重复或遗漏的情况发生。

抽样框是进行概率抽样的基础，简单随机抽样就是在确定抽样框后，采用抽签或随机数表进行抽样。例如，在某酒店1000名员工中，根据工号随机抽取100名，该酒店1000名员工的名册就是抽样框，若没有抽样框，则不能计算样本单位的概率，也就无法进行概率选样。

（二）抽样单位

抽样单位，也称抽样单元，是构成抽样框的基本要素。根据不同的抽样方法，抽样单元具有两种不同的内涵，一种强调微观个体，抽样单元指抽样个体。例如，在岳麓山风景名胜区的游客满意度调查中，单个游客为一个抽样单位。另一种强调空间尺度，即抽样单元的分级，若总体由若干个规模较大的抽样单元组成，这些较大的抽样单元称为初级单元，每个初级单元下的若干个规模较小的单元，称为二级单元，以此类推，可以定义三级单元和四级单元等。例如，欲对长沙市大学生的出游意向进行抽样调查，长沙市岳麓、雨花、芙蓉、天心、望城、开福六区作为初级单位，各区范围内的大学则作为二级单元，专业或年级层次可以作为三级单元，学生则作为四级单元，抽样的顺序为先抽地区，再依次抽学校、专业或年级、学生。

三、参数与统计量

描述总体特征的数值为参数，通常是未知的；描述样本特征的数值为统计量，是已知的或可计算获得的。从总体中随机抽样可获得样本,以样本为基础,通过统计判断(参数估计、假设检验)可获得对总体的认识。

四、统计误差与抽样误差

在统计调查中,调查资料与实际情况间的偏差,即抽样估计值与被估计的未知总体参数之差,称为统计误差。统计误差包括登记误差、代表性误差。登记误差,又称工作误差或调查误差,是指在调查过程中,由于各种主观或客观的原因而引起的误差。调查范围越广,规模越大,误差的可能性就越大。代表性误差,是指在抽样调查中,用样本推断总体所产生的误差。抽样误差是指在遵循了随机原则的条件下,不包括登记误差和系统误差在内的,用样本指标代表总体指标而产生的不可避免的误差。抽样误差是一个随机变量,抽样误差越小,说明样本的代表性越高;反之,样本的代表性越低。同时抽样误差还说明样本指标与总体指标的相差范围,因此,它是推断总体指标的依据。抽样误差是统计推断所固有的,虽然无法避免,但可以运用数学公式计算。因此,抽样误差也称为可控制的误差。

影响抽样误差的因素包括:①样本的数目。数目越大,越接近总体。②总体被研究标志的变异程度,抽样误差和总体标志的变异程度成正比变化。③抽样方法的选择。不重复抽样比重复抽样的误差小;④抽样组织方式。不同的抽样组织所抽中的样本,对于总体的代表性也不同。

第二节　概率抽样

概率抽样,也称随机抽样,是依据随机原则进行的抽样,按照某种事先设计的程序,不加主观因素,从总体中抽取部分单元,而每个总体单元都有被抽中的概率(非零概率),从而避免样本出现偏差。

一、简单随机抽样

(一)基本概念

简单随机抽样是概率抽样中最简单的形式,是其他概率抽样的基础。是从总体 N 个单位中任意抽取 n 个单位作为样本,使每个可能的样本被抽中的概率相等的抽样方式,这样抽取的样本称为简单随机样本。简单随机抽样分有放回抽样、无放回抽样两种。有放回抽样又称重复抽样,是指每次都将抽中的单元,仍然放回总体,重新抽取。无放回抽样又称不重复抽样,被抽中的样本不再放回。在实际调查中,多采用不放回抽样。

(二)优缺点

优点主要表现在:第一,操作简便,可以直接从抽样框中抽取;第二,抽样框不需要其他(辅助)信息就能抽样,唯一需要的只是一个关于调查总体所有单元的一个完全的清单和如何与其联系的信息;第三,由于简单随机抽样已建立了很好的理论,关于样本量的确定、总体估计与方差估计都有标准的现成公式,因此计算比较方便。

缺点主要表现在:第一,事先要把研究对象编号,将总体单元中所有名单作为抽样框,比较费时、费力;第二,总体分布较为分散,会使抽取的单元分布也比较分散,给调查带来困难;第三,当样本容量较小时,可能发生偏向,影响样本的代表性;第四,这种方法没有利用其他(辅助)信息以提高估计的效率,在大规模的调查中不能单独使用,需要与其他抽样方法相结合。

(三)应用范围

虽然简单随机抽样是其他抽样方法的基础,但是抽样操作流程复杂,只适用于总体单位数 N 不大的情形。若 N 相当大时,简单随机抽样必须确定一个包含全部 N 个单位的抽样框,但抽得的样本单位较为分散,实施难度大。因此,实际调查一般不用简单随机抽样,更多的是将随机抽样与其他抽样方法结合使用。

(四)抽样方法与操作流程

1. 抽签法

先将总体中的所有单元编号(号码可以从 1 到 N),并把号码写在形状、大小相同的号签上,号签可以用小球、卡片、纸条等制作,然后将这些号签放在同一个箱子里,进行均匀搅拌。抽签时,每次从中抽出 1 个号签,连续抽取 N 次,直到抽足 n 个样本单元为止。对单元进行编号时,也可以利用已有的编号,例如,从全班学生中抽取样本时,可以利用学生的学号、座位号等。抽签法简便易行,当总体的单元数不多时,适宜采用这种方法。抽签法的一般步骤是:第一步,编号。将总体中的 N 个单元进行编号。第二步,制签。将这 N 个单元的号码写在形状、大小相同的号签上。第三步,搅匀。将号签放在同一个箱子中,并搅拌均匀。第四步,抽签。从箱子中每次抽取 1 个号签,连续抽出 n 次。第五步抽取个体,将总体中与抽到的号签编号一致的 n 个个体取出。

2. 随机数表法

第一种是利用随机数表抽取样本。比如总体单元数 $N=500$,要取样本量 $n=10$ 的样本,则利用随机数表得到 10 个 001 至 500 之间互不相同的数。第二种利用计算机抽取样本,现有的很多统计软件或者计算机都有产生随机数的程序。随机数表法的一般步骤是:第一步,编号。将总体中的所有单元(个体)进行编号,号码位数一致(假定 756 是三位数,就需要在表上取三位数)。第二步,选数。在随机数表内任选一个数作为开始,读数的方向可以向左,也可向右、向上和向下。第三步,取号。再从选定的起始数,沿任意方向取数,不在号码范围内的数和重复出现的数必须去掉。第四步,抽取。最后根据所得号码抽取总体中相应的单元,得到总体的一个样本。

二、分层抽样

(一)基本概念

分层抽样也称分类抽样或类型抽样,是指利用辅助信息,在抽样之前将总体的 N 个单元划分为互不交叉、互不重叠的 L 个层,每一层包含的单元数分别为 $N_1, N_2, \cdots, N_L$,从而 $N_1+N_2+\cdots+N_L=N$。然后,再从各层中独立抽取容量为 $n_1, n_2, \cdots, n_L$的样本,得到容量

为 $n_1+n_2+\cdots+n_L=n$ 的样本称为分层样本。若每层中的抽样都符合简单随机,那么这种分层抽样称为分层随机抽样,所得到的样本称为分层随机样本。

分层抽样具有三个特点:第一,等概率性。每个个体被抽取的可能性相同。第二,定比性。每一层中抽取的样本数与这一层中的个体数的比等于样本容量与总体个数的比。第三,取整性。若按比例计算所得的个体数不是整数,可作适当地近似处理。

(二)优缺点

优点主要表现在:第一,能够使样本具有较强的代表性;第二,在各层抽样时,可以使用不同的方法进行抽样;第三,与简单随机抽样相比,分层抽样更具有显著的潜在统计效果。如果从相同的总体中抽取两个样本,一个是分层样本,另一个是简单随机抽样样本,分层样本的误差更小些。此外,如果目标是获得一个确定的抽样误差水平,分层抽样所需的样本量较少。

缺点主要表现在:第一,分层抽样在整体差异不明显时不适用。若要使用,需要与其他抽样方法综合使用。第二,必须了解总体的各单元情况并作出科学分类。这在实际调查之前很难做到。

(三)应用范围

分层抽样是通过划类分层,增大了各类型中单元间的共同性,容易抽出具有代表性的调查样本。该方法适用于总体情况复杂、各单元之间差异较大、单元较多的情况。

(四)操作流程

分层抽样实施步骤:①计算样本容量与总体个数之比;②将总体分成互不交叉的层,按比例确定各层要抽取的个体数;③用简单随机抽样或系统抽样在各层中抽取相应数量的个体;④将各层抽取的个体合在一起,就得到所取得的样本。

三、整群抽样

简单随机抽样和分层抽样的抽样单元和基本单元是一致对应的关系。但是在实际中,也存在抽样单元与基本单元不一致的情况,这时需要用到整群抽样。

(一)基本概念

整群抽样是指若抽样调查时不是以总体的基本单元作为抽样单位,而是以基本单元组成的集合作为抽样单位,然后对抽中单元的全部基本单元进行调查。具体来说,设总体由 N 个初级单元组成,每个初级单元又由若干个较小的次级单元或二级单元组成,首先从总体中按照某种方式抽取 n 个初级单元,然后抽出其中所包含的所有次级单元,构成一个样本,这种方法就是整群抽样。

(二)优缺点

优点主要表现在:第一,调查实施方便,节省费用;第二,特定场合具有凸显优势,有些情况必须以一定范围所包括的基本单元为群体进行整群抽样,才能满足调查目的,如人口出生率、流动率等调查;第三,当缺乏总体基本单元的抽样框时,抽样调查很难构造出总体基本单元的抽样框,而一些总体单元自然聚合成群,构造群的抽样框要简易些。

缺点主要表现在：第一，由于不同群之间的差异较大，由此引起的抽样误差往往大于简单随机抽样；第二，样本分布面不广，样本对总体的代表性相对较差。

（三）应用范围

整群抽样方法的运用，需要与分层抽样方法区别。当某样本的一种抽样个体是由若干个有着自然界限和区分的子群（或类别、层次、方式）所组成，同时，不同子群相互之间差异很大，而每个子群内部的差异不大时，则适合用分层抽样的方法；反之，当不同子群之间差别不大，而每个子群内部的异质性比较大时，则特别适合于采用整群抽样的方法。

（四）操作流程

首先将总体分为 i 个群，然后从 i 个群中随机抽取 j 个群（$j \leqslant i$），对这些群内所有个体或单元均进行调查。流程为三个步骤：第一步，将总体分成若干个互不重叠的部分，每个部分为一群，也就是初级单元；第二步，以群为抽样单元，从总体中抽取一部分群，也就是二级单元；第三步，抽取群中的100%的二级单元（也自然是100%的基本单元）构成样本。

四、系统抽样

（一）基本概念与类型

系统抽样，也称等距抽样、机械抽样、SYS 抽样（systematic sampling），是按一定顺序将抽样总体排序，根据样本容量确定抽样间隔，随机确定起点进行抽取。根据抽样间距的确定方法，系统抽样可分为直线等距抽样、循环等距抽样、修正的直线等距抽样和对称等距抽样。

1. 直线等距抽样

把总体单元排成一条直线，以 $k=N$ 为抽样间距，把总体分为 n 段，每段 k 个单元，从 1 到 k 之间随机抽取一个整数 r（即在第一段的 k 个单元中随机抽取一个单元为起点），假设为 j 个单元，后面每隔 k 个单元抽出一个样本单元，直到抽满 n 个单元位置为止。这样一来，总体中的编号为 $r+(j-1)k(j=1,2,\cdots,n)$ 的单元全部入样。

直线等距抽样适用于当总体单元数 N 是样本单元数 n 的整数倍时。例如，某市共有500 个旅行社，采用直线等距抽样抽取 50 个旅行社作为样本，其抽取过程是：先将 500 个旅行社名单按一定的顺序排列编号，确定间隔为 10，在 1 到 10 之间随机抽取一个数字作为起点；假设这个数字是 8，则对应编号为 8 的旅行社入选，以此为起点，每隔 10 个单元抽取一个旅行社，则编号为 18，28，…，498 对应的旅行社入样。

2. 循环等距抽样

将总体单元排成首尾相接的一个圆，k 取最接近$\frac{N}{n}$的整数，从 1 到 N 之间随机抽取一个整数作为起始单元，然后每隔 k 个抽取一个单元直到抽满 n 个单元。

循环等距抽样适用于当总体单元数 N 不是样本单元数 n 的整数倍，若 n 充分大，由于 k 为非整数所带来的影响不能忽略时，为了得到无偏估计的情况。

例如，某总体有 8 个单元，拟抽取 3 个作为样本，其抽取过程是：先确定抽样间隔 $k \approx 2.67$。取与之最接近的整数3 为抽样间隔，将所有的 8 个单元围成一个圆，在其中随机抽取一个单元作为起点;假设抽中2,则对应编号为5的单元入选,以此为起点,每隔3个单元抽取一个单元,则编号为2,5,8的对应的单元入样。

3. 修正的直线等距抽样

当总体单元数N不是样本单元数n的整数倍时,为了得到均值的无偏估计,除了采用循环等距抽样,还可以采用修正的直线等距抽样,即k取最接近$\frac{N}{n}$的整数,从1到N之间随机抽取一个整数r,将r除以k的余数作为起始点,然后以间隔k等距抽取,若余数为0,则k为起始点。

例如,以修正的直线等距抽样来处理上述循环等距抽样的案例,确定抽样间隔$k\approx2.67$。取与之最接近的整数3为抽样间隔,在1到8之间取一个随机数除以3的余数作为随机起点,这样抽选的样本可能性有3个。

4. 对称等距抽样

对称等距抽样也称平衡系统抽样,它的起始单元有两个。对称等距抽样是按照有关的标志排列的线性趋势总体提出来的,其基本思想是使低标志值的单元与高标志值的单元在样本中对等出现,从而使样本的偏差缩小,代表性增强。这种方法是在总体第一段随机抽到第r个单元(抽样间隔为k),而在第二段抽取第$2k-r+1$个单元,在第三段抽取第$2k+r$个单元,而在第四段抽取第$4k-r+1$个单元,以此交替对称进行。可概括为:在总体奇数段抽取第$jk+r$个单元($j=0,2,\cdots$);在总体偶数段抽取第$jk-r+1$个单位($j=2,4,\cdots$)。例如,某旅游企业拟定从40名员工中抽取8名参加心理健康调查,为了确保所抽取8名员工的心理健康分配均匀,以提高抽样效率,现以该企业员工的年龄为标志,采取对称等距抽样抽取样本。假设在第一段随机抽到第2个单元,抽样间隔$k=5$,那么依次抽取的单元是:2,9($2k-r+1$),12($2k+r$),19($4k-r+1$),22($4k+r$),29($6k-r+1$),32($6k+r$),39($8k-r+1$)。

(二)优缺点

优点主要表现为:第一,简单可行,花费的时间和费用较少;第二,如果对总体单位的排列规则有所了解并加以正确利用的话,系统抽样能达到相当高的精度。

缺点主要表现为:第一,最大的缺陷是无差别个体的假设前提,一些总体单位数可能包含隐蔽的形态或者是“不合格样本”,调查者可能因疏忽而抽选其为样本。因此,抽样者要了解总体结构,充分利用已有信息对总体单位进行排列后再抽样,则可提高抽样效率。第二,间隔确定存在一定的主观性。当研究总体的规模是固定的时候,间隔可以根据样本量与总体量的比例来确定;但是当总体不稳定的时候,间隔的确定就必须依靠研究者的主观判断。例如,对某景区游客进行系统抽样时,景区游客接待量是实时变化的,必须参照该景区过去同时段的游客量及观察到的人流确定间隔,这存在一定概率的风险,所以在系统抽样实践中可能会调整间隔。

(三)应用范围

系统抽样适用于总体中的个体数较多且个体均衡分布的情况,因为当个体数较多时,选择简单随机抽样操作难度较大。在实际抽样调查中,全国性的大规模抽样调查,例如,人口调查、产品抽检等,大都采用系统抽样。

（四）操作流程

系统抽样的步骤可以简记为：①编号，采取随机方式将总体中的个体编号。②分段，将整个编号均衡地分段，确定分段间隔 k，当 N/n 是整数时，$k=N/n$；当 N/n 不是整数时，从 N 中剔除一些个体，使得其为整数为止，并将剩下的总体重新编号。③在第一段确定起始号，在第一段中用简单随机抽样确定起始的个体编号。④加间隔获取样本，按照规则将编号为 $m, m+k, m+2\cdots mn+(n-1)k$ 的个体抽出。

五、多阶段抽样

当总体单元的数目大、分布广时，采用多阶段抽样可以简化抽样框的编制，使得抽样工作简易便行，避免抽样过程中的麻烦。

（一）基本概念

多阶段抽样，又称多级抽样，是指将抽样过程分阶段进行，通过两个或两个以上的阶段来抽取最终的样本单元，每个阶段使用的抽样方法往往不同。定义为：假设总体由 N 个初级单元组成，每个初级单元又由若干个二级（次级）单元组成，先在总体中按照一定的方法抽取 n 个初级单元，对每个抽中的初级单元再抽取若干个二级单元进行调查，这种抽样方法被称为二阶段抽样（为了说明的方便，本书主要介绍二阶段抽样，多阶段抽样可在此方法上依此类推）。从定义上看，多阶段抽样是整群抽样的升级版，沿用了逐级思想，但是相比较整群抽样，多阶段抽样将抽样思想应用到了全过程。

（二）优缺点

优点主要表现为：第一，可按现有的行政区域或地理区域划分为各阶抽样单元，从而简化抽样框的编制，便于样本单元的抽取，使整个抽样调查的组织工作容易进行；第二，可以相对节省调查费用；第三，对抽中的二级单元进行再抽样，提高了效率。

缺点主要表现为：第一，抽样误差会随着阶数的增多而增大，因为每一阶段都存在抽样误差，也会使抽样误差的计算变得复杂；第二，随着阶数的增多，抽样工作也会变得复杂。

（三）应用范围

多阶段抽样适用于抽样调查面特别广，没有一个包括所有总体单位的抽样框或总体范围太大，无法直接抽取样本等情况。例如，对农户生计情况进行调查，我国农户数量庞大，若采取其他抽样方法进行调查，其工作量巨大。

（四）具体流程

操作过程可分为两阶段：第一阶段，抽样。从总体中抽取初级单元。第二阶段，再抽样，从每个初级单元中抽取二级单元，依此类推，直到获得最终样本。

六、不等概率抽样

（一）基本概念与类型

不等概率抽样是指在抽取样本前给总体的每一个单元赋予一定的被抽中概率，从而保证重要的(大的)单元抽到的概率大,而不重要的(小的)单元抽到的概率小。一般而言,每个单元被赋予的入样概率与某个辅助变量有关。根据样本单元是否放回为分类标准,不等概率抽样可分为放回不等概率抽样和不放回不等概率抽样。

1. 放回不等概率抽样(PPS 抽样)

独立重复地在总体所有抽样单元中抽取样本单元,抽取后放回总体,抽样单元在每次抽取时都有确定的入样概率,抽取 n 次,得到的样本为不等概率样本。多项抽样为放回抽样的典型代表,常见的 PPS 抽样是多项抽样的一个特例。

2. 不放回不等概率抽样

在逐个抽样的过程中,被抽中的单元不再放回总体,每个单元按入样概率放回样本。由于单元不会被重复抽到,不放回不等概率抽样的效率要高于放回不等概率抽样;与此同时,剩余单元以什么样的概率抽选会比较复杂。

(二)优缺点

优点主要表现为:由于使用了辅助信息,大大提高了估计精度,减少了抽样误差。

缺点主要表现为:第一,抽样框的构建成本高,较为复杂;第二,当单元大小度量不准确或不稳定时不适用;第三,抽样和估计相当复杂(尤其是不放回不等概率抽样)。

(三)应用范围

不等概率抽样适用于三种情况:第一,抽样单元在总体中的地位不一致。例如,要对旅游景区进行效益评估,而旅游景区有 AAAAA、AAAA、AAA 三种等级,它们之间存在等级差异,若以同样的标准对待显然不合理。第二,要调查的总体单元与待抽样总体单元属性不一致。例如,要调查某旅游企业员工的家庭情况,必须考虑到可能存在双职工的情况,必须将双职工家庭的一名成员从抽样框中去掉,才符合调查要求。第三,希望提高估计精度,减少抽样误差。若每个样本被抽中的概率与其所属辅助变量成正比,则不等概率抽样得到的样本,表现出更佳的精度。

(四)具体流程

1. 放回不等概率抽样

放回不等概率抽样中以 PPS 抽样为典型,其实施主要有代码法与拉希里法两种方法。在 PPS 抽样中,单元 i 的规模为 M_i(i 的代码数),总规模为 M_0(累计代码数)。

代码法即总体所有单元排列好后,单元 1 对应数 1 到 M_1,单元 2 对应数 M_1+1 到 M_1+M_2,单元3 对应数 M_1+M_2+1 到 $M_1+M_2+M_3$,一直累计代码到 M_0。每次抽取时在$[1,M_0]$内产生一个随机数,设为 m,则代码 m 对应的单元被抽中,依次重复进行 n 次,这样就得到一个样本量为 n 的 *PPS* 样本。

希拉里法是一种不需要将单位规模累积的 *PPS* 抽样方法,流程如下:①在$[1,N]$内产生一个随机数,设为 i,对应单元 i 的规模为 M。②令 $M^*=max\{M_i\}$,也就是所有单元规模中的最大值。在$[1,M^*]$内产生一个随机数,设为 m;③进行决策:若 $m\leqslant M_i$;则单元 i 被抽中,反之无效,重新抽取。④重复以上步骤,直到抽出 n 个样本单元。

2. 不放回不等概率抽样

不放回不等概率抽样,样本的抽取主要有逐个抽取法、重抽法、全样本法和系统抽样法四种方法。由于不放回抽样的样本不是独立的,无论是实施抽样还是数据处理,特别是方差估计,都比放回抽样的多项抽样复杂得多,下面简单介绍一下这四种方法的原理。

逐个抽取法:每次从尚未入样的单元中以一定的概率抽取一个单元,这个概率通常与已经入样的单元有关。

重抽法:以一定的概率逐个进行放回抽样,若一旦抽到重复单元,则放弃所有已经抽到的单元重新进行抽取,直到抽到规定单元数目,所有入样单元都不同为止。

全样本法:对每个可能样本规定一个被抽中的概率,按这个概率依次抽取整个样本。

系统抽样法;将总体单元按某种顺序排列,将规定的入样概率汇总,根据样本量确定抽样间距 k,在 1 到 k 之间产生一个随机数,并确定相应的初始入样单元,以后在总体中每隔 k 个单元抽出一个作为样本单元。

七、二重抽样

在某些情况下,总体的信息事先未知,调查者无法利用一些辅助信息来了解总体,此时可以使用二重抽样方法。

(一)基本概念

二重抽样,又称双相抽样、二相抽样、两相抽样,是指在抽样时分两次来抽取样本。基本做法是:首先从总体中随机抽取一个样本量较大的样本,称作第一重样本(或第一相样本),对其进行简单调查来获取总体有关的辅助信息,为下一步抽样提供条件;然后从第一重样本中随机抽取一个较小的样本,称为第二重样本(或第二相样本),有时第二重样本也可以从总体中独立抽取;最后利用第二重样本对总体所研究的目标量进行估计。二重抽样也可以推广到多次抽取样本结合起来对总体进行估计。

(二)优点

优点主要表现为:第一,利于从总体中筛选主调查对象。有些调查,主调查对象只是总体中的一部分,不易与其他单元区分时,就可以采用二重抽样。例如,调查某景区旅游者的重游意愿,一开始不知道哪些游客有重游意愿。这时,可采用二重抽样先抽取一个大样本进行调查,然后再抽取一个较小的样本进行进一步的主调查。第二,节约调查费用。第三,利用相关辅助信息,提高抽样效率。第四,处理连续性调查中的样本轮换问题。第五,可有效降低无回答偏倚。

(三)应用范围

二重抽样适用于调查者对总体的某些辅助信息事先未知的情况。例如,要对某市做一次住户调查,假设事先只有一份总户册,没有任何分类信息,则可以采用二重抽样。在调查时先抽取一个住户的大样本调查分层信息,然后利用分层信息从中抽取小样本进行调查。

(四)具体流程

二重抽样的实施又可以分为:为分层的二重抽样、为比率估计的二重抽样和为回归估计的二重抽样。

为分层的二重抽样的步骤为:首先,采用简单随机抽样抽取第一重样本,按照分层的标志将抽取的每个入样单元分到具体的层中，得到各层的权重；然后，采用分层抽样方法，从第一重样本中抽取一个小样本进行详细的调查来进行估计。

为比率估计的二重抽样和为回归估计的二重抽样原理一样：首先，用简单随机抽样方法抽取第一重样本，用来估计或代替总体的辅助变量；然后，在第一重样本中用简单随机抽样的方法抽取一个较小的样本为第二重样本。

总体上，概率抽样具有鲜明的特征：①总体中的每个单元都有被抽中的非零概率；②抽取样本必须遵循随机原则，不允许根据人的主观意愿有意识地抽取；③根据样本来计算估计值，计算方法依据抽样方法来确定合适的估计量。表 6-1 所示为各种概率抽样的情况归纳。

表 6-1　概率抽样方法特征汇总

抽样方法	共同点	各自特点	相互联系	试用范围
简单随机抽样	抽样时每个单元被抽取的概率相等，都为不放回抽样	从总体中逐个抽取		总体中的个体数较少
系统抽样		将总体均匀分成几个部分，按事先确定的规则在各部分抽取	在起始部分抽样时采用简单随机抽样	总体中的个体数较多
分层抽样		将总体分成几层，分层进行抽取	各层抽样时采用简单随机抽样	总体由差异明显的几部分组成
整群抽样	先抽取初级单元，从初级单元中抽选样本	以群为抽样单位抽取群中 100% 的样本		总体中部分差异不大，而每群内部差异较大
多阶段抽样		以群为抽样单位，进行再抽样	是整群抽样的发展，先抽取初级单元	抽样调查面广，没有一个包括所有总体单位的抽样框，或总体范围太大，无法直接抽取样本
不等概率抽样		每个总体中的单元被选中为样本的概率不相等		总体单位与抽样总体的单元不一致
二重抽样		分两次抽取样本	分阶段抽样	对总体的某些辅助信息事先未知

第三节　非概率抽样

非概率抽样是按照主观意向进行的抽样。非概率抽样的特征是:①总体的很大部分单元没有被抽中的机会(零概率);②抽取样本的方法是按照主观意向进行的抽样。非概率抽样容易出现倾向性偏差。

一、判断抽样

判断抽样也称立意抽样,是指调查人员在抽取样本时,根据调查目的和对调查对象已有的了解,人为地确定样本单元。判断抽样在实际调查中有专家判断和统计判断两种。专家判断法是指汇总专家学者对特定问题或事件的意见,获得一致性看法,也就是说,运用专家的知识和经验,考虑判断对象的社会环境,直接确定其样本单元,德尔菲法就是专家判断法中常用的一种。统计判断法主要有三种典型的确定样本单元的类型:①平均型。选择能代表总体平均水平的样本。②众数型。在调查总体中选择能够代表多数单元情况的个体作为样本。例如,调查某市旅游市场情况时,一般选择该市发展相对成熟的景区进行调研。③特殊型。以很好或者很差的典型单元为样本,对其进行具体剖析,分析造成这种异常的原因。例如,了解国家湿地公园的运营情况,西溪湿地可以作为典型代表。

判断抽样的优点在于调查的样本量小,可以对样本的每个单元做较深入的详细调查,得到较高的精度。其缺点在于调查结果具有主观性,选取的典型是基于经验和专业所做的判断,若不具有真正代表性,则会引起很大的调查结果偏差。判断抽样调查适用于对典型对象的调查,如我国旅游电商行业的调查,选择携程、去哪儿、途牛等旅游电商龙头企业作为调查对象,即可了解我国旅游电商行业的发展现状。

二、便利抽样

便利抽样是指调查人员依据方便原则抽取样本,目的是最大限度地降低调查成本。典型的是“拦截式”调查,如在商场或者街边向消费者或居民进行调查等。

便利抽样调查的优点在于操作简单、获取信息及时、调查费用少。其缺点在于样本信息不能很好地说明总体情况,不能根据样本信息对总体特征进行很好的推断。不适合描述性研究和因果关系研究,而适用于探索性研究,也可用于正式调查前的预调研。

三、配额抽样

配额抽样,也称定额抽样,是指先将总体中的各单元按照一定的分类标准分为若干类型,然后依据便利抽样或者判断抽样的方法,将样本数额分配到各类型中,各类型样本结构与总体大致成比例。

配额抽样的优点在于费用不高,易于实施,能满足总体比例的要求。其缺点在于容易掩盖不可忽略的偏差。配额抽样适用于设计调查者对总体有关特征具有一定了解而样本数较多的情况。实际上,配额抽样属于先“分层”(事先确定每层的样本量)再“判晰”(在每层中以判断抽样的方法选取抽样个体)。

四、自愿抽样

自愿抽样是指由自愿接受调查的单元(受访者)构成的样本。比较典型的是网络问卷和报刊问卷调查,调查人员将问卷公开放置于网站网页或者报纸杂志上,感兴趣的读者可以自愿填答。

自愿抽样的优点在于操作简便,获取样本的成本低。其缺点在于调查样本存在一定的偏向性,因为受访者是对该项调查感兴趣的群体,并且受访群体和未受访群体具有很大的差异,所以调查结果无法准确推断总体。该方法适用于某一特定群体对研究对象关注或者比较感兴趣的调查,如现实市场调查。

五、滚雪球抽样

滚雪球抽样,最大的特色是利用样本点寻找样本点,也就是由受访者去寻找新的受访者。这个过程和滚雪球原理相似,以某一个样本点扩大到多个样本点,形成滚雪球效应。首批受访者是采用概率抽样得来的,之后的抽样属于非概率抽样,受访者彼此之间存在较多的相似之处。如关于中国自驾旅游者的调查,以国内某一自驾俱乐部为起点,随机抽取 10 名自驾旅游爱好者,然后发动他们在他们的社交圈中随机选择 10 名自驾旅游爱好者,以此再对外扩散,这种方式简化了寻找受访者的工作。

滚雪球抽样的优点在于可以根据某些样本特征对样本进行控制,减少调查费用。缺点是样本代表性不佳,只有少数样本是随机抽样而来,大部分属于非概率抽样。另外,不可控因素较多,例如,某一受访者不愿意协助扩散,那么滚雪球式抽样就会部分受阻。如果总体不大,有时用不了几次就会接近饱和状况,即后来访问的人再介绍的都是已经访问过的人。滚雪球抽样适用寻找具有鲜明特征的小众群体,例如,户外运动爱好者、背包客等。

非概率抽样可以作为概率抽样的补充,在一些很难对总体进行抽样的领域,如在调查同性恋者的旅游行为时,可以用滚雪球抽样,在调查旅游扶贫模式时,可以采用判断抽样。在使用非概率抽样方法时,调查者要谨慎考虑非概率抽样的估计误差。表 6-2 所示为非概率抽样方法的特征汇总表。

表 6-2　非概率抽样方法特征汇总

非概率抽样	特点	优缺点	适用范围
判断抽样	根据调查目的人为地确定样本单元	优点:样本精度高 缺点:调查结果主观性强,结果存在偏差	典型对象的调查

续表 6-2

非概率抽样	特点	优缺点	适用范围
便利抽样	根据方便原则抽取样本,“拦截式调查”	优点:操作简单、获取信息及时、成本低 缺点:不能根据样本信息对总体特征进行很好的推断	探索性研究和预调研
配额抽样	将总体的各单元按照分类标准分类,依据便利抽样或判断抽样的方法,将样本数额分配到各类型中	优点:操作简单、成本低,满足总体比例要求 缺点:易掩盖不可忽略的偏差	总体有关特征已知,样本数较多
自愿抽样	由自愿接受调查的单元构成样本,网络问卷和报刊问卷调查	优点:操作简捷、成本低 缺点:调查样本存在一定的偏向性	研究群体对研究对象比较关注、或比较感兴趣
滚雪球抽样	由受访者去寻找新的受访者。首批受访者采用概率抽样,之后的受访者属于非概率抽样,受访者之间较为相似	优点:成本低 缺点:样本可能出现偏差,不能很好地代表总体,受访者之间可能相似。受访者不愿提供人员来接受调查,调查会受阻	在特定总体的成员难以找到时

章节习题

一、单项选择题

1. 概率抽样中的基本抽样方法不包括(C)。

A. 简单随机抽样　　B. 分层抽样

C. 定额抽样　　D. 整群抽样

2. 下列选项属于抽样误差的是(C)。

A. 调查误差

B. 不完整的抽样框引起的误差

C. 抽取样本的随机性造成的误差

D. 不回答误差

3. 整群抽样中,群的划分标准为(A)。

A. 群的划分尽可能使群间的差异小,群内的差异大

B. 群的划分尽可能使群间的差异大,群内的差异小

C. 群的划分尽可能使群间的差异大,群内的差异大

D. 群的划分尽可能使群间的差异小,群内的差异小

二、判断题

1. 确定样本量要考虑样本结构、精度要求、调研条件以及总体特征易变性等因素。如果总体易变性强,或者样本之间的差异性大的时候,则需要适当减少样本量。 (×)

2. 非概率抽样是按照主观意向进行的抽样,不容易出现倾向性偏差。 (×)

3. 便利抽样不适合描述性研究和因果关系研究,而适用于探索性研究,也可用于正式调查前的预调研。 (√)

4. 配额抽样适用于设计调查者对总体有关特征具有一定了解而样本数较多的情况。 (√)

5. 滚雪球抽样适用于某一特定群体对研究对象关注或者比较感兴趣的调查,如现实市场调查。 (√)

三、名词解释

1. 样本。

样本是指按照一定规则与方法,从总体中抽取的个体所组成的集合。

2. 统计误差。

在统计调查中,调查资料与实际情况间的偏差,即抽样估计值与被估计的未知总体参数之差,称为统计误差。

3. 抽样误差。

抽样误差是指在遵循了随机原则的条件下,不包括登记误差和系统误差在内的,用样本指标代表总体指标而产生的不可避免的误差。抽样误差是一个随机变量,抽样误差越小,说明样本的代表性越高;反之,样本的代表性越低。

4. 概率抽样。

概率抽样,也称随机抽样,是依据随机原则进行的抽样,按照某种事先设计的程序,不加主观因素,从总体中抽取部分单元,而每个总体单元都有被抽中的概率(非零概率),从而避免样本出现偏差。

5. 判断抽样。

判断抽样也称立意抽样,是指调查人员在抽取样本时,根据调查目的和对调查对象已有的了解,人为地确定样本单元。

四、简答题

1. 简述多阶段抽样的优缺点。

答:优点:①可按现有的行政区域或地理区域划分为各阶抽样单元,从而简化抽样框的编制便于样本单元的抽取,使整个抽样调查的组织工作容易进行;②可以相对节省调查费用;③对抽中的二级单元进行再抽样,提高了效率。

缺点:①抽样误差会随着阶数的增多而增大,因为每一阶段都存在抽样误差,也会使抽样误差的计算变得复杂;②随着阶数的增多,抽样工作也会变得复杂。

2. 什么是非概率抽样?有什么特征?

答:非概率抽样是按照主观意向进行的抽样。非概率抽样的特征是:①总体的很大部分单元没有被抽中的机会(零概率);②抽取样本的方法是按照主观意向进行的抽样。非概率抽样容易出现倾向性偏差。

第七章 实验法

学习目标

1. 了解实验法的特点与相关术语。
2. 了解实验法的分类及各类型在实施过程中的优缺点。
3. 了解实验法的操作程序，掌握确保实验效度的办法。
4. 了解实验设计模式与实验方法。

第一节 实验法的内涵与特点

一、实验法的内涵

实验法(experiment survey)是指在一个发展的环境中，实验者客观地观察“发生在一个受严格控制的情景下的现象，其中一个或多个变量发生变化，而其他变量维持不变，以确定社会变量之间的相互关系”。首先，我们必须努力作出公正的和没有偏见的观察；其次，开展实验时，我们观察“被发生的现象”，即实验研究中被试者对访谈、测试、问卷行动或声明所作出的反应；最后，该观察是在“控制的情境下”完成的，这意味着我们要在一个明确的范围内，故意改变(即“操控”)自变量，并要创造一组条件，确保无关变量得到控制且无法干扰自变量，尽可能消除混淆无关变量的影响。

无关变量(extraneous variable)被定义为除了自变量之外还可能与结果相关的变量。当不以某种方式控制或处理无关变量时，研究的外部评论者可能会对研究发现提出不同的解释，认为该结果是源于特定的无关变量，而非自变量。因此，为了达到内部效度，控制对自变量造成干扰的无关变量是必须的，这也体现了实验最主要的优势：对研究的控制程度越高，研究的内部效度也就越高，对相关因果关系的假设也会更有信心；但是问题在于，当混淆无关变量被控制的越多，研究也会变得越来越不自然，进而威胁到研究的外部效度。因此，实验性的研究常常以牺牲外部效度来加强内部效度。但对研究者而言，实验研究是一种较为可行的研究方法。

实验研究虽然主要应用于自然科学，但是在社会科学中也有比较成功的应用，其中最为著名的就是美国的“霍桑实验”。实验研究是为了对因果关系进行判断，通过实验的方式,可以在受控条件下,通过对某一或几个因素的影响进行观测,来确定其中的因果关系。具体而言,在实验研究中,研究人员通过操纵自变量,主动地对外界进行干涉,并观察结果。因此,操纵(manipulation)作为实验者研究的干预行为,是实验研究关键的定义性特征。

实验研究与其他研究方式相比虽然能够比较准确地说明变量之间的因果关系,能够创造特殊环境来减少外来变量对研究对象的影响。但是,由于对社会现象中因果关系的观察需要一个比较长的时间,人们很难在一个比较短的时期内发现社会现象之间的因果链。在社会现象中,因果关系的形成受多个因素的影响,使得很难同时控制外部因素和社会因素。而且,由于实验对象是有限的,只能在一个小群体内实施,因此实验结论并不具有普遍意义。并且,实验研究往往会引起伦理上的争论,因而实验研究的问题和范围是有限的。此外,实验研究还存在实验人员因为对某种实验结果怀有期望而对被实验对象产生了有意无意的"暗示",处于特殊环境下的实验对象受到环境的刺激有可能改变自己的正常行为,从而影响最终实验的结果的真实性。

二、实验法的特点

实验(experiment)是指研究者通过操控一个变量来确定它对另一个变量是否产生影响的实证研究。因此,实验的本质特点就是操控。实验者进入实验情境中,他们或实验合作者改变(即操控)情境中的某些组成部分。这些合作者可能是受过专门培训的研究助理或者专业教育者。实验操控也可以是研究者对某一情境进行一定的干预。有的时候,干预在研究报告中被称为条件、实验条件、处理条件或自变量。例如,研究报告可能这样陈述:实验参与者被安排到不同的实验情境中。实验情境(experimental condition)是指这样一种情境,一组研究参与者在情境中受到干预,以确定这种干预对因变量的影响。另一种相对应的是控制情境(control condition),即另一组研究参与者不受干预或受到另一种干预,以便与实验组的结果进行对照。实验研究的方式应该说是社会研究中最接近自然科学研究的一种方式。实验研究的主要特点如下:

第一,严格的因果推断逻辑。探究和揭示现象间的因果关系,是科学研究的主要目的。从这个意义上讲,实验研究方法要比其他一些社会研究方法更有说服力。实验研究能够通过对实验对象的随机选择,建立实验组与控制组,引入并操控实验刺激,进行前测与后测,并对各组间的前后测数据进行比较与分析,来发现变量或现象间存在的因果关系,从而使实验的结果具有说服力。这是实验研究最具吸引力的地方。

第二,人工化的研究背景。由于实验研究对环境控制的要求很高,所以相对于其他几种研究方式来说,实验研究带有很强的人工化痕迹,亦可称其为"人工制造式"的研究方法。与此同时,它所拥有的高度控制性、严格程序性等特点,在一定程度上,都会导致研究背景与社会生活实际相脱节,从而对实验结论的推广和运用造成不利影响。

第三,受到政治、伦理、道德等方面的限制较大。由于实验研究具备控制性和操纵性的特点,因此其所受到的限制也许是最多的。为确保因果关系的严谨性,实验研究必须"孤立""净化"实验环境,排除其他因素的干扰,更需要操纵和控制某些变量,人为地去改变某些变量的状态。而这种操纵、控制和改变,一旦对人实施,必然会遭遇到各种政治、伦理、道德的制约。

基于上述这些特点，在实际社会中实验法并没有被经常使用。虽然我们在社会研究实践中，可能很难运用到实验研究，但我们仍需要了解实验研究的逻辑思维和操作程序。换句话说，尽管实验研究在社会科学领域的实用性不强，但它所具备的内在逻辑是十分重要且值得学习的。

第二节　实验法的分类和操作程序

一、实验法的分类

在社会研究中，实验研究有多种类型。根据实验的空间特征，可以将实验法分为实地实验、实验室实验和互联网实验。实地实验是在自然状况下的一种实验方式。实验室实验是一种在人工环境下或在实验室中进行的标准化实验。由于社会科学的特殊性，实地实验的方式经常被采用。

（一）实验室实验

实验室实验（laboratory experiment）通常是指在受到控制的实验室环境中，研究者借助实验设备，精确地操纵一个或多个变量，控制全部的或几乎全部的无关变量的影响，并主动创造条件，用给定的刺激引起一定行为反应，以探究事物之间原因、特点和规律的方法。

1. 实验室实验法的优缺点

在实验室实验中，实验背景和变量都比较容易控制，实验环境可以较好地“封闭”，实验者可以比较清楚地、准确地观察到自变量对因变量的影响，这是实验室实验的主要优点。但是，实验室实验具有很大的限制，很多社会研究者有兴趣的内容，往往不能在一个小的实验室里人为地创造出来。另外，实验结果的普遍性、推广性和概括性都很差。

因此，实验室实验法有以下三方面特点：①可以对实验条件进行严格的控制，并且可以对实验条件和被试的行为进行准确的记录，方便进行分析和研究。②实验环境和现实环境有很大的不同，因此，在实验环境下得到的研究成果，很难应用到现实生活中去。此外，实验情境本身对被试的自然表现也有一定的影响。③难以准确测定复杂、深层的心理活动，其实际应用范围有限。

2. 实验室实验的类型

（1）单组实验。在实验过程中，同一个组先后分期接受两种不同实验因素的影响，其他一切条件保持不变，仅对实验因素所产生的结果进行观察和比较。但被试的反应是发展变化的，由于经验积累，后期实验效果可能偏高；先前的实验也可能对后继实验产生正向或负向的迁移影响。

（2）等组实验。研究者采用两个或两个以上条件相同的组作为实验对象进行对比研究的实验形式。即采用实验组和对照组，或者采用两个实验组，对不同组施加不同的实验因素,其他条件保持相同,然后将各实验因素影响所产生的结果加以观测比较,并进行差异显著性检验,从而得出结论。

(3)循环实验。循环实验是单组和等组相结合的一种实验形式。各实验因素可在各组获得阶段性成果后,再将实验因素对调,其他条件(时间控制等)相同,最后再检验各实验因素所产生的结果,并进行比较,得出结论。这种形式兼具单组实验和等组实验的优点,同时又规避了二者的缺点。虽然实施难度更大,但所得结果更为精确可靠。

(二)实地实验

虽然我们很容易把"实验"与"实验室实验"画等号,但是许多重要的社会科学实验常常发生在受控制的情境之外,或者在一般社会事件的进展中。实地实验(field experiment)是指在现实生活背景下进行的实验研究,即在实际情况下根据研究的目的有计划地变更某些条件、控制其他条件,以观察被试表现的一种方法。它所得的结果比较接近实际,能较真实地反映现实过程中的现象。实地实验具备两个显著的特征:自然性和复杂性。

实地实验的优点在于它们非常适合确定一个操纵是否能在现实生活中起作用,实地实验最大的缺点在于它们不能像实验室实验那样控制无关变量的影响。虽然在实地实验中,控制较多无关变量是困难的,但是在不能最大程度控制无关变量的情况下,实地实验在确定一些影响能否在现实生活中起作用时,还是有必要的。

在实地实验中,主要使用随机的研究方法,通过在一定的自然人群中随机选择被试对象,将其分成实验组和对比组,给实验组外生的干涉或冲击,观测两组对象行为结果的差异,目的在于获取变量间的因果关系,并使在这些情况下发现的任何因果关系,都能扩展到其他相近的生产环境中。

(三)互联网实验

互联网实验(internet experiment)是通过互联网进行的实验研究。互联网实验与实地实验和实验室实验有相同的特征,因为研究者操纵一个或多个自变量并且要控制尽可能多的无关变量。自 2000 年以来,研究者开始大量使用互联网实验法进行研究。考虑到互联网研究比一般在实验室开展的研究有优势,预计这种增长率还会继续。

互联网实验主要有以下四个优点:易于获得人口统计学和文化上具有多样性的被试;拥有将实验带给被试的能力,而不是将被试带给实验;通过使用大样本确保较高的统计功效;节省实验室空间、人力、设备和管理的费用。缺点包括如下问题:缺少实验控制,自我选择,中途退出。

二、实验法的操作程序

实验研究的方式与其他社会研究方式相同,遵循了社会研究从选择题目到得出研究结论的基本逻辑流程。但是,因为实验研究在对象选择、研究设计、变量测量、数据收集等方面都有独特之处,所以在具体的研究过程和步骤上也存在着一些差异。考虑到实验研究的基本逻辑就是根据研究目的引进自变量(x),经过实验,观察因变量(y)是否随着自变量的变化而发生变化。所以,在进行实验之前,一般都会先对实验单位或者实验对象(实验组和控制组)的条件或者某种特征进行观察记录(前测),再在引入实验变量,也就是自变量之后,观察实验单位的特征有没有改变(后测),再对前后测的结果进行对比。实验的基本步骤如下。

(一)选择实验变量

实验变量即实验因子或刺激物。首先,实验变量一定要和研究课题相关,而且实验变量的引入会对研究对象造成新的影响。所以,在选择实验变量之前,一定要对实验单位和研究对象的多种因素之间的相互关系展开初步的研究,找出哪些因素会对实验对象的改变产生重大的影响,而那些对实验对象产生重大影响的因素,就有可能成为实验变量。实验变量选择的具体方法与一般实证方法类似,也要以文献梳理和对实际生活的观察为依据,构建出自己的理论分析框架及研究假设。

其次,相对于其他实证方法而言,实验变量更注重概念的可操作性,因为实验方法更注重经验层次上的现象,实验的本质是通过观测来揭示实验过程中经验层次上的改变,所以实验变量通常可以在经验方面被直接观测到,是一种具体的经验现象。然而,实验研究并非对实验现象的简单、直接描述,而是要在实验的基础上,将经验研究提高到某种理论层面,这就要求在实验中建立一个抽象的理论概念与实验变量间的联系。

最后,实验变量可能为一个,但在多个实验或随机实验中,实验变量可能为多个。在多组实验中,研究多个实验变量之间的效用,而在随机实验中,则采用多因子分析的方式,对实验变量进行统计分析,找出有推论意义的实验变量。

(二)选择实验组和控制组

在实验研究中,实验组是接受实验变量刺激的一组对象,控制组是与实验组相对照的一组对象,也称为对照组。控制组一般不接受实验对象的刺激,控制组的设置可以在一定程度上控制外来变量对实验的影响,也就是说,假定实验组和控制组受到外来变量的影响是一样的。在标准实验中,实验组和控制组各有一个;在多组实验中,实验组可以有两个或三个,当然也可以更多一些;在所罗门实验模式中,可以根据需要设置二个或三个控制组;在随机设计实验中,实际上已经没有实验组和控制组之分,所有参加实验的都是实验组,它主要是运用统计推论方法分析作用于每个实验组的实验变量是否具有统计意义。

在标准实验及其变形模式中,实验组和控制组应该具有较高的同质性,即实验组和控制组成员的基本特性是相似的,从而避免因为实验组和控制组成员的较大差异对实验带来的影响。为了保证实验组和控制组具有较高的同质性,在选择实验组或控制组成员时主要有两种方法:匹配法和随机法。匹配法即“配额抽样法”,是根据实验组成员的基本特征,根据主观判断方法选择与此相匹配的一组或几组成员。例如,我们可以根据实验组成员的性别比、年龄结构、教育程度、收入等变量选择与此相匹配的一组或几组成员。但是,匹配法只能在成员的主要特征变量上进行匹配,而不能穷尽所有的特征变量,并且匹配法是一种非概率抽样,不能进行统计推论。因此,随机法可能是一个更好的选择。随机法可以采用简单随机方法中的抽签法或随机数表法进行抽样,也可以采用抛硬币的方法,出现正面的可以规定为实验组成员,出现反面的可以规定为控制组成员。

无论是实验组和控制组的设置，还是实验组和控制组成员的抽样方法，它们的主要目的都是尽可能减少或者控制外来变量对实验的影响。为了进一步减少或控制其影响，在条件充足情况下尽可能使不同实验组或控制组在空间上分隔开来。例如，我们可以把一个酒店所抽取的员工作为实验组，把另外一个酒店所抽取的员工作为控制组，尽可能减少不同组别的成员相互交流的机会。

（三）测量与分析

实验资料的主要来源是因变量的前测和后测，在测量中存在一些特定的问题。收集资料的过程就称为测量，量表或问卷和现场观察是最常用的测量方法。现场观察用于现场实验中，需记录观察结果，和结构式观察类似，需要提前设计好结构式观察表格，并确定观察地点、时点、持续时间及间隔时间，以及观察者人数、观察角度等内容。

除了现场实验外，大多数实验研究的测量采用的是量表或问卷测量，量表或问卷的设计要求与通常的调查研究相似，但问题更集中、更具体，并且更短。此外，由于实验研究的样本一般都比较小，为了提高测量的可靠性和一致性，通常进行多次实验或者多次测量。在测量之后，要进一步对测量结果进行分析，一般采用统计分析。

第三节　实验效度的影响因素及控制

在实验研究中，为了确定经由实验所得到的结果是正确且可靠的，研究者就不可避免地要面临效度的考问。内部效度和外部效度这两种效度必须加以重视。内部效度（internal validity）是指实验中因变量的变化直接源自实验刺激（自变量）的程度，或消除额外变量影响的程度，即研究设计对自变量 x 引起了因变量 y 的变化有多大把握。外部效度（external validity）是指实验结果可以被推广应用到其他环境和对象的程度，即实验结果能够被推广到“现实世界”的可能性，也即在实验室实验中发现的因果关系，在组织环境中也同样成立的程度。

外部效度所强调的是实验结果的可推广性问题，内部效度所关注的则是自变量与因变量间的因果关系存在性问题。由此，研究者首先应重视内部效度，假若一个实验没有内部效度，则意味着它无法建立所要判定的因果关系。而一旦因果关系无法确定，那么所用来推广化的实验结果也只是一个缺乏价值的不正确的结果。再退一步来说，即使实验结果无法加以推广化，但只要实验本身具有内部效度，就能增进我们对社会现象的认识。因此，内部效度的重要性是先于外部效度的。

一、实验效度的影响因素

（一）实验内在效度的影响因素

最理想的实验是无关因素不会出现，这样的实验设计就可以归为高内在效度，即实验组之间所观测到的结果变量的差异仅仅是由操作变量所致。但如果研究中出现了无关变量，会导致出现实验的内在无效度，实验结论没有正确地反映实验本身，研究者就无法准确判断进行实验处理后,实验组和控制组在因变量上所观测到的结果差异究竟是实验干预所导致还是因为无关变量的缘故。只要实验观测因素以外的因素影响了因变量,就会造成内在无效度,影响因素如下。

1. 历史效应

由于大多数实验设计需要进行前测和后测,并且常常是对实验对象在实验刺激前后的态度、观念、价值和行为进行测量,若实验操作持续的周期时间比较长,实验以外的其他事件就可能影响结果变量,把实验结果弄得混乱不清。实验处理以外的某些重大事件影响了因果变量,这就是出现了历史效应(history effect)。用实验的语言来说,就是除了原来的实验刺激以外,所发生的具有社会或政治重要性的特殊历史事件也成了另一个新的"实验刺激"。这一刺激可能会影响到因变量,或者是干扰了自变量的效果。这一情况启示我们:在出现某些与实验内容关系密切的重大事件时,实验对象在态度、观念、价值及行为上发生的变化,不一定全部是实验刺激的作用所致,很可能是由实验刺激与其他因素共同作用的结果。

2. 成熟效应

实验操作过程中,受试者在生理和心理上的各个方面都会产生一些改变。同时,这些变化也会对实验结果产生不同程度的影响,在某些特殊实验中,甚至会产生显著的影响。例如,随着被试年龄的增长,他们可能会身体素质更好、更乐观或者经历其他情绪或生理上的变化。坎贝尔和斯坦利(Campbell & Stanley)把所有的这些变化都定义为成熟的形式。如果实验中这些发展性的变化影响了结果变量,我们就称发生了成熟效应(maturation effect)。

3. 测验效应

实验中的前测和后测的形式、内容完全一样,这是遵循了实验方法的基本逻辑的结果。基于此,如果两个测验的相距时间较短,那么被试在后测中所显现的进步可能仅仅是因为他们在前测中的经验,也就是说,他们变得"精于考试"(test wise)。正如我们所看到的,实验中的一测再测,往往也会影响人的行为,进而混淆实验的结果。假如我们把问卷发给一组人来测量其偏见,然后对受试者施加刺激,并再次测量他们的偏见程度。在做后测时,受试者可能对偏见问题已经变得很敏感,在回答时会更加深思熟虑。事实上,他们可能已经猜出我们正设法测量他们的偏见,而且,由于很少有人喜欢袒露偏见,因而会竭力掩饰,给予他们认为我们想要的答案。倘若重复测验影响了结果变量,那么就出现了测验效应(testing effect)。

4. 工具效应

在前测和后测的测量过程中,我们需要注意概念化与操作化问题。如果每次实验采用不同的测试手段、技术或工具,那从前测到后测可能也会出现学习的显著变化;或者,若测量依据的是实验主持者的主观判断,他们的标准或能力可能随实验过程发生了变化。这样的做法可能就很难判定实验组和控制组的前测与后测的变化原因是不是实验处理和测验工具的变换所致。如果实验测试工具或技术的变化影响了结果变量,那就出现了工具效应(instrumentation effect),即由于测量工具本身的改变,或者是由于测量者、观察者本身的问题,导致所得结果有所改变。这样的效应,有可能是起因于测量工具的不精确或是损坏，也有可能是由于测量者或观察者本身的疏忽，或是采用的标准不一，甚至可能是由两组不同的测量者或观察者的差异所引起的。

5. 统计回归

任何时候，我们在实验中使用前测、后测方法来评估学生学习的进步情况时，学生在前测中分数或高或低，但在后测时都会呈现自然向群体平均数靠拢的倾向，这种现象称为统计回归(statistical regression)。例如，假设实验组学生的前测平均分在国家规范的测试中处于第15个百分位，当这组学生再次接受相同或相似的测验(后测)时，无论是否接受实验处理，他们都可能会得到一个更高的平均分。因为他们第一次测验所取得的较低的分数可能不仅仅是由于自身较低的能力，还有一些偶然因素所致，比如在参加测验的那天身体不舒服，等等。当再次测验时，这些偶然因素便不太可能出现，因此，这时他们测验分数的提高并不取决于实验处理。同样，受偶然因素影响，当对在前测中分数很高的学生们进行再次测验时，他们的分数也有可能回归，即向平均分靠拢。

6. 差异性选择效应

在采用两组或多组的实验研究中，研究者必须考虑不同组别被试在特质上是否一样。如果选择的两组被试存在差异，那么两组被试各方面的不同就会导致结果的偏差。也就是说，实验组和控制组在许多方面的特质原来就不一样，所得实验结果就不能归因于实验处置，因为选择的偏差可能混淆了实验的处置效果。当两组被试各方面不等影响了结果变量，这就出现了差异性选择效应(differential selection effect)。这就很难恰当解释，实验组和控制组在后测时所体现的差异，是因为实验处理还是因为两组被试各方面不等。为了在一定程度上避免由于选择差异而造成解释上的困难，最好的方法是合理选择控制组被试，利用随机分配的方式来决定哪些是人为实验组，哪些是人为控制组，努力做到控制组和实验组在一些关键特征方面差异不大。

7. 受试者流失

受试者流失，又被称为“损耗”，是指在实验处理过程中有些受试者在实验完成之前退出，导致研究被试的流失。一般来说实验需要进行前测和后测，而且前后两次测量的对象都必须是同一样本。但在实验进行过程中，受试者可能会因各种原因在完成前测后就退出实验，或者在后测开始时，有的实验对象由于调动、搬迁、生病、死亡等原因而无法接受测量，这都将给实验结果产生影响。这些缺失者，尤其是那些中途自动退出的人，在有些重要方面与留下来的人是有差异的，他们可能是对研究并不感兴趣，也可能是研究的题目或内容对他们来说更为敏感，使他们感到不安，还可能是他们的文化程度、表达能力等不如其他人。这种情形一旦发生，必然会对实验结果产生影响，如将影响统计分析的比较和结论，并导致实验结果解释上的困难。

8. 其他因素

在进行实验测试中，还会有实验处理中的传播与模仿因素、补偿性竞争和自暴自弃因素等。实验组与控制组的受试者彼此很亲近，实验组与对照组可以相互沟通，实验受试者就可能把一些实验刺激的因素传递给对照组受试者。举例来说，如果放映旅游宣传片和后测问卷调查之间相隔了一段时间，实验组成员或许会跟对照组成员谈论那部宣传片，这样对照组也受到了实验刺激的影响而不再是真正的对照组了。有时候我们说对照组受到了"污染",为了避免发生这样的问题,研究者在设计安排时,应该设法避免让实验组与控制组接触。同样在实验进行时,被剥夺了实验刺激的对照组成员为了不甘示弱,力图与实验组一比高下,可能通过更加努力的工作进行补偿,导致控制组的表现超出正常的水平。因此,在实验处置上,如果发现实验组与控制组之间有差异或没有差异时,须注意是否由于控制组成员的不平常动机,而非由处置导致的结果。此外,对照组觉得受到差别待遇,也可能因此自暴自弃,导致结果失真。在教育的实验中,自甘堕落的对照组成员可能会停止读书,寻衅滋事或愤愤不平。

(二)实验外在效度的影响因素

实验的成本昂贵,因此就有很多实验干预仅仅局限于有限的时间里在一种情境中采取小样本进行操作。如果实验干预的结果被证明是有效的,那么教育者就想知道这项实验是否能成功推广到其他情境和其他个体。毕竟,当人们知道他们的行为正被研究者所观察、测量或评估时,他们有可能不会作出在自然生活情境下该有的行为。在研究术语中,这就叫作实验的外在效度。实验的外在效度指的是实验结果能推广到其他个体、其他情境及其他时间的程度。布拉赫特和格拉斯(Bracht & Glass)实验的分析结果表明,总体效度、个体变量和生态效度是影响外在效度的主要因素。

1. 总体效度

总体效度(population validity)被定义为实验结果可以从特定的研究样本推广到抽取样本总体中去的程度。为了确定总体效度,研究者必须评估研究样本、抽取样本的可获得总体以及研究结果所要推广的更大的目标总体之间的相似程度。

研究者若能搜集更多材料证明该研究样本、可获得总体以及目标总体之间有更多的相似性,在将研究结果推广到目标总体时就会更有信心,缺少这样的证据会威胁实验的外在效度。

在实践中,想把研究成果应用于具体情境的教育者对研究样本和目标总体之间的相似性不是非常感兴趣,他们关注的是研究样本与当地环境中个体的相似性。为了确定这种相似性,教育者应该关注研究报告中样本的所有相关信息,比如年龄、性别、学业能力倾向、种族、社会经济地位以及他们所居住的社区的特点等。在此基础上把这些信息与想要应用研究结果的地区的个体相比较。

2. 个体变量

研究样本各方面特征与实验干预发生交互作用的可能性也会影响实验的外在效度。当实验结果可以应用于具有特定特征的研究被试(如测验焦虑较轻的人),而不能应用到具有其他特征的被试(如具有高测验焦虑的人)时,就出现了交互作用。这种交互作用被认为是可能的并且很重要,可以运用析因实验来证实它的存在和影响性。

如果一项实验具有很高的外在效度,那么实验结果就可以应用于多种个体,而不是仅仅能运用于有特定特征的个体。当然,倘若研究者明确表明这项实验结果只适合于有这一特征的个体,我们就可以说这项实验对这一群体来说有很高的外在效度。

3. 生态效度

生态效度(ecological validity)是实验结果能从实验情境推广到实践情境的程度或范围。这依赖于试验的背景条件和试验结果之间的相似性。实验是在可控条件下进行的,由于实验情境的人为因素,使得一些实验结果在解释现实生活中的行为现象时变得困难。实验环境中的仪器设备和受试者的参与动机对他们的行为产生了影响,但是,如果不是在实验室里,在日常生活中,就不会受影响。所以,这些实验的结果并不能与实验室以外的人们所观察到的日常行为现象相提并论。通常情况下,实验情境与实践情境之间的差别越大,能推广这些实验结果的概率就越小。

二、实验效度的控制

上述无关变量会威胁到实验的内部效度,这些类型的无关变量必须加以控制,从而确保我们能够得到因果关系的结论。当你第一次想要控制潜在的混淆无关变量时,你可能会考虑完全地消除这些变量的影响。然而,大多数影响教育实验结果的变量不能被消除,例如智力、年龄、动机和压力。控制这些变量可以通过消除它们可能具有的任何差别影响(differential influence)来实现。当你的小组的混淆变量不相同时,差别影响就产生了。你需要在这样会产生差别影响的变量上使你的对照组同质化(equate your comparison groups),这样的话因变量产生的任何显著差别都将归因于操纵自变量的结果。但是,如果这些小组构成自变量的不同水平,即使它们在一个无关变量上有所不同,那么你也将无法确定因变量结果的差异是由自变量造成的还是由无关变量造成的。

控制混淆无关变量以及它们所产生的差别影响一般会通过你设计的研究来实现,从而使对照组里的无关变量不会发生变化。那么,因变量中可观察到的任何差异都将归因于自变量。为了提高实验效度,学者们也提出了不少办法。例如,利用随机分配、配对、保持无关变量恒定、把无关变量融入研究设计中、协方差分析以及排除法等。

(一)随机分配

随机分配(random assignment)是在偶然性的基础上分配处理条件的一个程序,是使对照组内所有变量同质化的最好方法,因此,它也增加了研究的内部效度。这样做之后,研究者可以宣称因变量发生的变化是由研究者系统地操纵自变量所引起的。因为随机分配控制已知和未知的变量,所以应该尽可能使用这个程序。

当研究被试被随机分配到不同的对照组,那么每一个被试被分配到每个小组的概率是均等的,偶然性决定哪个人被分配到哪个对照组,这意味着他们自身带有的变量也被随机分配。只要对照组内的这些变量是相似的,所存在的任何差别都将是由偶然性造成的。随机分配能够产生控制,因为在实验的开始,无关变量的等级几乎同样地分布在所有的对照组中。如果对照组内的无关变量相似,那么当自变量对被试没有施加影响时,对照组的因变量预计将会有几乎相同的变化。如果被试对因变量的反应不同,那么这种差别可以归因于自变量。

虽然随机分配是最重要的控制方法,但是随机分配并不总是有效。即使采用了随机分配,对照组也有可能不相似,因为偶然性决定了变量被分配的方式。例如,随机分配可能会把最聪明的人分配到某一个对照组中,而智力一般的人可能会被分配到另外一个对照组中。研究被试的数量越少,这种问题发生的风险性越高。通常采用随机分配的方法降低这种情况发生的可能性。大多数情况下,随机分配效果显著,它只是偶尔不能使对照组同质。因为使用随机分配的小组同质概率比未使用随机分配的小组同质的概率要大得多,所以随机分配是产生相似对照组和消除混淆变量威胁的最有效方式。

（二）配对

配对(matching)是一种使对照组内一个或多个与因变量相关的变量等同的控制方法。最常用的配对程序是将不同对照组内的被试逐个与每一个被选出的无关变量配对,这个过程将一直持续到你在每个对照组中找到所需的被试人数。最终结果是对照组中被试的匹配变量是相同的或者非常相似的。因此,对照组中这些变量对因变量的影响是恒定的,这就是一个实验中所需要的控制类型。尽管这个办法在理论上是可行的,但是在实践中却是难以奏效的。

（三）保持无关变量恒定

另外一个在实验的过程中常用的控制方法是保持对照组内的无关变量恒定。通常采用恒定法来消除额外变量。这意味着每个对照组的被试有着几乎相同类型或数量的无关变量。这也又一次遵循了尽可能使用随机分配的原则。虽然保持无关变量恒定有效地保证了不同对照组之间无关变量相同,并提高了研究的内部效度,但是该方法同时降低了研究的外部效度。

（四）把无关变量融入研究设计中

控制无关变量的常用方法是将无关变量融入研究设计中。当这样做之后,无关变量成为另一个自变量。该方法也克服了之前方法(保持无关变量恒定)的外部效度问题,因为当你将无关变量融入设计中时,没有被试会被系统地从你的研究中排除。把无关变量融入研究设计中消除了使你的实验产生偏倚的一个无关变量,并使它成为一个重要的自变量。

（五）协方差分析

在实验设计时可以采用的方法统称为实验控制(experimental control)。但是,因为实验条件所限,虽然知道可能会受到一些因素的影响,但我们并不能完全控制和排除这些因素。在这样的情况下,只能在实验结束后,利用协方差分析(covariance),分析结果的影响因素,来控制多余的变量。在此之后,运用统计学的技巧来实现对附加变量的控制,这就是统计控制(statistical control)。

（六）排除法

排除法(elimination method)是从试验中除去多余的变量。如果外面的噪声会影响到雇员的训练结果,最好是走进隔音的教室,以消除噪声。研究中最常使用的方法是使用双盲实验(double blind experiment),即被试和主试均不知道实验组与控制组中哪一个是实验组,哪一个是控制组。

第四节　实验设计模式和方法

一、实验研究设计模式

（一）标准实验模式

标准实验模式是指一种包括前测和后测、实验组和控制组实验变量的标准化实验方式，也称为有控制组的事前事后实验或经典实验模式。需要注意的是，在标准实验模式中，实验组和控制组的成员素质要具有比较高的同质性，实验组和控制组要能有效分离，尽可能避免两组成员的交流，不要让他们知道正在进行的实验，从而减少外来因素或变量对实验的影响，标准实验设计如表 7-1 所示。实验结果 $=(y_1-x_1)-(y_2-x_2)$。

表 7-1　标准实验设计

组别	前测	实验变量	后测
实验组	x_1	有	y_1
控制组	x_2	无	y_2

（二）所罗门实验模式

从以上所列举的例子中，我们可以看到，前测作为一种刺激，同样对实验对象有一定影响。这一点可以通过控制组差分发现，即就算不给予实验刺激，第二次测量时，实验对象的偏见也会略有下降。这也正是需要控制组的一个原因。它可以帮我们排除包含在实验组总的差分中的前测的影响。然而，除了前测的影响外，前测和实验刺激之间还会产生某种“交互作用”（interaction effect），即二者互相作用所产生的另一种外加的影响。因此，我们还必须设法排除这种影响，以得出实验刺激真正的效果来。所罗门实验模式是在原来的标准实验模式的基础上增加一个或两个控制组，成为所罗门三组或四组设计。

1. 所罗门三组设计

所罗门实验模式主要是控制前测和外来变量对实验结果的影响。在标准实验模式中，实验组的后测结果主要受到前测和实验变量的影响，控制组的后测结果因为没有实验变量的刺激，主要是受到前测的影响，由前测和实验变量综合在一起而产生的附加的影响，称为相互作用效应。为了控制前测的影响，所罗门三组设计增加一个没有前测、但有实验变量及后测的控制组 B，原来的控制组为 A，所罗门三组设计实验模式见表 7-2。实验结果 $=y_3-(x_1+x_2)/2$。

表 7-2　所罗门三组设计实验模式

组别	前测	实验变量	后测
实验组	x_1	有	y_1
控制组 A	x_2	无	y_2
控制组 B	无	有	y_3

由于第二个控制组有实验刺激而无前测，因而这个组中因变量的任何变化只能归因于实验刺激。但是要实际计算实验刺激的影响时，还需要一个条件，即控制组 B 的前测得分。根据上面所说的道理，我们可以用实验组与控制组 A 的前测平均数来代替。有了控制组 B，我们还能计算出前测与实验刺激交互作用所形成的影响。

即：相互作用效应 = 实验组总效应 - [前测效应（控制组 A 前后测差）+ 实验变量效应（控制组 B 前后测差）]。相互作用效应既可以是正向的，也可以是反向的。

2. 所罗门四组设计

由于控制组 C 既无前测也无实验刺激，所以在控制组 C 中所发现的与前测相比的任何变化就只能是实验以外的因素影响的结果。尽管三组设计已考虑了多种因素的影响，但实际上仍存在缺陷。因为除了前测、实验刺激，以及二者的交互作用这些出现在实验内部结构中的因素外，还存在实验外部因素的影响。也就是说无论是在控制组 A 还是在控制组 B 中，前后测的分数差中除了存在着前测或实验变量的影响外，还存在一些我们所不能控制的外来变量的影响。

因此在三组设计的基础上增加了控制组 C，其既无前测也无实验变量的影响，成为所罗门四组设计实验模式（见表 7-3）。正是为了进一步从实验组总的差分中再排除掉这种外部因素的影响，所罗门设计了更为复杂的四组实验设计。这种设计是在三组设计的基础上，再增加第三个控制组 C，该控制组既无前测也无实验刺激，而只有一个后测。实验结果 = $[y_3-(x_1+x_2)/2]-[y_4-(x_1+x_2)/2]$。

表 7-3　所罗门四组设计实验模式

组别	前测	实验变量	后测
实验组	x_1	有	y_1
控制组 A	x_2	无	y_2
控制组 B	无	有	y_3
控制组 C	无	无	y_4

从理论上说，这种四组设计应该是最为理想的实验设计，具有很多的优点，离研究者希望达到的目标最近。但是这种理想的设计实际上包含着许多潜在的假定和前提：假定可以找到足够的实验对象、假定实验环境等其他条件保持不变……而这些假定和前提在实践中往往会被逐一打破。寻找实验对象的困难、缺少足够的实验场所或实验设备、实

验的时间不够、实验的经费有限等，都会使得研究者放弃或退却。

二、实验研究设计方法

不管是标准实验还是所罗门实验，都会有实验变量对受试者产生心理暗示，且受试者对实验结果产生“期待”，进而对实验结果产生影响，因此，我们可以采取“双盲实验”的方法。最常见的一种药物试验，实验变量即新药品和一种与新药品同样形状的被称为“宽心丸”或“安慰剂”的无毒无害“药品”混在一起，然后由被实验对象随机选择，参与实验的观察者（医生）也不知道谁服用了新药或者“宽心丸”，医生只负责把实验对象服用药品的反映记录下来，上报给研究者或研究单位。实验的整个过程都是“盲态”，直到实验结束，数据整理完毕，数据达到可接受程度，才会有专门的人进行“揭盲”，将“设盲”的信封拆开，这样就能看出哪些人吃了新药，哪些人吃了“宽心丸”。双盲实验能有效地避免或降低试验中对受试者的心理暗示，也能有效地降低医师对试验结果的“期待”，以减轻或控制外界因素对试验的干扰。在正常的实验中，对照组与实验组的同质性更高一些，但是对照组的人在明知“宽心丸”没有任何毒性的情况下，还是会对实验结果造成一定的影响。参加观察的医生们，在观察的时候，都会对实验的结果抱有一定的“期待”，所以，他们很有可能会夸大实验的效果，也有可能会错估实验的效果。以下介绍的完全随机设计、随机区集设计和拉丁方格设计三种实验方法就具有双盲实验的特点。

（一）完全随机设计

在社会研究中，最简单的双盲实验就是随机抽取若干名对象分成两组，分别接收两种“实验变量”，但是哪个是真正的实验变量，除了研究者之外任何人都不知道，然后进行后测，根据测试结果比较实验变量对被实验对象的影响。这样的双盲实验一般采用的是有控制组的事后实验，如果要做前测，有可能使被实验者知道实验的目的。如果一定需要前测的话，可以有两种方法：一是把前测的内容隐蔽在测试卷中，不让被实验者知道测试的目的；二是把相隔不久的相类似的测量结果作为前测。

完全随机设计可以采用简单随机抽样方法，实验变量可以有几个，但是其中只有一个是真正的实验变量，并按随机方法分配给实验单位，真正的实验变量除了研究者之外任何人都不知道。实验变量之间的差异采用假设检定法（F 检验），即利用方差分析或变异量分析进行确定。

（二）随机区集设计

随机区集设计除了要考虑实验变量的差异外，还要考虑实验单位的差异，也就是说，如果实验变量没有差异的话，那么实验单位所在城市的差异是否会造成影响。实际上随机区集设计如同分层抽样，是对实验单位所在区域差异的控制。

（三）拉丁方格设计

随机区集设计只能控制一个外来变量对实验的影响，拉丁方格设计可以控制两个外来变量的影响，在拉丁方格设计中，实验变量、实验单位和区域的数量必须相等，经过排列组合，实验单位可以分配到三种实验变量。如果实验单位有三种，就会形成 3×3 的方格，所以称为拉丁方格设计。

拉丁方格设计中比较关键的是按随机方法分配实验变量，如果实验变量有三种（a、b、c），实验变量的随机分配方法和步骤如下：①给实验变量编号：$1=a,2=b,3=c$。②行处理，按随机方法决定三个实验变量的位置。假如第一次随机抽到的数字是2，3，1，即第一行各列的三个实验变量顺序为b,c,a；第二行的随机数字是3，1，2，即第二行各列的三个实验变量的顺序是c,a,b；第一行和第二行的变量顺序安排好了，第三行各列的三个实验变量的顺序自然是a,b,c，形成3×3的方格x（见表7-4中x）。③列处理，将调整好的方格x中的第一列b,c,a分别用1，2，3表示，按随机方法抽出如1，3，2三个号码，安排新拉丁方格第一列各行的实验变量，即b,a,c；用同样方法抽取如2，1，3三个号码，第二列各行的实验变量顺序是c,b,a；第三列各行的实验变量顺序自然是a,c,b，形成新的3×3方格y（见表7-4中y）。④最后把拉丁方格列处理（y）后的实验变量分配到三个实验单位和三个区域（见表7-5）。

表7-4　实验变量行处理和列处理

行处理后变量安排（x）			列处理后变量安排（y）		
b	c	a	b	c	a
c	a	b	a	b	c
a	b	c	a	c	b

表7-5　拉丁方格设计实验模式

实验单位	区域		
	Ⅰ	Ⅱ	Ⅲ
A	b	c	a
B	a	b	c
C	c	a	b

章节习题

一、单项选择题

1. 实验的看家本领是（D）。

   A. 概化　　B. 模拟　　C. 重现　　D. 控制

2. 在实地实验中，剔除干扰因素的影响是由（C）来担当的。

   A. 挑选场地　　B. 改进实验手段

   C. 搞好实验设计　　D. 重复实验过程

3. 实验研究的第一步是（C）。

   A. 使实验组与控制组在各方面尽可能相同

B. 确定自变量与因变量

C. 建立因果假设

D. 对因变量制定一个合适的测量

4. 所罗门三组实验旨在消减(B)对实验结果所形成的影响。

A. 前测　　B. 前测和实验刺激相互作用

C. 后测　　D. 我们所不知道的外部因素

二、判断题

1. 实验的本质特点就是操控。(√)

2. 由于社会科学的特殊性,社会研究中的实验研究很多采用实验室实验。(×)

3. 外部效度的重要性是先于内部效度的。(×)

4. 控制混淆无关变量以及它们所产生的差别影响一般可以通过设计的研究来实现,从而使对照组里的无关变量不会发生变化。(√)

5. 随机分配是产生相似对照组和消除混淆变量威胁的最有效方式。(√)

三、名词解释

1. 实验。

在一个发展的环境中,实验者客观地观察"发生在一个被严格控制的情境下的现象,其中一个或者多个变量发生变化,而其他变量保持不变,以确定社会变量之间的相互关系"。

2. 实地实验。

实地实验(field experiment)是指在现实生活背景下进行的实验研究,即是在实际情况下根据研究的目的有计划地变更某些条件、控制其他条件,以观察被试表现的一种方法。

3. 内部效度。

内部效度(internal validity)是指实验中因变量的变化直接源自实验刺激(自变量)的程度,或消除额外变量影响的程度。

4. 外部效度。

外部效度(external validity)是指实验结果可以被推广应用到其他环境和对象的程度,也即实验结果能够被推广到"现实世界"的可能性;在实验室实验中发现的因果关系,在组织环境中也同样成立的程度。

5. 标准实验模式。

标准实验模式是指一种包括前测和后测、实验组和控制组实验变量的标准化实验方式,也称为有控制组的事前事后实验或经典实验模式。

四、简答题

1. 简述实验法的操作步骤。

答:在不同的实验方法中,虽然每一类实验的步骤有差别,但是基本的实验步骤如下:选择实验变量,选择实验组和控制组,测量与分析。

2. 实验效度的影响因素有哪些?

答:实验内在效度的影响因素有历史效应、成熟效应、测验效应、工具效应、统计回归、差异性选择效应、受试者流失、实验处理中的传播与模仿、补偿性竞争和自暴自弃、前后测环境不一致的影响。实验外在效度的影响因素有总体效度、个体变量、生态效度。

第八章 单变量统计

学习目标

1. 了解并掌握反映样本数据集中趋势的各度量值及其意义。
2. 了解并掌握反映样本数据离散趋势的各测度统计量及其判别方式。
3. 了解数据分布集中与否的测度统计量及其判别方式。
4. 了解假设检验的基本思想与相关术语。
5. 了解并掌握假设检验的步骤与注意事项。

众所周知,数据是支撑社会研究的重要基石。能否正确高效地收集、整理、使用数据,往往关系到社会学学者研究结论的科学性和前瞻性。在实地调查中我们会发现,原始的数据资料通常是庞大且杂乱的。因此,本章即从最基本的原始资料加工入手,探讨单变量的统计分析。同时在此基础上,介绍假设检验的基本内容。

单变量分析(univariate analysis)作为最简单的量化分析,其一次只检验一个变量的分布情形,尤其是属性分布。

单变量统计分析可以分为两个大的方面,即描述统计和推论统计。描述统计是为了用最简单的概括形式反映出大量数据资料所容纳的基本信息,它的基本方法可以分为两大情况:一种是包括众数、中位数、平均数等在内的集中趋势分析;另一种是包括异众比率、极差、四分位差、方差等在内的离散趋势。而推论统计主要是用从样本中所得到的数据资料来推断总体的情况,它主要包括区间估计和假设检验等。

如果我们收集到的资料囊括研究的总体,那么我们在进行统计分析之后就可以得出对总体的认知。但是,在社会学研究中,我们所能获取的资料往往只是总体的一小部分,因此为了判定我们的研究结论是否具有推广到总体的效力,我们就必须经过一个假设检验的过程。

第一节 集中趋势的度量

对集中趋势这一概念,在日常生活中,我们经常用各种类型的平均数(或均值)来表达变量值的典型性,平均数是代表集中趋势(典型性和常规性)的一个含糊术语。

集中趋势指的是对样本数据观测值向中心值靠近程度的统计,它反映了数据的中心点位置和分布情况。集中趋势分析是用一个典型值或代表值来反映一组数据的总体水平,或反映这组数据向这个典型值集中的情况。集中趋势可以帮助研究者借助某个代表值来预测每个研究对象,因此大大节省了研究者的工作量。尽管这种预测不可避免地具有一定的误差,但由于所根据的数值是最具有代表性的数值,因此可以认为所发生错误的总和应该是最小的。通常用数值平均数(如算术平均数)和位置平均数(如中位数、众数)表示集中趋势。

一、数值平均数

数值平均数是从总体各单位观测值中抽象出具有一般水平的量。这个量不是各单位的具体观测值,但又反映统计对象的一般水平。它可以用以描述数据集中位置,也可以进行不同组数据之间的比较,以发现组与组之间的差别。最重要的数值平均数是算术平均数,其他还有调和平均数和几何平均数等形式。

如在棒球比赛中,平均击球率为 0.300,也就是说,平均而言,每 10 次能击中 3 次。就整个赛季来说,可能有时候一次也没有击中,有时候则可能连续击中好多次。不过,平均来说球手的击中趋势就是每10 次击中3 次。像这种平均数,更应该称之为算术平均数(或称均值),即观察值的总和除以观察值个数的商。

$$算术平均数=\frac{观测值总和}{变量个数}$$

总体的算术平均数用字母 $\overline{X}$ 表示,样本的算术平均数用 $\bar{x}$ 表示。

总体和样本的算术平均数公式为

$$\overline{X}=\frac{\sum X}{N};\qquad \bar{x}=\frac{\sum x}{n}$$

此外,我们就可以借助 SPSS 软件来快速地输出数据资料的平均数。我们在 SPSS 软件中依次点击“分析”→“描述统计”→“频率”按钮,开启频率分析功能。

紧接着,在频率分析界面中将要分析的变量移到右边的“变量”栏内,随后点击“统计”按钮,打开统计功能界面,并且在界面中勾选“平均值”选项,完成上述操作后点击“确认”,SPSS 软件便能自动输出处理结果了。

二、位置平均数

位置平均数即根据总体中处于特殊位置上的个别单位或部分单位的观测值来确定的代表值,它对于总体来说,具有非常直观的代表性,因此,常用来反映分布的集中趋势。常用的统计量有众数和中位数。

(一)众数

众数(mode)是一组数据中出现次数最多的数值或属性,也就是一组数据中最典型(typical)的数值或次数分布最高点所对应的分数,即事物发展的多数情况,它也意味着出现的次数越多,就越能代表数据集中的整体状况。通过众数来预估整体尽管会有一定的误差,但是由于众数是占据相对多数的代表值,故仍然具有很强的预测意义。从整体来说,以众数来预测定类变量所犯的错误总数是最小的。

众数与数值大小无关,不受极端值影响,根据频次确定,众数是数据集中的某个数据,单位或量纲不变。如果一个数据集中每一个数值出现的频次都相等,则该数据集中不存在众数;如果一个数据集中,分布有两个分数具有相同的最高次数,即存在双众数,所以众数可能是一个或多个,甚至没有。此外,众数主要用于大面积普查研究,表示样本观测值在频数分布表中频数最多的那一组的组中值。在数据量较大的情况下,众数才有意义。

在某些情况下,由于题项过多难以快速判定众数,这时候就可以借助 SPSS 软件来自动输出众数。首先,在 SPSS 软件中依次点击"分析""描述统计""频率"按钮,开启频率分析功能;随后,在频率分析界面中将要分析的变量移到右边的"变量"栏内;最后,点击"统计"按钮,打开统计功能界面,并且在界面中勾选"众数"选项。完成上述操作后点击"确认",SPSS 软件便能自动输出处理结果了。

(二)中位数

中位数(median)又称为中数,是将某一个变量的观测值由大至小或由小至大排列,取位居最中间的数或能够均匀对分全体观察值的数。它可以精确地将观察总数分为两个部分,并且变量值比它小、变量值比它大的数值都刚好各占一半。中位数在统计学分析中扮演着"分水岭"的角色,表示生活中的中等水平,并不能反映所有样本个体的信息,仅仅考虑的是在相对位置上中间的样本的信息,人由中位数可以对事物的大体趋势进行判断和掌控。

中位数的最大用途是反映全体"样本"的中心点。计算平均数时,数据必须具有相同的单位,但中位数则无此限制。因此,中位数又称为百分等级为 50 的百分位数或第二四分位数。计算方法就是将个案由低到高排列起来,在中央位置的个案的值就是中位数。譬如,对某餐饮服务员满意度测评中,甲、乙、丙、丁、戊五人的顾客满意度分值排序由少到多为 88,91,94,99,100。这个序列的中位数就是 94,因为有两人低于 94 分,有两人高于 94 分,数目相同。由此我们可以概括出未分组数据中的中位数位置计算公式是:

$$\text{Md 位置} = \frac{n+1}{2}\text{(}n\text{ 是个案数量,且为奇数)}$$

但是,有的时候个案数量为偶数,就无法简单地套用上述公式。这时候可以将位于最中央的两个数值的平均数作为中位数。譬如在上述例子中加入一个顾客满意度为 86 分的服务员己,则甲、乙、丙、丁、戊、己六人的满意度排序由少到多为 86,88,91,94,99,100。其中,中位数的位置就是在第三个数值与第四个数值之间,因此中位数 = (91+94)/2 = 92.5。

三、集中趋势量的适用尺度

对于定类尺度的数据而言,没有单位无法计算平均数;没有大小顺序,中位数没有意义。只能使用众数来表示样本的集中情形。例如,某餐厅九个员工的性别依次为 2,2,1,1,1,1,2,2,2。数值 2 表示男性,1 为女性,由众数 2 可知,员工性别集中于男性。

对于定序尺度的数据而言,无固定单位且具有一定的顺序。中位数具有参考价值,众数也具有价值。例如,九个员工的工作班次为 3,2,1,1,1,1,3,2,2。数值 1 表示第一班,2 表示第二班,3 表示第三班。中位数为顺第五位的员工的工作班次 1,众数也为 1。此时,研究者就必须决定如何描述员工工作班次的集中情形。

对于定距尺度的数据而言,由于具有一定的数量单位,因此三种趋势量均可使用。此时,集中趋势可以采用较精密的统计量(如平均数)。平均数是计算所有样本观测值所得到的数据,有最好的代表性,但是平均数也容易受极端值的影响,在偏离值较大或偏态较严重的情况下,平均数的使用需要经过特别的校正处理,否则需要搭配采用中位数和众数来描述。例如,如果公司员工和高管之间的工资差距太大,就会拉高公司所有成员工资的平均水平(即员工被平均)。但事实上,除了高管外,其余员工平均工资并不高,甚至很低。这时,中位数和众数可能是描述员工薪资平均水平更合理的统计量。中位数和众数这两个统计量的特点是能够避免极端数据,但缺点是没有完全利用数据所反映的信息。

总的来说,众数、中位数、平均数三者都反映了数据资料的集中趋势,都旨在帮助研究者通过一个数值来统观整体特征,但是三者各有侧重。

众数可以用于定类、定序和定距变量。它是一组数据中最具代表性的数值,因此具有重大意义。但是,它仅使用了最大频次这一信息,因此使用的资料是不完全的。

中位数可以用于定序、定距变量。特别是在定序变量中,中位数具有其他两种统计观测方式所不具备的优越性,即能够反映应用资料所具有的等级数学特质。但是,由于它只考虑居中位置,因此对于其他变量值的变化较为不敏感。

平均数可以用于定距变量。相对于另外两者而言,平均数对资料的使用最为充分,但是对于严重偏态的分布而言它又会失去代表性。因此,平均数比较适合运用于单峰或者基本对称分布的数据。

表 8-1　集中趋势的适用性与优缺点比较

测量类型	集中趋势量		
	众数	中位数	平均数
定类	√		
定序	√	√	
定距/定比	√	√	√
优点	不受偏离值影响,计算简便	对数值变化不敏感,较不受极端值影响,计算简便	测量最为精密,考虑到每一个样本,具有代表性
缺点	测量粗糙	无法反映所有样本	易受偏离与极端值的影响

第二节　离散趋势的度量

与集中趋势分析相反,离散趋势分析(dispersion tendency analysis)指的是用一个特别的数值来反映一组数据相互之间的离散程度。在统计学上是描述观测值偏离中心位置的统计量,反映所有观测值偏离中心的分布情况和趋势。它与集中趋势一起,分别从两个不同的侧面描述和揭示一组数据的分布情况,补足集中趋势量对于数据分布描述的不足,共同反映资料分布的全面特征。同时,它还对相应的集中趋势(如平均数、众数、中位数)的代表性作出补充说明。为了理解离散趋势分析的这种作用,我们先来看看下面的例子。

某市进行旅游服务技能大赛,三家单位(分别为单位A、单位B、单位C)各选5名人员,参加服务技能竞赛,他们的成绩分别如下:

单位A:78,79,80,81,82　$\overline{X}=80$

单位B:65,72,80,88,95　$\overline{X}=80$

单位C:35,78,89,98,100　$\overline{X}=80$

无论是从团体总分来看,还是从平均得分来看,这三家单位代表队的成绩都是相同的。因此,如果仅以集中趋势的统计量(平均数)来衡量,那么,这三家单位代表队的水平一样高,不存在什么差别。但从直观上我们不难发现,三家单位代表队中五名队员的成绩相互之间的差距程度(离散程度)很不一样。虽然他们三个队的平均成绩都是80分,但80分对单位A人员的代表性最高,而对单位C人员的代表性最低。

通常用异众比率、极差、四分位差、方差和标准差以及离散系数来表示离散趋势,不同类型数据适用不同的指标。

一、测度统计量

(一)异众比率

异众比率(variation ratio)是非众数组的频数占总频数的比率。异众比率用于衡量众数是否能代表一组数据的总体水平。异众比率越大,说明非众数组的频数占总频数的比例越大,众数的代表性越小;反之则说明众数的代表性越大。

异众比率的计算公式如下:

$$V=\frac{n-f_{mo}}{n}$$

其中,n是全部个案数目,f_{mo}是众数的次数,二者之差($n-f_{mo}$)即是非众数的次数。这个公式可以帮助我们求出在全部的个案当中有多少个案是偏离众数的。不属于众数的个案所占的比例越大就表示众数的代表性越小,我们利用众数来估计总体所带来的错误也就越大。譬如以甲、乙两人打靶的例子,二者的异众比率分别是:

$$甲:V=(9-3)/9\approx 66.67\%$$

$$乙:V=(9-5)/9\approx 44.44\%$$

计算结果表明,甲的异众比率为66.67%,要高于乙的44.44%。因此,虽然甲、乙的众数都为6,但是二者的离散程度不同。甲有66.67%的个案不是众数,而乙只有44.44%的个案不是众数。因此,用同一个众数估计二者,在甲所犯的错误要远大于乙。

(二)极差

极差(range)也叫全距,指的是一个数列中极端值即最大值与最小值之间的差异,$R=$

max-min。在统计中,常用极差来描述一组数据的离散程度,以及变量分布的变异范围和离散幅度。极差是测定观测值变动最简单的指标。极差越大,说明数据离散程度越大;反之离散程度越小。但极差只描述了观测值的最大离散范围,而未能利用全部测量值的信息,不能细致地反映观测值彼此相符合的程度。

其计算公式为:极差=最大观测值-最小观测值;

根据组距数列求极差的计算公式为:极差=最高组上限-最低组下限。

例如,A 旅游纪念品公司产品质量的控制范围是 30～50,则其极差为 20 单位。在实际工作中,极差用于定类变量与定序变量,常用来求变量当中类别的多寡。例如,可以用于检查产品质量的稳定性和进行质量控制。在正常生产条件下,产品质量稳定,极差在一定范围内波动。若极差超过给定的范围,说明有不正常的情况发生。但极差受到极端值的影响,测定结果往往不能反映数据的实际离散程度。

极差是最简单的数据离散指标,计算简单,能从一定程度上反映数据集的离散情况,但因为最大值和最小值取的都是极端值,而没有考虑中间其他数据项,因此往往会受异常点的影响,不能真实反映数据的离散情况。

(三)四分位差

四分位差(interquartile range)将个案由低到高排列后分为四个相等的区间,是指一组数据当中的第三四分位数(区隔高分端的 25% 的分数,简称 Q_3)与第一四分位数(区隔低分端的 25% 的分数,简称 Q_1)距离的一半,也即中间 50% 的样本观测值差距的 1/2。四分位差的计算,首先将一群观测值由大至小或由小至大排列后,以人数个数平均分成四段,每一段各占 25% 的个数。位居三个分段点的观测值称为第一四分位数(Q_1)、第二四分位数(Q_2)和第三四分位数(Q_3)。四分位差即是取第三四分位数与第一四分位数差的一半。

其计算公式为

$$Q_R = \frac{Q_3 - Q_1}{2}$$

四分位差可以避免极值对分散度量的干扰,是一种重要的离散趋势分析工具,反映了中间 50% 数据的离散程度。其数值越小,说明中间的数据越集中;其数值越大,说明中间的数据越分散。四分位差不受极值的影响。此外由于中位数处于数据的中间位置,因此,四分位差的大小在一定程度上也说明了中位数对一组数据的代表程度。四分位差主要用于测度顺序数据的离散程度。四分位差规避了极值的影响,但四分位差还是单纯的两个数值相减,并没有考虑其他数值的情况,所以也无法比较完整地表现数据集的整体离散情况。

(四)方差

在统计描述中,方差(variance)也叫平均差,是指一组数据各个值与其均值离差平方的平均数(即平均离均差平方和),用以计算每一个变量观测值与总体均数之间的差异程度。变量的各观测值对其平均数的离差有正有负,其和为零。因此,平均差必须用离差的绝对值来计算。平均差越大,表示数据之间的变异程度越大;反之,则变异程度越小。

平均差用绝对值来度量,虽然避免了正负离差的相互抵消,但不便于运算。所谓方差,就是将观察值与其均值之差的平方和除以全部观察总数 n。

总体方差通常用字母 σ^2 来表示,计算公式为

$$\sigma^2 = \frac{\sum (x - \overline{X})^2}{N}$$

其中,σ^2 为总体方差,x 为变量,$\overline{X}$ 为总体均值,N 为总体例数。

在实际工作中,大群体总体均数是难以求得的,只能用样本方差统计量去估计总体方差参数。样本方差常用字母 S^2 表示,计算公式为

$$S^2 = \frac{\sum_{i=1}^{n} (x_i - \overline{x})^2}{n - 1}$$

其中,

$$x = \frac{\sum_{i=1}^{n} x_i}{n}$$

其中,S^2 为样本方差,x 为变量,$\overline{x}$ 为样本均值,n 为样本个数。

例如,如果 A 公司分别在 4 月、5 月和 6 月售出 30 个、40 个和 50 个单位的产品。与此同时,B 公司售出 10 个、40 个和 70 个单位的产品。两家公司平均每个月的销售量相同,均为 40 个单位。A、B 公司的方差分别为

$$\text{A 公司方差} = [(30-40)^2+(40-40)^2+(50-40)^2]/3 = 66.7$$

$$\text{B 公司方差} = [(10-40)^2+(40-40)^2+(70-40)^2]/3 = 600$$

结果可知,虽然两家公司的平均月销量相同,但 B 公司的方差比 A 公司大,说明 B 公司在估算存货量方面的离散程度比 A 公司大;更进一步说明,B 公司的管理比 A 公司的管理面临更大的困难。

通过上述例题我们可以发现,方差的计算涉及平方、求和,因此往往数值巨大,一旦个案数量上升就难以人工计算出来。所以,可以借助 SPSS 软件进行分析,依据前文所示步骤,进入到“频率”分析界面,勾选“方差”并点击确认即可。

(五)标准差

为了使统计量的单位与观测值的单位相一致,通常将方差开平方,即得到标准差 σ。标准差(standard deviation)也称为均方差,是离均差平方(即方差)的算术平均数的平方根。标准差所反映的也是观测值对其均值为代表的中心的偏离程度。本质上,标准差是某组数据的变异程度指标,是围绕平均值的离散趋势的测量。

对于任意一个总体,在确定了标准差以后,就可以精确地确定总体中的单位落在平均数两侧某个范围内的频率大小。标准差较小的,分布比较集中在均值附近;反之,则是比较分散的。高的标准差意味着数据比较离散;小的标准差意味着数据比较聚集。

a. 小标准差 = 值的分布很集中

b. 大标准差 = 值的分布很分散

平均数相同的两组数据，标准差未必相同。与方差不同的是，标准差与观测值的计量单位相同，是具有量纲的，其实际意义比方差清楚。因此，在描述统计时，标准差是最常用的描述定距和定比数据离散程度的指标。由于标准差是根据全部数据求得的，所以也会受到极端值的影响，但对于正态分布的情形，标准差计算了每一个变量值，其所反映的信息在离散指标中也是最全面、最可靠、最理想的。

另外，标准差是表示所有数据离散性大小的一个绝对值，但只能度量一组数据对其均值的偏离程度。若要比较两组数据的离散程度，用两个标准差直接进行比较有时就显得不合适了。当进行两个或多个资料离散程度的比较时，如果度量单位与平均数相同，可以直接利用标准差来比较。

（六）离散系数

如果单位和（或）平均数不同时，比较其离散程度就不能采用标准差，而需采用离散系数（coefficient of variance，CV）。离散系数是一种相对的离散趋势统计量，它使我们能够对同一总体中的两种不同的离散趋势统计量进行比较，或者对两个不同总体中的同一离散趋势统计量进行比较。离散系数是标准差与平均数的比值（相对值）来比较，用百分比表示，其计算公式如下：

$$CV = \frac{\sigma}{\overline{X}} \times 100\%$$

例如，A 组数据的标准差是 10，均值是 100；B 组数据的标准差是 20，均值是 2000。如果直接用标准差来进行比较，B 组的标准差是 A 组标准差的 2 倍，似乎 A 组的分布集中，而 B 组的分布分散。但 A 组用标准差来衡量的各数据的差异量是其均值的 1/10；而 B 组用标准差来衡量的各数据差异量只是其均值的 1/100，显然 B 组的差异量很小。可见，用离散系数大小来比较不同总体数据的分散程度更合理。变异系数本身没有量纲，可以消除测量尺度和量纲的影响。但是它按照其均数大小进行标准化，这样就可以进行客观比较。

二、离散趋势量的适用尺度

上述几种典型的离散趋势量，其适用情形与集中趋势量的适用情形类似。四种离散趋势量中，平均差、标准差与方差要有测量单位才具有运算意义，其对于离散情况的描绘能够考虑到每一个个体的观测值，在测量上最为精密，但也容易受到偏离值的影响，适用于具有一定单位的等距与等比尺度测量。四分位差则与中位数类似，虽然精密度较低，但是在适当排序之后算出的四分位差，仍可用来表示变异情形，受到偏离值的影响相对较小，可以应用于定序尺度。对于定类尺度的测量结果，严格来说无法用任何的离散统计量来描述分散情形，充其量只能使用极差来计算最大类与最小类之间的差距。

对于以上集中趋势和离散趋势的测度，我们都可以通过 SPSS 软件进行计算，只需要选取“分析”→“描述”→“选项”，然后选择需要统计的平均值、总和、极差、方差、标准差等，最后点击“确定”则可出现结果。

表 8-2 比较了极差、四分位差、方差/标准差的典型离散趋势量。

表 8-2　离散趋势的适用性与优缺点比较

测量层次	离散趋势量		
	极差	四分位差	方差/标准差
名义	√		
顺序	√	√	
等距/等比	√	√	√
优点	不受极值外的个别数影响，计算简便，适用于所有尺度	对极端值不敏感，但能表现顺序尺度的变异情形	测量最为精密，考虑到每一个样本，具有代表性
缺点	测量粗糙，无法反映所有样本	无法反映所有样本	易受偏离与极端值影响

这些离散趋势和上一节提到的集中趋势之间存在一种互补的关系。二者共同使用一方面可以知道资料的代表值，有利于估计或预测；另一方面也可以知道资料的差异情况，由此来帮助我们了解预测可能发生的错误程度。它们之间的关系及最优适用大体如表 8-3 所示。

表 8-3　常用统计方法

	定类变量	定序变量	定距变量
集中趋势	众数	中位数	平均值
离散趋势	异众比率	四分位差	方差

第三节　假设检验

由于总体过大而不可计算，一般用样本的统计量来估计总体的参数。但这种估计是否可靠，则需要对样本统计量进行检验来加以判断。假设检验，即是一种先对总体的特征作出假设，然后从总体抽取样本进行统计推理检验，对假设作出接受或拒绝推断的方法。它是一种基本的统计推断形式，也是梳理统计学的一个重要分支。

首先需要说明的是，这里的假设不是指抽象层次的理论假设，而是指和抽样手段联系在一起并且依靠抽样数据进行验证的经验层次的假设，即统计假设。假设检验（hypo thesis test），实际上就是先对总体的某一参数作出假设，然后用样本的统计量去进行验证，以确定假设是否为总体所接受。假设检验是数理统计中非常重要的内容，是对参数估计的验证和补充。假设检验的应用范围非常广泛，无论是在科技领域，还是在经济管理领域，事实上生活中的各个领域都进行着假设检验，它是管理和决策的有力工具。本节从假设检验的基本问题入手，介绍了假设检验的基本思想和方法步骤。

一、假设检验的基本概念

在掌握假设检验的具体方法之前，我们必须首先了解假设检验的相关概念知识，包括两种假设、显著度与两个域、单双检验等内容。

（一）原假设与备择假设

原假设和备择假设可能并不总是显而易见的，必须谨慎地构造适当的假设，从而使得假设检验的结论能够为研究者或者决策者提供所需要的信息。在确定应该如何表述假设时，假设检验具体应用于何种情况非常重要。在所有假设检验的应用中，都包括搜集样本并利用样本结果提供下结论的依据。在确定原假设和备择假设时，关键的问题是考虑搜集样本的目的是什么，以及我们想要作出怎样的结论。

原假设 H_0 是关于总体参数（比如总体均值或者总体比率）的一个尝试性的假设。备择假设 H_1 是与原假设对立的一种说法。例如，一项跳高能力训练，训练前的平均跳高成绩为 μ_1，训练后的平均跳高成绩为 μ_2，试问：该项跳高训练是否有效？这个问题所涉及的两种情况（训练是有效的和训练是无效的）可以用统计假设的形式表示：

$$H_0: \mu_1 = \mu_2;$$

$$H_1: \mu_1 \neq \mu_2。$$

我们通常把 H_0 叫作“零假设”或“原假设”（null hypothesis），原假设一般是待检验的假设，而把与 H_0 对立的假设 H_1 叫作“备择假设”或“对立假设”（alternative hypothesis）。H_0 表示 μ_1 与 μ_2 之间没有显著差异（即训练的效果不显著），H_1 表示 μ_1 和 μ_2 之间有显著性的差异（即训练的效果是显著的）。假设检验就是要作出是否拒绝零假设 H_0 的判断。

原假设和备择假设的原则：

第一，在假设检验中，原假设和备择假设必有一个成立且只有一个成立。

第二，假设检验是概率意义下的反证法。一般将“不能轻易否定的命题”作为原假设，而把希望得到的结果或想收集证据予以支持的假设作为备择假设。

第三，建立假设时，通常先确定备择假设，然后再确定原假设。备择假设是想予以支持的，比较容易确定。再根据互斥原理，确定原假设。

（二）显著性水平、接受域与拒绝域

所谓接受域就是可以证明原假设成立的大概率事件；所谓拒绝域则是抽样分布内一端或两端的小区域，它代表了一种小概率事件。如果这种小概率事件出现了，那么我们就要考虑否定原假设，进而接受备择假设。

与拒绝域大小相关联的统计学概念就是“显著性水平”（level of significance），它表示拒绝域在整个抽样分布中所占的比例，也就是表示样本的统计值落在拒绝域内的机会。显著性水平就是在零假设 H_0 成立的条件下，样本结果以及更为极端的结果出现的概率，即 p 值。使用统计软件进行假设检验，在输出的结果中，会出现 p 值，p 值是判断检验结果的另一个衡量标准，是进行检验决策的另一个依据。在 SPSS 的输出结果中，p 值以显

著性 Sig 表示,SPSS 默认的显著性水平为 0.05。

当 Sig<0.05 时,拒绝零假设 H_0,即认为“有显著差异”;

当 Sig>0.05 时,接受零假设 H_0,即认为“无显著差异”。

显著性水平作为规定小概率事件的数量界限,没有固定的标准,常用的标准有 $\alpha=0.1$,$\alpha=0.05$,$\alpha=0.01$。如果显著性水平 α 选取不同的值,将会对假设作出不同的判断。α 的值定得越小,则拒绝原假设的可能性就越小,接受原假设的可能性就越大;反之,α 的值定得越大,则拒绝原假设的可能性就越大,接受原假设的可能性就越小。

因此,在统计检验的问题中,如果拒绝原假设将会给企业造成严重的经济损失时,α 的值应该定得小一些。比如,汽车、空调、冰箱等产品的检验问题,如果 α 的值取得较大,轻易地拒绝了原假设,也许是因为样品误差,一批合格产品就会被拒绝接受。但是如果轻易接受原假设会导致严重的后果时,则 α 的取值应大一些。比如,航天技术、药品研究等,在接受其产品为合格时,必须非常慎重,不能轻易地承认其为合格品。

(三)单边检验与双边检验

假设检验可以分为双侧检验和单侧检验两种形式。(见表 8-4)

表 8-4　假设检验的两种形式

假设	双侧检验	单侧检验	
原假设	$\mu=\mu_0$	$\mu\geqslant\mu_0$	$\mu\leqslant\mu_0$
备择假设	$\mu\neq\mu_0$	$\mu<\mu_0$	$\mu>\mu_0$

1. 双侧检验

双侧检验(two tailed testing),有两个临界值,两个拒绝域,每个拒绝域的面积为 $\alpha/2$。原假设 $\mu=\mu_o$,只要 $\mu>\mu_0$ 或 $\mu<\mu_0$ 有一侧出现,就要拒绝原假设。双侧检验强调的是“差异”,不论是“小于”还是“大于”,都要拒绝原假设。因此,需要将 α 二等分,即两侧拒绝域的面积各为 $\alpha/2$。

2. 单侧检验

单侧检验(one tailed testing),有一个临界值,一个拒绝域,拒绝域的面积为 α。单侧检验强调某一具体方向,即“大于”或者“小于”。当所考察的数值越大越好时,用单侧检验。比如,考察灯泡的使用寿命,我们要知道灯泡寿命低于什么水平时不能接受它;当所考察的数值越小越好时,也用单侧检验,比如,考察产品的废品率,我们要知道样本中废品的比例高于多少时产品就不能被接受。

二、假设检验的基本思想

在假设检验过程中,始终包含着两个重要的思想:小概率原理和反证法思想。

(一)小概率原理

小概率原理是指小概率事件($p<0.01$ 或 $p<0.05$)在一次试验中基本上不可能会发

生。小概率原理告诉我们可以轻松地乘坐飞机，放心地购买电器产品，因为飞机失事的概率极低，电器产品的废品率也很低。如果小概率事件在一次试验中居然发生了，则有理由首先怀疑原假设的真实性，从而拒绝原假设。在实践中，小概率原理关于小概率的值并没有统一的规定，通常的做法是根据实际问题的要求规定一个显著性水平 α（$0<\alpha<1$），当一个事件发生的概率不大于 a 时，即可拒绝原假设。

因此，在进行假设检验时，事先确定一个可允许的作为判断标准的小概率非常重要，这个小概率标准是统计假设检验中的显著水平 α（$0<\alpha<1$），当一个事件的概率不大于 α 时，即认为它是小概率事件。α 通常可以取 0.05，0.01，…如果注重经济效益，α 可小一些，如 $\alpha=0.01$；如果注重社会效益，α 可大一些，如 $\alpha=0.1$；如果兼经济效益和社会效益，一般可取 $\alpha=0.05$。

（二）反证法思想

反证法思想就是先假定某一命题为真，通过计算样本统计量和抽样误差，便可以在一定置信水平上来检验该假设的真伪。如果检验中出现不合理现象，则表明“H_0 为真”的假设是错误的，应该拒绝 H_0；如果检验中未出现不合理现象，则认为“H_0 为真”的假设可能是正确的，不应该予以拒绝 H_0。值得注意的是，当分析的结果表明不能拒绝原假设时，这只意味着不能采取任何矫正行动。只能说“不拒绝”（not to reject），却不能说“接受”（accept），因为原假设永远不能被证实，所以不能“被接受”。从这里也可以看出归纳性推理所存在的局限——因无法穷尽观察事实而不能证实一个命题的全真性，相反，在进行演绎性推理时，前提与结论之间却可以正当地建立“证实性的结论”。

三、假设检验的两类错误

在假设检验中，是拒绝还是接受原假设，是依赖一次试验得到的样本而作出的判断。因为随机抽样数据会受到抽样误差的影响，所以假设检验的结果也具有随机性，那么就有可能作出与真实情况不符的决策。接受原假设只是表明在给定的显著性水平下，样本数据不足以拒绝它，并不意味着它肯定是正确的；同理，拒绝原假设只是表明在给定的显著性水平下，样本数据不足以接受它，也并不意味着它肯定是错误的。由于假设检验是基于样本信息得到的，所以我们必须考虑发生误差的概率，表 8-5 列示了假设检验中可能发生的两类错误。

表 8-5　假设检验决策结果

结论	总体情况	
	H_0 是真	H_1 是真
接受 H_0	结论正确 （概率为 $1\sim\alpha$）	犯第一类错误（取伪） （概率为 β）
拒绝 H_0	犯第一类错误（弃真或者拒真）（概率为 α）	结论正确 （概率为 $1\sim\beta$）

第一类错误，是指原假设 H_0 实际上是真实的，而检验结果却拒绝了它。出现第一类

错误的概率就是显著性水平 α，因此犯第一类错误的概率是可以控制的。例如，某批产品的实际合格率是95%，我们抽取10件产品进行检验，结果有1件不合格品，我们就认为这批产品的合格率低于95%，这时我们就犯了拒真（或者弃真）的错误。

第二类错误，是指原假设 H_0 实际上是不真实的，而检验结果却接受了它，犯这类错误的概率为 β。例如，某企业宣称产品的合格率为99%，而实际合格率仅为90%。我们抽取20件进行检验，结果全部合格，于是我们推定该企业的说法是正确的，这时我们就犯了取伪的错误。

但是在一定样本容量下，当弃真错误的概率降低时，取伪错误的概率就会增加；当取伪错误的概率降低时，弃真错误的概率就会增加。也就是说，在样本容量给定的情况下，如果减少犯第一类错误的概率，就可能增加犯第二类错误的概率。弃真错误和取伪错误的概率存在此消彼长的关系。

同时减小犯这两类错误的概率的唯一方法是增大样本容量，但这又是不现实的。我们做假设检验的目的，就是要确定原假设 H_0 是真实的可能性有多大。此外，第一类错误（弃真）相对于第二类错误（纳伪）所导致的后果更为严重，在实践中人们通常是对犯第一类错误的概率严加控制，然后，再适当考虑或尽量减少犯第二类错误的概率。一般把这种只对犯第一类错误的概率加以控制，而不考虑犯第二类错误的检验问题，称为显著性检验问题，而 α 的取值称为显著性水平。因此，通常都是首先控制弃真错误的概率，即一般检验的原则是，事先规定 α，然后尽量减小 β。

四、假设检验的步骤

从统计假设检验的程序上看，一个完整的假设检验过程，通常包括以下五个步骤。

第一步，提出假设。根据实际情况提出原假设和备择假设。原假设，又称检验假设、无效假设或零假设，记作 H_0；备择假设，又称研究假设，记作 H_1。两种假设的本义分别是：H_0，即样本与总体或样本与样本之间的差异是由抽样误差引起的；H_1，即样本与总体或样本与样本之间的差异是本质性差异。

第二步，设定检验水准 α。当原假设（H_0）为真，但被错误地拒绝的概率记作 α，通常将检验的显著性水准设定为 $\alpha=0.05$ 或 $\alpha=0.01$。

第三步，选择检验统计量。根据资料的类型（定类、定序、定距、定比）和特点，可分别选用 Z 检验、t 检验、秩和检验和 χ^2（卡方检验）等。

第四步，计算统计量的值。从研究总体中随机抽取样本，根据样本观测值计算检验统计量的观测值。

第五步，决定假设取舍，根据设定的显著性水平和相应统计量的统计分布表，查出相应的临界值，再根据检验统计量观测值的位置决定原假设取舍。也即，根据统计量的大小及其分布确定原假设（H_0）成立的可能性 p 的大小，并判断结果。如果 $p>\alpha$，那么结论为按 α 所取水准不显著，不拒绝 H_0，即认为差异很可能是由于抽样误差造成的，在统计上不成立。如果 $p\leqslant\alpha$，那么结论为按所取 α 水准显著，拒绝 H_0，接受 H_1，则认为差异不大可能只是由抽样误差导致的，很可能是实验因素不同造成的，因而在统计上成立。p 值的大小可以通过查阅相应的临界值表得到。

在做假设检验时,我们需要注意的事项主要有:

第一,做假设检验之前,应注意资料本身是否有可比性。

第二,当样本与总体或样本与样本之间的差异有统计学意义时,应注意这样的差异在实际应用中有无意义。

第三,要根据资料类型和特点选用正确的假设检验方法。

第四,根据专业及经验确定是选用单侧检验还是双侧检验。

第五,当检验结果为拒绝原假设(H_0)时,应注意有发生一类错误的可能性,即错误地拒绝了本身成立的 H_0,发生这种错误的可能性预先是知道的,即检验水准太大;当检验结果为不拒绝原假设(H_0)时,应注意有发生二类错误的可能性,即仍有可能错误地接受了本身就不成立的 H_0,发生这种错误的可能性预先是不知道的,但与样本含量和一类错误的大小有关系。

第六,判断结论时不能绝对化。应注意无论接受或拒绝原假设,都有判断错误的可能性。

第七,报告结论时应注意说明所用的统计量,检验的单双侧及 p 值的确切范围。

章节习题

一、单项选择题

1. 上限与下限之差是(B)。

A. 组限　　B. 组距　　C. 组中值　　D. 极差

2. 在假设检验中,原假设与备择假设(A)。

A. 只有一个成立而且必有一个成立

B. 原假设一定成立,备择假设不一定成立

C. 都可能成立

D. 都可能不成立

3. 假设检验中,犯了原假设 H0 实际是不真实的,却由于样本的缘故而作出的接受的错误,此类错误是(C)。

A. 第二类错误　B. 第一类错误　C. 取伪错误　D. 弃真错误

4. 离散趋势指标中,最容易受极端值影响的是(A)。

A. 极差　　B. 平均差　　C. 标准差　　D. 标准差系数

5. 中位数和众数是一种(A)。

A. 代表值　　B. 常见值　　C. 典型值　　D. 实际值

二、判断题

1. 在社会学研究中,我们所能获取的资料往往只是总体的一小部分,因此为了判定我们的研究结论是否具有推广到总体的效力,我们就必须经过一个假设检验的过程。(√)

2. 平均数是计算所有样本观测值所得到的数据,有最好的代表性。(√)

3. 离散趋势与集中趋势一起,分别从两个不同的侧面描述和揭示一组数据的分布情

况,补足集中趋势量对于数据分布描述的不足,共同反映出资料分布的全面特征。（√）

三、名词解释

1. 单变量分析。

单变量分析（univariate analysis）,作为最简单的量化分析,是一次只检验一个变量的分布情形,尤其是其属性分布。

2. 位置平均数。

位置平均数即根据总体中处于特殊位置上的个别单位或部分单位的观测值来确定的代表值,它对于整个总体来说,具有非常直观的代表性,因此,常用来反映分布的集中趋势。常用的统计量有众数和中位数。

3. 集中趋势。

集中趋势,是样本数据观察值向中心值靠拢程度的统计量,反映了数据的中心点位置及分布。

4. 离散趋势。

与集中趋势分析相反,离散趋势分析(dispersion tendency analysis)指的是用一个特别的数值来反映一组数据相互之间的离散程度。在统计学上是描述观测值偏离中心位置的统计量,反映所有观测值偏离中心的分布情况和趋势。

四、简答题

1. 简述假设检验的基本思想。

答:在假设检验过程中,始终包含着两个重要的思想:反证法思想和小概率原理。小概率原理是指小概率事件($P<0.01$ 或 $P<0.05$)在一次试验中基本上不可能会发生。反证法思想就是先假定某一命题为真,通过计算样本统计量和抽样误差,便可以在一定置信水平上来检验该假设的真伪。

2. 简述假设检验的两类错误。

答:第一类错误,是指原假设 H_0 实际上是真实的,而检验结果却拒绝了它。出现第一类错误的概率就是显著性水平 α,因此犯第一类错误的概率是可以控制的。例如,某批产品的实际合格率是95%,我们抽取10件产品进行检验,结果有1件不合格品,我们就认为这批产品的合格率低于95%,这时我们就犯了拒真(或者弃真)的错误。

第二类错误,是指原假设 H_0 实际上是不真实的,而检验结果却接受了它,犯这类错误的概率为 β。例如,某企业宣称产品的合格率为99%,而实际合格率仅为90%。我们抽取20件进行检验,结果全部合格,于是我们推定该企业的说法是正确的,这时我们就犯了取伪的错误。

第九章　双变量统计

学习目标

1. 了解各类型列联表的数据信息描述与列联表相关性检验操作。
2. 了解适用定类变量与定序变量相关性检验的 Lambda 相关测量法及检验操作。
3. 了解适用两定序变量间相关性检验的 Gamma 相关测量法及检验操作。
4. 了解适用定类变量与定距变量相关性检验的相关比率测量法与 eta 系数测量法。
5. 了解并掌握适用两定距变量间相关性检验的皮尔逊(Pearson)相关系数法及检验操作。

双变量之间的关系探究是旅游研究中一项基础而重要的工作,在研究问题时,我们通常不仅要了解一个变量的分布情况,更要进一步探究一个变量与另一个变量之间的关系,如探究旅游者性别与月收入的关系、个人爱好属性与旅游参与意愿的关系,景区工作人员的文化程度与月收入、职位等级等的关系。结合旅游调查分析实际,我们可能需要探究不同测量层次双变量之间的关系,包括定类与定距、定序与定距、定距与定距等,并且由于不同层次变量之间的数学特征不同,适用的相关性测量方法也会有所差异,这将是本章接下来要学习的内容。

第一节　列联相关系数

一、消减误差比例的统计思想

探究不同的旅游现象以及探索旅游现象与现象之间的内在关联是旅游研究领域的重要任务与使命。由于旅游环境十分复杂,想要利用某一旅游现象对另一旅游现象进行预测或解释是十分困难的,因为某一旅游现象产生的原因也极有可能是复杂且多变的,那么借助某一影响因素解释该旅游现象时,就很容易产生误差,几乎不可能对其进行百分百准确的预测。既然误差存在是必然事件,那么,如果能削减关系预测的误差越大,那么两个现象之间的关系(以 X 预测 Y 为例)越强, X 对 Y 的解释力也就越大;反之,如果能削减关系预测的误差越小,两个现象之间(以 X 预测 Y 为例)的关系越弱, X 对 Y 的解释力也就越小。这种利用削减的误差比例(proportional reduction in error)来反映两个旅游

现象之间关联程度强弱的测量方法称为“PRE 测量法”,其计算公式为

$$\mathrm{PRE} = \frac{E_1 - E_2}{E_1}$$

E_1 表示当不清楚 X 与 Y 之间有关系时,预测 Y 值可能产生的全部误差; E_2 则表示由 X 值预测 Y 值时所产生的全部误差。因此, $E_1 - E_2$ 代表利用 X 值预测 Y 值时所减少的误差, $\frac{E_1 - E_2}{E_1}$ 就是削减的误差比例。实际计算中,PRE 的结果在0 到1 间,若 PRE = 0.65,那就说明以 X 预测 Y 时误差可减少65%,二者间的相关性高;若 PRE = 1,即 $E_2 = 0$ 时,表示利用 X 对 Y 进行预测,不会产生任何误差,则 X 与 Y 之间是完全相关;若 PRE = 0,即 $E_2 = E_1$ 时,意味着用 X 预测 Y 与不用 X 预测 Y 所产生的误差是相等的,则 X 与 Y 之间无相关。总之,PRE 结果越大,则消减的误差比例越大, X 与 Y 之间的相关性就越强;反之结果相反。

因变量的测量层次不同,涉及定类、定序和定距变量的不同组合。因此,在测量变量的相关性之前,①要先判断双变量的测量层次,并根据判定结果选择不同层次相关性测量方法;②考虑两个变量之间的对称关系,如果 X 与 Y 之间互为因果关系,则不需要区分二者的影响方向,可互为自变量与因变量,称二者具有对称性;如果 X 与 Y 之间是单向的影响关系,即一个是自变量(通常用 X 表示),另一个为因变量(通常用 Y 表示),则 X 影响 Y,而 Y 不影响 X,二者不对称。

但是,在实际的研究分析中,我们通常不会过多关注双变量之间是否为对称关系,而是重点考虑两个变量的测量层次,这才是我们确定相关测量方法的主要依据。当然,如果能严格用相应的测量方法测量对称关系与不对称关系的变量的相关性自然是极好的,但有时用测量对称关系的方法测量不对称关系的变量也是可以接受的。相较于其他的相关测量法,PRE 测量法最大的优点在于其不受变量层次的限制,不管是对同类变量间还是多类型并存的变量间进行相关分析,均可运用这一方法,因而其更具有普遍意义。

二、列联表

列联表(contingency table)是观测数据按两个或更多属性(定性变量)分类时所列出的频数表,也可以理解为由两个及两个以上的变量进行交叉分类的频数分布表。因此,又称“交互分类表”。交互分类(cross-tabulation),是一种专门用来分析两个变量之间关系的统计分析方法。它同时依据两个变量的值,将所研究的个案进行分类。交互分类的目的是将两变量分组,然后比较各组的分布状况,以寻找变量间的关系。应用于旅游调查,列联表可深入地描述样本资料的分布状况和内在结构,还可通过分组比较两个变量之间的关系并进行分析和解释。

列联表中两变量之间的关系由二元表格来得出。二元表格可以由任何测量层次的变量(定类、定序、定距和定比)构造。当制作二元表格时,通常自变量用列表示,因变量用行表示。下面给出了一个交互分类的例子。表 9-1 所描述的是针对我国某知名主题公园的总数为 553 人的调查样本按“文化程度”和“月收入”两个变量进行交互分类的结果,其中“初中及以下”的被调查者共有 26 名,包含月收入(单位:元。下同)“≤2927”的 10 人、

“2928～5000”的 9 人、“5001～7000”的 6 人、“7001～9000”的 0 人以及“≥9001”的 1 人；“高中/中专”的被调查者共有 64 名，包含月收入“≤2927”的 12 人、“2928～5000”的 13 人、“5001～7000”的 25 人、“7001～9000”的 9 人以及“≥9001”的 5 人；“本科/大专”的被调查者共有 348 名，包含月收入“≤2927”的 84 人、“2928～5000”的 78 人、“5001～7000”的 105 人、“7001～9000”的 57 人以及“≥9001”的 24 人；“研究生”的被调查者共有 115 名，包含月收入“≤2927”的 56 人、“2928～5000”的 16 人、“5001～7000”的 15 人、“7001～9000”的 15 人以及“≥9001”的 13 人。通过对表格中各单元格的频次、所占百分比等分析，探究被调查者的文化程度与月收入之间可能存在的关系，相应分析方法将在后续的内容中进行详细阐述。

表 9-1　某主题公园的 553 名调查样本按“文化程度”与“月收入”的交互分类

月收入/元	文化程度/人				
	初中及以下	高中/中专	本科/大专	研究生	合计
≤2927	10	12	84	56	162
2928～5000	9	13	78	16	116
5001～7000	6	25	105	15	151
7001～9000	0	9	57	15	81
≥9001	1	5	24	13	43
合计	26	64	348	115	553

（一）列联表的大小

列联表的大小一般用 $r \times c$ 表示，其中 r 代表横行（rows）变量的取值数目，c 代表纵列（columns）变量的取值数目，通常横行为因变量，纵列为自变量。如上表（见表 9-1）是一个 5×4 的列联表，列变量为调查样本的“文化程度”，涉及 4 种取值情况；行变量为调查样本的“月收入”，涉及 5 种取值情况。必须强调的是，r 和 c 具有特定的意义，代表着两个包含了不同类别数的变量，因此一个 5×4 的列联表与 4×5 的列联表是不同的，不能混合使用。

（二）列联表的分布

列联表的分布呈三种：联合分布、边缘分布和条件分布。联合分布是指为了同时了解两个变量的分布情况。在表格中要集中体现 X 和 Y 两个变量的取值，如表 9-1 中，可以明确知道，自变量 X 的 4 个取值为“初中及以下”“高中/中专”“本科/大专”“研究生”；因变量 Y 的 5 个取值包含了“≤2927”“2928～5000”“5001～7000”“7001～9000”“≥9001”。同时从表格中，我们可以清楚地知道，当 X 与 Y 各自确定取值后，其所代表的特定事件的发生频次是一定的，如当 X =“本科/大专”，“≤2927”时，$n = 84$。

如果要得到表格的边缘分布，可对列联表进行简化研究，只探究某一变量的分布，而不需要考虑另一变量的取值情况。边缘分布共有两个，一个是关于 X 的边缘分布，另一

个是关于 Y 的边缘分布，具体体现在表格的合计栏中。以表 9-1 为例，关于 X（文化程度）的边缘分布为（见表 9-2）：

表 9-2　X（文化程度）的边缘分布　　单位：人

X	初中及以下	高中/中专	本科/大专	研究生
$N(x)$	26	64	348	115

关于 Y（月收入）的边缘分布为（见表 9-3）：

表 9-3　Y（月收入）的边缘分布　　单位：人

Y	≤2927	2928～5000	5001～7000	7001～9000	≥9001
$N(y)$	162	116	151	81	43

除了只观察一个变量的边缘分布外，还存在对一个变量设定条件，取固定值后，再观察另一个变量分布的情况，这种情况下的分布就称为“条件分布”。从理论上说，如果自变量有 c 个取值，因变量有 r 个取值，那么就存在 $c+r$ 个条件分布，但是，在实际研究过程中，由于控制因变量并没有意义，因此一般在控制自变量 X 后，研究 Y 的条件分布情况。依旧以表 9-1 为例，Y 的条件分布共有两种情况：当 X =“初中及以下”时，Y 的条件分布为（见表 9-4）：

表 9-4　Y（月收入）的条件分布（1）　　单位：人

Y	≤2927	2928～5000	5001～7000	7001～9000	≥9001
$N(y)$	10	9	6	0	1

当 X =“高中/中专”时，Y 的条件分布为（见表 9-5）：

表 9-5　Y（月收入）的条件分布（2）　　单位：人

Y	≤2927	2928～5000	5001～7000	7001～9000	≥9001
$N(y)$	12	13	25	9	5

当 X =“本科/大专”时，Y 的条件分布为（见表 9-6）：

表 9-6　Y（月收入）的条件分布（3）　　单位：人

Y	≤2927	2928～5000	5001～7000	7001～9000	≥9001
$N(y)$	84	78	105	57	24

当 X = “研究生”时，Y 的条件分布为（见表 9–7）：

表 9–7　Y（月收入）的条件分布（4）　　单位：人

Y	≤2927	2928～5000	5001～7000	7001～9000	≥9001
$N(y)$	56	16	15	15	13

我们通常见到的表格多是以联合分布的形式出现。并且在实际的旅游研究中，对两个变量之间关系的探究，一般是根据 Y 的条件分布情况进行比较。

（三）列联表的分析

表 9–1 中的列联表属于频次分布表，相应的计算与分析是基于对各类别频数的统计。由于自变量的基数不一致，即调查样本的文化程度分布不均衡（“初中及以下”文化程度的人员共 26 名，“高中/中专”文化程度的人员共 64 名，“本科/大专”文化程度的人员共 348 名，“研究生”文化程度的人员共 115 名），难以进行较为直观的比较。为了能够在同一基础上对因变量的条件分布进行比较，需要对基数进行标准化处理，我们通常采用的方法就是将频次分布表变为概率分布表。两个变量通过交互分类得出的概率分布表包含三种情况，即按自变量方向、因变量方向以及按总样本量来统计概率结果。一般而言，由于研究目的在于探究自变量对于因变量的影响，因此通常根据自变量的方向计算概率。

举个例子，表 9–8 是针对某体育赛事的总数为 411 人的调查样本按“（非）体育活动爱好者”和“体育赛事旅游参与意愿”两个变量进行交互分类的结果，自变量 X 的 2 个取值为是、否；因变量 Y 的 5 个取值包含了对该体育赛事旅游参与意愿的五种程度，即非常愿意、愿意、一般、不愿意、非常不愿意。其中体育活动爱好者共有 233 名，包含非常愿意参与该项体育赛事旅游的人员 146 名，愿意参与该项体育赛事旅游的人员 59 名，对该项体育赛事旅游参与意愿一般的人员 21 名，不愿意参与该项体育赛事旅游的人员 6 名，非常不愿意参与该项体育赛事旅游的人员 1 名；非体育活动爱好者共有 178 名，包含非常愿意参与该项体育赛事旅游的人员 71 名，愿意参与该项体育赛事旅游的人员 46 名，对该项体育赛事旅游参与意愿一般的人员 32 名，不愿意参与该项体育赛事旅游的人员 16 名，13 名非常不愿意参与。

表 9–8　411 名（非）体育活动爱好者与体育赛事旅游参与意愿的交互分类

体育赛事旅游参与意愿	（非）体育活动爱好者/人		
	是	否	合计
非常愿意	146	71	217
愿意	59	46	105
一般	21	32	53
不愿意	6	16	22
非常不愿意	1	13	14
合计	233	178	411

由表 9-8 可知，体育活动爱好者的总基数高于（非）体育活动爱好者；在“非常愿意”的调查对象中，情况相同。那么，究竟是因为调查对象本身的体育活动爱好的差异引起的频次差异，还是抽样调查的体育活动爱好者多于非体育活动爱好者所导致的呢？因此，我们将该频次分布表按自变量（列）方向计算其概率分布表，结果如表 9-9 所示。

表 9-9 “（非）体育活动爱好者”与“体育赛事旅游参与意愿”的概率分布

体育赛事旅游参与意愿	（非）体育活动爱好者/%		
	是	否	合计
非常愿意	62.7	39.9	52.8
愿意	25.3	25.8	25.5
一般	9.0	18.0	12.9
不愿意	2.6	9.0	5.4
非常不愿意	0.4	7.3	3.4
合计	100.0	100.0	100.0

注：因为四舍五入的取值原因，部分百分数值总计非 100%。

从表 9-9 中，通过对比分析我们可知，在“非常愿意”参与该体育赛事旅游的调查对象中，参与意愿呈体育活动爱好者远高于非体育活动爱好者；“愿意”参与该体育赛事旅游的调查对象中，二者的差别并不明显；但是参与意愿为“一般”“不愿意”“非常不愿意”的调查对象中，非体育活动爱好者要略高于体育活动爱好者。这说明是否为体育活动爱好者与体育赛事旅游参与意愿之间具有一定的关联。

综上，交互分类表可来对总体的分布情况和内在结构进行描述，又可进行分组比较，还可用于变量之间关系的解释。但需要注意，上述结论通常只是在所调查的样本范围内成立。而我们研究的目的又不仅是描述或说明样本的情况，重点是通过样本反映和说明总体的情况。因此，为保证从样本中获得的结果具有统计意义，确保样本中所体现的变量间关系反映总体的情况，就必须对它们进行卡方（χ^2）检验。

三、列联表的检验

运用列联表分析主要有两个目的：一是根据收集的样本数据，产生二维或多维交互分类表；二是在一的基础上检验两个变量间是否存在相关性。仅靠描述性统计，不足以得出变量之间的相关性，还需借助一些表示变量间相关程度的统计量及一些非参数检验的方法。

衡量变量间相关程度的统计量常用简单皮尔逊相关系数，但在列联表分析中，行列变量通常不是连续变量，不符合计算简单皮尔逊相关系数的前提条件。因此，需根据变量的性质选择其他的相关系数，如 eta 值、肯德尔（Kendall）等级相关系数等。

SPSS 提供了多种适用于不同类型数据的相关系数表达，这些相关性检验的零假设都是：行和列变量之间相互独立，不存在显著的相关关系。根据 SPSS 得出的相伴概率判断是否存在相关关系。如果相伴概率小于 0.05（显著性水平），那么拒绝零假设，说明行列变量之间彼此相关；如果相伴概率大于 0.05（显著性水平），那么接受原假设，说明行列变量之间彼此独立。

在列联表分析中，SPSS 主要提供了三种相关关系的检验方法。这里只对计算公式作以基本的解释。

（一）卡方（χ^2）统计检验

检验行列变量之间相关性的计算公式为

$$\chi^2 = \sum \frac{(f_o - f_e)^2}{f_e}$$

其中，f_o 为交互分类表中每一格的观察频数，f_e 为交互分类表中 f_o 所对应的期望频数。

为计算 χ^2，首先要计算出每一格 f_o 所对应的期望频数 f_e，计算方法为用每一个 f_o 所在的行总数乘以它所在的列总数，再除以全部个案数。由于 χ^2 检验的计算程序利用 SPSS 统计分析软件即可实现，减少了计算的时间成本，降低了人工计算的复杂程度。

χ^2 检验的具体步骤如下：首先，提出两变量间无关系的假设，然后计算出 χ^2 值。再根据自由度 $df = (r-1)(c-1)$ 和给出的显著性水平，即 p 值，查 χ^2 分布表，得到一临界值。自由度计算公式中的 r 和 c 分别为交互分类表的行数和列数。将计算出的 χ^2 值与查得的临界值进行比较：若 χ^2 值大于或等于临界值，则称差异显著，并拒绝两变量独立的假设，也即承认总体中两变量间有关系；若 χ^2 值小于临界值，则称差异不显著，并受两变量独立的假设，即总体中两变量间无关系。

（二）列联系数（contingency coefficient）

列联系数又称 C 系数，常用于计算名义变量之间的相关系数。主要用于大于 2×2 列联表的情况。当列联表中的两个变量相互独立时，系数 $C = 0$，但它不可能大于 1，计算公式由卡方统计量修改而得，公式如下：

$$C = \sqrt{\frac{x^2}{x^2 + N}}$$

其中，N = 总样本个案数。

（三）Phi 系数和克莱姆 V 系数（Phi and Cramer's V）

也常用于名义变量之间的相关系数计算。公式也由卡方统计量修改而得，计算公式如下：

$$V = \sqrt{\frac{x^2}{N(K-1)}}$$

系数取值范围在 0 到 1，式中 K 行为行数和列数较小的实际数。

由于这些检验方法在 SPSS 统计分析软件中都有相关计算程序，不需要我们手工计算，此处仅以下文中表 9-10 的案例即 637 位游客的“同伴类型”与“旅游目的”两个变量的交叉分类结果作以检验。

由表9-10的卡方检验输出结果列出了列联分析的皮尔逊卡方检验的各种统计量，包括检验值、自由度和渐进的显著度p值(双尾)。本次卡方检验的值为234.587，自由度是6=(行分类-1)×(列分类-1)=(4-1)×(3-1)，渐进p值=0.000，表明在0.05显著性水平下，本次卡方检验是显著的，也意味着行列变量之间存在显著的相关关系，也就是说旅游者的同伴类型和其旅游目的有明显的相关关系。

表9-10 卡方检验结果

统计量	检验值	自由度	渐进显著性(双侧)
皮尔逊卡方	234.587[a]	6	0.000
似然比	238.114	6	0.000
线性关联	108.755	1	0.000
有效个案数	637		

注：0个单元格（0.0%）的期望计数小于5。最小期望计数为31.47。

需要注意的是：卡方检验，要求交叉分类表中不应该有期望频数小于1的单元格，或者不应该有大量期望频数小5的单元格，否则卡方检验就失去了意义。从表注可以看到：期望频数小于5的单元格为0，最小期望频数是31.47，这都意味着满足卡方检验的前提条件，所以本次列联表分析的卡方检验结果是有效的。

但卡方检验存在其弱点。这是由于χ^2值的大小不仅与数据的分布有关，还与样本的规模有关。当样本足够大时，一些很小的分布差异也可以通过χ^2检验达到显著性水平。因此，对于大样本来说，确定变量间存在“有显著性”的关系并无很大意义，更主要是关注，“如果变量之间存在关系，其强度有多大”。后面的三节中我们将针对不同测量层次的变量采用不同的相关测量方法，对其关联程度进行分析。

(四)SPSS软件操作说明

借助SPSS统计分析软件对定类变量与定类变量(或定序变量)之间的相关性进行分析，操作步骤如下：

①打开需要分析的数据库，依次点击“分析”→“描述统计”→“交叉表”，打开交叉表对话框(见图9-1)。

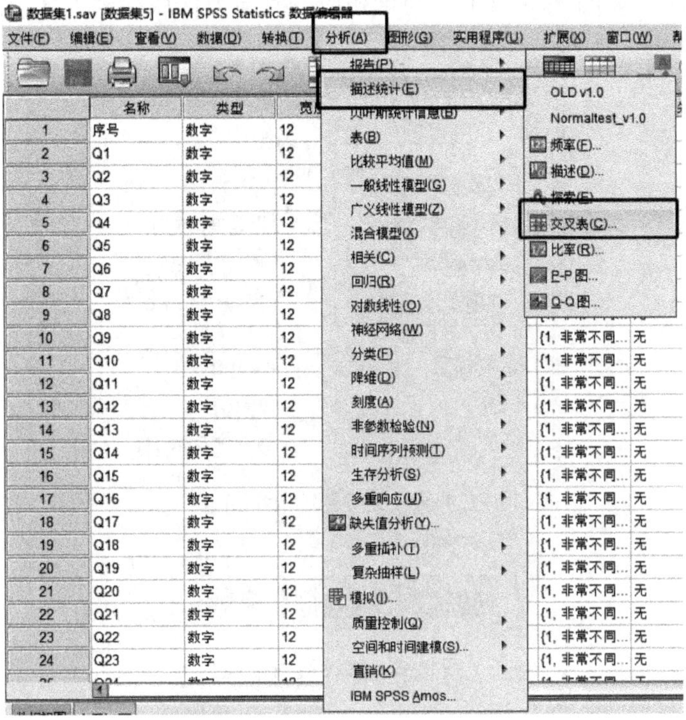

图 9-1　交叉表分析操作步骤

②交叉表的对话框如图 9-2 所示,选择“自变量”加入“列”中,选择“因变量”加入“行”中。

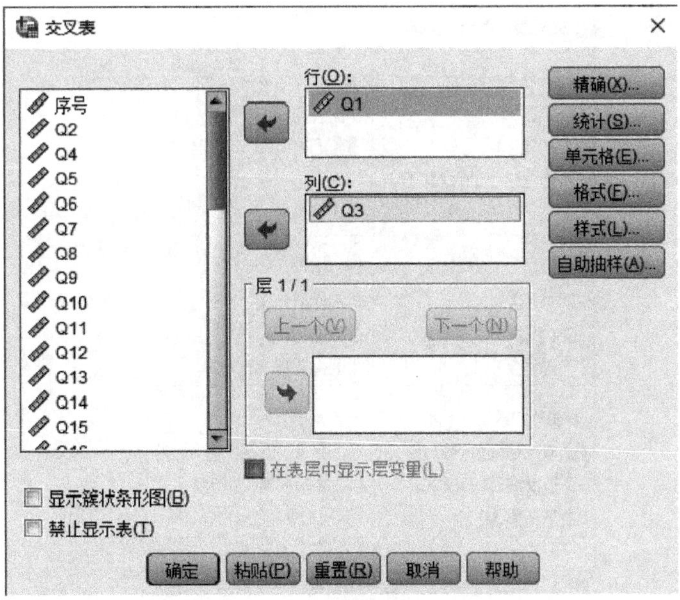

图 9-2　交叉表对话框

③点击“统计”,如图 9-3 所示。勾选相应的测量方法或检验方法,点击“继续”。

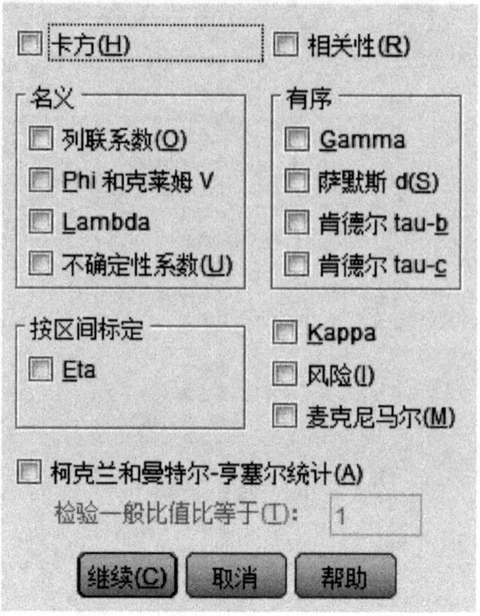

图 9-3　统计量对话框

④点击“单元格”,出现如图 9-4 所示的对话框。勾选需要进行分析的统计量,通常我们选择计数中的“实测”“期望”,以及百分比中的“行”“列”“总计”等按钮,点击“继续”,点击“确定”。输出相应的双变量列联分析的频次分布表、概率分布表以及相关性检验结果,进行分析。

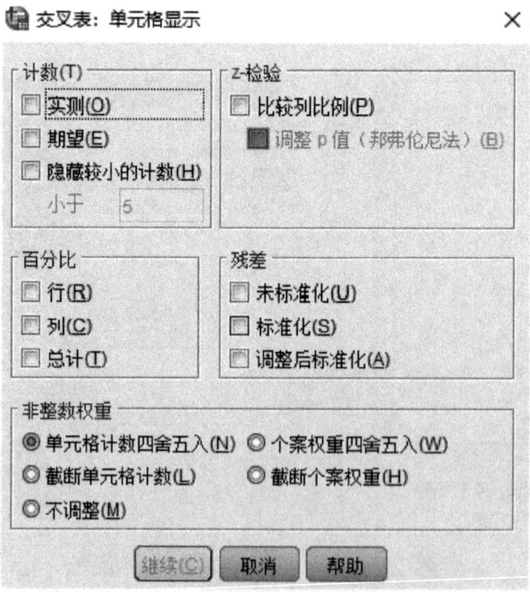

图 9-4　单元格对话框

第二节　定类变量与定类变量(或定序变量)的相关测量

当所要研究的两个变量层次均属于定类测量,或者一个是定类变量一个是定序变量时,若要测量两者的相关程度,可选用 Tau-y 相关测量法或 Lambda 相关测量法。比较而言,Lambda 相关测量法可同时用以测量对称关系的双变量和非对称关系的双变量,而 Tau-y 相关测量法一般只测量不对称关系的双变量,但其敏感度要高于 Lambda 相关测量法,因此 Tau-y 相关测量法常用于变量是不对称关系时。总的来说,两种测量方法各有千秋,各具特色,其统计值都有 PRE 意义。

一、Lambda 相关测量法

(一)基本概述

Lambda 相关测量法的基本测量思想是以众值作为预测依据,通过众值预测所能削减的误差比例来反映变量间关系的强弱。在这种情况下,PRE 计算公式中的 E_1 具体指的是以 Y 的边缘分布中的众值进行预测时所产生的误差,因为在未知 X 与 Y 有关系前,只能根据 Y 本身的分布(即 Y 的边缘分布)对 Y 进行预测,而采用其中的众值进行预测显然猜中的频次会相对更多。相应地,此时的 E_2 指的便是用 Y 的条件分布中的众值进行预测而产生的误差,因为当知道 X 与 Y 有关系后,用 X 不同取值下(即 Y 的条件分布)的众值对 Y 进行预测,这样猜中的频次最多,误差最小。因此,(E_1-E_2) 便能代表所削减的误差量,PRE 的削减误差比例思想便得以体现。

当用 Lambda 相关测量法测量对称关系的双变量时,其值称为 λ ,其计算公式如下:

$$\lambda=\frac{\sum m_x+\sum m_y-(M_x+M_y)}{2n-(M_x+M_y)}$$

其中,M_y 为 Y 的边缘分布的众值;M_x 为 X 的边缘分布的众值;m_y 为 Y 的各项条件分布中的众值;m_x 为 X 的各项条件分布中的众值;n 则为个案总数。例如,假定有 450 位国内游客的客源地和目的地分布情况如表 9-11 所示,则依据表中数据可知,$M_y=189$, $M_x=186$, $\sum m_y=96+52+85=233$, $\sum m_x=96+85+40=221$, $n=450$,代入公式,则可得:

$$\lambda=\frac{221+233-(186+189)}{2\times450-(186+189)}\approx0.15$$

λ 值为 0.15,即意味着当用游客的客源地分布与目的地分布进行相互预测时,可削减 15% 的误差,由此得知预测结果能够削减的误差比例相对较小,两者之间的关联程度较低。

表 9-11 450 位游客的客源地与目的地分布情况 单位:人

目的地	客源地			
	东部地区	中部地区	西部地区	合计
东部地区	96	52	41	189
中部地区	59	33	85	177
西部地区	31	40	13	84
合计	186	125	139	450

上述方法适用于属于对称关系的两个变量,而当用 Lambda 相关测量法测量非对称关系的双变量时,需要用到不用的计算方法。若 X 为自变量,Y 为因变量,则其值称为 λ_y;若 Y 为自变量,X 为因变量,则其值称为 λ_x,λ_y 值和 λ_x 值各自的计算公式分别如下:

$$\lambda_y = \frac{\sum m_y - M_y}{n - M_y}$$

$$\lambda_x = \frac{\sum m_x - M_x}{n - M_x}$$

其中,M_y 为 Y 的边缘分布的众值,M_x 为 X 的边缘分布的众值,m_y 为 Y 的各项条件分布中的众值,m_x 为 X 的各项条件分布中的众值,n 为个案总数。例如,假定某旅游团有 637 人,因不同的旅游目的而组合在一起,且团内旅游者皆有各自的旅游同伴,那么,我们可以尝试构建一个由“旅游目的”和“同伴类型”两个变量组成的交互分类表(见表 9-12),其中旅游目的是因变量,同伴类型是自变量。根据表中数据可知,$M_y = 245$,$M_x = 269$,$\sum m_x = 88 + 57 + 121 + 98 = 364$,$\sum M_y = n = 637$,代入公式后可得

$$\lambda_y = \frac{298 - 245}{637 - 245} \approx 0.14$$

$$\lambda_x = \frac{364 - 269}{637 - 269} \approx 0.26$$

这意味着当用游客的同伴类型预测其旅游目的时,可削减 14% 的误差,这也说明自变量对因变量的预测影响较小,两者之间的关联强度较弱;当用游客的旅游目的预测其同伴类型时,可削减 26% 的误差,表明自变量对因变量的预测影响较小,两者之间的关联强度较弱。

表 9-12 637 位游客的同伴类型与旅游目的分布情况 单位:人

旅游目的	同伴类型			
	亲属	朋友	同事	合计
休闲观光	88	56	11	155
文化交流	57	33	35	125

续表 9-12

旅游目的	同伴类型			
	亲属	朋友	同事	合计
改善健康	121	79	45	245
商务会议	3	11	98	112
合计	269	179	189	637

Lambda 相关测量法只采用众值进行预测，对众值以外的其他数据信息并不关心，因此若是众值全部集中于同一行或同一列中，即使列联表具有显著差别，其计算的 λ 的结果也还是会为 0。因此，当变量为不对称关系时，我们可以使用另一种更为合适的测量方法，也即 Tau-y 的相关测量法，这部分内容将在后文中学习到。

（二）SPSS 软件操作演示

借助 SPSS 统计分析软件对定类变量与定类变量（或定序变量）之间的相关性进行分析，操作步骤如下：

①打开需要分析的数据库，依次点击“分析”→“描述统计”→“交叉表”，打开交叉表对话框（见图 9-1）。

②交叉表如图 9-2 所示的对话框，在源变量窗口中选择“自变量”加入“列”中，选择“因变量”加入“行”中。

③点击“统计”，出现如图 9-5 所示的对话框。勾选“卡方”和“Lambda”，点击“继续”，点击“确定”，输出结果分别进行卡方检验和 Lambda 测量。

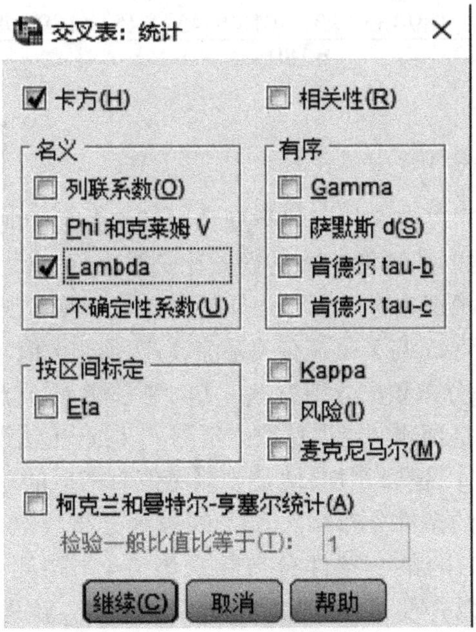

图 9-5　统计量对话框

二、Tau-y 相关测量法

Lambda 相关测量法的主要预测依据为众值，而 Tau-y 相关测量法的预测依据则包括全部边缘分布频次和条件分布频次。因为涉及的计算值较多，所以一般先分别求出 E_1 和 E_2 后，再将其代入公式进行计算，其相关系数记为 τ，具体计算公式如下：

$$E_1 = \sum \frac{(n - F_y) F_y}{n}$$

$$E_2 = \sum \frac{(F_x - f)f}{F_x}$$

$$\tau = \frac{E_1 - E_2}{E_1}$$

其中，F_y 为 Y 的边缘分布频次，F_x 为 X 的边缘分布频次，f 为所有条件分布频次，n 为个案总数。以表 9-10 中的数据为例，同伴类型为自变量，则 F_x 分别为 269、179 和 189，旅游目的为因变量，则 F_y 分别为 155，125，245 和 112，f 为表格中 Y 的所有条件分布频次，n 为 637。将这些数据代入公式可得：

$$E_1 = \frac{(637-155)\times155}{637} + \frac{(637-125)\times125}{637} + \frac{(637-245)\times245}{637} + \frac{(637-112)\times112}{637}$$

$$\approx 460.83$$

$$E_2 = \frac{(269-88)\times88+(269-57)\times57+(269-121)\times121+(269-3)\times3}{269}$$

$$+\frac{(179-56)\times56+(179-33)\times33+(179-79)\times79+(179-11)\times11}{179}$$

$$+\frac{(189-11)\times11+(189-35)\times35+(189-45)\times45+(189-98)\times98}{189}$$

$$\approx 413.88$$

$$\tau = \frac{460.83-413.88}{460.83} \approx 0.10$$

τ 值为 0.10，意味着当以游客的同伴类型预测其旅游目的时，可削减 10% 的误差，用自变量对因变量进行预测时所能够削减的误差比例较小，两者之间的关联强度较弱。

Tau-y 相关测量法是根据边缘频次与条件频次计算预测错误的概率，以此来体现削减误差比例的思想。在不清楚 X 与 Y 是否有关系前，每次预测 Y 值时，只能根据 Y 的边缘分布进行预测。假设 Y 的边缘分布频次分别为 F_1，F_2，则预测 F_1 时产生错误的概率就是 $(n - F_1)/n$，再将其乘以 F_1 便是预测的错误总数。预测 F_2 时产生错误的概率为 $(n - F_2)/n$，错误总数为 $(n - F_2) F_2/n$，错误相加，便是预测 Y 值时产生的总误差 E_1。当知道 X 与 Y 有关系时，则可以根据 Y 的条件分布频次和 X 的边缘分布频次（联合分布表中的每个完整纵列）进行预测，假设 Y 的某个条件分布频次为 f_1，则预测 f_1 时产生的错误概率为 $(F_x - f_1)/F_x$，再将其乘以 f_1 便是预测的错误总数，因此 E_2 就是这些预测错误总数的和，即 $\sum (F_x - f)f/F_x$。将 E_1 和 E_2 代入 PRE 计算公式中，求出的值即为削减的误差比例。

第三节　定序变量与定序变量的相关测量

当测量的两个变量均为定序变量时，可来用 d_y 相关测量法和 Gamma 相关测量法对二者相关程度和相关方向进行测量。两种测量方法的系数值范围均为[-1,1]，正负符号代表相关方向，正号表示两个变量之间为正相关关系，负号则为负相关关系。其绝对值越趋于1，相关程度越强，0则代表两者间无相关关系。相较而言，Gamma 相关测量法适用于对称关系的分析，而 d_y 相关测量法则适用于不对称关系的分析。

分析两个定序变量之间的关联程度时，则是以个案之间的相对等级作为参照进行预测。如果两个个案在两个变量上的变化方向一致，相对等级相同，则称为"同序对"；相反，则相对等级不同，称为"异序对"。例如，在表9-13中，A的文化程度高于E，职位等级也高于E，变化方向一致，相对等级地位都是A高于E，则A与E属于同序对。而B的文化程度虽然低于C，但职位等级却高于C，两个变量的变化方向不一致，相对等级也不同，因此B与C属于异序对。同序对与异序对都只考虑两个变量的变化方向，而对其变化幅度不作要求。

除了同序对与异序对，还存在等级相同不分高低的情况，这样的对子称为"同分对"。如果两个个案只在 X 变量上等级相同，则称为"X 同分对"，如B和E；如果两个个案只在 Y 变量上等级相同，则称为"Y 同分对"，如B和D；如果两个个案在变量 X 和变量 Y 上的等级都相同，则称为"X、Y 同分对"，如A和C。

绝大多数针对定序变量的测量方法，都是参考个案中同序对、异序对和同分对的分布情况进行计算。

表9-13　某景区职员的文化程度与职位等级的分布情况

个案	文化程度/人	职位等级
A	1	3
B	3	2
C	1	3
D	4	5
E	3	5

注：文化程度和职位等级中的数值越大，表示相应的等级越高。

一、Gamma 相关测量法

（一）基本概述

从上文的介绍中我们可以发现，如果个案间以同序对为主，则两个变量为正相关关系，如果以异序对为主，则变量间为负相关关系。同序对与异序对的数量相差越大，则两个变量间的相关性越强，数量相差越小，则相关性越弱。Gamma 测量法亦遵循此逻辑，其相关系数记为 G，具体计算公式如下：

$$G = \frac{N_s - N_d}{N_s + N_d}$$

其中，N_s 代表同序对的数量，N_d 代表异序对的数量。如表 9-13 所示，表中同序对有 5 对，分别为 AD、AE、BD、CD 和 CE，异序对有 2 对，分别为 AB 和 BC，代入公式，有 $G = \frac{5-2}{5+2} = 0.43$。该数值表示，在这 5 个个案中，文化程度和职位等级之间为正相关关系，文化程度越高，则职位等级也越高。两个变量之间的相关系数为 0.43，代表当用其中一个变量预测另一个变量时，误差可削减 43%。

从公式中，我们可以看出，Gamma 相关测量法只考虑同序对和异序对的数量情况，并不将同分对纳入考虑范围。当不知道 X 与 Y 存在等级关系时，只能随机预测 Y 的相对等级，猜对与猜错的概率各占 1/2，这样当总对数为 $N_s + N_d$（不计同分对）时，预测 Y 的总误差 E_1 就为 $\frac{1}{2} \times (N_s + N_d)$。当知道 X 与 Y 存在等级相关时，预测 X 与 Y 为同序对，则预测错误的情况就等于异序对的数量（不计同分对），即 E_2 等于 E_d。将 E_1 与 E_2 代入 PRE 计算公式，化简后的公式恰为 G 值的计算公式，由此可见，G 值具有削减误差比例的意义。

只有对随机样本中有关两定序变量间关系进行统计检验，才能将结果推论到总体。Gamma 系数的抽样分布在随机抽样和样本规模较大的前提下，近似于正态分布。因而其检验通常采用 Z 检验的方法进行。Z 检验前，首先要将 G 值标准化为 Z 值，公式如下：

$$Z = G\sqrt{\frac{N_s + N_d}{n(1 - G^2)}}$$

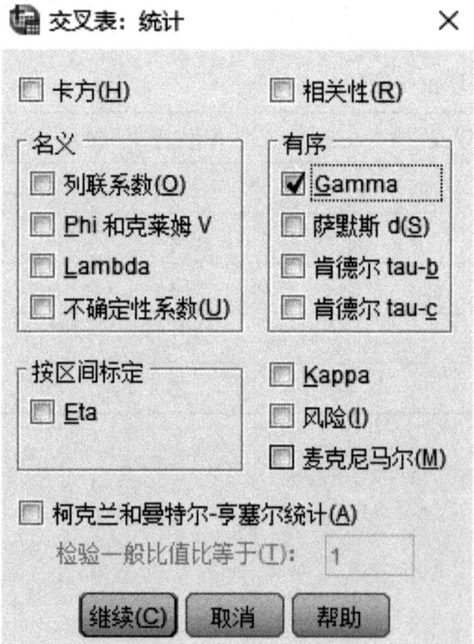

图 9-6　统计量对话框

（二）SPSS 软件操作演示

借助 SPSS 统计分析软件分析两个定序变量之间的相关性，实操步骤如图所示：

①打开需要分析的数据库，依次点击“分析”→“描述统计”→“交叉表”，打开交叉表对话框（见图 9-1）。

②交叉表为如图 9-2 所示的对话框，在源变量窗口中选择“自变量”加入“列”中，选择“因变量”加入“行”中。

③点击“统计”，出现如图 9-6 所示的对话框。勾选“Gamma”，点击“继续”，点击“确定”，进行 Gamma 测量。Gamma 分析是对两个定序变量的对称检验，其值范围为[-1,1]。正负符号表明相关方向，0 代表无线性相关，绝对值越

趋近 1,相关程度越强。

二、d_y 相关测量法

(一)基本概述

d_y 相关测量法在 Gamma 相关测量法的基础上,对等级相关系数的分母作出了修正,因而适用于对不对称关系的分析,其计算公式如下:

$$d_y = \frac{N_s - N_d}{N_s + N_d + T_y}$$

其中,N_s 为同序对的数量;N_d 为异序对的数量;T_y 为 Y 同分对的数量。假定某景区职员的文化程度与职位等级的分布情况如表 9-14 所示,则根据表中的交互分类情况可知,同行可形成 Y 的同分对,同列则形成 X 的同分对,右侧非同行非同列形成同序对,而左侧非同行非同列则形成异序对,根据表中数据可得:

$$N_s = 18 \times (66 + 25 + 73 + 121) + 10 \times (25 + 121) + 43 \times (73 + 121) + 66 \times 121 = 22918$$

$$N_d = 10 \times (43 + 44) + 5 \times (43 + 66 + 44 + 73) + 66 \times 44 + 25 \times (44 + 73) = 5489$$

$$T_y = 18 \times (10 + 5) + 10 \times 5 + 43 \times (60 + 25) + 60 \times 25 + 44 \times (73 + 121) + 73 \times 121 = 22844$$

$$d_y = \frac{22918 - 5489}{22918 + 5489 + 22844} \approx 0.34$$

可见景区工作人员的文化程度与其职位等级之间为正相关关系。文化程度越高,则职位等级也越高。当以文化程度来预测职位等级时,则误差可削减 34%。

表 9-14　某景区职员的文化程度与职位等级的分布情况　　单位:人

职位等级	文化程度			
	大学	中学	小学	合计
高	18	10	5	33
中	43	66	25	134
低	44	73	121	238
合计	105	149	151	405

表 9-13 与表 9-14 的不同之处在于,前者是未经整理的原始资料表,而后者则是将资料进行分类后形成的频次表,原始资料表只适用于对少量个案的分析,当个案数目众多时,为精简表格和方便运算,我们需将其整理成频次表。在旅游学研究中,我们多数是对大样本进行分析,因此经常是在频次表的基础上进行计算,因此要重点掌握如何计算频次表中同序对、异序对和同分对。

此外,Gamma 相关测量法与 d_y 相关测量法相比,两者的分母计算方式存在差别,但其指的都是个案的总对数,只是对于总对数的定义不同,一个是对同分对的影响忽略不计,一个则将其纳入考虑。但不管是哪种测量方式,分子表示的都是同序对与异序对的数量差。由此可见,同序对与异序对的差值,是检验两个定序变量之间是否存在等级相关的真正依据。

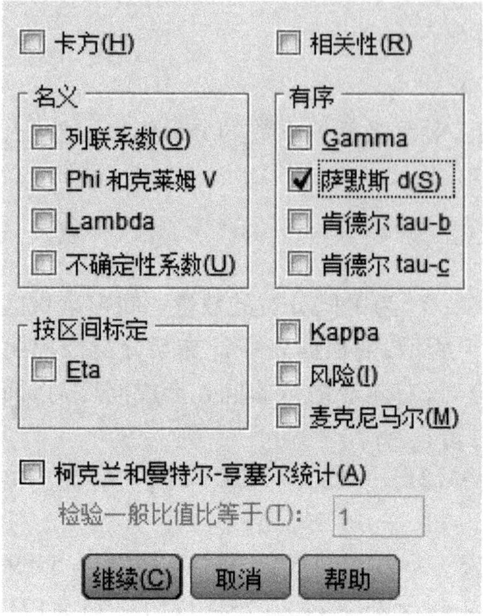

图 9-7　统计量对话框

(二)SPSS 软件操作演示

运用 SPSS 统计分析软件分析两个定序变量之间的相关性进行,实操步骤如图所示:

①打开需要分析的数据库,依次点击"分析"→"描述统计"→"交叉表",打开交叉表对话框(见图 9-1)。

②交叉表为如图 9-2 所示的对话框,在左侧的源变量窗口中选择"自变量"加入"列"中,选择"因变量"加入"行"中。

③点击"统计",出现如图 9-7 所示的对话框。勾选"萨默斯 d(s)",点击"继续",点击"确定",进行 d_y 测量。这是对 Gamma 的非对称检验扩展,数据的解读与 Gamma 相同,不同之处在于 Gamma 测量法是测量具有对称关系的变量,即因果关系不明确的变量,而 d_y 测量法则是测量具有不对称关系的变量,即已明确变量间的因果关系,是确定的自变量和因变量之间的相关性测量。

第四节　定类变量(或定序变量)、定距变量与定距变量的相关测量

一、定类变量(或定序变量)与定距变量的测量

当测量的两个变量一个为定类变量(或定序变量),另一个为定距变量时,我们通常采用 eta 系数或相关比率(correlation ratio)来测量二者间的相关程度。相关比率又称为 eta 平方系数,记为 E^2,其数值介于 0 ~ 1,也具有消减误差比例的意义。计算公式如下:

$$E^2 = \frac{\sum (y - \overline{Y})^2 - \sum (y - \overline{Y_i})^2}{\sum (y - \overline{Y})^2}$$

应该注意,相关比率 E^2 计算中有自变量和因变量之分。公式中,y 为因变量的数值,$\overline{Y}$ 为因变量的均值;$\overline{Y_i}$ 为自变量 x 的每个取值 x_i 上的因变量的均值。

上述公式化可转化为下列形式,以方便计算:

$$E^2 = \frac{\sum n_i \overline{Y_i}^2 - n\overline{Y}^2}{\sum y^2 - n\overline{Y}^2}$$

计算公式中，n_i 为 x 变量每一取值的频数合计值，n 为总的频数值，$\sum n_i = n$ 。

关于分析定序变量与定距变量的相关关系，部分在对资料进行统计分析时，将定序变量视为定距变量，并采用积矩相关系数来进行计算，甚至进行线性回归分析。例如，将“受教育程度”的取值“高、中、低”转化为“高=3”，“中=2”，“低=1”，然后作为定距数据进行运算和统计。事实上，“3”“2”“1”这些数字不具备定距层次的数学特质，不能进行加减运算。

F 检验法常用于相关比率 E^2 的检验，其计算公式如下：

$$F = \frac{E^2}{1 - E^2}\left(\frac{n-k}{k-1}\right)$$

式中，k 为分组数目，n 为样本规模；$k-1=df_1$ ，$n-k=df_2$ 。

二、定距变量与定距变量的相关测量

前面几类相关的测量，多采用变量值的次数来进行计算。这取决于定类、定序变量的数学特征。定距变量由于其数学特征的不同，测量层次较高，可采用散点图与相关系数对两者的相关程度进行评估。我们不仅可以对其相关程度与相关方法作出预测，还能对因变量的具体数值作出估计。

回归系数 b 能够利用 X 值的变化量对 Y 值进行预测，但由于 b 值受变量单位的影响较大，因此很难体现两个变量之间真实的相关程度，故而在测量两个定距变量的相关程度时，一般采用一种更为精确的相关系数进行估计，这种相关系数就是皮尔逊相关系数，又称皮尔逊积差相关系数 r 。其计算公式如下：

$$r = \frac{\sum(x-\overline{X})(y-\overline{Y})}{\sqrt{\sum(x-\overline{X})^2}\sqrt{\sum(y-\overline{Y})^2}} = \frac{n\sum xy - (\sum x)(\sum y)}{\sqrt{n\sum x^2 - (\sum x)^2}\sqrt{n\sum y^2 - (\sum y)^2}}$$

其中，$\bar{x}$ 为 x 的均值，$\bar{y}$ 为 y 的均值，r 的取值范围为[-1,1]，符号代表两变量的相关方向。当 r 值为负数时，X 与 Y 为负相关；当 r 值为正数时，X 与 Y 为正相关。r 的绝对值越大，则 X 、Y 之间的相关性越强。

它具有以下特点：①公式中 x 与 y 是对等的，即将二者位置互换，r 的值不变。它说明 r 是一种对称关系的测量；②可以证明 r 的取值范围在-1 到 1 之间；③ r 的取值具有方向性；④ r 本身不具有消减误差比例的意义，但其平方 r^2（又称为决定系数）具有消减误差比例的意义。比如说，若定距变量 X 与 Y 的皮尔逊相关系数 $r \approx 0.91$，则决定系数 $r^2 \approx 0.83$，表示当以变量 X 对 Y 进行预测时，能够削减 83% 的误差，说明二者具有较强的相关性。

此外，在不知道 X 与 Y 有关系前，只能用 Y 的均值进行预测，因此预测时产生的误差便为 $y - \bar{y}$，为避免正负相抵，便取其平方值，因此产生的总误差 E_1 即为 $\sum(y-\bar{y})^2$ 。在了解 X 与 Y 具有关系后，根据线性回归方程，用 X 预测 Y 时所产生的误差是 $\hat{y} - \bar{y}$，取其平方值，则削减的误差 E_2 为 $\sum(\hat{y}-\bar{y})^2$，将其代入 PRE 公式，化简后的公式即等于 r^2。

在双变量统计中，皮尔逊相关系数 r 的检验可采用 F 检验或 t 检验的方法，因为 $F=t^2$。公式如下：

$$F=\frac{r^2(n-2)}{1-r^2}$$

三、SPSS 软件操作演示

运用 SPSS 统计分析软件分析两个定距变量之间的相关性，操作步骤如下：

①打开需要分析的数据库，依次点击“分析”→“相关”→“双变量”，打开双变量相关对话框（见图 9-8）。

图 9-8　相关分析操作步骤

②双变量相关呈如图 9-9 所示的对话框，从左侧源变量窗口中选择要进行相关分析的两个定距变量，勾选相关系数中的“皮尔逊”相关系数和显著性检验的“双尾”，并选择标记显著性相关。点击“确定”，输出结果，进行分析。

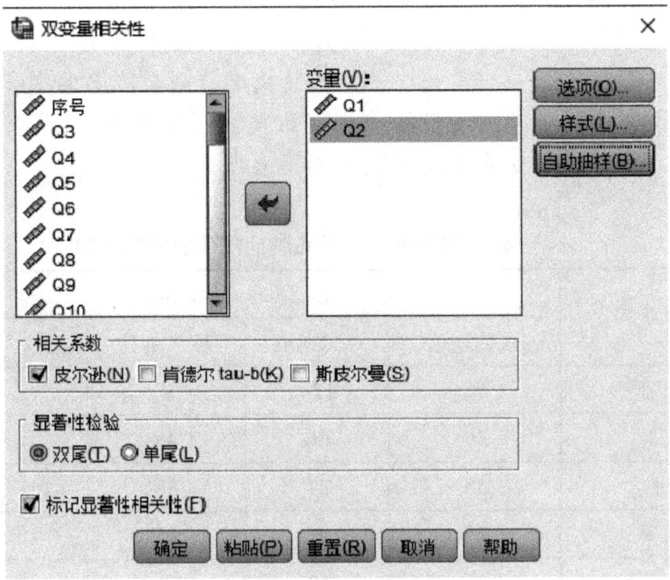

图 9-9　双变量相关对话框

同时，有几点还必须特别强调：

①运用相关测量的方法的目的，是理解两个变量在“样本”中相关程度的强弱或大小。

②对各种相关系数所进行的相应检验，是为了根据随机样本的资料推论两个变量在“总体”中是否相关关系。关注重点非样本中的结果，而是总体中的情况，且它并非关心相关程度的强弱或大小，而只是“是否相关”。

③相关测量方法和检验方法的选择，主要依据两变量的测量层次，采用适合的相关检验工具。

章节习题

一、单项选择题

1. 列联分析是利用列联表研究(A)。

   A. 两个或多个属性(定性变量)间的关系

   B. 两个数值型变量间的关系

   C. 一个分类型变量和一个数值型变量间的关系

   D. 不受变量类型的约束

2. 列相关系数的取值范围为(C)。

   A. [0,1]　　B. [-1,1]　　C. [0,1)　　D. 任何值

3. 当列联表中的两个变量相互独立时，计算的列相关系数为(B)。

   A. 1　　B. 0　　C. >1　　D. <0

4. 在列联分析中，χ^2 分布的自由度为(D)。

A. 行数　　B. 行数与列数的乘积

C. 列数　　D. 行数减 1 与列数减 1 的乘积

5. 针对国内游客的关于我国某目的地旅游品牌认同度调查中，调查对象的来源地区与其旅游品牌认同高度的交叉列联表如下表所示：

表　客源地与旅游品牌认同度的交叉列联　　单位：人

旅游品牌认同度	来源地区			
	东部地区	中部地区	西部地区	合计
非常认同	56	124	77	257
很认同	36	66	46	148
一般	36	24	33	93
不认同	21	8	15	44
非常不认同	41	12	31	84
合计	190	234	202	626

请根据表中的相关信息回答(1)—(5)题。

(1) 请问，这个列联表的最右端一列称为(B)。

A. 列边缘频数　　B. 行边缘频数

C. 条件频数　　D. 总频数

(2) 根据这个列联表计算的旅游品牌认同度为“非常认同”的行百分比依次为(B)。

A. 24.3%，44.6%和 31.1%　　B. 21.8%，48.2%和 30.0%

C. 29.5%，53.0%和 38.1%　　D. 8.9%，19.8%和 12.3%

(3) 根据这个列联表计算的来源为西部地区的调查对象的列百分比依次为(D)。

A. 29.5%，18.9%，18.9%，11.1%和 21.6%

B. 12.3%，7.3%，5.3%，2.4%和 5.0%

C. 37.6%，21.5%，17.8%，8.5%和 14.6%

D. 38.1%，22.8%，16.3%，7.4%和 15.3%

(4) 根据这个列联表计算东部地区各层次的旅游品牌认同度的期望频数分别为(A)。

A. 78，45，28，13 和 26　　B. 96，55，35，16 和 31

C. 83，48，30，14 和 27　　D. 78，44，28，13 和 25

(5) 根据这个表计算的 χ^2 统计量为(C)。

A. 57.986　　B. 54.123　　C. 55.155　　D. 46.399

二、判断题

1. 当测量的两个变量一个为定类变量(或定序变量)，另一个为定距变量时，我们通

常采用相关比率(correlation ratio)或 eta 系数来测量二者间的相关程度。　(√)

2. 定类变量、定序变量和定距变量大多都可以利用变量值的次数来进行计算。　(×)

3. 选择何种相关测量方法和何种检验方法，主要看两变量的测量层次，要依据变量的测量层次来确定合适的相关检验工具。　(√)

三、名词解释

1. Lambda 相关测量法。

Lambda 相关测量法的基本测量思想是以众值作为预测依据，通过众值预测所能削减的误差比例来反映变量间关系的强弱。

2. Tau-y 相关测量法。

Lambda 相关测量法的主要预测依据为众值，而 Tau-y 相关测量法的预测依据则包括全部边缘分布频次和条件分布频次。

3. 列联表。

列联表(contingency table)是观测数据按两个或更多属性(定性变量)分类时所列出的频数表。也可以理解为由两个及两个以上的变量进行交叉分类的频数分布表。因此，列联表又称作"交互分类表"。

四、简答题

1. χ^2 检验的作用和缺点是什么？

答：卡方(χ^2)统计检验常用于检验行列变量之间是否相关。其缺点主要是由于χ^2 值的大小不仅与数据的分布有关，同时它还与样本的规模有关。当样本足够大时，一些很小的分布差异也可以通过χ^2 检验达到显著性水平。因此，对于大样本来说，确定变量间存在"有显著性"的关系并无很大意义，更重要的问题是，"如果变量之间存在关系，其强度有多大"。

第十章　因子分析、聚类分析和判别分析

学习目标

1. 了解并掌握因子分析的概念与特点。
2. 了解并掌握相关统计检验值术语以及因子分析步骤。
3. 了解聚类分析的几大方法与操作步骤。
4. 了解判别分析的概念与判别分析的基本路径。

第一节　因子分析

在旅游研究中,我们尝尝面临诸多概念性的问题。比如:"旅游动机""旅游形象""旅游感知""旅游涉入""情感团结""社会资本"以及"自我效能感"等概念,它们的内涵十分丰富,需要基于特定的情境之中其概念阐述才更具有实际意义。有时候我们还想借助某种实证手段对有关概念所表述的现象进行科学解释与证实,并且建立起不同概念之间的联系,这就需要我们借助文献分析或者其他探索性研究方法将这些概念转化成可测量的操作性定义。这就涉及因子分析的领域,在旅游实证研究中,因子分析是必须掌握的技术性工具,在本章节中,我们将学习到因子分析的基本原理与相关的技术性操作。

一、因子分析的基本概述与类型

(一)基市概念与原理

因子分析(factor analysis)是指从研究的变量群中提取共性因子的一种统计技术。它用少数的几个因子(factors)来描述许多指标或因素之间的联系,以较少几个因子反映原始资料中大部分的信息,目的在于"降维"。随着计算机的普及和各种统计软件的出现,因子分析逐渐被应用到社会学、经济学、医学和管理学等众多学科领域。在旅游学领域的实证研究中,因子分析是用于探究某一关键概念所属众多变量之间的内部依赖关系,探求观测数据中的基本结构,并能够运用少数几个假想变量来表示这种结构的一种统计学方法。或者说,我们通常用因子分析去证实所设计的一系列问项的确是属于某一构念,并且这些问项能够有效测量该构念的某一潜在特质,并厘清这一潜在特质的内在结构,抽离出其背后的构念。因此,从技术过程来理解因子分析,那么,可以明确的是,因子

分析的目的，就是"减少变量的数目、确认数据的基本结构及尺度"。因子分析有如下特点：

第一，因子变量的数量远少于原有的指标变量的数量，对因子变量的分析能够减少分析中的计算工作量。

第二，因子变量不是对原有变量进行取舍，而是根据原始变量的信息进行重新组构，它能够反映原有变量大部分的信息。

第三，因子变量之间不存在线性相关关系，对变量的分析比较方便。

第四，因子变量具有命名解释性，即该变量是对某些原始变量信息的综合和反映，可以对多变量的平面数据进行最佳综合和简化，即在保证数据信息丢失最少的原则下，对高维变量空间进行降维处理。显然，在一个低维系统空间解释，要比在一个高维系统空间容易得多。

在数学原理上，因子分析是通过建立相关矩阵（correlation matrix）来生成新的变量，这一个新的变量是原始变量的线性组合。所产生的新变量即因子变量（factor），而每一个线性组合的系数则称为因子载荷（factor loading），如下列的数学模型所示：

$$\begin{cases} x_1 = a_{11}F_1 + a_{12}F_2 + \cdots + a_{1m}F_m + \varepsilon_1 \\ x_2 = a_{21}F_1 + a_{22}F_2 + \cdots + a_{2m}F_m + \varepsilon_2 \\ \qquad\vdots \\ x_p = a_{p1}F_1 + a_{p2}F_2 + \cdots + a_{pm}F_m + \varepsilon_p \end{cases}$$

其中，x_1，x_2，x_3，…，x_p 为 p 个原始变量，它们的均值为零、标准差为 1，F_1，F_2，F_3，…，F_m 为 m 个因子变量（$m<p$），用矩阵形式可表示为

$$\boldsymbol{X} = \boldsymbol{AF} + \boldsymbol{\varepsilon}$$

其中，F 为因子变量，即所提公共因子（common factors），可以将它们理解为在高维空间中互相垂直的 m 个坐标轴。$\boldsymbol{A} = (a_{ij})_{p\times m}$ 为因子载荷矩阵，a_{ij} 为因子载荷（也称因子负荷，因子载荷量），是第 i 个原始变量在第 j 个因子变量上的负荷。如果把变量 x_i 看成 m 维因子空间中的一个向量，则 a_{ij} 为 x_i 在坐标轴 F_j 上的投影，相当于多元回归中的标准回归系数。$\boldsymbol{\varepsilon}$ 为特殊因子，表示原始变量不能被因子变量所解释的部分，相当于多元回归分析中的残差部分。

因子分析中的几个概念说明如下：

一是因子载荷。在各个因子变量不相关的情况下，因子载荷 a_{ij} 就是第 i 个原始变量和第 j 个因子变量上的相关系数，即 x_i 在第 j 个公共因子变量上的相对重要性。因此 a_{ij} 绝对值越大，则公共因子 F_j 和原有变量 x_i 关系越强。

二是变量共同度，也称为公共方差，反映全部公共因子变量对原有变量 x_i 的总方差解释说明比例。原有变量 x_i 的共同度为因子载荷矩阵 $\boldsymbol{A}$ 中第 i 行元素的平方和，即：

$$h_i^2 = \sum_{j=1}^{m} a_{ij}^2$$

原有变量 x_i 的方差可以表示成两个部分：h_i^2 和 ε_i^2。第一部分 h_i^2 反映公共因子对原有变量的方差解释比例，第二部分 ε_i^2 反映原有变量方差中无法被公共因子表示的部分。因此，第一部分 h_i^2 越接近于1（原有变量 x_i 标准化前提下，总方差为1），说明公共因子解

释原有变量越多的信息。可以通过该值掌握该变量的信息有多少被丢失了。如果大部分变量的共同度都高于0.8,则说明提取出的公共因子已经基本反映各原始变量80%以上的信息,仅有较少的信息丢失,因子分析效果较好。可以说,各个变量的共同度是衡量因子分析效果的一个指标。

三是公共因子 F_j 的方差贡献,是指因子载荷矩阵 $\boldsymbol{A}$ 中第 j 列各元素的平方和,即

$$S_j = \sum_{i=1}^{p} a^2 ij$$

公共因子 F_j 的方差贡献反映了该因子对所有原始变量总方差的解释能力,其值越高,说明因子重要程度越高。

（二）因子分析的样本要求

我们一般采用李克特量表来获取观测变量的数值,而关于因子分析中样本容量如何确定,学界目前尚未有统一的定论。

学者 Gorsuch(1983)认为样本量应为题项数量的 5 倍,样本总数不少于 100 个。Comrey&Lee(1992)指出:在因子分析中,样本数在 200 附近是普通的,样本数在 300 附近是好的,样本数在 500 附近是非常好的,样本数在 1000 附近是相当理想的。此外,Stevens(2002)的观点是样本量大小应视观测变量的数目而定,一般来说每个变量(题项)所需的样本数要介于 2~20 个,但若想获得可靠的因子结构,每个变量的样本数量应至少有 5 个,即一份含有 30 个涉及李克特量表的题项,其进行因子分析需要满足的样本数最少需要 30×5=150 个。谢彦君(2018)在《旅游研究方法》就提到:

由于因子分析是一种互依分析(analysis of interdependence),因此,在样本容量方面的要求是,最低不应低于 50 个样本单位,最好在 100 个以上。如果考虑到观测变量(即观测题项)的数目,那么,样本单位数至少应为题项数的 5 倍,最好是 10 倍以上。

（三）因子分析的两大类型

因子分析的方法分为:探索性因子分析(exploratory factor analysis,EFA)和验证性因子分析(confirmatory factor analysis,CFA)。

探索性因子分析的典型方法包括主成分分析和共因子分析等,分析前研究者不事先预设因子(即某个概念性变量,如"旅游形象""旅游感知"等)与各题项之间的关系,而是采用 SPSS 统计分析软件进行因子分析之后,通过因子载荷来提取因子,并依据公因子方差、特征根值等判断公因子提取的有效性,从而对因子加以命名。一般情况下,研究所指的因子分析都是探索性因子分析。

验证性因子分析则预先假设因子与各题项之间的关系是部分知道的,即哪几个题项对应于哪个因子。也就是说,研究者在进行该研究步骤时,他已经对某一变量的结构关系有了一定的推论基础,构建了该变量与其他维度(因子)之间的假设关系。此时进行因子分析,目的在于验证或者确认各因子是否可以代表该变量。这种因子分析下变量间的结构关系描述称为测量模型(measurement model)。验证性因子分析通常采用极大似然估计法加以求解,它一般与结构方程模型分析方法连用,具体使用过程与原理可以自行阅读相关书籍进行扩展学习。

二、因子分析的几个重要的统计检验值

在整个因子分析过程中,为了保证分析的效度与信度,需要借助于一系列统计量来对因子分析各个环节所产生的结果进行检验。通常情况下,可以采用以下方法:计算反映像相关矩阵(anti-image correlation matrix)、计算相关系数矩阵、KMO(Kaiser-Meyer-Olkin)检验和巴特利特球形检验(Bartlett test of sphericity)。

1. 相关系数矩阵的计算与观察

如果变量间的相关程度很小,它们不可能共享因子,如果相关系数矩阵中的大部分相关系数小于0.3,并且未通过统计检验,那么这些变量不适合进行因子分析。

2. 反映像相关矩阵的计算与观察

反映像相关矩阵(anti-image correlation matrix)是由元素等于负的偏相关系数构成的矩阵。计算反映像相关矩阵的直观观察就是通过观察该负偏相关系数矩阵,判断因子分析的适用性。偏相系数是控制其他变量不变的情况下,测度一个解释变量对被解释变量的独特解释作用的相关系数指标。

3. KMO 检验

KMO 统计量用于比较变量间的简单相关系数和偏相系数,KMO 的取值范围在0到1之间。KMO 值越接近于1,则所有变量之间的简单相关系数平方和越大于偏相关系数平方和,因此越适合作因子分析;KMO 值越小,则越不适合作因子分析。Kaiser 给出了 KMO 检验如下标准:①0.9<KMO:非常适合;②0.8<KMO<0.9:适合;③0.7<KMO<0.8:一般;④0.6<KMO<0.7:不太适合;⑤KMO<0.5:不适合。

4. 巴特利特球形检验

巴特利特球形检验是以变量的相关系数矩阵为出发点的。它的原假设为相关系数矩阵是一个单位阵,即相关系数矩阵对角线上的所有元素都为1,所有非对角线上的元素都为0。如果该假设成立,则各个原始变量之间不相关,不适合作因子分析。若巴特利特球形检验已达到显著水平,应拒绝原假设,表明总体的相关矩阵间有共同因子存在,适合进行因子分析。

三、因子分析的具体步骤

因子分析要解决两个问题:一是如何构造因子变量;二是如何对因子变量进行命名解释。因子分析有下面4个基本步骤:

①确定待分析的原始变量是否适合作因子分析。

②确定主因子变量。

③因子旋转与因子命名。因子旋转使得因子变量更具有可解释性。

④构造因子变量的得分计算函数与综合评价函数。

第二节 聚类分析

一、聚类分析的基本概述

（一）基本概念

聚类分析（cluster analysis），又称集群分析，是研究事物分类的多元统计方法。随着近年来多元统计的快速发展以及计算机的普遍应用，聚类分析普遍应用于各个领域，例如在经济社会研究中，学校按照德、智、体、美、劳全面发展的要求将学生分成几个等级；在经济学中，按人均 GDP、人均受教育程度、人均可支配收入等几个指标将国家分为几个层级；在旅游市场中，旅游企业按照顾客的年龄、职业、旅游消费水平等将旅游者分成不同的群体。这些都可以用聚类分析的方法来实现，并且随着聚类分析的理论和软件愈加成熟，它也成为事件分类最常用的方法之一。

聚类分析是一种建立分类的多元统计分析方法，把分类的对象按照相似性的大小分成若干类。在应用中，它可以在没有先验知识的条件下进行自动分类，分类会根据数据本身的特点完成，在分类结束后，我们会得到相似的对象聚在同类，而不相似的对象分散在不同类别的结果。

（二）聚类分析的原理

聚类分析是根据样本数据本身的特点，对样本进行分类，它需要遵循一个基本准则：所分的类群，应努力达到类内（组内）同质（homogeneity），类间（组间）异质（heterogeneity）。因此聚类分析要求同类的样本相似度较高，而不同类的样本不相似，由此引出了如何定义"相似性"的问题。在聚类分析中，"相似性"极为重要，它是整个聚类分析的基础。如果没有相似性的定义，样本之间的差异就没法比较，分类也就不存在。聚类分析样本或变量之间相似性测度主要有三种方式：一是距离指标，描述个体之间的接近程度，距离越小，个体越具有相似性；二是相关系数指标，适用于定距数据和定序数据，相关系数越大，个体间越具有相似性；三是关联测度指标，适用于定类数据。

1. 距离指标

距离常用于样本相似性度量，距离越大，则样本相似性越低。样本 i 与样本 j 的距离 d_{ij} 满足四个基本条件：当样本 i 与样本 j 的各聚类变量值相同时，$d_{ij}=0$；距离是无向指标，$d_{ij}=d_{ji}$；距离指标为非负量，$d_{ij}\geqslant 0$；直线距离最短，$d_{ij}\leqslant d_{ik}+d_{kj}$。计算聚类的距离指标的方法非常多，不同的定义距离的方法将产生不一样的距离，可以按照数据的不同性质和测算适用条件选用不同的距离指标，统计学中常用有：

①明考夫斯基（Minkowski）距离。又称明氏距离，明氏距离代表了一类距离的总称，g 取值不同时分别代表不同的意义。其数学公式如下：

$$\text{Minkowski}(x_i, x_j)=\sqrt[h]{\sum_{k=1}^{p}\left|x_{ik}-x_{ik}\right|^{h}}$$

②Block 距离。也称街区距离或者绝对值距离。Block 距离实际上是 $h=1$ 时的明氏距离，这种距离通常用于衡量城市街区的长度，这也就是其取名为街区距离的由来。

③欧式(Euclidean)距离。欧式距离实际上是当 $h=2$ 时的明氏距离，这种距离是统计学中使用非常广泛的距离。

④切比雪夫(Chebychev)距离。也称为最大距离。切比雪夫距离实际上是当 $h=\infty$ 时的明氏距离，常用于图像处理和模式识别当中，强调最大的差异。

但是，明氏距离也有其缺点：一是明氏距离的大小跟变量的单位有直接关系，其值的大小会随变量的量发生变化，这使得结果不稳定；二是明氏距离的定义并没有考虑变量之间的重要性。在计算中，明氏距离对所有变量赋予的权重都一样大。所以，当各变量的单位不同或者各变量的影响作用不一样时，不适合用明氏距离。否则就会导致单位越小的变量离差的绝对值越大，对明氏距离的影响也越大，这显然不合理。所以在采用明氏距离时，要先对变量实行标准化的处理，然后运用标准化后的数据进行计算。

⑤兰氏(Lance)距离。兰氏距离是一个自身标准化的量，它有助于克服明氏距离的第一个缺点，即量纲的变化对其结果并不会产生影响。但它对变量之间的相对重要性同样没能考虑。

2. 相似系数指标

聚类分析方法不仅可以用于样本聚类，还可用于变量之间的聚类，但在对变量进行聚类的时候，一般采用相关系数来度量变量之间的相似性。一般情况下，相似系数的绝对值愈大，相似性就愈高，聚类分析时将其划分为一类；反之则相反，聚类分析时将其划分为不同的类别。定义的相关系数要满足以下条件：

①$-1\leqslant c_{ij}\leqslant 1$，即相似系数在-1 到 1 之间变化；

②对称性，即 $c_{ij}=c_{ji}$。

使用定义方法的不同得到的结果不相同，较为常用的有两种方法：夹角余弦(cosine)和相关系数(correlation coefficient)。一般情况下，对同一数据使用不同的相似性度量，得到的聚类结果不同，因此，要根据实际情况，采用合适的相似性度量。SPSS 提供了丰富的相似性度量指标，因此在开始进行聚类分析的时候，可以采取多种相似性测度指标，分别进行聚类分析，然后再根据结果确定最优的方式。

3. 关联测度指标

关联测度指标常用于样本聚类，适用于聚类变量为分类变量的情形。样本间相似程度越高，关联指标数值越趋近于 1；相似程度越低，关联指标数值越接近于 0。关联测度系数包括简单匹配系数、Gower 系数、Jaccard 系数等。

二、聚类分析的方法

聚类分析的方法应用比较广泛的有层次聚类法(hierarchical cluster analysis，系统聚类法)、非层次聚类法(non-hierarchical methods)和二阶聚类法(two-step cluster，又称两步聚类法)几种。在 SPSS 软件中，非层次聚类法由 K 均值聚类(K-means cluster)程序来执行；层次聚类法由层次聚类分析(hierarchical analysis)程序来执行。

(一)层次聚类法

层次聚类法也称谱系聚类、系统聚类,包括两种分析方法:聚集法(agglomerate hierarchical method,又称集结法)和分解法(divisive hierarchical method,又称区分法)。聚集法是首先把每个样本单位(或称个案、案例)各自看成一类,把距离最近的两个个案合并为一类,再重新计算类与类之间的距离,然后把距离最近的两类合并,每一步减少一类,过程持续到所有的个案归为一类为止。分解法与此恰好相反,首先是把所有个案归为一类,然后把最不相似的个案分成两类,每进行这样一步都再增加一类,直到每个个案都自成一类为止。由此可见,二者在原理上相似,方向相反。通常人们会使用层次聚集法来进行聚类分析。

层次聚类法的核心是计算类与类之间的距离。有五种常用的计算距离的方法:最短距离法(single linkage)、最长距离法(complete linkage)、平均联结法(average linkage)、质心法(centroid)和离差平方和法(ward's method)。在 SPSS 程序当中所用的聚类方法中,组间联结(between - group linkage)、组内联结(within - group linkage)和最近邻元素法(nearest neighbor)属于单一联结法,质心聚类法(centroid clustering)和中位数聚类法(median clustering)属于平均联结法,最远邻元素法(farthest neighbor)属于完全联结法。

层次聚类的应用最为广泛,其聚类过程是按照一定的层次进行的。层次聚类最明显的特点是单向聚类,易受异常值干扰,特别是采用最长距离法时。为了减轻异常值的影响,研究者需要反复试分析,剔除可能的异常样本。虽然层次聚类是聚类分析中方法最多、理论最为完整的聚类方法,其聚类效果也比较好,可以清楚地了解聚类的过程,但是它计算速度较慢,缺点明显,不适用于大型数据的聚类分析。因此需要用动态聚类方法来弥补这一缺陷,SPSS 只能运用 K-Means 聚类,我们以此为例进行介绍,下文则将具体介绍 K-Means 聚类方法。

(二) 非层次聚类法

非层次聚类法,即 K 均值聚类、K-means 聚类、迭代聚类,在分类过程中,通过打散原有的聚类,重新形成新的聚类的方法。非层次聚类法也有几种不同的计算方法,其共同点是都先选出某些种子点(seed point)作为聚类的中心。K 均值法是使用得比较普遍的方法,其步骤为:①指定要形成的聚类数(K 个),对样本进行初始分类并计算每一类的重心(均值);②调整分类,计算每个样本点到各类重心的距离,把每个样本点归入距重心最近的那一类;③重新计算每一类的重心;④重复上述步骤,直到没有样本点可以再调整为止。这种方法的关键是选择初始分类,不同的初始分类用于同一数据也可能会得出不同的结果。

非层次聚类法适合大样本,特别是对形成的类的特征(各变量值范围)有了一定认识时,它能够快速将个体划分到不同的类群。快速聚类以牺牲多个解为代价来获得较高的执行效率,事前必须指定类群数目,对初始中心点的选择比较敏感,如果初始值选择不合适,将会收敛成为一个局部最小的准则函数,直接影响后续样本的类别划分。另外快速聚类对异常数据很敏感。

(三)二阶聚类法

二阶聚类又叫两阶段聚类,其聚类过程是分两步走:首先通过聚类特征(cluster

feature,CF)对簇类的信息进行汇总描述,构造聚类特征树(cluster feature-tree,CF-tree),然后通过“信息准则”自动确定最优分组个数,再对各个节点进行分组。二阶聚类法的目的是在分类之后,对每一类进行更深入的统计分析,或者对定类变量(如性别、职业等)加以分类并进一步做统计分析。如果使用的变量是定距或定比变量,则必须利用 SPSS 的“转换”程序先加以分类化,其操作是执行“转换”(transform)→“重新编码”(recode)。

二阶聚类的第一步是采用 BIRCH 聚类算法,这种算法是把层次聚类方法与其他聚类技术相结合以进行多阶段的聚类。BIRCH 聚类算法的特点是构建一个多水平结构的聚类特征树,通过这种高度稳定的树结构对簇类进行概括:第一步,最大数值的进入,再依次一个个处理样本以选择接近它的枝节或是节点上,否则形成新的节点。第二步进行正式聚类,具体方法是采用对数似然函数作为距离的测量公式,利用前一步的结果对每一个样本进行聚类分析,这一步采用的是层次聚类的方法。

二阶段聚类与快速聚类、层次聚类分析法不同,其采用对数极大似然估计值度量类间距离,特点为:能够处理数值变量和分类变量,不必对分类变量作连续化处理;可自动确定最优分类个数,也可以指定分类个数;占用内存资源少,进行大样本数据运算速度较快。但是满足两个条件才可采用二阶段聚类:不存在多重共线性的变量,服从正态分布的样本。

三、Q 型聚类分析

(一)Q 型聚类分析基本概念

聚类分析(cluster analysis),又称为群分析、点群分析,是根据研究对象本身特性进行分类的一种分析技术。聚类分析的基本原理是,把一些相似程度较大的样本(或变量)聚合为一类,把另外一些相似程度较大的样本(或变量)聚合为另一类;关系密切的聚合到一个小的分类单位,关系疏远的聚合到一个大的分类单位,最终把所有的样本(或变量)聚合完毕。

Q 型聚类(Q-CA),即样本聚类,根据分类变量分析两个样本间的对应程度或联系紧密程度,并以此分类。Q-CA 的基本思想是:采用多变量的统计值,定量地确定相互之间的亲疏关系,考虑样本在多变量维度上的联系,按它们亲疏差异程度,归入不同的分类中的一类,使分类更具客观实际并能反映事物的内在必然联系。Q-CA 前所有个体或样本所属的分类是未知的,类别个数一般也是未知的,分析的依据就是原始数据,没有任何事先的有关类别的信息可参考。因此,Q-CA 并非纯粹的统计技术,无须从样本去推断总体,从本质上来说它是一种探索性的分析手段。

(二)基本步骤

Q 型聚类法包括选择聚类变量、进行聚类运算以及结果表达与检验三个步骤。

1. 选择聚类变量

一组表示个体性质或特征的变量,称之为聚类变量。聚类变量的组合都是由研究者规定的,不同于其他多元分析方法用估计推导出。

一般选择聚类变量有三个基本考量:一是根据聚类目的,确定聚类变量范畴。例如,基于消费行为特征的旅游市场细分,聚类变量应该从消费行为特征的指标库中选择。二是变量间的逻辑关系。特征指标应该是有逻辑关联的,否则聚类结果不能实现理论收敛。三是经验判断具有区分效应的变量组合,忽略被包含的变量,重视多个变量组合后产生的新意义。

聚类变量的基本特征有:一是与聚类分析的目标密切相关,二是反映待聚类对象的特征,三是不同研究对象的取值具有明显差异,四是变量间不应该高度相关。

由于选择高度相关的变量进行聚类分析相当于给这些变量进行了加权,所以应尽量避免选择高度相关的变量。有两种方法处理高度相关的变量:一是在聚类之前,首先聚类分析变量,从聚类所得的各类中分别挑选出一个代表性的变量作为聚类变量;二是通过主成分分析或因子分析来给变量降维,产生新的不相关变量,然后将其作为最终分类变量。

2. 进行聚类运算

聚类运算是聚类分析的核心环节,涉及两个核心问题:一是明确聚类方法,包括相似性指标的选择与计算方法;二是确定类目数量。Q 型聚类分析是一种探索分析技术,聚类运算能够得到不同聚类结果以及相应的指标值,最终的聚类方案是取决于研究者的,聚类正确率、类间样本分布等统计结果是聚类方案优选的依据,但是研究者的聚类目标才是关键。所以一般需要研究者根据研究目的不断尝试,根据聚类结果最终选择一个合适的聚类数目。类间距离测算的方法主要包括最近邻法(最短距离法)、平均连接法、最远邻法(最长距离法)、离差平方和法、重心聚类法等。

3. 结果表达与检验

聚类运算后就是结果解读,包括四个方面:第一步,判断样本的分布是否合理。根据经验准则,当某类群样本量小于总样本的 10% 时,则考虑这部分样本是否存在异常值,异常处理后再次聚类。第二步,计算判别正确率。基于聚类结果进行判别分析,判别正确率越高,则结果越好。第三步,描述类群特征。一般是计算各类分类变量的均值,以此区分类群特征,并进行类群命名。第四步,聚类结果再检验。将原始样本分为两组分别聚类,比较结果,或者尝试采用不同的方法重复聚类,不同样本或方法下的聚类结果并不存在显著差异,则在一定程度上说明结果的科学性与可推广性。聚类分析主要应用于探索性的研究,其分析的结果可以提供多个可能的解,选择最终的解需要研究者的主观判断和后续的分析。

四、SPSS 聚类分析操作程序示例

利用 SPSS 进行聚类分析,其操作程序并不复杂。

在“分析”功能模块,执行“分类”命令,则有“两步聚类”“K-均值聚类”(非层次聚类法)和“系统聚类”(层次聚类法)三个下拉菜单命令可供选择。下面仅以“系统聚类”为例,简要说明 SPSS 的聚类分析操作程序。

通过“系统聚类”命令,即可进入“系统聚类分析”对话框。在此将所选变量移入“变量”框,并勾选“统计量”“个案”和“图”,进行聚类分析。

当然,在“系统聚类分析”对话框,当对“统计量”“绘制”“方法”和“保存”进一步执

行指令时,还需要对一系列选项作出决策。

当进入"系统聚类分析:统计量"对话框时,通常可以勾选"合并进程表",以了解SPSS是如何将个案加以聚集、分类的,当然,不选此项也无妨。如果在"聚类成员"复选框中勾选"无",意味着不做任何预设,而让SPSS自动进行分类。如果勾选"单一方案",那么,最少聚类数应是2。

当进入"系统聚类分析:图"对话框时,可以勾选"树状图"。在"冰柱"框中,勾选"所有聚类",并在"方向"框中勾选"垂直"。

当进入"系统聚类分析:方法"对话框时,如果没有特殊需要,可以选用预设的"组间联结"。

当进入"系统聚类分析:保存"对话框时,按本例可在"聚类成员"中勾选"单一方案",并填写"聚类数"为2。

第三节　判别分析

一、判别分析的基本概述

判别分析(discriminate analysis),又称"分辨法",分类明确的情况下,根据某一研究对象的各种特征值判别其类型归属问题的一种统计分析方法。具体来说它是在已知观测对象总体的分类结果和若干观测对象特征变量指标值的情况下,构建一定的判别准则,使得利用该判别准则对新的观测对象的类别进行判断时出错概率最小,判别效果最好的识别新观测对象(即样本)的特征类别的判别分类统计技术手段。判别分析是市场研究的重要分析技术,市场细分研究个体所属类型的判别问题、客户的信用预测问题、潜在客户判断问题等均可通过判别分析解决。

判别分析区别于聚类分析,聚类分析进行的探索性分析是在不知类别归属的情况下,判别分析则是在类别明确后进行的验证性分析,基于分类结果拟合构建判别函数,既判断已知类别是否合理,同时也可以对新进入的个案进行分类判断。

通常讲,利用判别分析,首先要明确变量测量尺度及变量的类型和关系。因变量(dependent variable):分组变量——定性数据(个体、产品、品牌、特征,定类变量)。自变量(independent variable):判别变量——定量或定性数据(属性的评价得分,数量型变量)。

判别分析的假设条件主要有:第一,分组类型在两种以上,且各分组类型、组间样本的判别变量均值存在显著方差,所以,在判别分析之前,要先作均值检验,SPSS采用方差分析的方法,利用F检验统计量、lambda检验统计量及其对应的p值,判断各类别总体的判别变量的组间差是否显著。第二,组内样本数不得少于两个,并且样本数量比变量起码多两个。第三,所确定的判别变量不能是其他判别变量的线性组合。第四,一般来说,各组样本的协方差矩阵相等。第五,各判别变量服从正态分布,由各判别变量构成的联合分布是多元正态分布,这样,才能进行显著性检验。第六,样品量在所使用的自变量个数的10倍到20倍以上时,建立的判别函数才比较稳定;而自变量个数在8到10之间时,函数的判别效果才比较理想。当然,在实际工作中判别函数的自变量个数往往会超过10个,但应该注意的是,自变量的个数不是越多效果越好。

对于判别分析,用户往往很关心建立的判别函数用于判别分析时的准确度如何。常用的判别分析效果的验证方法包括自身分组验证、外部数据验证、样品二分法、交互验证、Bootstrap法。

二、判别函数的建立方法

建立判别函数的方法一般有四种:全模型法、向前选择法、向后选择法和逐步选择法。

全模型法是指将用户指定的全部变量作为判别函数的自变量,而不管该变量是否对研究对象显著或对判别函数的贡献大小。此方法适用于对研究对象的各变量有全面认识的情况。如果未加选择地使用全变量进行分析,则可能产生较大的偏差。

向前选择法是从判别模型中没有变量开始,每一步把一个对判别模型的判断能力贡献最大的变量引入模型,直到没有被引入模型的变量都不符合进入模型的条件时,变量引入过程结束。当希望较多变量留在判别函数中时,使用向前选择法。

向后选择法与向前选择法完全相反,它是利用用户所有指定的变量建立一个全模型。每一步把一个对模型的判断能力贡献最小的变量剔除出模型,直到模型中的所有变量都不符合留在模型中的条件时,剔除工作结束。在希望较少的变量留在判别函数中时,使用向后选择法。

逐步选择法是一种选择最能反映类间差异的变量子集,建立判别函数的方法,它是从模型中没有任何变量开始,每一步都对模型进行检验,将模型外对模型的判别贡献最大的变量引入模型中,同时也检查在模型中是否存在"由于新变量的引入而对判别贡献变得不太显著"的变量,如果有,则将其从模型中剔除,以此类推,直到模型中的所有变量都符合引入模型的条件,而模型外所有变量都不符合引入模型的条件为止,则整个过程结束。

判别函数不同,就有不同的判别准则,如马氏距离最小准则、费希尔准则、平均损失最小准则、最小均方差准则、最大似然准则、最大概率准则等。

三、判别分析的基本路径

判别分析的具体路径是,按照一定的判别准则,建立一个或多个判别的函数,根据原始数据确定判别函数中的待定系数,并计算判别指标,据此即可确定某一样本属于何类。

(一)确定预测变量

判别分析是基于已知类别结果进行的,已知类别的分类变量是判别函数的自变量,也是判别分析的预测变量,表现为定量变量,如属性的评价得分;已知类别则作为结果变量,表现为定性数据,如产品。

（二）选定判别准则

根据判别函数与判别准则的构建方法，判别分析分为距离判别法（马氏距离）、贝叶斯判别法（Bayes 判别法）、费希尔判别法（Fisher 判别法）与逐步判别法。

距离判别法的基本思路就是依据距离最小化准则进行判别。最常用的是马氏距离。使用马氏距离最小化准则时，首先要计算平方马氏距离，被判断样本点距离哪个类别总体中心的平方马氏距离最小，就把该样本数据点识别为这个总体。距离判别法思想简单，适合于自变量均为连续变量的情况下所进行的分类，且它对变量的分布类型无严格要求，特别是该方法并不严格要求总体协方差矩阵相等。

贝叶斯判别法的统计思想是假定已知研究对象的部分属性，用先验概率分布来描述这些属性；然后抽取一个新样本，用新样本信息来修正已有的属性（先验概率分布），得到后验概率分布。各种统计推断都通过后验分布来进行。将贝叶斯思想运用于判别分析就得到贝叶斯判别法。贝叶斯判别法，又称贝叶斯概率判别法，它是以被判断数据点应归属于出现概率最大的总体或者归属于总平均损失（错判概率）最小的总体的原则进行判别，其最大优势是可以用于多组判别问题。相比而言，贝叶斯判别法可以很好地弥补距离判别法的两个缺点。但是适用此方法必须满足三个假设条件，即各种变量必须服从多元正态分布，各组协方差矩阵必须相等，各组变量均值均有显著差异。

费希尔判别法又称费氏多类判别模型法，实质上它是一种通过坐标变换的方式对样本点进行类别划分的方法。费希尔判别法的基本思想是：当样本数据点的分布在原有的变量空间无法通过变量的取值来区分时，利用坐标变换将数据点投影到另一个坐标系，投影之后再利用方差分析的思想来导出判别函数，在新的坐标系中使个案的不同水平差异显著，就可以将不同种类区分开来，即按照类间离差平方和最大，同时类内离差平方和最小的原则，使二者之比取最大来确定判别函数的系数，选择合适的判别准则，对新的样品进行分类判别。

逐步判别法与贝叶斯判别法、费希尔判别法不同。贝叶斯判别法和费希尔判别法都是用已给的全部变量来建立判别式，但这些变量在判别式中所起的作用是不同的，各变量在判别式中判别能力也不同，有些可能起重要作用，有些可能起次要作用。将判别能力较低的变量保留在判别式中，势必增加计算量，也将影响判别效果。如果忽略其中重要的变量，这时作出的判别效果也会受到影响。逐步判别法就是逐步筛选出具有显著判别能力的变量，再用这些显著变量来建立判别函数方程的一种方法。

（三）建立判别函数

通过已知所属分类的观测量来构建判别函数，包括线性判别函数和典则判别函数两种。判别函数的一般形式为 $Y = a_1X_1 + a_2X_2 + \cdots + a_nX_n$［$Y$ 为判别得分，X 为预测变量，$a_i(i=1,2,\cdots,n)$ 为判别系数］，新样本归为得分高的类群。根据预测变量的处理方式，判别函数模型主要包括全模型和逐步判别模型，前者对应一般判别分析，后者对应逐步判别分析。

1. 一般判别分析

目前使用最为广泛，已知分类，假设所有自变量都能对分析单元特性提供丰富的信息,所有自变量一次性进行判别分析,建立全模型,以期将分析单元归入已有类别。

2. 逐步判别分析

逐步判别从没有变量开始,每一步都对模型进行检验,采用有进有出的方法,把判别能力强的变量引入判别式的同时,将判别能力最差的变量剔除,最终在判别式中只保留数量多而判别能力强的变量。当不认为所有自变量都能对分析单元特性提供丰富的信息时,选择使用逐步判别分析。一个变量判别能力的判断方法有很多种,主要利用各种检验,例 Wilks' Lambda、The Squared Mahalanobis Distance、Smallest Fratio 或 The Sum of Unexplained Variations 等检验。

(四)归类判别与验证

根据新进入样本的各预测变量观测值,计算新样本的判别得分,以此预测样本类型。判别函数的预测效果也是我们十分重视的,效果验证的常用方法包括自身验证、外部数据验证、样品二分法、交互验证、Bootstrap 法等。

章节习题

一、单项选择题

1. 利用主成分分析得到的各个主成分之间(D)。

A. 相互独立　B. 线性相关　C. 不完全相关　D. 互不相关

2. 如果正态随机向量 $X=(X_1,X_2,\cdots,X_n)$ 的各分量是相互独立的随机变量,那么随机变量 X 的协方差阵是(B)。

A. 零矩阵　B. 对角阵　C. 对称阵　D. 单位阵

3. 需要在聚类分析中保序的聚类分析是(B)。

A. 两步聚类　B. 有序聚类　C. 系统聚类　D. K-均值聚类

4. 距离判别法所用的距离是(A)。

A. 马氏距离　B. 欧氏距离

C. 绝对值距离　D. 欧氏平方距离

5. 下面哪一项不是判别分析的方法?(C)

A. 距离判别　B. 贝叶斯判别　C. 协方差阵判别　D. 费希尔判别

二、判断题

1. 我们一般采用李克特量表来获取观测变量的数值,而关于因子分析中样本容量如何确定,学界目前尚未有统一的定论。(√)

2. 在应用中,聚类分析可以在没有先验知识的条件下进行自动分类。(√)

3. 判别分析是在不知类别归属的情况下进行的探索性分析,聚类分析则是类别明确后进行的验证性分析。(×)

三、名词解释

1. 因子分析。

因子分析(factor analysis)最早由英国心理学家 Charles Spearman 于 1904 年所提出,

是指从研究的变量群中提取共性因子的一种统计技术，它用少数的几个因子（factors）来描述许多指标或因素之间的联系，以较少几个因子反映原始资料中大部分的信息，目的在于“降维”。

2. 聚类分析。

聚类分析（cluster analysis），又称集群分析，是研究事物分类的多元统计方法。其目的是把分类的对象按照相似性的大小分成若干类。

3. 判别分析。

判别分析（discriminate analysis），又称“分辨法”，是在分类确定的情况下，根据某一研究对象的各种特征值判别其类型归属问题的一种统计分析方法。

四、简答题

1. 简述因子分析的具体步骤。

答：因子分析有两个核心问题：一是如何构造因子变量；二是如何对因子变量进行命名解释。

因子分析有下面 4 个基本步骤：

第一，确定待分析的原始变量是否适合作因子分析。

第二，确定主因子变量。

第三，因子旋转与因子命名。因子旋转使得因子变量更具有可解释性。

第四，构造因子变量的得分计算函数与综合评价函数。

2. 简述聚类分析的三种分析方法。

答：聚类分析的方法很多，其中应用比较广泛的有层次聚类法（hierarchical cluster analysis，又称系统聚类法）、非层次聚类法（non-hierarchical methods）和二阶聚类法（two-step cluster，又称两步聚类法）几种。

层次聚类法也称系统聚类、谱系聚类，包含两种分析方法：聚集法（agglomerate hierarchical method，又称集结法）和分解法（divisive hierarchical method，又称区分法）。

非层次聚类法，即 K 均值聚类、K-means 聚类、迭代聚类，是在分类过程中，将原有的聚类打散，重新形成新的聚类。

二阶聚类又称为两阶段聚类，顾名思义其聚类过程是分为两步进行的：首先通过聚类特征（cluster feature，CF）对簇类的信息进行汇总描述，构造聚类特征树（cluster feature-tree，CF-tree），然后通过“信息准则”自动确定最优分组个数，再对各个节点进行分组。

第十一章　回归分析

学习目标

1. 理解并掌握回归分析与相关分析的联系与区别。
2. 理解并掌握一元线性回归的分析步骤与检验方法。
3. 理解并掌握多元线性回归的分析步骤与检验方法。
4. 了解虚拟变量的概念、内涵与使用场景。
5. 了解并掌握 Logistic 回归的应用条件与操作分析。

变量之间的相关关系可以通过相关系数反映。但相关系数只能反映相关关系的方向和紧密程度,并不能反映变量之间因果数量关系。在给定一个自变量数值时,不能根据相关系数来估计或预测因变量可能发生的数值。回归分析就是对具有相关关系的变量之间数量变化的一般关系进行测定,确定一个相关的数学表达式,以便于进行估计或预测的统计方法。具体而言,回归分析的重点在于解决以下问题:

第一,对大量样本数据进行分析,确定变量之间的数学关系式;

第二,对所确定的数学关系式的可信程度进行各种统计检验,并区分出对某一特定变量影响较为显著的变量和影响不显著的变量;

第三,根据已确定的数学关系式,由一个或多个变量的值,对另一个特定变量的取值预测或控制,并给出这种预测或控制的精确度。

根据变量的个数、类型以及变量之间的相关关系,回归分析通常分为一元线性回归分析、多元线性回归分析、虚拟变量的使用、Logistic 回归分析、非线性回归分析、曲线估计、时间序列的曲线估计等类型。接下来重点对前面四种回归进行分析。

第一节　一元线性回归分析

“一元”即只有一个解释变量,“线性”指被解释变量和解释变量之间存在线性关系。一元线性回归分析是在排除其他影响因素或假设其他影响因素确定的条件下,分析某一个因素(自变量)是如何影响另一事物(因变量)的过程,所进行的分析是在理想状态下进行的。

一、一元线性回归的散点图与回归直线

已知(x_1,y_1),(x_2,y_2),…,(x_n,y_n)为一组样本观测值,其中自变量X为解释变量,因变量Y为被解释变量。每一组数据都对应平面坐标系上的一个点,描绘出所有的样本点,就得到一个“散点图”。

这些样本点不一定完全落在一条直线上,但如果这些点都在一条直线附近,我们就用这条直线来拟合所有的散点$(x_i,y_i)$$(i=1,2,\cdots,n)$,这条直线被称为“回归直线”。称回归直线的方程$\hat{y}=a+bx$为“回归模型”,其中$\hat{y}$为$Y$的预测值,$a$,$b$为回归系数。

一元线性回归分析,就是要寻找被解释变量随解释变量的变化而变化的直线趋势,在散点图上找到这样一条直线,并确定这条直线的方程。

对每一组样本观测值$(x_i,y_i)$$(i=1,2,\cdots,n)$,

$$y_i=a+bx_i+\varepsilon_i$$

由散点(x_i,y_i)到回归直线上点$(x_i,\hat{y}_i)$的距离,就是Y的每一个样本值y_i与其对应的预测值$\hat{y}_i$之间的差。ε_i代表了回归直线与这些点拟合时的偏差,我们称之为“残差”。若$\varepsilon_i=0$,表明这个点在回归直线上。

二、一元线性回归的若干假设与目标工作

一元线性回归分析是在建立若干假设的基础上进行的。这些假设包括:回归模型中的因变量y和自变量x之间存在线性关系;误差项是独立随机变量,且呈正态分布,其均值为零,方差为常数,即同方差;误差项无序列相关,即误差项的变化独立于自变量x的变化。

以上述假设为基础,如果借助 SPSS 进行一元线性回归分析,其操作的技术路线可以按照一些 SPSS 操作手册指南来一步步完成。在此,主要从问题目标的角度概括一下借助 SPSS 来进行一元线性回归分析需要完成的工作,这些目标包括以下几方面:

①用样本数据绘制散点图,判断变量之间是否存在线性相关关系。

②确定因变量和自变量,初步设定回归方程。利用“分析”功能的“回归”→“线性”命令,打开“线性回归”主对话框,之后便可将自变量和因变量分别选入对应的栏中。

③估计参数,建立回归预测模型,利用检验统计量对回归模型进行各项检验。这一过程通过打开“线性回归:统计量”对话框,可以完成回归系数、残差和模型拟合度等计算过程。在回归系数方框中的“估计”项,可以输出回归系数β的值、回归系数的标准误、标准化回归系数β、t值的双尾检验显著性水平。这是系统默认选项。在同一对话框的“残差”方框内,勾选“Durbin-Watson”,可以输出残差序列相关系数的 DW 检验,用来检验回归模型的残差项是否存在相关,即残差独立性检验。在该对话框其他复选项中的“模型拟合度”,可以输出被选入模型和剔除出模型的变量列表,并给出拟合优度的检验,包括复相关系数R,判定系数R^2,校正判定系数(调整R^2),估计的标准误和方差分析摘要列表。这是系统默认的选项。

④检验通过后，可以用回归模型进行预测，分析评价预测值。

在上述过程中所进行的各项检验当中，有几项需要在此对其技术要求再加以稍作解释。其中包括：

①回归方程的拟合优度检验。这一检验的目的是检测样本观测值是否聚集在回归直线周围及其紧密程度，它反映了回归方程对因变量的解释程度。这一检验所用的指标是判定系数 R^2，即 y 的观测值与其期望之间的相关系数的平方，也即回归平方和在总平方和中所占的比率。其取值范围为[0,1]，实际计算出的数值与回归效果(即拟合优度)呈正相关关系，也表明因变量 y 的变化中有相当于该比率的变化是由自变量 x 的变化引起的。

②回归方程的显著性检验。用于检验因变量与自变量的线性关系是否达到了重复出现的显著性水平，其根据是回归平方和与残差平方和两者的比值的大小，用 F 表示，又称 F 检验。若比值 F 很小，说明自变量对因变量的解释力很大，配合的回归直线有意义；若 F 值检验未达到显著水平，说明自变量对因变量的解释力很差，配合回归直线没有意义。

③回归系数的显著性检验。这一检验所依据的假设是总体回归系数 $\beta_1=0$；对截距的检验假设是，总体回归方程的截距 $\beta_0=0$。两个检验的方法均为 t 检验。对截距的检验假设是，总体回归方程的截距 $\beta_0=0$。两个检验的方法均为 t 检验。

④正态性检验。用于确定因变量 y 的取值是否符合正态分布，通过考察残差分布的正态性来完成。其中最便捷的方法是绘制残差直方图和累计概率图来检验。由于抽样会造成偏差，残差只能近似于正态分布。

⑤同方差或方差齐性检验。方差齐性是指残差的方差分布是常数，即同方差，与自变量或因变量无关。检验方式一般采用绘制因变量预测值与残差的散点图。图中代表残差的点应随机分布在一条穿过零点的水平直线的两侧。

⑥误差无序列相关检验。当回归方程中的误差项不独立或存在序列相关时，可能会导致最小二乘法估计方差增大，回归系数 t 检验失效，导致根据回归模型的任何估计与假设作出的结论都不可靠。因而，可利用 DW 检验来验证误差是否存在序列相关。DW 的取值范围是 $0<DW<4$。其统计学意义是：当 $DW\approx 2$ 时，残差与自变量相互独立；当 $DW=2$ 时，相邻两点的残差毫不相关，互相独立；当 $0<DW<2$ 时，相邻两点的残差正相关；当 $2<DW<4$ 时，相邻两点的残差负相关。

三、一元线性回归方程的检验

(一)拟合优度检验

回归方程的拟合优度检验即检验样本数据分布在样本回归直线周围的密集程度，从而判断回归方程对样本数据的代表程度。

回归方程的拟合优度检验通常用判定系数 R^2 实现，该指标是在对总离差平方和进行分解的基础之上建立的。

因变量的实际观测值 y 与其样本均值 $\bar{y}$ 的离差，即总离差 $(y-\bar{y})$ 可以分解为两部分：

一部分是因变量的理论回归值(或称预测值$\hat{y}$)与其样本均值$\bar{y}$的离差($\hat{y}-\bar{y}$),它可以看成是能够由回归直线解释的部分,称为可解释离差;另一部分是实际观测值与理论回归值的离差($y-\hat{y}$),它是不能由回归直线加以解释的残差 e。对任一实际观测值 y 总有

$$y-\bar{y}=(\hat{y}-\bar{y})+(y-\hat{y})$$

对等式两边取平方,并对 n 个点求和,可得

$$\sum(y-\bar{y})^2=\sum(\hat{y}-\bar{y})^2+\sum(y-\hat{y})^2$$

$$SST=SSR+SSE$$

其中,$SST=\sum(y-\bar{y})^2$是总离差平方和;$SSR=\sum(\hat{y}-\bar{y})^2$称为回归平方和,是由回归直线可以解释的那一部分的离差平方和;$SSE=\sum(y-\hat{y})^2$称为残差平方和或剩余平方和,是用回归直线无法解释的离差平方和。

各样本观测点(散点)距离样本回归直线越近,SSR/SST 的值越大,直线拟合得越好。一般,将 SSR/SST 定义为判定系数或可决系数,记为 R^2:

$$R^2=\frac{SSR}{SST}=1-\frac{SSE}{SST}$$

判断系数 R^2 测量了回归直线对观测数据的拟合程度。若所有观测值 y_i 都落在回归直线上,$SSE=0$,$R^2=1$,拟合是完全的;如果回归直线没有解释任何离差,y 的总离差全部归于残差平方和,即 $SST=SSE$,$R^2=0$,则表示自变量 x 与因变量 y 完全无关;观测值一般是部分地落在回归直线上,即 $0<R^2<1$。R^2 越接近 1,回归直线的拟合程度越好;反之,R^2 越接近于 0,回归直线的拟合程度就越差。

(二)回归方程的显著性检验(F 检验)

一元线性回归方程的显著性检验是对因变量与自变量之间的线性关系是否显著进行的一种假设检验。

回归方程的显著性检验一般采用 F 检验,利用方差分析的方法进行。F 统计量定义为平均的回归平方和与平均的残差平方和(均方误差)之比,对于一元线性回归方程:

$$F=\frac{SSR/1}{SSE/(n-2)}$$

统计量 F 服从第一自由度为 1,第二自由度为 n-2 的 F 分布,即

$$F\sim F(1,n-2)$$

利用 F 统计量进行回归方程显著性检验的步骤如下:

①提出假设:

$$H_0:\beta_0=\beta 1=0$$

$$H_1:\beta_0、\beta_j\text{ 不全为 }0$$

式中,H_0 表示原假设(也称零假设);H_1 表示备择假设。若原假设 H_0 成立,说明回归总体是显著线性的;反之表明回归总体不存在线性关系,即因变量 y 与自变量 x 之间没有显著的线性关系。

②在假设 H_0 成立的条件下,根据样本观测数据计算回归方程的 F 统计量值:

$$F = \frac{SSR/1}{SSE/(n-2)}$$

③根据给定的显著水平 α 确定临界值 $F_\alpha(1,n-2)$，或计算 F 值所对应的相伴概率 p 值。

④作出判断：

如果 F 值大于临界值 $F_\alpha(1,n-2)$（或者 $p<\alpha$），就拒绝原假设，接受备择假设；若 F 值小于临界值 $F_\alpha(1,n-2)$（或者 $p>\alpha$），则接受原假设。

（三）回归系数的显著性检验（r 检验）

回归系数的显著性检验，即根据样本估计的结果对总体回归系数的有关假设进行检验。之所以对回归系数进行显著性检验，是因为回归方程的显著性检验只能检验所有回归系数的总体是否与零有显性差异，它不能保证回归方程中不包含不能较好解释说明因变量变化的自变量。因此，可以通过回归系数显著性检验对每个回归系数进行考察。

回归系数显著性检验一般采用 t 检验，对于一元线性回归方程：

$$t = \frac{\beta_1}{S_{\beta 1}} \sim t(n-2)$$

式中，n 为样本大小；n-2 为自由度；S_{β_1} 为回归系数 β_1 标准误差。

β_0 和 β_1 的检验方法是相同的，但 $\hat{\beta}_1$ 的检验更为重要，因为它表明自变量对因变量线性影响的程度。下面以 β_1 的检验为例，介绍回归参数显著性检验的基本步骤。

①提出假设：

$$H_0:\beta_1=0$$

$$H_1:\beta_1\neq0$$

式中，H_0 表示原假设；H_1 表示备择假设。如果原假设 H_0 成立，则说明 x 对 y 没有显著影响；反之，认为 x 对 y 有显著影响。

②在假定 H_0 成立的条件下，根据样本观测数据计算回归系数的 t 统计量值：

$$t = \frac{\beta_1}{S_{\beta 1}}$$

③根据给定的显著水平 α 确定临界值，或者计算 t 值所对应的 p 值：t 检验的临界值是由显著水平 α 和自由度决定的。应该注意的是，这里进行的检验是双侧检验，所以临界值为 $t_{\frac{\alpha}{2}}(n-2)$ 。

④作出判断：

若 t 的绝对值大于临界值（或者 $p<\alpha$），则拒绝原假设，接受备择假设，说明 x 对 y 具有显著的影响作用；反之，若 t 的绝对值小于临界值的绝对值（或者 $p>\alpha$），则接受原假设，说明 x 对 y 没有显著的影响。

在一元线性回归方程分析中，回归方程的显著性检验可以替代回归系数的显著性检验，并且 $F=t^2$。但在一般的多元回归条件下，两种检验要说明的问题不同，作用不同，不能相互替代。

第二节　多元线性回归分析

在实际问题中,对某种现象有着重要影响的因素一般有许多,也就是说可作为解释变量的往往不止一个,而是几个。本节介绍被解释变量 y 与多个解释变量 x 有关的线性回归问题,即多元线性回归分析。在多元线性回归分析中,被解释变量受众多因素的影响,其变化是多个解释变量共同作用的结果,即一个被解释变量会依赖于多个解释变量。例如,一个国家旅游入境人数突然下降,可能是因为周边国家发生了经济危机,或是本国政治局势的动荡、旅游产业长期不规范经营形成的累计性后果的突然爆发,还可能存在许多其他因素。如果这些影响因素与被影响的现象之间是一种线性关系,那么,就可以进行多元线性回归分析,以便考察因变量与各个自变量之间相互依存的数量变化关系。

一、多元线性回归模型

在多元回归分析中,根据自变量数量的多少,分为二元、三元甚至更多元的线性回归模型。其一般的模型表达式为

$$\hat{y} = \beta_0 + \beta_1 x_1 + \beta_2 x_2 + \cdots + \beta_n x_n + \varepsilon$$

下面以二元线性回归分析为例介绍模型表达式,二元线性回归模型是用于分析两个自变量与一个因变量之间线性关系的数学方程式。其表达式为

$$\hat{y} = \beta_0 + \beta_1 x_1 + \beta_2 x_2 + \varepsilon$$

式中,β_0为常量;β_1,β_2为偏回归系数,β_1表示当 x_1变化一个单位,x_2保持不变时,y 值的平均变化量;β_2 表示 x_2变化一个单位,x_1保持不变时,y 值的平均变化量;ε 为去除各自变量对 y 的影响后的随机误差。

如果利用 SPSS 对多元线性回归模型的参数进行估计,只需要依循 SPSS 操作程序进行即可,其基本程序也与一元线性回归分析有相通之处。其基本步骤为:确定因变量和自变量,初步设定多元回归方程;估计参数,建立多元线性回归方程;利用检验统计量对回归模型进行各项检验;检验通过后,应用回归模型进行预测,分析评价预测值。

在进行多元线性回归分析时,要确保这种分析必须基于以下基本假定:变量间存在线性关系;误差项是独立随机变量,且呈正态分布;因变量的各个观察值之间相互独立;误差项的方差为常数,即同方差,方差齐性;各个自变量无多重共线性关系,即各个自变量之间不能有较高的相关(相关系数不能大于 0.700)。这些假设是多元线性回归检验的基础。

二、多元线性回归方程的检验

多元线性回归模型的检验通常包括以下内容:

第一,回归方程的拟合优度检验。在多元线性回归拟合优度检验中,适用于一元线性回归的判定系数 R^2 会随着方程中引入自变量数量的增多而增大,因此,此数值已经与

方程拟合度的好坏没有关系。所以，R^2 必须经过校正才可以作为检验多元线性回归方程的拟合优度。

第二，回归方程的显著性检验。仍使用 F 检验，原理同一元线性回归方程。

第三，回归系数的显著性检验。尽管 F 检验的结果表明回归方程具有显著性，但这是对 n 个自变量这一整体而言的，并不代表每个自变量对因变量都有显著影响。因此，要确定哪些自变量的影响是显著的，哪些自变量的影响是不显著的，需要检验每个回归系数的有效性。对于不具显著影响的自变量，将其从方程式中剔除。与一元线性回归系数的显著性检验相同，多元线性回归系数检验也使用 t 检验。

第四，线性相关检验。R 表示因变量与各自变量之间的线性相关程度，其取值范围在 0~1，数值越接近 1，线性关系越强，数值越接近 0，线性关系越弱。

第五，正态性检验。检验方法与一元线性回归系数的相同，通过绘制残差直方图和累计概率图来检验。

第六，同方差或方差齐性检验。检验方法与一元线性回归系数的相同，通过绘制预测值与残差的散点图来检验。若图中代表残差值的各个点在一条穿过零点的水平直线两侧随机分布，则表示残差符合同方差或方差齐性。

第七，多重共线性检验。“多重共线性”是指有两个或多个解释变量之间存在线性相关关系。在这种情况下，各解释变量对被解释变量的作用将被弱化。这时，虽然回归方程整体显著，但解释变量的偏回归系数都会下降，同时标准误差增大。因此，在多元线性回归分析中，为了避免“多重共线性”的现象发生，每个解释变量之间应该相互独立。比如，“月薪”与“收入水平”及“职业”之间，“教育年限”与“教育程度”之间就不相互独立，不能同时选作解释变量。这一检验的目的是测定多元回归模型中的自变量之间是否存在较高的相关关系。如果某些自变量之间存在高度相关，就会给自变量的贡献评价造成困难。一般而言，检验多重共线性的指标有多个，包括容许度、方差膨胀因子（VIF）、特征值、条件指数和方差比例等，通常可以综合参考使用，但多数情况下也可单纯使用容许度指标。容许度的取值在 0~1，取值越接近于 0，自变量之间越存在共线性问题；相反，取值越接近于 1，则自变量之间共线性问题越弱。

本节主要介绍多元线性回归模型拟合优度检验和显著性检验，其中，显著性检验包括两方面内容：一个是对整个回归方程的显著性检验（F 检验），另一个是对各回归系数的显著性检验（t 检验）。在对一元线性回归方程进行检验时，这两个检验是等价的，但在对多元线性回归模型进行检验时，两者却不同。

（一）拟合优度检验

测定多元线性回归的拟合程度，与一元线性回归中的判定系数类似，使用多重判定系数，其定义为

$$R^2 = \frac{\mathrm{SSR}}{\mathrm{SST}} = 1 - \frac{\mathrm{SSE}}{\mathrm{SST}} = 1 - \frac{\sum (y - \hat{y})^2}{\sum (y - \bar{y})^2}$$

式中，SSR 为回归平方和；SSE 为残差平方和；SST 为总离差平方和。

与一元线性回归分析相类似，$0 \leqslant R^2 \leqslant 1$。$R^2$ 越接近 1，回归平面拟合程度越高；反之，

R^2 越接近 0，拟合程度越低。

R^2 的平方根称为复相关系数(R)，也称为多重相关系数。它表示因变量 y 与所有自变量全体之间的线性相关程度，实际反映的是样本数据与预测数据间的相关程度。

判定系数 R^2 的大小受到自变量 x 的个数 k 的影响。在实际回归分析中可以看到，随着自变量 x 个数的增加，回归平方和(SSR)增大，使得 R^2 增大。由于增加自变量个数引起的 R^2 增大，与拟合程度的高低无关，因此在自变量个数 k 不同的回归方程之间比较拟合程度时，R^2 就不是一个合适的指标，必须加以修正或调整。

调整的方法为：把残差平方和与总离差平方和之比的分子分母分别除以各自的自由度，变成均方差之比，以剔除自变量个数对拟合度的影响。调整后的 R^2 为

$$\begin{aligned}\overline{R}^2 &= 1 - \frac{\mathrm{SSE}/(n-k-1)}{\mathrm{SST}/(n-1)}\\ &= 1 - \frac{\mathrm{SSE}}{\mathrm{SST}} \times \frac{n-1}{n-k-1}\\ &= 1 - (1-R^2)\frac{n-1}{n-k-1}\end{aligned}$$

由上式可以看出，$\overline{R}^2$ 考虑的是平均的残差平方和，而不是残差平方和，因此，一般在线性回归分析中，$\overline{R}^2$ 越大越好。

（二）回归方程的显著性检验(F 检验)

多元线性回归方程的显著性检验一般采用 F 检验法，利用方差分析的方法进行。F 统计量的定义为：平均的回归平方和与平均的残差平方和(均方误差)之比，对于多元线性回归方程：

$$F = \frac{\mathrm{SSR}/k}{\mathrm{SSE}/(n-k-1)} = \frac{\sum(\hat{y}-\bar{y})^2}{\sum(y-\hat{y})^2/(n-k-1)}$$

式中，SSR 表示回归平方和；SSE 表示残差平方和；n 为样本数；k 为自变量个数。F 统计量服从第一自由度为 k、第二自由度为 $n-k-1$ 的 F 的分布：

$$F \sim F(k, n-k-1)$$

从 F 统计量的定义式可以看出，如果 F 值较大，则表明自变量对因变量的变化带来的影响远远大于随机因素对因变量带来的影响。

此外，F 统计量也能反映回归方程的拟合优度。将 F 统计量的公式与 R^2 的公式作一结合转换，可得

$$F = \frac{R^2/k}{(1-R^2)/(n-k-1)}$$

显然，回归方程的拟合优度高，F 统计量越显著，回归方程的拟合度越高。

利用 F 统计量进行回归方程显著性检验的步骤如下：

①提出假设：

$$H_0: \beta_1 = \beta_2 = \cdots = \beta_k = 0$$
$$H_1: \beta_j 不全为 0 (j=1,2,\cdots,k)$$

②在假定H_0成立的条件下，根据样本观测数据计算回归方程的F统计量值：

$$F = \frac{SSR/k}{SSE/(n-k-1)} \sim F(k, n-k-1)$$

③根据给定显著水平α确定临界值$F_{\alpha}(k, n-k-1)$，或计算F值所对应的相伴概率p值。

若$F>F_{\alpha}(k,n-k-1)$（或者$p<\alpha$），则拒绝原假设H_0，接受备择假设H_1，认为所有回归系数同时与零有显著差异，自变量与因变量之间存在显著的线性关系，自变量的变化能够反映因变量的线性变化，回归方程显著。

若$F<F_{\alpha}(1,n-1)$（或者$p>\alpha$），则接受原假设H_0，认为所有回归系数同时与零没有显著差异，自变量与因变量之间不存在显著的线性关系，自变量的变化无法反映因变量的线性变化，回归方程不显著。

（三）回归系数的显著性检验（t检验）

回归系数的显著性检验是检验各自变量$x_1, x_2, \cdots, x_k$对因变量y的影响是否显著，从而找出对y来说，哪些自变量是重要的，哪些是不重要的。

与一元线性回归相同，用t检验来验证解释变量x_i对因变量y的线性作用是否显著。对于多元线性回归方程：

$$t = \frac{\beta_i}{S_{\beta_i}} \sim t(n-k-1)$$

式中，n为样本大小；$n-k-1$为自由度；S_{β_i}为回归系数β_i的标准误差。

可见，如果某个自变量x_i的回归系数β_i的标准误差较大，必然得到一个相对较小的t值，表明该自变量x_i解释说明因变量变化的能力较差。因此，当某个自变量x_i的t值小到一定程度时，该自变量x_i就不应保留在回归方程中。

t检验的基本步骤如下：

①提出假设：

$$H_0: \beta_i = 0 (i=1,2,\cdots,k)$$
$$H_1: \beta_i \neq 0 (i=1,2,\cdots,k)$$

式中，H_0表示原假设；H_1表示备择假设。若原假设成立，则说明x_i对y没有显著的影响；反之，x_i对y具有显著的影响。

②在H_0成立的前提下，根据样本观测数据计算回归系数的t统计量值：

$$t = \frac{\beta_i}{S_{\beta_i}}$$

③给定的显著水平α，确定临界值$t_{\frac{\alpha}{2}}(n-k-1)$，或者计算$t$值所对应的相伴概率值$p$值。

应该注意的是，t检验的临界值是由显著水平α和自由度决定的，这里进行的检验是双侧检验，所以临界值为$t_{\frac{\alpha}{2}}(n-k-1)$。

如果$|t| > t_{\frac{\alpha}{2}}(n-k-1)$（或者$p<\alpha$），就拒绝原假设$H_0$，可以认为该回归系数与零有显著差异，自变量与因变量之间存在显著线性关系，它的变化能很好地反映因变量的线性变化，应保留在回归方程中。

如果 $|t| < t_{\frac{\alpha}{2}}(n-k-1)$（或者 $p>\alpha$），则接受原假设 H_0，认为该回归系数与零无显著差异，自变量与因变量之间不存在显著线性关系，它的变化不能较好地说明因变量的变动，应从回归方程中剔除。

第三节　虚拟变量的使用

一、虚拟变量的介绍

在社会科学研究中有许多分类变量，存在着诸如区域、时间、企业、种族、性别、教育程度、职业、居住地等不同类别的变量。如果我们想应用它们的信息进行线性回归，用以解释 y 的变化，就必须先将分类变量转换为虚拟变量，再将它们引入回归方程，这样才能得到有明确意义解释的回归结果。

如何把定性变量包括在模型之中呢？显然必须量化。由于定性变量往往表示某种特征是否存在，比如男性、非男性等，所以一般赋值为 0 或者 1。1 表示具有某种特征；0 表示不具有某种特征。将这种取值为 0 和 1 的变量称作虚拟变量（dummy variable）。虚拟变量可以直接进入统计模型中参与定量分析。

虚拟变量又称“虚设变量”“名义变量”或“哑变量”，是用以反映质的属性的一个人工变量，是量化了的质变量，通常取值为 0 或 1。假设 x 是有 k 个分类的名义变量，在数据处理时以不同编码值代表案例所属的类型。因为分类变量的各类没有定量关系，不能像定距变量的情形那样，分析 x 变化一个单位时，y 的平均变化。因此，必须以类为单位，分析各类对 y 的影响。如果用 k 个取值为 0 和 1 的虚拟变量分别代表各类别的属性，当案例属于一个虚拟变量所代表的属性时，这个虚拟变量就赋值为 1，反之赋值为 0。对于编码只为 0，1 两个值的变量，其平均数的意义是编码为 1 的一类案例占样本的比例，所以可以对其进行回归。例如，可以将性别（男＝1，女＝0）、民族（汉族＝1，非汉族＝0）、宗教信仰（信教＝1，不信教＝0）、政治面貌（党员＝1，非党员＝0）、户口类型（农业户口＝1，非农业户口＝0）分别设置为虚拟变量。一般地，在虚拟变量的设置中，基础类型、肯定类型取值为 1，比较类型、否定类型取值为 0。

二、虚拟变量的设置原则

一个定类或定序变量，若总类数为 m，则应该引入（$m-1$）个虚拟变量（一组虚拟变量），省略的一类称为“参照类”。虚拟变量的个数应按下列原则确定；如果有 m 种互斥的属性类型，就在模型中引入（$m-1$）个虚拟变量。例如，性别有 2 个互斥的属性，则引用 $2-1=1$ 个虚拟变量；文化程度分小学、初中、高中、大学、研究生 5 类，则引用 4 个虚拟变量。再如，研究旅游消费者每年旅游支出 Y（千元）与收入 X（千元）、受教育（EDU）之间的关系。假如原始数据中，受教育程度取值为 1，2，3，分别表示小学、中学、大学受教育程度。由于受教育程度为定类变量，所以需要重新编码。我们将小学受教育程度这一类作为“参照类”。于是，任何一种受教育程度都可以用如表 11-1 示表示出来：

表 11-1　虚拟变量

文化程度	D_2	D_3
小学	0	0
中学	1	0
大学	0	1

但是，不能引入 n 个虚拟变量，否则会产生多重共线性问题，即“虚拟变量陷阱”。所谓“虚拟变量陷阱”（dummy variable regression），是指如果模型中每个定性因素有 n 个相互排斥的类型，且模型有截距项，则模型中只能引入（n-1）个虚拟变量，避免出现完全多重共线性。这是因为，若模型包含多个定类变量，且每个定类变量有多种分类，则引入模型的虚拟变量将消耗大量的自由度，故应权衡进入模型中虚拟变量的个数，以免超过样本观察值的个数。

三、虚拟变量使用示例

现在通过一个例子来熟悉在 SPSS 软件中建立虚拟变量的过程。例如以“2021 北京居民生活状况调查”数据中 A7“户口类别”这个变量为例。原始数据的户口分为市区常住、郊县常住、本市暂住和其他四类，我们打算将其重新分为“常住人口”和“非常住人口”两类。我们需要将其转变为虚拟变量。

①打开 SPSS 软件，点击“转换”，在菜单栏中，会看到两个选项“重新编码为相同变量”和“重新编码为不同变量”。两者都可以对变量进行重新编码，但是，前者是直接在原变量的基础上进行重新编码，不再增添新的变量；后者则是建立一个新的变量。本例将使用“重新编码为不同变量”来进行演示。

②我们将“户口类别”这个变量从待选区域选中，在右侧“输出变量”栏中输入新变量的名称“ra7”和变量标签“重新编码的户口类别”，点击“更改”后再点击“旧值和新值”。

③点击“旧值和新值”按钮，在弹出的窗口中进行新的赋值，即旧值的“1”和“2”变成新值“1”，旧值的“3”和“4”变成新值“0”。重新赋值完成，我们点击“继续”和“确定”按钮，新的虚拟变量生成。

④之后，我们可以在变量视图的最后一个变量值中查看生成的“ra7”这一新变量。

⑤我们还需要对新赋值的值加标签。点击新变量“值”这一栏的右侧，弹出新的窗口，对新赋值的“0”加标签“非常住户口”，再点击“添加”“确定”；对新赋值的“1”加标签“常住户口”。到此，新生成的变量“户口”是一个二分虚拟变量，其中“0”代表非常住户口，“1”代表常住户口。

第四节　Logistic 回归分析

一、Logistic 回归概述

上述回归分析要具备一个基本条件：被解释变量是数值型变量。然而，在实际问题中，被解释变量并不都是数值型变量。在某些情况下，要分析一个或多个解释变量是如何对一个分类的被解释变量产生影响的，这种分类变量就是非数值型变量的一种类型。例如，研究外出旅行者选择交通工具时受哪些因素影响，对应的被解释变量就是汽车、火车、飞机、轮船等交通工具，解释变量可能是旅行者的消费预算、外出时间、旅行人数、目的地、旅行距离等，这时的被解释变量就是多分类变量；再如，研究上市公司选聘会计师事务所审计时，是否选用国际四大会计师事务所受哪些因素影响，对应的被解释变量就是是否选聘"四大"，解释变量可能是公司规模、企业性质、董事长和总经理是否两职兼任等，这时被解释变量就是一个二分类变量。

诸如上述情况，当二分类型或多分类型变量作为被解释变量时，由于不满足一般线性回归模型对被解释变量的取值要求，此时线性回归模型不再适用。在线性回归模型中，解释变量的取值是没有限制的，这必然会使得由解释变量的线性组合计算得到的被解释变量的取值范围也是没有限制的，它也违背了回归模型的前提假定。如果强行建立一般线性回归模型，将会产生如下问题：

第一，模型的残差不再满足 $E(\varepsilon)=0$ 且 $Var(\varepsilon)=\delta^2$ 的假定条件。

由于被解释变量为二分类变量，因此只有 0 和 1 两个取值。对于任一给定的 x_i，当 $y_i=1$ 时，

$$\varepsilon_i=1-(\hat{\beta}_0+\hat{\beta}_i x_i)=1-\hat{y}_i$$

当 $y_i=0$ 时，

$$\varepsilon_i=0-(\hat{\beta}_0+\hat{\beta}_i x_i)=-\hat{y}$$

虽然 $E(\varepsilon)=0$，但 ε_i 的方差会随解释变量取值的变化而变化，不再满足等方差性，因而回归模型的最小二乘估计不再具有无偏性和有效性，模型的估计效果下降。

第二，残差不服从正态分布。当残差不服从正态分布时，不能进行回归系数的假设检验和建立置信区间，从而无法进行相应的统计推断。当解释变量为二分类变量时，被解释变量只有 0,1 两个取值。对于任一给定的 x_i，残差 ε_i 本身只有两个取值，此时，残差服从离散型分布而非正态分布。

综上所述，当被解释变量为二分类变量或多分类变量时，不再适合采用回归模型进行研究分析，Logistic 回归分析则能对此类问题予以较完美的解决。具体来说，当被解释变量为二分类变量时，采用二项 Logistic 回归分析；当被解释变量是多分类变量时，可以采用多项有序回归分析方法，如多项 Logistic 回归分析；当研究不同的影响因素对有序多分类变量的影响时，可以采用多项有序回归方法。

（一）Logistic 回归的应用条件

Logistic 回归模型和线性回归模型在应用时都需要满足一定的条件。相较于线性回归，Logistic 回归模型是一个概率模型，它描述的是概率 p 与观测量 $x_1,x_2,\cdots,x_n$ 的关系，并且可以预测观测量相对于某一事件的发生概率。例如，假设 p 为某事件发生的概率，取值范围为 0～1（这一概率随着自变量的变化而变化，但是概率的值永远是介于 0 和 1 之间，不会小于 0 和大于 1），则 $1-p$ 为该事件不发生的概率，将 $p/(1-p)$ 取自然对数得到 $ln\,\frac{p}{1-p}$，称为 p 对 Logit 转换，通常记为 Logit p，则依据上面 p 的取值范围，可知 Logit p 的取值范围为（$-\infty$，$+\infty$）。建立以 Logit p 为因变量的方程为

$$\text{Logit } P=\beta_0+\beta_1x_1+\beta_2x_2+\cdots+\beta_kx_k$$

将上述方程进行变形，可得到 P 与自变量的相关关系：

$$\Rightarrow P=\frac{e^{\beta_0+\beta_1x_1+\beta_2x_2+\cdots+\beta_kx_k}}{1+e^{\beta_0+\beta_1x_1+\beta_2x_2+\cdots+\beta_kx_k}}$$

其中，从数值上看，β_0 为回归常数，表示当自变量取值全为 0 时，事件发生的概率和不发生的概率比值为 $P/(1-P)$ 的自然对数值；$\beta_1,\cdots,\beta_k$ 为 Logistic 回归系数，表明自变量变化一个单位时，$P/(1-P)$ 的自然对数值，即 Logit P 的平均变化量；e 为自然数，k 为自变量 x 的个数。

从形式上看，Logistic 回归模型是线性回归模型的推广，和线性回归模型一样，Logistic 回归模型在应用时也有相应的条件：

①误差相互独立，且服从二项分布，而不是正态分布，不再适用最小二乘法而是采用极大似然法估计回归参数；

②误差与自变量相互独立；

③各自变量相互独立，且不存在多重共线性；

④模型需要较大的样本量（通常每个分类样本大于或等于 30）。

（二）Logistic 函数及其性质

Logistic 函数又称为“增长函数”。1920 年，美国学者 Robert B. Pearl 和 Lowell J. Reed 在研究果蝇繁殖数量增长时首次应用了该函数，随后，这一函数被推广和应用到人口估计和预测中，受到了学术界的重视。

利用列联表可以完成变量之间是否独立的检验，但是如果变量不独立，其相关程度如何、相关关系如何表示，列联表检验将不能回答这些问题，而且当自变量有多个且不是分类变量时，问题变得更加复杂了。而 Logistic 模型可以在列联表的基础上更进一步拟合属性变量之间的函数关系，以描述变量之间的相互影响。

列联表中的数据是将属性变量以概率的形式联系起来，而概率 p 的取值在 0～1，因此，要把概率 $p=\pi(x)$ 与 x 之间直接建立起函数关系是不合适的，即 $\pi(x)=C$，实践中 $\pi(x)$ 通常随着 x 连续增长或者连续下降，其直观的曲线形态是 S 形。

Logistic 函数的原形是

$$\pi(x)=\frac{\exp(\alpha+\beta x)}{1+\exp(\alpha+\beta x)}$$

线性化以上函数可以得到

$$\ln\left(\frac{\pi(x)}{1-\pi(x)}\right)=\alpha+\beta x$$

因此，人们通常把 p 的某个函数 $f(p)$ 假设为变量的函数形式，即 Logistic 变换，取

$$f(p)=\ln\frac{\pi(x)}{1-\pi(x)}=\ln\frac{p}{1-p}$$

二、二元 Logistics 回归分析

(一)二元 Logistics 回归模型

1. 二元 Logistic 回归特征

在很多场合下都能碰到因变量为二分类的资料，例如，考察公司中总裁级的领导层中是否有女性职员、某天是否下雨、某患者是否痊愈、调查对象是否为某商品的潜在消费者等。这就要求建立的模型必须保证被解释变量的取值是 0 或 1，常定义出现阳性结果时被解释变量取值为 1，反之则取值为 0。例如，当领导层有女性职员、下雨、痊愈时反应变量 $y=1$，而没有女性职员、未下雨、未痊愈时，$y=0$。出现阳性结果的频率为反应变量 $p(y=1)$。因此建立包含一个自变量的二分类 Logistic 回归模型为

$$\text{Logit } p=\beta_0+\beta_i x_i$$

化简上述公式，得

$$p=\frac{1}{1+\exp[-(\beta_0+\beta_i x_i)]}$$

从上述讨论中，可以很容易地了解二分类 Logistic 回归模型对资料的要求是：

①反应变量为二分类的分类变量或某事件的发生率；

②自变量与 Logit p 之间为线性关系；

③残差合计为 0，且服从二项分布；

④各观测值间相互独立。

由于因变量为二分类，所以 Logistic 回归模型的误差应当服从二项分布，而不是正态分布。因此，该模型实际上不应使用最小二乘法进行参数估计，应该使用最大似然法来解决方程的估计和检验问题。

2. 数据要求

①因变量应具有二分特点，自变量可以是分类变量或间距测量的变量。需要注意的是，如果自变量是分类变量，通常为二分变量或将其重新编码为虚拟变量。具体来说，有两种编码方式：

第一，虚拟变量编码方案。例如，在分类变量有三个型号(大、中、小)的情况下，就要创建两个新的虚拟变量。第一个变量:1 为小型号,0 为其他型号。第二个变量:1 为中间型号,0 为其他型号。第三个变量是大型号观测量，其他两个变量值同时为 0。哪种水平为 0 值可以任意决定，哪一个全部为 0 就作为参考类别。使用虚拟变量编码方案时，只能比较每一类与参考类之间的效应差异，不能比较每一类与整体的综合效果。

第二，背离编码方案。当新变量中最后一类被赋予-1 编码值时使用背离编码方案。

这是这种编码方法与虚拟变量编码方案的主要区别之处。Logistic 回归系数显示每一类与各类综合效果的差异，对于每一个 SPSS 软件创建的新变量，其系数代表了与综合效果之间的差异。

②自变量数据最好符合多元正态分布，自变量间的共线性会导致估计偏差。若完全依据分组变量进行观测量分组，该方法十分有效；若依据某连续性数值时进行观测量分组，该方法会造成连续型数据信息丢失，此时应考虑线性模型。

3. 回归方程的检验指标

①回归方程的显著性检验。Logistic 回归方程显著性检验是为了检验解释变量全体与 Logit P 的线性关系是否显著，是否能用线性模型拟合。其零假设是：各回归系数同时为 0，解释变量全体与 Logit P 的线性关系不显著。基本思路如下：若方程中的诸多解释变量对 Logit P 的线性解释有显著意义，则必然会使回归方程对样本的拟合得到显著提高。可采用对数似然比测度拟合程度是否提高。

设解释变量 x_i 未引入回归方程前的对数似然函数值为 LL，解释变量 x_i 引入回归方程后的对数似然函数值为 LL_{x_i}，则对数似然比为 $\frac{\mathrm{LL}}{\mathrm{LL}_{x_i}}$。如果对数似然比与 1 无显著差异，则说明引入解释变量 x_i 后，解释变量全体对 Logit P 的线性解释无显著改善；若对数似然比远远大于 1，与 1 有显著差异，则说明引入解释变量 x_i 后，解释变量全体与 Logit P 之间的线性关系仍显著。此时应关注对数似然比的分布，但由于对数似然比的分布是未知的，通常采用 $-\log\left(\frac{\mathrm{L}}{\mathrm{L}_{x_i}}\right)^2$。其中，L 和 L_{x_i} 分别为解释变量 x_i，引入回归方程前后的似然函数值。$-\log\left(\frac{\mathrm{L}}{\mathrm{L}_{x_i}}\right)^2$ 在零假设成立的条件下近似服从卡方分布，也称为似然比卡方 L. R. 统计量。

于是有

$$\mathrm{L.\,R.} = -\log\left(\frac{\mathrm{L}}{\mathrm{L}_{x_i}}\right)^{2} = -2\log\left(\frac{\mathrm{L}}{\mathrm{L}_{x_i}}\right)$$

当自变量 x_i 显著有效时，L 显著大于 L_{x_i}，则 $-2\log\left(\frac{\mathrm{L}}{\mathrm{L}_{x_i}}\right)$ 为很大的正数。相反，当自变量 x_i 非显著有效时，L 近似于 L_{x_i}，则 $-2\log\left(\frac{\mathrm{L}}{\mathrm{L}_{x_i}}\right)$ 近似于 0。因此，该值越大，解释变量 x_i 越显著，引入的越有意义。

②回归系数的显著性检验。显著性检验采用的检验统计量是 Wald 统计量，数学定义为

$$\mathrm{Wald}_i = \left(\frac{\beta_i}{S_{\beta_i}}\right)^2$$

其中，β_i 是回归系数，S_{β_i} 是回归系数的标准误。Wald 检验统计量近似服从卡方分布。

若某解释变量的 Wald 观测值对应的概率 p 值小于给定的显著性水平 α，则应拒绝原假设，说明某解释变量的回归系数与 0 有显著差异，该解释变量与 Logit p 之间的线性关

系显著,应保留在方程中。反之,若概率 p 值大于给定的显著性水平 α,则不应拒绝原假设,认为某解释变量的回归系数与 0 无显著差异,该解释变量与 Logit p 之间的线性关系不显著,不应保留在方程中。

此外,需要特别注意多重共线性问题。如果解释变量存在多重共线性,在回归系数绝对值较大时,Wald 检验统计量的标准误有扩大的现象,会导致 Wald 检验统计量的观测值减小,不易拒绝原假设,进而使那些本来对 Logit p 有解释意义的变量不能保留在方程中。因此,在确定解释变量自动筛选策略时应考虑此问题。

③拟合优度的检验。和线性回归模型一样,Logistic 回归分析也需要关注回归方程的拟合优度。Logistic 回归分析的拟合优度一般从两方面进行考察:一是回归方程能够解释被解释变量变化的程度。若方程可以很好地解释被解释变量的变化,说明拟合优度高;反之,说明拟合优度低。其二是回归方程计算出的预测值与实际值之间的吻合程度。方程的总体错判率越低,说明拟合优度越高;反之,说明拟合优度越低。

常用的指标有:Cox & Snell R^2 统计量、Nagelkerke R^2 统计量、混淆矩阵和 Hos-mer-Lemeshow 检验等。其中,Nagelkerke R^2 统计量是修正后的 Cox & Snell R^2 统计量。

Cox & Snell R^2统计量的构造公式为

$$\text{Cox \& Snell } R^2 = 1 - \left(\frac{LL_0}{LL_k}\right)^{\frac{2}{n}}$$

其中,LL_0 为方程中只包含常数项时的对数似然值,LL_k 为当前方程的对数似然值,n 为样本量。

显而易见,Cox & Snell R^2 的最大值小于 1,为了更符合线性回归中 R^2 指标的意义,需要对其进行特征分析,即得到 Nagelkerke R^2。

Nagelkerke R^2 统计量的构造公式如下:

$$\text{Nagelkerke } R^2 = \text{Cox \& Snell } R^2 / [1-(LL_0)^{\frac{2}{n}}]$$

可见,Nagelkerke R^2 统计量的取值范围在 0 ~ 1,越接近 1,说明拟合优度越高。

(二)二元 Logistics 回归模型的基本操作

在利用 SPSS 软件进行 Logistic 回归分析前,应该确保被解释变量是取值为 1 或 0 的两值变量,如果实际问题不满足该要求,应对数据重新编码。具体的基本操作步骤如下:

第一步,选择菜单"分析回归二元 Logistic"。

第二步,选择一个具有二分属性的变量作为被解释变量放入因变量框,把一个或多个解释变量选择到协变量框,也可以同时选择两个或多个变量作为交互项,单击">a * b>"按钮,将其放入协变量框。

第三步,在方法选项框中选择解释变量的筛选方式,具体有以下几种:

①输入:表示所有解释变量全部纳入模型。

②向前:有条件的,即向前逐步选择法。将变量剔除模型的依据是,条件参数估计的似然比统计量的概率值。

③向前:LR,依据最大似然估计所得的似然比统计量的概率值,向前逐步选择。

④向前:Wald,依据 Wald 统计量的概率值向前逐步选择变量。

⑤向后:有条件的,即向后逐步选择法。将变量剔除模型的依据是,条件参数估计的似然比统计量的概率值。

⑥向后:LR,依据最大似然估计所得的似然比统计量的概率值,向后逐步剔除。

⑦向后:Wald,依据 Wald 统计量的概率值向后逐步剔除变量。

系统默认的是上述第一种方法"输入",作为初学者,我们用系统默认的选项即可。

第四步,单击"选择变量"按钮,选择一个变量作为条件变量放到选择变量框中,并单击"规则"按钮给定一个判定条件。只有条件变量值满足给定条件的样本数据才能参与回归分析。

第五步,单击"分类"按钮,设置处理分类变量的方式。

"协变量"框中包含了在主对话框中已经选择好的全部协变量及交互项。

"分类协变量"框中列出了所选择的分类变量,紧跟其后的括号中显示的是各组间的对比方案,字符串变量将自动进入分类协变量框中。

在"更改对比"栏中,设置分类协变量中各类水平的对比方式:

①指示符:指示出是否同属于参考分类,参考分类在对比矩阵中以一横排 0 表示。

②简单:每一种分类的预测变量(参考类别外)效应都与参考类别效应进行比较。

③差值:除第一类外,每类的预测变量效应都与参考类别效应进行比较。

④Helmert:除最后一类外,每类的预测变量效应都与其后所有各类的平均效应进行比较。

⑤重复:每类的预测变量(第一类除外)效应都与其前一种分类的效应进行比较。

⑥多项式:对角多项式对比,要求每类水平相同,仅仅适用于数字型变量。

⑦偏差:每类预测变量(参考分类除外)效应与总体效应进行比较。

⑧参考类别:如果选择了指示符、简单、偏差对比方式,可选择最后一个或第一个按钮,以此来指定分类变量的第一类还是最后一类作为参考类。

以上设置好后,单击"更改"按钮表示对选项的确定。

第六步,单击"保存"按钮选择在数据框中保存的新变量。

①预测值:包含概率和组成员两部分,前者是指每个观测量发生特定事件的预测概率;后者是指依据预测概率得到的每个观测量的预测分组。

②影响:表示每一个观测量的影响指标,包括 Cook 距离,杠杆值、DfBeta 统计量。

③残差:这一栏包括非标准化残差、Logit 残差、学生化残差、标准化残差以及偏差残差。

第七步,单击"选项"按钮,可指定输出内容和设置模型中的某些参数。

在"统计和图"栏中,选择要求输出的统计量和图表。

①分类图:表示绘制被解释变量实际值与预测分类值的关系图。

②Hosmer-Lemeshow:表示拟合优度指标。

③个案的残差列表:表示输出每个观测值的非标准化残差、标准化残差、预测概率等指标。

④外离群值:在空白处输入一个正数,表示要求只输出那些标准化残差值大于输入值的观测量的各种统计量。

⑤所有个案:表示输出所有观测量的各种统计量。

⑥估计值的相关性:表示输出方程中各变量估计参数的相关系数矩阵。

⑦迭代历史记录:表示进行参数估计时,每一步迭代输出的相关系数和对数似然比值。

⑧exp(B)的 CI:表示输出风险比默认 95% 的置信区间,在空白处输入数字。

在"输出"栏中设置输出范围;"在每个步骤中"栏表示对每步计算过程表、统计量和图形;"在最后一个步骤中"栏表示只输出最终方程的表格、统计量和图形。

步进概率是设置变量进入模型和剔除模型的判断依据。如果变量的概率值小于"进入"处的设置值,那么此变量进入模型中;如果其概率值大于"删除"处的设置值,变量就会从方程中删除。此外,"进入"处的默认值为 0.05,"删除"处的默认值为 0.10,而且设置值必须为正数,另外进入值必须小于删除值。

分类分界值是设置系统划分观测量类别的辨别值。大于设置值的观测量被归于一组中,反之观测量将被归于另一组中。其值的范围为 0.01 ~0.99,默认值为 0.50。

最大迭代次数即极大似然估计的最大迭代次数,大于 20(默认值)时迭代结束。

为复杂分析或大型数据集保留内存是指,如果样本数据还要用来作更复杂的分析,避免内存不够时,可以勾选此选项。

在模型中包括常数:表示设置模型过程中包含常数项。

章节习题

一、单项选择题

1. 在回归方程 $\hat{y}=a+bx$ 中,回归系数 b 表示(D)。
   A. 当 $x=0$ 时,y 的期望值
   B. x 变动一个单位时,y 的变动总额
   C. y 变动一个单位时,x 的平均变动量
   D. x 变动一个单位时,y 的平均变动量
2. 在回归分析中,要求对应的两个变量(A)。
   A. 不是对等关系　　B. 是对等关系
   C. 都是随机变量　　D. 都不是随机变量
3. 在某校经济管理类的学生学习《统计学》的时间(x)与考试成绩(y)之间建立线性回归方程 $\hat{y}=a+bx$. 经计算,方程为 $\hat{y}=200-0.8x$,则该方程参数的计算(B)。
   A. a 值是明显不对的　　B. b 值是明显不对的
   C. a 值和 b 值都是不对的　　D. a 值和 b 值都是正确的
4. 已知变量 x 与 y 之间存在着负相关,下列回归方程中肯定错误的是(C)。
   A. $\hat{y}=-10-0.8x$　　B. $\hat{y}=100-1.5x$
   C. $\hat{y}=-150+0.9x$　　D. $\hat{y}=25-0.7x$
5. 当所有的观察值都落在直线 $\hat{y}=a+bx$ 上时,则 x 与 y 的相关系数为(C)。

A. $r=1$　　　　B. $-1<r<1$　　　　C. $r=1$ 或 $r=-1$　　D. $0<r<1$

二、判断题

1. 相关系数不仅能够说明相关关系的方向和紧密程度，还能够说明变量之间的因果数量关系。 (×)

2. 当被解释变量为二分类变量或多分类变量时，不再适合采用回归模型进行研究分析，Logistic 回归分析则可以对此类问题予以较完美的解决。 (√)

3. 在对一元线性回归方程进行检验时，F 检验和 t 检验是等价的，但在对多元线性回归模型进行检验时，两者却不同。 (√)

三、名词解释

1. 一元线性回归分析。

"一元"是指只有一个解释变量，"线性"是指被解释变量和解释变量之间存在线性关系。一元线性回归分析是在排除其他影响因素或假定其他影响因素确定的条件下，分析某一个因素(自变量)是如何影响另一事物(因变量)的过程，所进行的分析是比较理想化的。

2. 多元线性回归分析。

在实际问题中，对某种现象有着重要影响的因素一般有许多，也就是说可作为解释变量的往往不止一个，而是几个。被解释变量 y 与多个解释变量 x 有关的线性回归问题，即多元线性回归分析。

3. 虚拟变量。

虚拟变量(dummy variable)又称"虚设变量""名义变量"或"哑变量"，用以反映质的属性的一个人工变量，是量化了的质变量，通常取值为 0 或 1。

四、简答题

1. 回归分析主要解决哪些方面的问题?

答:具体地说，回归分析主要解决以下几个方面的问题:

(1)通过分析大量的样本数据，确定变量之间的数学关系式;

(2)对所确定的数学关系式的可信程度进行各种统计检验，并区分出对某一特定变量影响较为显著的变量和影响不显著的变量;

(3)利用所确定的数学关系式，根据一个或几个变量的值来预测或控制另一个特定变量的取值，并给出这种预测或控制的精确度。

2. 在多元回归分析中，为了避免多重共线性现象的发生，应该注意什么问题?

答:在多元线性回归分析中，为了避免"多重共线性"的现象发生，每个解释变量之间应该相互独立。比如，"月薪"与"收入水平"及"职业"之间，"教育年限"与"教育程度"之间就不相互独立，不能同时选作解释变量。因此，这一检验的目标是测定多元回归模型中的自变量之间是否存在较高的相关关系。如果某些自变量之间存在高度相关，就会给自变量的贡献评价带来困难。通常，检验多重共线性的指标有多种，包括容许度、方差膨胀因子(VIF)、特征值、条件指数和方差比例等，一般可以综合参考使用，但多数情况下也可单纯使用容许度指标。容许度的取值介于0~1，取值越接近于0，表明自变量之间越存在共线性问题，相反，取值越接近于1，则表明自变量之间共线性问题越弱。

第十二章 交互作用与非线性回归

学习目标

1. 了解交互作用的概念与作用。
2. 了解并掌握交互作用的计算以及操作方法。
3. 了解非线性回归与曲线估计的内涵与分析原理。
4. 了解并掌握非线性回归与曲线回归的操作方法。

第一节 交互作用

在上一章有关回归分析的内容中，我们已经了解到简单线性回归中，对因变量 Y 的影响因素只有一个自变量 X；而多元线性回归中，对因变量的影响因素有多个自变量。而在多元回归中为了避免各自变量间存在多重共线性，我们假设各自变量（$X_1, X_2, X_3 \cdots$）分别对因变量 Y 产生影响，即 $X_1 \to Y, X_2 \to Y, X_3 \to Y, \cdots$，忽略其中可能存在的 X_1X_2, X_1X_3, X_2X_3 这种自变量间的相互影响造成的对因变量 Y 的影响。然而，像 X_1X_2, X_1X_3, X_2X_3 这种两个或两个以上的自变量间互相组合而形成新的影响效果，在多元回归中经常需要予以考虑。本节将展开描述什么是交互作用，并介绍它们在旅游研究方法中的应用。

一、什么是交互作用

我们知道，一个城市的旅游产业发展水平可以受到旅游市场规模、当地的旅游资源禀赋、政府的政策支持、社会公共服务水平等多个因素的影响，并且其中的任意一个因素都对旅游产业发展有着重要的正向影响。在更大的市场区域上生产意味着产业向着更好的方向发展；产业发展的原始动力随着 3A 级以上景区、省级以上森林公园、风景名胜区、自然保护区的数量增多而增强；政府在旅游产业方面的政策支持可以为产业发展再助东风；社会公共服务水平的提高与不断完善也是彰显产业发展水平的一个重要方面。根据上一章所学知识，我们可以建立一个多元回归模型来探讨它们对产业发展水平的影响系数。那么，不同的旅游市场规模、不同的旅游资源禀赋、不同的政府支持力、不同的社会公共服务水平的城市，它们的旅游产业发展水平变化趋势如何呢？各因素相互交织在一起会不会产生不一样的反应呢？在这里，交互作用可以帮助我们回答这个问题。

交互作用(interaction effect)是对于自变量之间来说的,在心理学中的解释为当实验研究中存在两个或两个以上自变量时,其中一个自变量的效果在另一个自变量某一水平上表现不一致的现象。交互作用作为研究中的一种客观现象,表示两种或多种因素水平同时作用时的效果与单一水平因素作用的效果相比有加强或者减弱的作用。在存在交互作用的情况下,某一因素(X_1)的真实效应会随着另一因素(X_2)的改变而改变,为各因素间相互作用所致。尽管每个因素可能会有自己的主效应(main effect),即每个自变量对因变量的影响效应,我们仍需进一步考察简单效应(simple effect),即一个自变量在另一自变量某一水平上的效应。这非常容易理解,假设以身高与年龄作为判断一个人体重的决定因素,通常一定年龄下,一个人的体重会随着年龄的增长而增加;而身高越高,这个人的体重则会越重。在这种情况下,我们分别单独考虑了年龄与身高对体重变化的作用。如果我们将身高不同而年龄相同的两个人放在一起,他们的体重变化大概率上不会与身高相同的两人的体重变化相同。

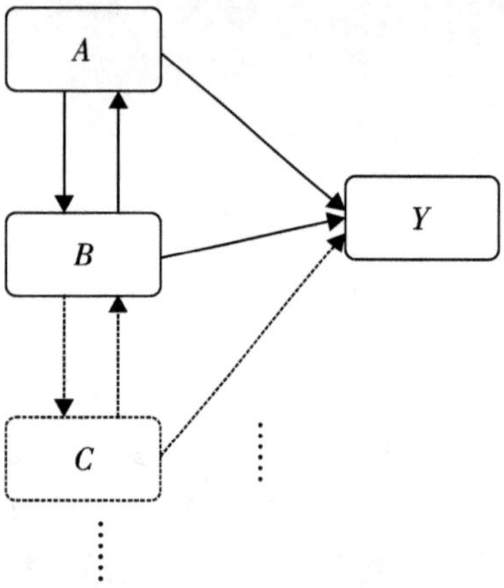

图 12-1　交互作用模型

在模型图中,交互作用模式可以描述为如图 12-1,其中,A、B、C 等多个因素同为可以对 Y 产生影响的前因变量,即 $A \to Y$、$B \to Y$、$C \to Y$ 等,而 A、B、C 间的相互箭头表示,A 会影响 $B \to Y$ 的关系,B 会影响 $A \to Y$ 的关系。当前因变量为三因素时,A 与 B 的两项交互作用会随着第三因素 C 的变化而变化。依此类推,当有更多的前因变量时,交互效应也会变得更为复杂。通常我们在研究中,限于统计技术的复杂性,多分析两因素间的交互作用。在本节开头的例子中,我们可以选取旅游市场规模对产业发展水平的影响作为 $A \to Y$ 路径,旅游资源禀赋对产业发展水平的影响作为 $B \to Y$ 路径,在存在交互作用的情况下,旅游市场规模和旅游资源禀赋对产业发展水平的影响强度将区别于它们分别对产业发展水平的影响。

二、交互作用的推导与计算

(一)交互作用的数学推导

数学推理亦能帮助理解交互作用。我们依然以城市旅游产业发展水平影响因素为例,将旅游人次(旅游市场规模测量指标)、3A 级以上景区、省级以上森林公园、风景名胜区、自然保护区的数量(当地的旅游资源禀赋测量指标)分别命名为 X_1,X_2,Y 为旅游产业发展水平。我们想研究 X_1,X_2 对旅游产业发展水平 Y 的影响。首先,我们作一个不包含交互项的回归分析,此时数学模型可以表示为

$$\hat{Y} = \beta_1 X_1 + \beta_2 X_2 + e$$

通过估计以上方程中 X_1 和 X_2 的系数 β_1,β_2,可以定量地衡量出旅游市场规模与旅游资源禀赋对产业发展水平的影响。在理解时,我们分别令一个自变量等于 0,然后分析另一个自变量回归系数的含义。其中,β_1 的含义为在控制当地各类旅游资源数量以后,旅

游人次每增加一个单位，旅游产业发展水平增加的量。而β_2表示在控制当地旅游人次的基础上，当地各类旅游资源数量每增加一个单位，旅游产业发展水平增加的量。

我们采取“归零法”去分析和拆解，即当 $X_1=1$ 时，代入上面的回归方程，可以得到 $Y_1=\beta_2 X_2+(\beta_1+e)$；当 $X_1=0$ 时代入，则得到 $Y_2=\beta_2 X_2+e$。将这两个函数方程表现在坐标系中，如图 12-2 所示，可以发现两条线是平行的。

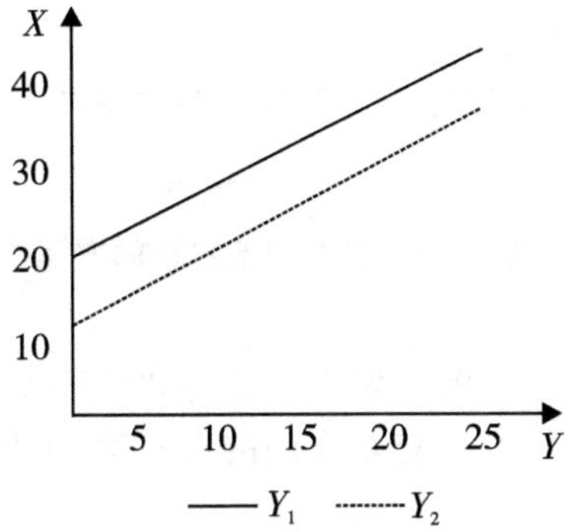

图 12-2　直线回归方程

但是我们知道，这样判断旅游市场规模与旅游资源禀赋对产业发展水平的影响是过于理想化的，实际情况一定是比这里要复杂得多。当我们将现实因素考虑进来时，图 12-2中的两条线就会发生变化。而当两条直线不平行时，就意味着产生了交互作用。

从数据上来说，交互非常容易理解，如果想要研究两个自变量 X_1 和 X_2 的交互作用，通常的做法就是将两个变量相乘，即 $X_1 \times X_2$，然后把乘积项纳入回归方程。因而通过建立 X_1与 X_2的乘积项可以构造两者的交互项 X_1X_2，此时数学模型为

$$\hat{Y}=\beta_1 X_1+\beta_2 X_2+\beta_3 X_1 X_2+e$$

这里也属于多重线性回归的范畴，我们可以将 X_1X_2看作是一个新的自变量 X_3。在加入交互作用后，β_3是交互项的系数，而此时回归系数 β_1 和 β_2的解读需要加入一定的限定条件。这里我们不考虑数字的具体意义，取两个极端的情况说明交互作用在数学模型中的推导。

我们以 X_1为例。当 $X_1=0$ 时，上述数学模型就变为

$$\hat{Y}=\beta_2 X_2$$

当 $X_1=1$ 时，

$$\hat{Y}=\beta_1+\beta_2 X_2+\beta_3 X_3$$

当我们将两个式子相减时，即可得到当 X_1变化一个单位时，Y 的变化为

$$\Delta\hat{Y}=\beta_1+\beta_3 X_3$$

即加入交互项以后，X_1（旅游市场规模）每变化一个单位（如增加一万旅游人次），旅游产业发展的水平变化不仅取决于 β_1，还取决于 β_3 和 X_3（当地旅游资源禀赋）。由此可以发现，旅游市场规模对旅游产业发展水平的影响随着旅游资源禀赋的加入而发生了变化。该变化可以由图 12-3 简单地帮助读者理解。

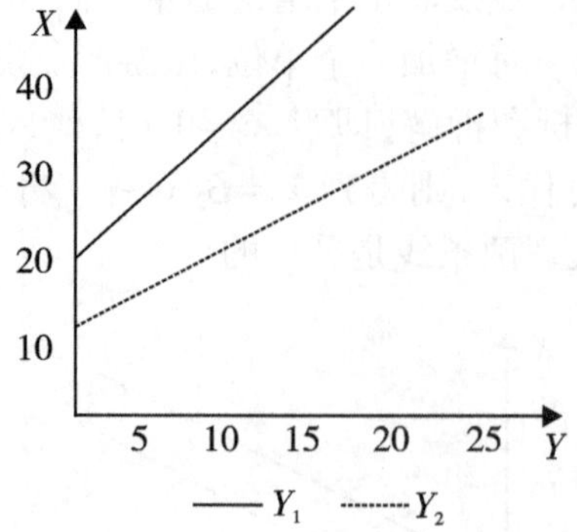

图 12-3　存在交互作用的方程

我们发现，交互作用表现在分析结果中为斜率的变化，这是因为斜率的定义就是 X_1 变化一个单位，对应的 Y 的变化量。交互作用的存在表明所研究的各前因变量对结果变量的影响并非相互独立。

交互作用的意义在于它可以识别某干预因素中受益最大的亚组，并且在识别可能施加干预的协变量时可以降低主要暴露因素的效应。同时，它也为揭露影响因变量的机制贡献了新的路径，由此提高了因素对因变量影响总效应的把握度。最后，从统计学角度来看，包含交互作用的模型拟合数据结果通常会更好。

（二）交互作用的计算

统计建模中一般线性模型交互项反映的是因素间相加交互作用（additive interactions，INTA），而 logistic 和 Cox 等广义线性模型则反映因素间统计学上相乘交互作用（multiplicative interaction，INTM），即 logistic 乘积项仅反映统计学上的交互。

在二分类解释变量交互作用中，包含相乘交互与相加交互两种类型。

假设研究多风险因素中交互作用的两暴露因素为 A、B，则 OR00 表示 A、B 均无暴露，即 OR00＝1；OR10 表示 A 暴露、B 无暴露，OR01 表示 A 无暴露、B 暴露，OR11 表示 A、B 均暴露。则相乘交互作用即为 $INTM=ORA\times B=OR11/(OR10\times OR01)$。

在判定是否存在相乘交互作用及其方式方面，当 logistic 等回归乘积项 95% CI 不包含 1 时，表明有相乘交互作用；而交互项得到的 OR 值<1 则为拮抗交互作用；当交互项 OR>1 时，则为协同交互作用。

Rothman 等人提出了基于相加模型的交互作用计算指标，分别是交互对比度（interaction contrast ratio，ICR），又称交互作用超额相对危险度（relative excess risk due to interaction，RERI），交互作用归因比（attributable proportion due to interaction，AP）和协同指数（the synergy index，S）。这三项指标被定义为：$RERI = ICR = OR11 - OR10 - OR01 + 1$；$AP = ICR/OR11$；$S = (OR11 - 1)/(OR10 + OR01) = (OR11 - 1)/(OR11 + 1 - ICR)$。

此时相加交互作用的判定方法为：如果两因素有相加交互作用，则 RERI 95% CI、AP 95% CI 应不包含 0，S 95% CI 应不包含 1。其中，超额相对危险度 RERI 以及归因比 AP 均>0，且可信区间不包括 0，S>1 且可信区间不包括 1 时，表示存在交互作用，且为协同作用。当满足 RER1 以及 AP 均<0,$S<1$ 时,表示存在交互作用,且为拮抗作用。

目前多采用在回归方程中纳入因素乘积项的方法进行分析。其中,线性回归模型为相加模型,乘积项反映因素间是否有相加交互作用;而 logistic 回归或 Cox 回归模型为相乘模型,乘积项反映因素间是否有相乘交互作用。

三、交互作用的操作

首先,我们需要检测是否存在交互作用。一旦确定了两个自变量之间存在显著的交互作用,那么就需要更加精确地分析交互作用的来源。

如果在一个简单主效应中要对三个或三个以上平均数两两间的差异进行对比,这些差异比较可以帮助分析简单主效应的来源。当交互作用得到了充分的分析时,我们就可以考察每一个自变量的主效应。此时在解释结果时就需要将主效应与交互作用结合起来进行。而当交互作用没有得到支持时,表明影响路径中不存在交互作用,此时,我们采取下一步,确定主效应是否显著。

要在一个模型中处理交互作用,通常我们加入"交叉乘积项"(cross-product term)。在 SPSS 环境中,我们通过"转换"菜单—"计算变量"—在"目标变量"中输入新变量名称,并建立"数学表达式",将两个变量相乘,最终得到了关于两个自变量的交叉乘积项,如图 12-4 所示。建立好交叉乘积项以后,将其作为一个变量纳入正常的回归分析中,即可求出交互效应。

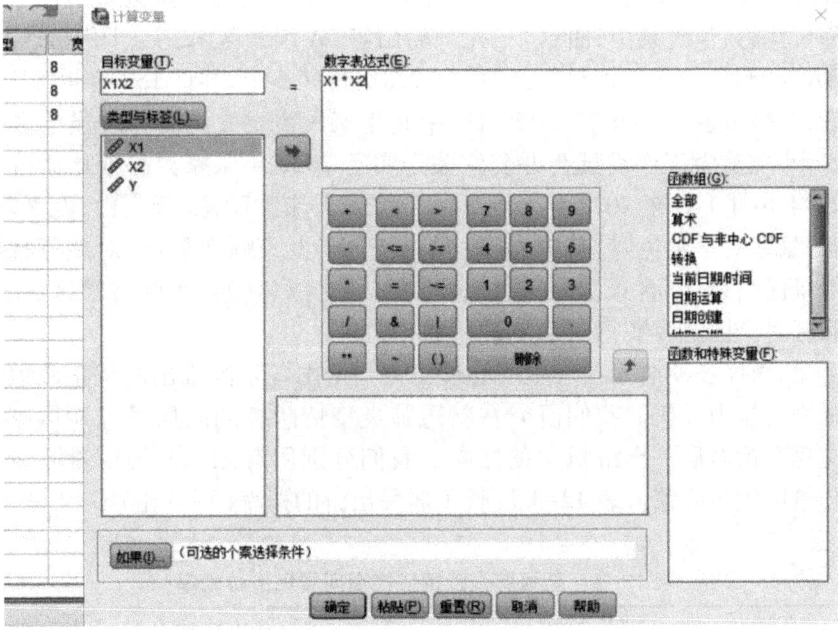

图 12-4 建立交叉乘积项

四、案例分析

2020 年 12 月新冠肺炎疫情的出现与蔓延彻底改变了我们的生活、工作、学习规律。中国科学院院士陆林在科普栏目《院士开讲》中提到，截至 2021 年年底，新冠肺炎疫情暴发造成世界范围内新增7000 万抑郁症患者，9000 万焦虑症患者，数亿人出现失眠症状。据陆林院士介绍，2020 年 2 月左右，根据新冠肺炎疫情对大众心理健康影响调查显示，传染病的大规模流行造成医务人员、感染者、大众产生创伤后应激障碍发病率高达 20% 以上。近三分之一隔离在家的居民出现抑郁、焦虑、失眠等症状，其中超过 10% 的人在疫情之后也不能完全恢复正常。此外，儿童、青少年因为隔离缺少与同伴的沟通和户外运动，超过五分之一的孩子抑郁、失眠，发病率高于疫情发生前。种种迹象显示，因疫情防控造成的心理压力不可忽视。另一方面，疫情防控期间，具有高度敏感性与脆弱性的旅游业受到重创，一时间相关企业经营惨淡，濒临破产，旅游从业人员面临长期的失业与转行。为求自救，全国多地 A 级景区纷纷推出了相关的优惠措施，以“接”回许多刚出门的游客。携程旅游大数据研究中心发布的《2020 十一长假旅游性价比报告》显示，在 2020 年国庆节前夜，国内有 1500 多个景区免费或打折，20 多个省市政府发放旅游优惠券，各大旅游平台亦是投入了大量的促销补贴。

2022 年，随着国内疫情防控的稳定，五一、端午市场迎来新的机会，各景区纷纷推出门票减免优惠措施揽客。

山东省发展和改革委员会官网于 5 月 30 日发布《关于实施国有景区门票减免优惠的通知》，2022 年 6 月 1 日至 9 月 30 日，山东省内国有 A 级旅游景区首道门票将实行超过 5 折的降价优惠，包含泰山、曲阜“三孔”、崂山等 5A 级景区 12 个，千佛山、原山国家森林公园等 4A 级景区 60 个，3A 级景区 60 个，2A 级景区 5 个，共计 137 个景区降价。

在湖南，《潇湘晨报》报道，5 月 29 日，中共张家界市委旅游工作委员会办公室发布《中共张家界市委旅游工作委员会办公室关于实行 2022 年张家界暑期旅游优惠政策的通知》，2022 年 6 月 1 日至 2022 年 8 月 31 日，张家界市武陵源、天门山、九天峰恋、黄龙洞、宝峰湖等景区对学生免票；其中，武陵源、天门山、九天峰恋景区，对旅行社组织的团队游客实行景区门票（不含景区内交通工具）“买一送一”优惠；大峡谷景区、张家界七星山旅游度假区对全国游客实行门票免票优惠。

由此可见，居民长期居家易产生的心理压力与全国各景区推出的优惠政策形成了居民出游的推力与拉力动机。我们研究在新冠肺炎疫情防控期间居民长期居家的心理压力与景区优惠政策对居民出游概率的影响。我们分别用有无二分类变量测量长期居家心理压力与景区优惠政策。表 12–1 反映了居民出游的概率（百分比）。

表 12–1　新冠肺炎疫情防控期间居民出游概率

长期居家心理压力	景区优惠政策	
	无	有
无	0.01（p_{00}）	0.2（p_{10}）
有	0.1（p_{01}）	0.45（p_{11}）

此时，相加交互效应可以表示为$(p_{11}-p_{00})-[(p_{10}-p_{00})+(p_{01}-p_{00})]=p_{11}-p_{10}-p_{01}+p_{00}$，其中，$(p_{11}-p_{00})$表示暴露在内有压力外有优惠两因素下，居民出游增加的概率，$(p_{10}-p_{00})$表示仅暴露于有无景区优惠政策因素下，居民出游增加的概率，$(p_{01}-p_{00})$表示仅暴露于有无心理压力因素下，居民的出游意愿概率。代入数字可以得到$(0.45-0.01)-[(0.2-0.01)+(0.1-0.01)]=0.16$。此时$0.16\neq0$，表示存在相加交互效应。而由于大于0，表示两因素同时暴露对出行意愿的影响要比仅暴露其中一个因素的出行意愿影响效应之和高，这种情况称作存在正向的相加交互。

下面，我们再来讲述相乘交互作用。将上述例子中居民出游概率转化为相对意愿，将无景区优惠政策与无长期居住压力作为参照项，各类情况如表12-2所示。

表12-2　新冠肺炎疫情防控期间居民出游相对意愿

（以无景区优惠政策与无长期居家心理压力作为参照项）

长期居家心理压力	景区优惠政策	
	无	有
无	$1(p_{00})$	$RR_{10}=0.2/0.01=20(p_{10})$
有	$RR_{01}=0.1/0.01=10(p_{01})$	$RR_{11}=0.45/0.01=45(p_{11})$

此时，相乘交互可以表示为

$RR_{11}/(RR_{10}RR_{01})=(p_{11}p_{00})/(p_{10}p_{01})=(0.45/0.01)/(0.2/0.01)*(0.1/0.01)=0.225$。

该结果与1进行比较，由于$0.225\neq1$，所以存在相乘交互。又因$0.225<1$，因而该效应为负向交互。

通过总结比较两种交互作用，可以发现相加交互效应体现为$p_{11}-p_{10}-p_{01}+p_{00}$，而相乘交互效应体现为$(p_{11}p_{00})/(p_{10}p_{01})$。通过对两个公式进行进一步推理可知，$p_{11}-p_{10}-p_{01}+p_{00}=0$与$(p_{11}p_{00})/(p_{10}p_{01})=1$不能同时存在。表明在交互效应中，相加交互与相乘交互至少存在一种。

第二节　非线性回归

当你在海滩上玩耍的时候，你或许会觉得，如果你的沙子足够多，你就可以把这座沙丘堆到天上去，但当你把这座沙丘堆到天上的时候，它就会倒下，这就是所谓的“沙丘效应”。诸如沙堆效应、艾宾浩斯遗忘曲线等这种非一成不变的变化现象称作为非线性关系。现实生活中许多事情的关联并非均匀单一，真实世界的运作绝大多数是非线性的，甚至有学者指出，线性是相对的，非线性才是绝对的。非线性包括量变到质变的非简单因果关系、相关但非因果的关系以及由多个因素组成的复杂关系。

在上一章关于线性回归的介绍中，我们知道线性回归预测模型的建构需要建立在多个假设之上,其中就需要因变量和自变量之间存在线性关系、各观测值之间相互独立、因变量不能存在显著异常值,并且残差需要近似正态分布等。这些假设在保证了结果关系是线性的同时,亦减少了对真实情况的解释力度。多数时候,在现实研究中,事物发展是复杂的,变量间的关系并非总是呈现线性关系。很多情况下线性模型都是对真实情况的一种合理又简单的近似,而非线性模型更接近客观事物性质本身,是量化研究认识复杂知识的一种重要方法。

所以,本节将介绍非线性问题相关的回归问题。

一、什么是非线性回归

非线性(nonlinear)是相对于线性而言的,线性关系中两变量间的数学关系为直线属性,符合线性叠加原理。而非线性是指两个变量间的数学关系,它不是一条直线,而是曲线、曲面或不确定的属性,是不成简单比例(即线性)关系的现象。狭义的非线性是指不按比例、不成直线的数量关系,无法用线性形式表现的数量关系,如曲线、曲面等。广义的非线性是指自变量以特殊的形式变化而产生的不同于传统的映射关系,如迭代关系的函数,上一次演算的映射为下一次演算的自变量,显然这是无法用通常的线性函数描绘和形容的。

在与线性的比较中,我们认为线性是非线性的一种特殊形式。线性关系是互不相干的独立关系;而非线性关系与线性关系不同,各变量间存在相互作用,而正是这种相互作用,使得整体不再是简单地等于部分之和,可能出现不同于“线性叠加”的增益或亏损。这也就解释了本节开头部分的沙堆效应的原理。人口学中托马斯·马尔萨斯(Thomas Malthus)观察到的人口数量呈指数增长现象、经济学中的索洛模型、医学领域中细菌生长曲线、毒物剂量与动物死亡率的关系等,都是经典的非线性问题。并且,非线性与线性是相对而言的,两者是一对矛盾的概念,一方面,两者在一定程度上可以相互转化,另一方面,两者又存在本质区别,它们同时存在于一个系统中,规定着系统相应方面的性质。

非线性回归(nonlinear regression)是对具有非线性关系的因变量与自变量进行的回归分析,是针对线性回归无法直接解决的非线性问题而提出的一个通用的模型框架。在数学环境中,非线性回归是将数据拟合到任意选定方程的过程。与线性回归一样,非线性回归过程确定参数的值,以使观测点到曲线的距离的平方和最小化。因为这个准则使距离的平方和最小化,所以它被称为最小二乘法。

二、非线性回归分析

当我们研究的问题中变量间的数量关系呈非线性关系时,通常我们可以用曲线直线化估计(curve estimation)方法,或非线性回归(nonlinear regression)方法进行分析。其中,曲线直线化估计的原理是通过变量转换,将非线性回归方程式变换为线性回归方程式,利用最小二乘法使残差平方和降到最小,求出参数后,再用逆变换将线性回归方程化为非线性回归方程(nonlinear regression model)。大部分的非线性回归问题都可以转换成线性回归问题加以解决。

当我们利用曲线直线化方法进行非线性回归分析时，通常需要以下几个步骤：①绘制散点图，根据图形形状判断曲线关系与类型，写出非线性表达式；②根据非线性表达式，将变量进行转换，作曲线直线化变换；③对变换后的数据建立直线回归方程，并作假设检验，计算回归系数；④还原变量，得到以原变量为表达的曲线方程；⑤比较各模型的拟合优度即决定系数（R_2），并选取解释度最高的曲线方程。

例如，在散点图中，如果发现因变量 y 会随着自变量 x 的增加而增加（或减少），并表现出在最初增加（或减少）很快，之后逐渐放慢并趋于稳定的形状，则可以选用双曲线模型（$\frac{1}{\hat{y}}=\beta_0+\beta_1\frac{1}{x}$）。根据曲线直线化估计方法，令 $y'=\frac{1}{\hat{y}}$，$x'=\frac{1}{x}$，则原曲线模型变为 $y'=\beta_0+\beta_1x'$，此时，就转变为了线性回归方程。

又如，在一般自然增长以及竞技数列等情况中，通常可以通过指数函数模型（$\hat{y}=\beta_0e^{\beta_1x}$）描述。在线性化处理中，可以令 $y'=\ln\hat{y}$，$\beta_0'=\ln\beta_0$，$x'=x$，将原曲线模型转化为我们熟悉的线性回归方程 $y'=\beta_0'+\beta_1x'$，进而依照线性回归分析对问题进行求解。

多项式模型是非线性回归分析中的一个重要组成部分，多项式方程的拟合方法在一定程度上是线性回归的扩展。当自变量只有一个时，多项式方程为 $y=\beta_0+\beta_1x+\beta_2x^2+L\beta_kx^k$。多项式回归是为了确定参数值 $\beta_0,\beta_1,\cdots,\beta_k$，拟合出最符合观测点走势的曲线。当只拟合 β_0,β_1 时，方程描述了一条直线，多项式回归与线性回归相同；如果有三个或三个以上的参数，方程描述了一条曲线，且参数越多，曲线便会越灵活。根据级数展开原理，任何曲线、曲面、超曲面问题，在一定范围内都可通过多项式任意逼近。在这个方程中，在自变量 x 保持不变时，因变量 y 有唯一解，因而，无须使用下面所述的迭代过程，就可以得到唯一解。因此在不确定因变量与自变量之间的关系时，可以通过适当幂次的多项式来近似反映，利用最小二乘法确定方程中的 $\beta_0,\beta_1,\cdots,\beta_k$，将其代入原方程即可。

在完全非线性关系的回归分析中，由于存在小参数发散及收敛慢等问题，线性逼近方法将不再发挥作用，特别是对于高速运动状态、强烈的相互作用、长时间的动态行为等非线性很强的情况，线性变换方法将完全无能为力。线性逼近方法存在的这些局限性，导致非线性方法的不可替代，在无法用线性方法处理的强非线性的地方，只能用非线性方法。与线性或多项式回归不同，非线性回归问题必须迭代地解决。迭代是重复反馈过程的活动，其目的通常是逼近所需目标或结果。每次对过程的重复称为一次“迭代”，而每次迭代得到的结果会作为下一次迭代的初始值。通过调整这些值，以提高曲线的契合度，如此反复，直到满足最佳曲线条件为止。在这个方法中，在迭代前的初始参数值就显得尤为重要，它不仅决定了曲线拟合的准确性，还决定着最佳曲线拟合的速度。它的作用在于保证算法所有的迭代技术都在表面上一个给定的起点——通过计算或根据经验猜测得到参数的初始估计。然后迭代移动沿表面改变参数的值，以提高统计值的有效性。通常，对参数值的估计需要具备一定的专业知识与经验，但如果了解方程所表示的物理模型，并了解每个参数的含义，估计参数通常并不困难。另外，现今亦出现了不需要提供合适的参数初始值便能够收敛并找到最优解的一款软件 1stopt，在非线性回归、曲线拟合中发挥着超强作用。

三、非线性回归操作方法

这里我们主要介绍完全非线性回归方程的操作方法。在非线性回归过程中，首先需要估算模型中参数的起始值及其取值范围，再利用迭代算法寻找使得残差平方和达到最小的参数估计值，也就是 NLR 算法。另外还有 CNLR 算法，它的目标是最小化一个光滑的非线性损失函数。在操作过程中，主要步骤如下：

首先，非线性回归要求因变量与自变量都需要是数值型的连续变量，对于分类变量，应该将其重新编码为数值型。

其次，根据经验或已有信息，确定一个本质非线性的模型，写出基本函数形式。

接下来需要注意损失函数(loss function)的设置。在非线性回归里，损失函数用来评价模型的预测值和真实值存在差别的程度，即衡量模型预测的好坏。一般而言，损失函数越好，模型的性能越好。"损失"实则为所有观测样本中的"误差"之和，而损失函数则是用来最小化的目标函数。另外，不同的模型用的损失函数一般也不一样，通常损失函数的使用通过：①用随机值初始化前向计算公式的参数；②代入样本，计算输出的预测值；③用损失函数计算预测值和标签值(真实值)的误差；④根据损失函数的导数，沿梯度最小方向将误差回传，修正前向计算公式中的各个权重值；⑤重返第二步，直到损失函数值达到一个满意的值就停止迭代。当然，SPSS 默认将残差平方和，也即均方误差(mean square error，MSE)作为损失函数，这类似于线性回归中最小二乘法的目标，多数回归分析也常用其为损失函数。

最后，由于非线性回归采用迭代算估计参数，故需要事先指定参数的初始值和取值范围，合适的初始值能使迭代过程正常，迅速收敛，同时避免只得到局部最优解。不合适的初始值选择可能会导致以下几个结果：①需要的计算机时间将会增加；②在其他情况下，初始值选择不当有可能会导致非线性回归程序走向错误的方向，致使迭代永远不会收敛于解；③选择不当的初始值会导致程序收敛于错误的解，即局部最小值。常用参数初始值的选择方法有如下 4 个：

第一，通过图形确定参数的取值范围，并在此范围内选择初始值；

第二，根据非线性方程的数学特征进行某些变换后，再通过图形帮助判断初始值的范围；

第三，使用固定的数替代某些参数，以此确定其他参数的取值范围；

第四，通过变量转换，使用线性回归模型来估计参数的初始值。

参数的取值范围指在迭代的过程中，将参数限制在有意义的范围内，这可以防止得到违背常理或不可解释的结果，有如下两种对参数范围的约束方法：①线性约束，在约束表达式里只有对参数的线性运算；②非线性约束，在约束表达里，至少有一个参数与其他参数进行了乘、除运算，或者自身的幂运算。

以 SPSS 环境为例，点击"分析"→"回归"→"非线性"，来到图 12-5 所示页面，并依据上述步骤，分别对初始参数、损失函数与参数约束进行设置，页面分别如图 12-6 至 12-8 所示。

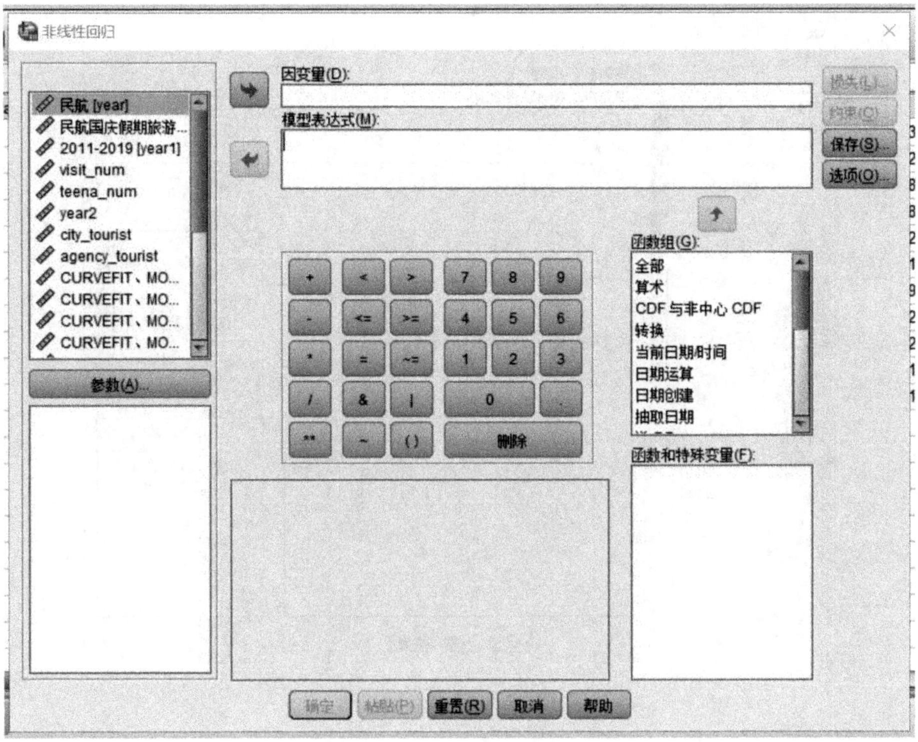

图 12-5 非线性回归分析窗口

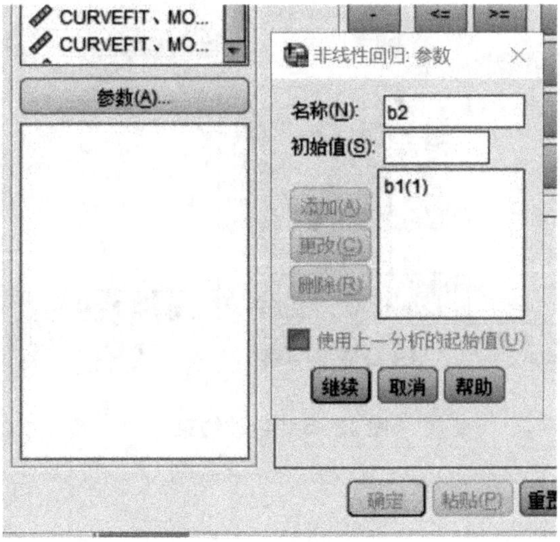

图 12-6 初始值设置

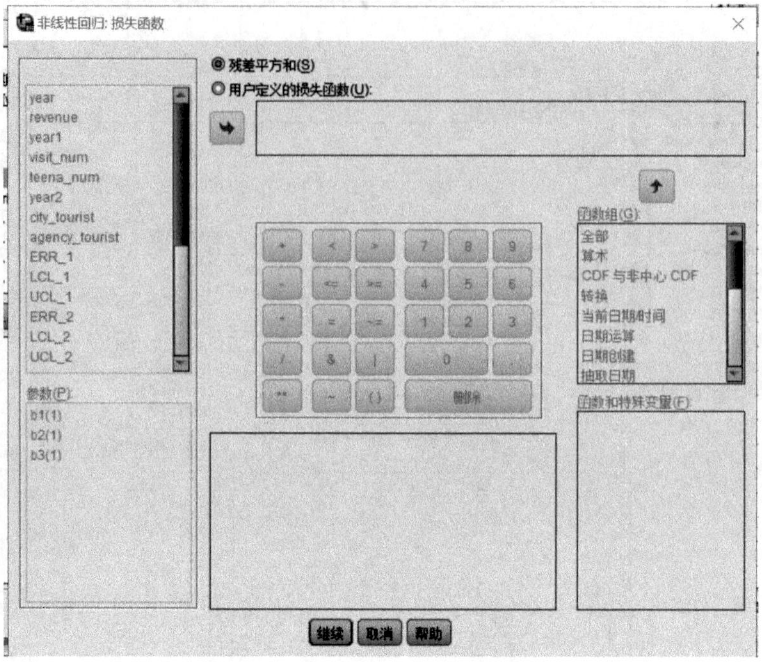

图 12-7 损失函数设置

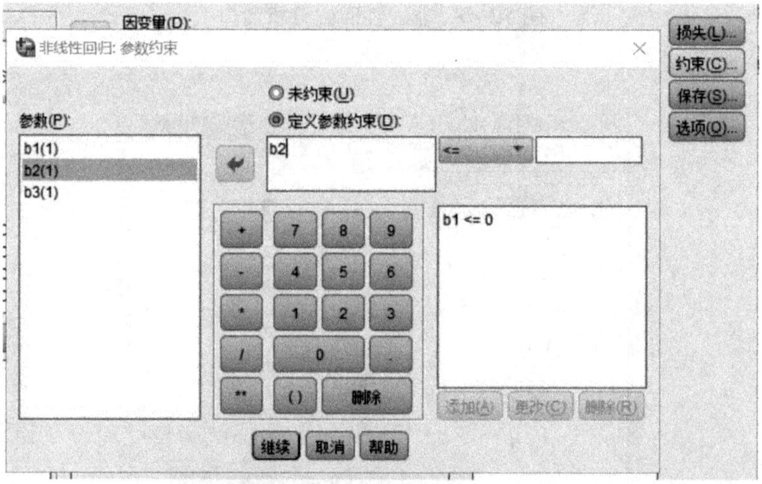

图 12-8 参数约束

四、案例分析

旅行社以中介体形式存在于旅游活动中主体（旅游者）和客体（旅游区）之间，是旅游供给与旅游需求之间的连接纽带。旅行社不仅可以通过外联及采购业务，引导资源配置，对产品进行合理组合与设计提供给旅游者，还可以代理预订饭店客房、交通客票、汽车租赁，为旅游者购买演出票，代办人身伤害及随身物品的保险等业务，为游客节省大量的时间与精力。世界旅游组织给旅行社的定义为:零售代理机构向公众提供关于可能的旅行、居住和相关服务,包括服务酬金和条件的信息;旅行组织者制作商、批发商在旅游需求提出前,以组织交通运输、预订不同方式的住宿和提出所有其他服务为旅行和旅居做准备。在 2000 年“大众旅游”刚刚兴起之时,旅行社是我国旅游业的核心。

我们选取文旅部有关国内旅游人数的统计数据作为研究案例,分析我国城镇居民在 2010 年至 2019 年十年间旅游人数与通过旅行社组团方式出游人数的关系。

我们将数据输入 SPSS,作出散点图观察各观测点走势。从图 12-9 散点图中可以看出,随着城镇居民旅游人次增加,通过旅行社出游的人次也在增加,整体上看,上升速度表现出先快后慢的趋势。根据现有的观测值,我们推测城镇居民的旅游人次与通过旅行社出游的人次之间的关系符合二次函数模型,其表达式为 $y=b_1+b_2x+b_3x^2$,其中 b_1,b_2,b_3 为要确定的三个参数值。

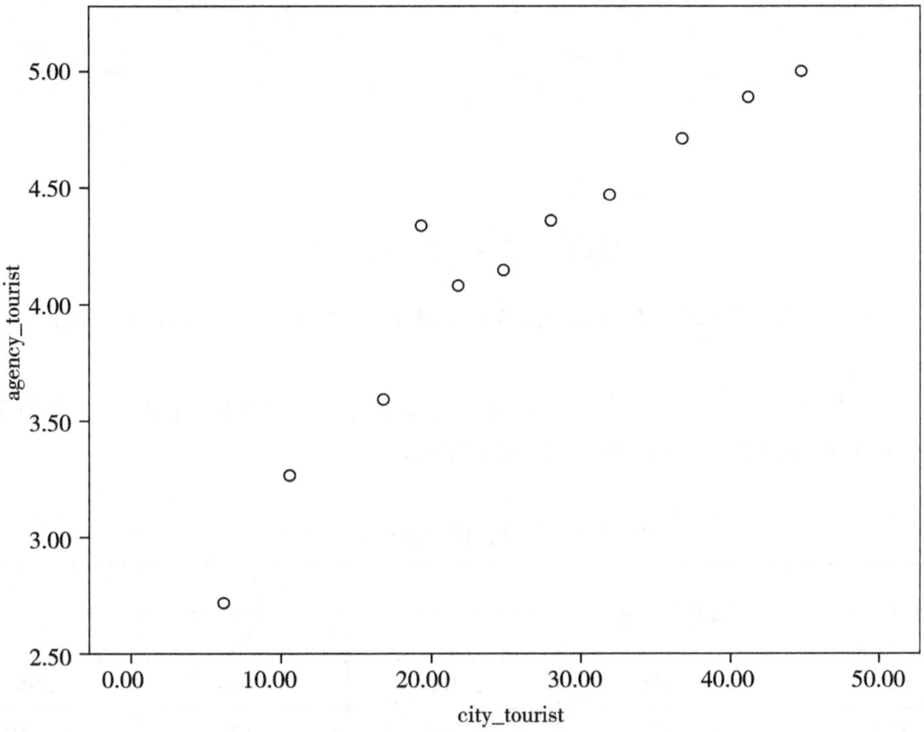

图 12-9　城镇居民旅游人次与旅行社参与人次关系散点

在操作中,我们选择“分析”→“回归”→“非线性”,输入模型表达式,并设定初始参数。在这里,我们根据观测点走势,结合数学知识与经验,设 $b_1=2.1$, $b_2=0.12$, $b_3=-0.001$。默认“损失函数”为“残差平方和”,并在“约束”中,对几个参数取值范围进行设定,操作如图 12-10 中所示,并运算结果。

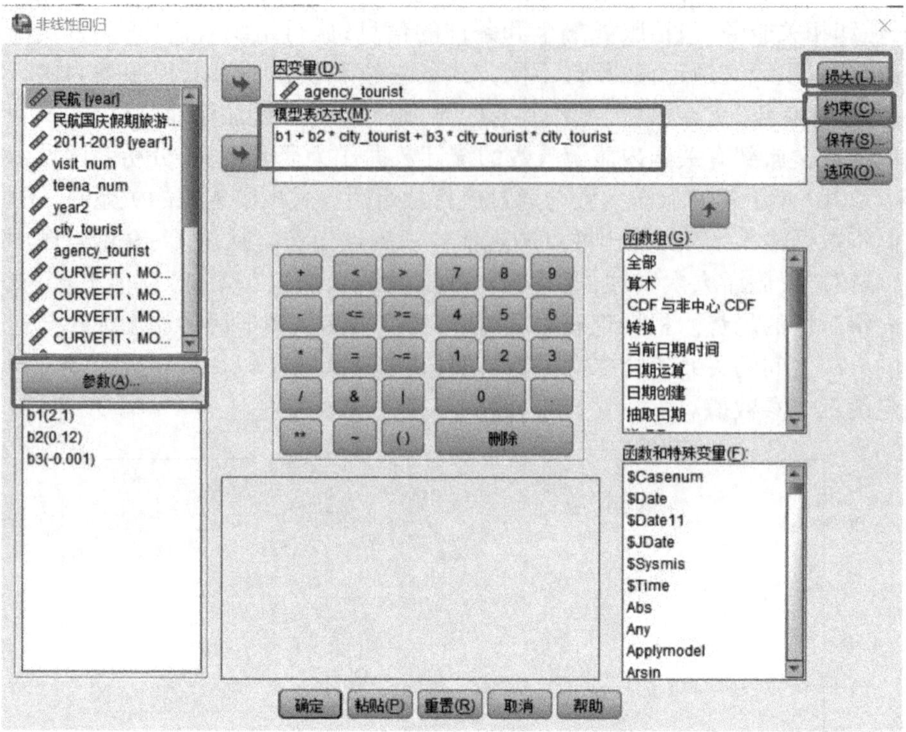

图 12-10　关于城镇居民旅游人次与旅行社参与人次关系非线性回归分析操作

输出结果如表 12-3 所示，在迭代历史记录里，我们可以了解到，在迭代进行五次以后，残差平方和达到最小值(0.256)，找到最优解。

表 12-3　非线性回归迭代历史记录[a]

迭代数[b]	残差平方和	参数		
		b_1	b_2	b_3
0.3	18.916	2.100	.120	.000
1.3	.263	2.100	.120	-.001
2.2	.258	2.094	.118	-.001
3.1	.256	2.160	.112	-.001
4.1	.256	2.163	.112	-.001
5.1	.256	2.163	.112	-.001

注：导数是通过数字计算的。

a. 在 5 迭代之后停止运行，已找到最优解。

b. 主迭代数在小数左侧显示，次迭代数在小数右侧显示。

在参数估计值表中(见表 12-4),$b_1=2.163$,置信区间位于(1.590,2.735),标准误为 0.248,说明估计值的置信度较高,同时,观察 b_2,b_3 的数值,也可以得出相同的结论。至此,我们可以写出该非线性模型的表达式,即:$y=2.163+0.112x-0.001x^2$,在 Anova 表里(见表 12-5),还知该非线性模型的拟合度(R_2)达到了 0.948。

表 12-4 参数估计值

参数	估计	标准误	95%置信区间	
			下限	上限
b_1	2.163	.248	1.590	2.735
b_2	.112	.021	.063	.161
b_3	-.001	.000	-.002	.000

表 12-5 Anova 表[a]

源	平方和	df	均方
回归	193.515	3	64.505
残差	.256	8	.032
未更正的总计	193.771	11	
已更正的总计	4.904	10	

注:因变量为 agency_tourist。

a. $R^2=(1-残差平方和)/已更正的平方和=.948$。

如果我们想确认一下非线性模型是否比线性模型更"好使",我们可以来补充做一个线性回归分析(见图 12-11),可以得到结果如表 12-6(a)、12-6(b)、12-6(c)所示。

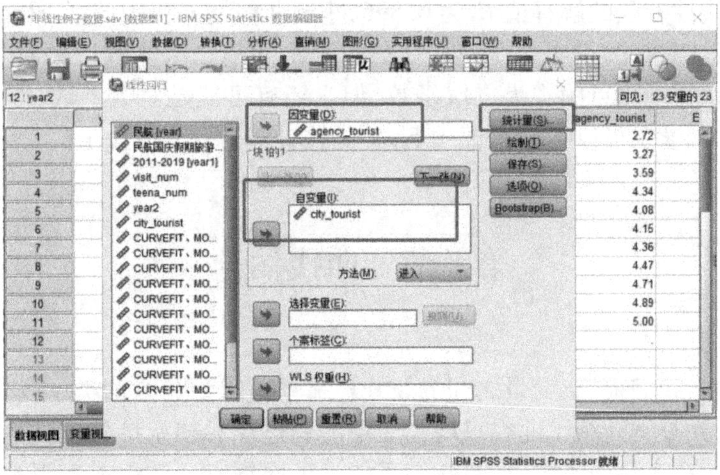

图 12-11 关于城镇居民旅游人次与旅行社参与人次关系线性回归分析操作

表 12-6(a)　线性回归分析解释力(模型汇总)

模型	R	R^2	调整 R^2	标准估计的误差	更改统计量				
					R^2 修订	F 修订	df_1	df_2	Sig. F 修订
1	.947[a]	.896	.885	.23789	.896	77.651	1	9	.000

注:a. 预测变量为 city_tourist。

表 12-6(b)　线性回归因果关系显著性(Anova[a])

模型		平方和	df	均方	F	Sig.
1	回归	4.394	1	4.394	77.651	.000[b]
	残差	.509	9	.057		
	总计	4.904	10			

注:a. 因变量为 agency_tourist。
b. 预测变量为 city_tourist。

表 12-6(c)　线性回归路径系数(系数[a])

模型		非标准化系数		标准系数	t	Sig.	B 的 95.0% 置信区间	
		B	标准 误差	试用版			下限	上限
1	(常量)	2.758	.173		15.960	.000	2.367	3.149
	city_tourist	.054	.006	.947	8.812	.000	.040	.068

注:a. 因变量为 agency_tourist。

可以看到,该线性方程为 $y=0.054x+2.758$,且在95%置信区间水平上显著,然而,通过对比发现该线性方程的解释值 R^2 为0.896,小于非线性方程中的0.948,因此我们可以认为,通过旅行社旅行的人次与城镇居民旅游人次间呈二次非线性关系。当然,这里我们是通过猜测认为观测点图像为二次函数,但它还有可能是对数函数、增长函数、logistic函数,感兴趣的同学也可以尝试验证一下,并比较它们的拟合值大小。

第三节　曲线估计

在上一节中,我们提到,变量之间的非线性关系可以划分为两类,本质线性关系和非本质线性关系,并分别介绍了曲线直线化变换与通过求导初始参数值进行迭代得到的非线性回归方法。在实际研究中,如果我们不能马上根据专业知识或者根据观测数据本身的特点确定最佳模型,我们也可以在已有的函数模型中寻找合适的模型。

一、什么是曲线估计

曲线估计(curve estimation)同样是用于解决非线性问题的一种方法,与非线性回归不同之处在于,非线性回归需要自己写出预测模型表达式,通过求取表达式中各参数值来获得拟合方程,而曲线估计提供了常用的一些非线性模型,可以自动拟合包括线性模型、对数曲线模型、二次曲线模型和指数曲线模型在内的十几种曲线模型。由此可以看出,曲线估计解决的是本质线性关系问题。

常见的曲线估计模型通常有以下几种:

一元线性:$\hat{y}=\beta_0+\beta_1 x$

二次函数:$\hat{y}=\beta_0+\beta_1 x+\beta_2 x^2$

复合函数:$\hat{y}=\beta_0(\beta_1)^x$

增长函数:$\hat{y}=\mathrm{e}^{(\beta_0+\beta_1 x)}$

对数函数:$\hat{y}=\beta_0+\beta_1 \ln x$

立方函数:$\hat{y}=\beta_0+\beta_1 x+\beta_2 x^2+\beta_3 x^3$

S 函数:$\hat{y}=\dfrac{1}{\beta_0+\beta_1 \mathrm{e}^{-x}}$

指数函数:$\hat{y}=\beta_0 \mathrm{e}^{\beta_0 x}$

幂函数:$\hat{y}=\beta_0 \mathrm{e}^{\beta_1 x}$

在实际应用中,我们常常通过散点图观测样本数据的分布与走势,并依此选择一个或者几个可能的模型函数进行拟合,通过比较各模型函数拟合的输出结果,包括 R^2 值、F 检验值等统计量,选择最能解释数据结果的曲线模型。

二、曲线估计操作方法

可以提供曲线估计模型函数的操作软件有 SPSS、Matlab 等,这里我们以 SPSS 进行曲线回归操作演示。

首先,在 SPSS 环境中选择"图形"→"图表构建程序",选择散点图并将要研究的关系变量分别放入坐标轴中(见图 12-12),点击确定。

然后,在"分析"→"回归"→"曲线估计"中(图 12-13),根据第一步画出的散点图勾选可能的曲线模型,SPSS 中提供了包括二次项、复合、增长、对数、立方等模型函数(图 12-14)。然后运行查看模型拟合结果。选择解释度最高的曲线作为预测模型,继而在此基础上,观察回归系数、显著性等结果。

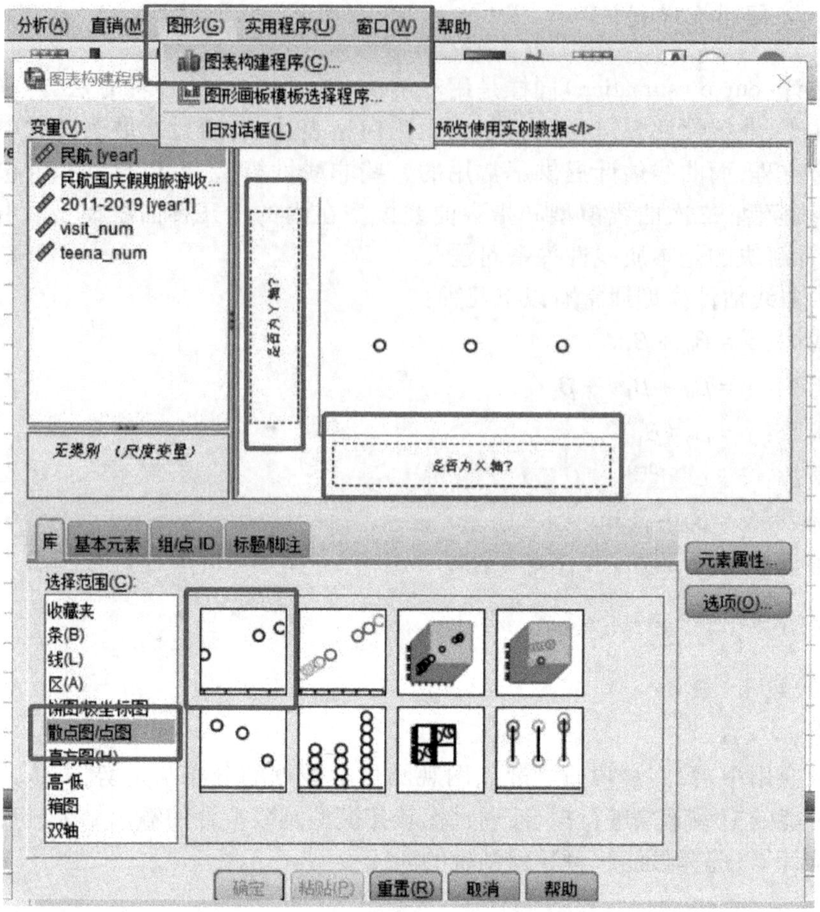

图 12-12　曲线估计分析散点图操作

图 12-13　“曲线估计”操作步骤

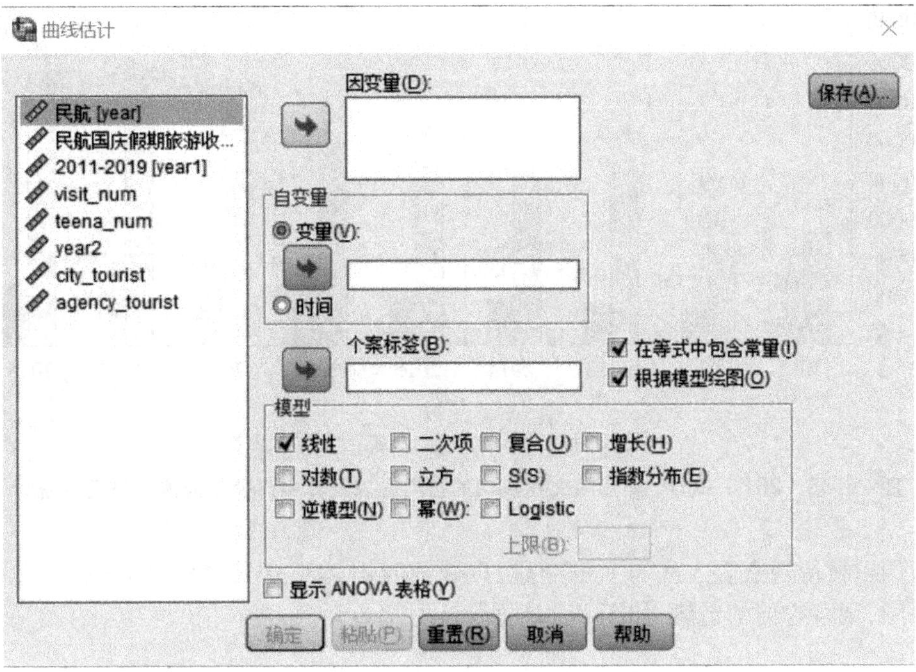

图 12-14 “曲线估计”分析操作窗口

三、案例分析

从全球化文化现象到全球化文化事业，文物机构作为城市记忆和文化遗存的载体，在现代社会中发挥着越来越重要的作用。2020 年，《关于利用博物馆资源开展中小学生教育教学的意见》由教育部和国家文物局联合印发，其中指出将博物馆青少年教育纳入课后服务内容，让文物机构进入了大众的视野。

我们以中华人民共和国文化和旅游部 2019 年文化和旅游发展统计公报数据作为研究数据样本。截至 2019 年，全国有 10562 家各类文物单位，3518 家文物保护单位，5132 家博物馆。与此同时，全国各文物单位共拥有 5130. 19 万件藏品，其中绝大多数为博物馆单位所珍藏。仅 2019 年，就有 30728 件文物展出，博物馆接待游客 114732 万人次。我国文物机构开展教育活动数量与接待观众均已形成体量级规模，博物馆更是已然成为最大的校外教育场地。文物机构的存在帮助宝贵的文化遗产转化为地区名片和独特的城市文化形象，又悄悄地促进着居民对地方的认同感、青少年对拓展知识的习得。

2019 年的统计公报数据，对过去九年我国文物机构的访问量以及其中青少年群体的访问量做了统计，数据如图 12-15 所示，可以看出随着年份的增长，全国文物机构的接待人数在逐年增加，而其中青少年群体尽管也在增加，但增长趋势较为缓慢。下面我们研究历年全国居民访问文物机构的人次与其中未成年观众人次的关系。

图 12-15　2011—2019 年我国文物机构的访问量以及其中青少年群体的访问量统计

我们以接待观众总人次作为自变量，以未成年群体观众人次作为因变量，我们先作出散点图，观察它们的走势，如图 12-16 所示。

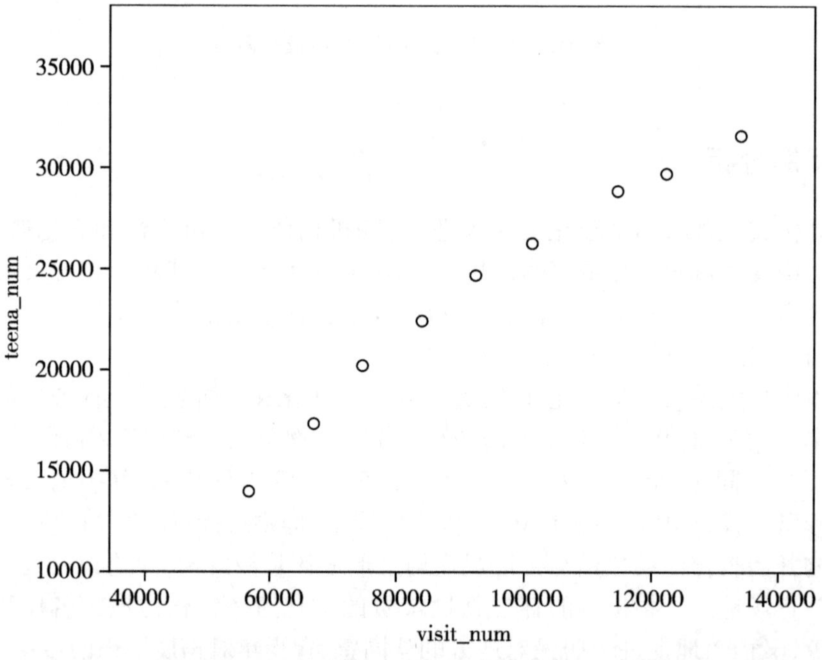

图 12-16　2011—2019 年我国文物机构接待观众总人次与未成年人观众人次关系散点

从图 12-16 可知，二者的关系可以是线性的也可以是二次曲线模型。那么分别来作回归分析并进行对比。

根据图 12-17 中的操作步骤，我们运行并等待分析结果。

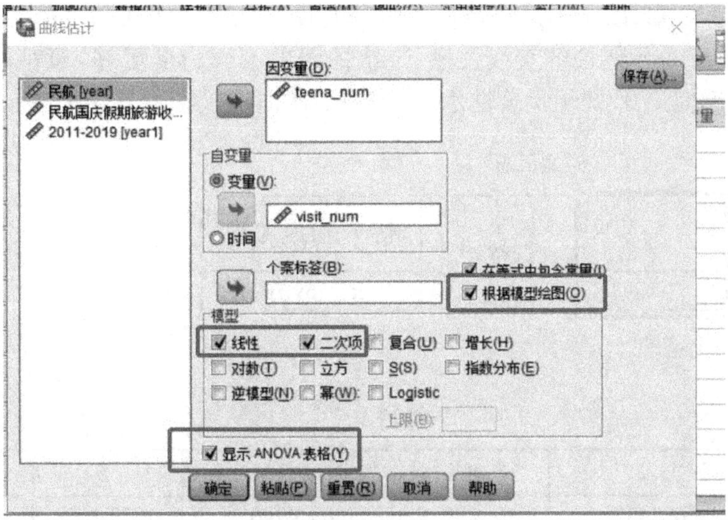

图 12-17　曲线估计分析

从输出查看器窗口中,我们可以得到以下结果(图 12-18):首先在线性回归中,以全国总接待量为解释变量的一元线性回归方程,它的拟合优度判定系数(R^2)为 0.974,且在 p=.000 的水平上显著。

模型汇总

R	R^2	调整 R^2	估计值的标准误
.987	.974	.970	R^2　1024.283

注:自变量为 visit_num 。

ANOVA

	平方和	df	均方	F	Sig.
回归	273781824.9	1	273781824.9	260.955	.000
残差	7344086.621	7	1049155.232		
总计	281125911.6	8			

注:自变量为 visit_num 。

系数

	未标准化系数		标准化系数		
	B	标准误	Beta	t	Sig.
visit_num	.223	.014	.987	16.154	.000
(常数)	2875.347	1345.978		2.136	.070

图 12-18　线性回归分析结果

由图 12-19 可知，以全国总接待量为解释变量的二次曲线回归方程的拟合优度系数为 0.998。相比于一元线性的直线关系，二次曲线的解释力度更好。回归方程和各回归系数概率 P 值近似于 0，处于显著性水平，表明二次曲线模型更具合理性。

模型汇总

R	R^2	调整 R^2	估计值的标准误
.999	.998	.998	R^2 269.700

注：自变量为 visit_num。

ANOVA

	平方和	df	均方	F	Sig.
回归	280689481.4	2	140344740.7	1929.446	.000
残差	436430.132	6	72738.355		
总计	281125911.6	8			

注：自变量为 visit_num。

系数

	未标准化系数		标准化系数		
	B	标准误	Beta	t	Sig.
visit_num	.531	.032	2.347	16.706	.000
visit_num**2	-1.611E-006	.000	-1.369	-9.745	.000
（常数）	-10830.394	1450.398		-7.467	.000

注：自变量为 visit_num。

图 12-19　曲线回归分析结果

另外，我们还可以根据回归线对比图更直观地看出差异，如图 12-20 所示，直线代表了直线模型，虚线代表了二次曲线模型，从图中可以清晰地看出，二次曲线更好地拟合了各实际观测值。根据结果，我们还可以得到二次曲线方程表达式，即：$y=-10830.394+0.531X+-1.611e-006\times X^2$。

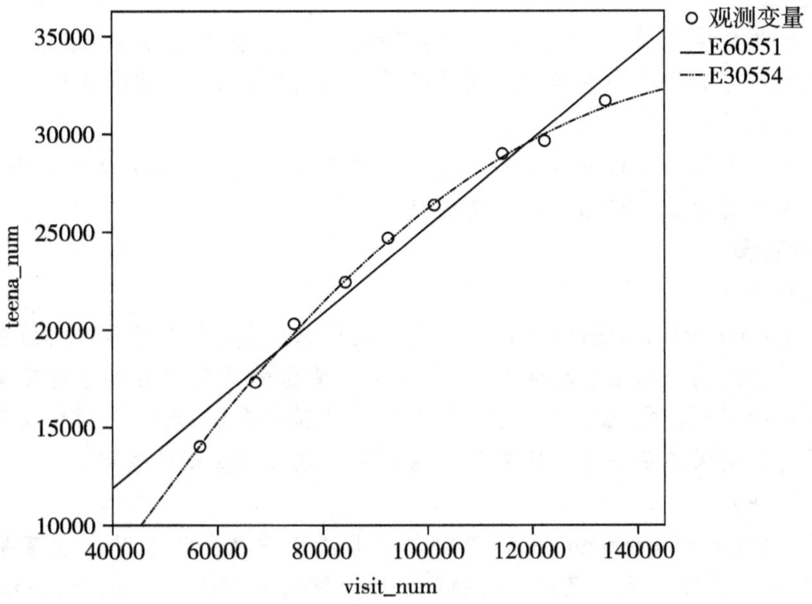

图 12-20 回归线对比

章节习题

一、单项选择题

1. 交互作用在图表中表现为(A)。

A. 斜率发生变化　　B. 位置发生上下平移

C. 形状变为曲线　　D. 位置发生左右平移

2. 通常在使用曲线直线化估计时,所使用的估计法是(B)。

A. 最大似然法　　B. 最小二乘法

C. 贝叶斯估计法　　D. 梯度下降法

3. 下列选项不属于交互作用的意义的是(D)。

A. 它可以识别对某干预因素中受益最大的亚组,并且在识别可能施加干预的协变量时可以降低主要暴露因素的效应

B. 它为揭露影响因变量的机制贡献了新的路径,由此提高了因素对因变量影响总效应的把握度

C. 从统计学角度来看,包含交互作用的模型拟合数据结果通常会更好

D. 从统计学角度来看,包含交互作用和不包含交互作用的模型拟合数据结果是类似的

4. 曲线估计解决的是(B)问题。

A. 本质非线性关系　　B. 本质线性关系

C. 非本质线性关系　　D. 非本质非线性关系

二、判断题

1. 从统计学角度来看，包含交互作用的模型拟合数据结果通常会更好。 (√)

2. 当我们研究的问题中变量间的数量关系呈非线性关系时，通常我们可以用曲线直线化估计或非线性回归方法进行分析。 (√)

3. 如果我们不能马上根据专业知识或者根据观测数据本身的特点确定最佳模型时，我们也可以在已有的函数模型寻找合适的模型。 (√)

三、名词解释

1. 交互作用。

交互作用（interaction effect）是对于自变量之间来说的，在心理学中的解释为当实验研究中存在两个或两个以上自变量时，其中一个自变量的效果在另一个自变量某一水平上表现不一致的现象。交互作用作为研究中的一种客观现象，表示当两种或几种因素水平同时作用时的效果较单一水平因素作用的效果加强或者减弱的作用。

2. 非线性回归。

非线性回归（nonlinear regression）是对具有非线性关系的因变量与自变量进行的回归分析，是针对线性回归无法直接解决的非线性为题而提出的一个通用的模型框架。

3. 曲线估计。

曲线估计（curve estimation）同样是用于解决非线性问题的一种方法，它提供了常用的一些非线性模型，可以自动拟合包括线性模型、对数曲线模型、二次曲线模型和指数曲线模型在内的十几种曲线模型。

四、简答题

1. 说明利用曲线直线化方法进行非线性回归分析的步骤。

答：当我们利用曲线直线化方法进行非线性回归分析时，通常需要以下几个步骤：①绘制散点图，根据图形形状判断曲线关系与类型，写出非线性表达式；②根据非线性表达式，将变量进行转换作曲线直线化变换；③对变换后的数据建立直线回归方程，并作假设检验，计算回归系数；④将变量还原，得到以原变量为表达的曲线方程；⑤比较各模型的拟合优度即决定系数（R^2）并选取解释度最高的曲线方程。

2. 在非线性回归中，参数初始值选择不当会产生什么结果？如何进行选择？

答：非线性回归采用迭代算估计参数，故需要事先指定参数的初始值和取值范围，合适的初始值能使迭代过程正常，迅速收敛，同时避免只得到局部最优解。不合适的初始值选择可能会产生以下几个结果：①需要的计算机时间将会增加；②在其他情况下，初始值选择不当有可能会导致非线性回归程序走向错误的方向，致使迭代永远不会收敛于解；③选择不当的初始值会导致程序收敛于错误的解，即局部最小值。

常用参数初始值的选择方法有如下4个：

①先通过图形确定参数的取值范围，然后在这个范围里选择初始值；②根据非线性方程的数学特征进行某些变换后，再通过图形帮助判断初始值的范围；③先使用固定的数替代某些参数，以此来确定其他参数的取值范围；④通过变量转换，使用线性回归模型来估计参数的初始值。

第十三章　路径分析

学习目标

1. 了解路径分析的概念与方法优势。
2. 了解并掌握路径分析的相关术语、操作步骤与检验方法。
3. 了解并掌握结构模型分析的目的与操作步骤。
4. 了解并掌握调节作用与交互作用的联系与区别。
5. 了解多群组分析的相关概念与操作步骤。

第一节　测量模型

假设我们研究游客体验与游客满意度之间的关系，其中，游客体验由五个问项解释，游客满意度由三个问项解释。如果使用回归分析方法，我们首先需要分别计算游客体验中五个问项和游客满意度中三个问项的平均值，继而完成回归分析。可是，通过平均值得到的关系是否恰当呢？显然是不恰当的。线性回归存在一定的局限性，它无法对一些不可直接测量的变量进行处理，尤其是在社会学、心理学等领域中，许多研究所涉及的一些主观性较强的变量都无法直接进行准确的测量，如工作满意度、旅游体验、品牌忠诚等。因而，本章前两节将着重介绍一种新的统计方法——路径分析。

一、路径分析的基本概念

（一）什么是路径分析

路径分析包括测量模型和结构模型，因而在介绍测量模型之前，我们首先来了解什么是路径分析，以及它的优势。路径分析（path analysis）是一种研究多个变量之间因果关系及其强度的统计方法与技术，如今也称为结构方程模型（structure equation model，SEM）。它与相关关系不同，对线性回归进行了补充，弥补了其局限，尤其是1921年被遗传学家赖特（Wright）提出后，在遗传学、心理学、社会学、经济学、教育学等多个学科领域上应用广泛。路径分析主要用于检验一个假想的因果模型的准确性和可靠程度，其对于变量中谁是因、谁是果有着更为严谨的检验，因而又称它是一种验证性的统计分析，而非探索性的统计研究。

路径分析与在此之前出现的相关分析、回归分析方法，既有相似之处，如路径分析的基础是变量之间的线性相关，路径分析与回归分析都可以验证变量间的因果关系，又存在着支撑了各自发展的差异。

与路径分析相比，相关分析一度在统计学中占领着绝对地位。著名统计学家皮尔逊曾认为，相关关系是变量间存在的一种不确定的数量依存关系。相关关系在实际生活中是最基本的关系，而因果关系则只是其中的一种特殊状态。假设两个变量 *A* 与 *B* 是相关的，那么它们之间就可能存在着 *A* 会导致 *B*、*B* 会导致 *A*、*C* 同时导致 *A* 和 *B*、*A* 与 *B* 互为因果、*A* 与 *B* 的相关是巧合这样 5 种关系。然而，进行相关分析首先需要满足变量呈正态分布的条件，并且相关分析的结果只能反映两变量为对称的线性关系，而并不能进一步求证两个变量间是否有因果关系、因果的方向、因果的强度等。

我们再来看多元回归分析与路径分析的区别。在本书前面章节当中我们知道，多元回归分析是一种可以验证自变量与因变量相关关系的分析方法。多元回归分析假设各自变量与因变量的关系都是并列的（在广义路径分析中也成为递归模型），这也就说明了，多元回归分析解决不了多环节因果关系问题，也即非递归模型。例如在含有中介变量的模型中（图 13-1），中介变量 *M* 在扮演着自变量对结果变量 *Y* 产生影响的同时，也扮演着受自变量 *X* 影响的因变量的角色。显然，这时多元回归分析方法已经不再适用于检验该模型。从一定程度上来说，多元回归表示的是各自变量对因变量的净测量。因此，在处理非递归模型时，就必须使用专门的方法和软件才能实现拟合。

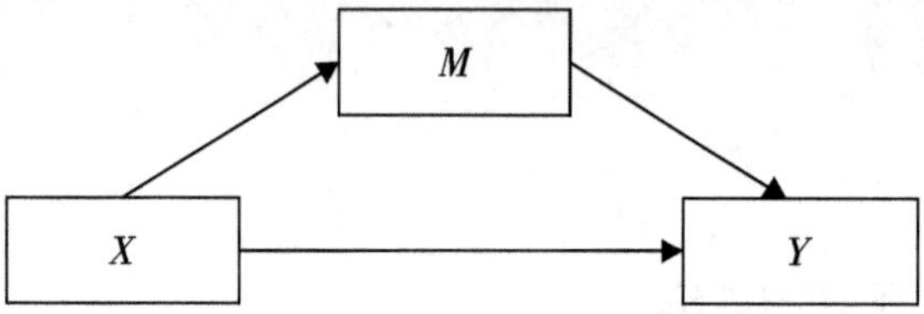

图 13-1　中介模型

从一方面来说，多元回归分析常用的最小二乘法，只能解决少量的自变量与因变量的互相影响，当遇到更为复杂的交错影响情况就无能为力了，特别是在社会实证研究中，因素（变量）之间的联系是错综复杂的。而回归分析要求自变量不存在误差，在一定程度上也削弱了变量间因果关系的实际解释能力。

路径分析主要是通过研究模型中变量的影响关系，而进一步来验证模型假设。它的优势体现在：①引入潜隐变量（latent variable）概念，用于表示不可直接观测的变量（unmeasured variable）。如开头所提到的游客满意度、品牌忠诚度、生活满意度等。并允许变量间具有测量误差。②它可以容纳多环节的因果结构，同时处理变量间互为因果关系的非递归模型。其可以利用路径图直观地展示复杂的因果关系，并在此基础上来进行更深层次的分析，例如比较各因素之间的相对重要程度，计算变量与变量间的直接与间接影响，例如中介效应。

另一方面，使用路径分析也有其假设条件与限制。主要体现在：①样本量要足够丰富；②各潜变量的观测变量至少为 3 个；③各变量间的多重共线性程度不能太高；④在常用的极大似然估计法中，因变量分布需满足多元正态分布。

在进行路径分析的方法中，基于算法的不同，又可分为极大似然法结构方程模型（ML-SEM）、最小二乘法结构方程模型（PLS-SEM）和贝叶斯结构方程（Bayesian-SEM），它们中应用最广泛的是极大似然法结构方程。截止到目前，处理路径分析问题的数据分析软件有很多,例如 LISREL、SAS、Amos、EQS、Mplus 等。

（二）路径分析中的相关概念

路径分析中有很多基本概念,它们依据不同的角度进行划分,主要的有显变量与潜变量、外生变量与内生变量,下面我们通过图 13-2 辅助理解各概念。

显变量(manifest variable) 又称为观测变量(observed variable) ,可以直接观察并进行测量,对应图中如工作压力反映的"JS1""JS2""JS3""JS4""JS5"5 个长方形内的变量。

潜变量(latent variable) 是不能直接观察的变量。如"游客满意度"这种概念是无法直接进行测量的(潜变量),但可以通过如"对当地景区旅游产品的满意程度""对当地旅游工作人员服务水平的满意程度""对当地旅游设施的满意程度"等可观测变量来进行测量。图中逆向行为、情绪劳动和工作压力都属于潜变量。

外生变量(exogenous variable) 指单独的、不被其他变量影响的变量。在图中表现为逆向行为。

内生变量(endogenous variable) 指在模型中会被其他变量影响的变量。在图中,情绪劳动受到逆向行为的影响,工作压力受到情绪劳动与逆向行为的影响,因而情绪劳动和工作压力都属于内生变量。

图 13-2 中还存在有误差变量,用名称 e1、e2、e3 等表示。在模型中,误差变量是不可缺少的,尽管它是无法被实际测量出来的。这是因为,在实际操作当中,显变量无法完全解释潜变量,总会存在误差。

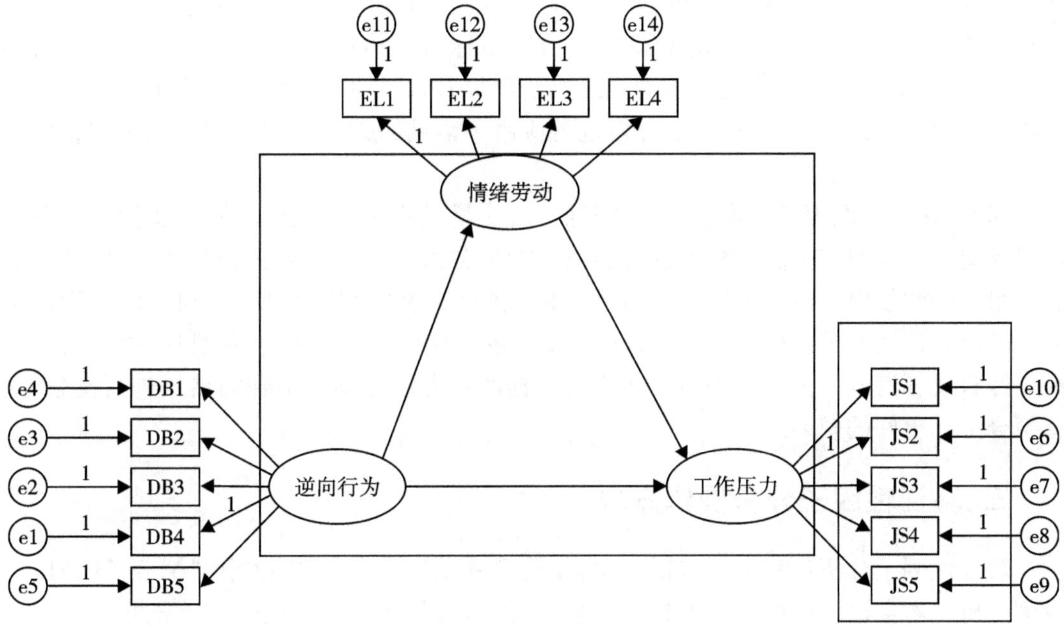

图 13-2　概念模型

（资料来源:陈楠. 基于游客逆向行为的旅游服务从业人员工作压力研究:以情绪劳动为中介变量[J]. 哈尔滨商业大学学报(社会科学版),2018(2):117-128.）

二、什么是测量模型

测量模型(measurement equation)也称验证性因子分析(confirmatory factor analysis,CFA),主要用来表述潜变量与指标间的关系。进行验证性因子分析时,必须有特定的理论观点或者概念架构作为支撑,也就是说,在构建概念模型时,因果关系假设、问项设计等都需要建立在前人研究成果的基础上,而不能借助路径分析来寻找或发现未经验证的因果关系。所以,在验证性因子分析中,理论框架的作用是先于分析,它的计量模型是先验的,理论是一个预先的概念。

探索性因子分析(exploratory factor analysis,EFA)与验证性因子分析不同,其目的是研究变量之间的关系,没有一个先验的固定的因素数量。因而,当你在开发量表时,你可以使用探索性因子分析来测试一个新的量表,然后继续进行确认性因子分析,在一个新的样本中验证因子结构。在探索性因素模型方法中,研究者试图找到一个适合数据的模型。因此,在实践中,研究者开发不同的替代模型,期望找到一个适合数据并有理论支持的模型。这就是探索性因素分析的主要理由。研究者在进行验证性因子分析时,会对假设因子模型的显著性进行统计检验,以验证样本数据是否拟合模型。

因此,通俗来讲,验证性因子分析就是利用收集得到的样本数据检验我们所构建模型的结构与实际数据是否一致的过程。

通过验证性因子分析,我们不但能够认识到我们所构建模型的结构效度、聚合效度、区分效度、组合信度等信度和效度,还能够对问卷问题设置的合理性、问卷的信度和效度进行评估。在实践中,验证该模型架构的信度指标有:Cronbach' s α 系数、因子载荷系数、组合信度 CR;其效度指标主要有:收敛效度 AVE 值,区别效度 AVE 值平方根与相关系数的比较等。此外,验证性因子分析也可应用于常见的方差 CMV 检验、因子权重的计算等。

同时,在验证性因子操作过程中,根据各潜变量是相关还是独立关系,我们可以分别选择正交方法或斜交方法对模型进行测量。如果各潜变量之间存在相关性,则由这些潜变量组成的测量模型可以采用斜交方法,如果各潜变量之间相互独立,则应该采用正交方法进行验证性因子分析。通常,方法的选择在于我们自身在构建模型时,根据实际研究与经验对各潜变量关系的判断。亦或者根据两种方法分别对拟合的结果进行比较,选择拟合指标更好的模型。

三、验证性因子分析操作方法

验证性因子分析过程主要包括:①构建模型并做好准备工作;②模型拟合;③信度与效度分析。本文以 AMOS 软件的操作为例,详细讲解如何进行验证性因子分析。

1. 构建模型并做好准备工作

首先,我们基于相关研究成果与经验,在坚实的理论基础上提出假设关系,并参考选择成熟量表作为观测变量。在 AMOS 环境下,建立测度模型,研究观测变量(指标问项)与潜变量(因子)的关系,并分析各潜变量间的相互关系。

在 AMOS 环境中，如图 13-3 所示，我们通过页面左侧工具栏中“draw observed variables”“draw unobserved variables”“add a unique variable to an existing variable”图标，或者“draw a latent variable or add an indicator to a latent variable”图标，分别绘制出潜变量及其对应的显变量与测量误差。然后双击各变量对应的形状，对其进行命名。

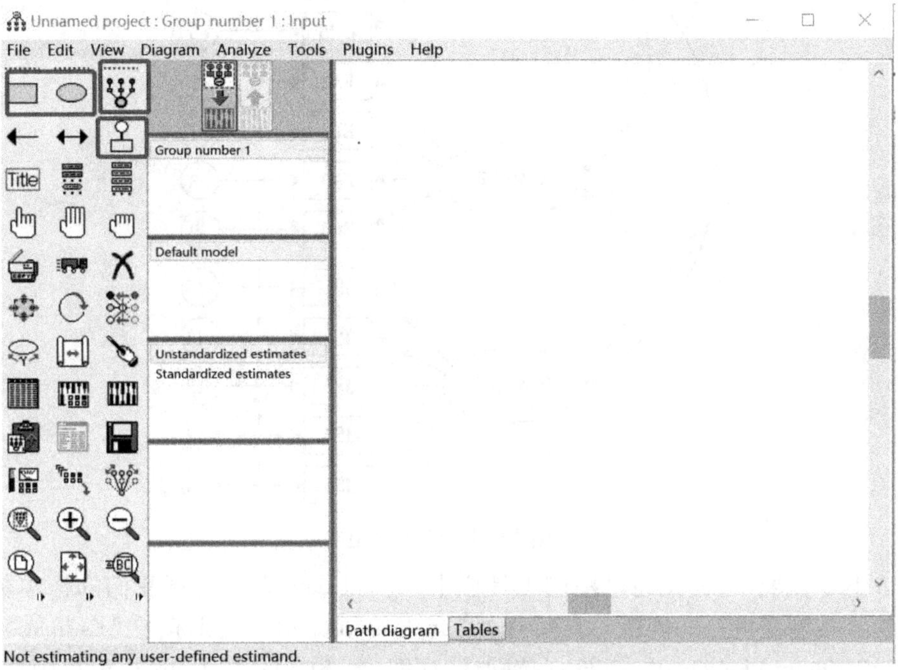

图 13-3 AMOS 环境中模型建构

其次，模型识别是在模型建构完成以后，检验该模型是否能正好充分识别样本数据信息。在该步通过设立测量尺度，帮助实现模型识别。其中，普遍使用的方法是设置各潜变量的其中一个观测变量的因子载荷数为 1。另外，需要将所有潜变量两两间相关，意在为从整体上检验问卷的结构与质量。

在 AMOS 环境中，双击各潜变量下的其中一条路径箭头，弹出“Object Properties”窗口，选择“Parameters”并将“Regression weight”设置为 1。然后我们选中潜变量，选择“Plugins”菜单栏—“Draw Covariances”画出相关双箭头，如图 13-4 所示。

最后，模型估计，也就是模型拟合，是指试图找到所构造的模型的解，其基本思路是使得模型估计的方差/协方差（模型）与样本方差/协方差（数据）之间的差异达到最小。模型拟合的方式和相应的参数估计的方法不同，所得出的结论也会不一样。最大似然法（Maximum Likelihood）、广义最小二乘法（Generalized Least Squares）、无加权最小二乘法（Unweighted Least Squares）、完全信息最大似然估计（Full Information Maximum Likelihood）等是常见的估计方法，其中，以最大似然法使用最为广泛。

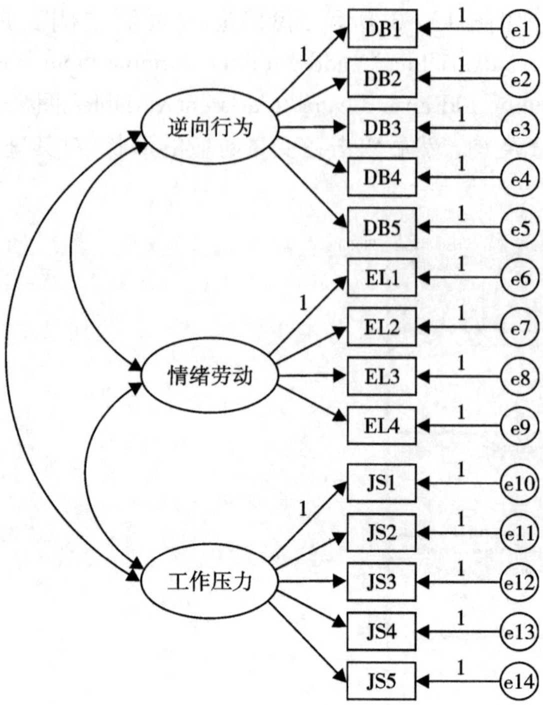

图 13-4 测量模型

在 AMOS 环境中,首先通过左侧工具栏中"Select data file"选择我们的样本数据,并将问卷题项与显变量一一匹配。然后选择"analysis properties"图标,在"Estimation"窗口中选择"Maximum likelihood",其他保持默认,如图 13-5(a);在"Output"窗口中选择我们要输出的内容,如图 13-5(b)所示,并点击运算。

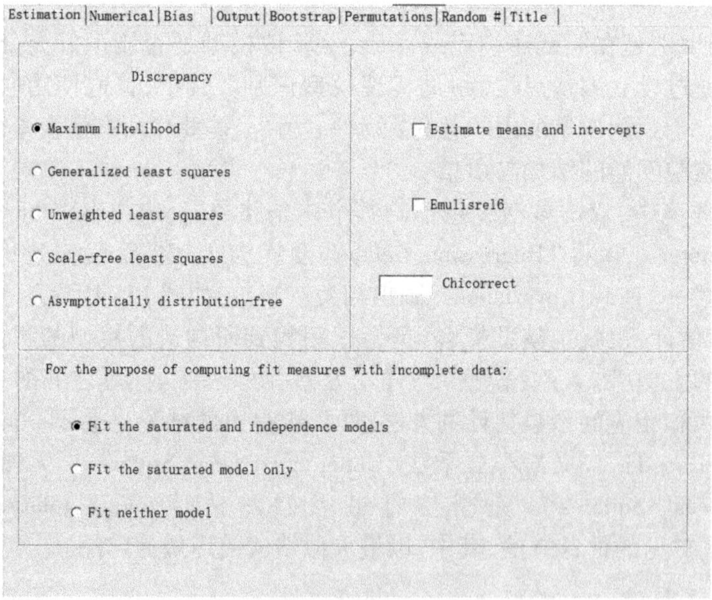

(a)最大似然法估计

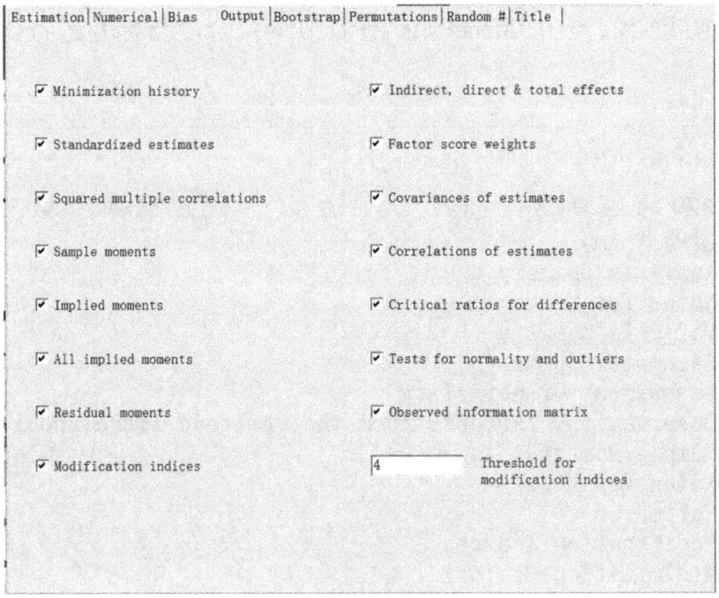

(b)输出结果

图 13-5　AMOS 验证性因子分析准备

2. 模型拟合

通过模型拟合各指标数值,判断衡量整体模型的拟合程度。模型拟合度是判断所建构的因果关系模型与实际数据匹配的程度,模型拟合度指标越好,说明我们所建构的模型与实际数据的吻合程度越高。一般来说,可以根据绝对适配度指标来展现模型整体的拟合度水平,如标准化残差均方根(the standardized root mean square residual,SRMR),近似误差均方根(root mean square error of approximation,RMSEA);增值适配度指标,如塔克·刘易斯指数(Tucker Lewis index,TLI),成长拟合指标(incremental fit index,IFI),比较拟合指数(comparative fit index,CFI);综合适配度指标,如卡方自由度比 CMIN/DF 值等。表 13-1 中对判断模型拟合度的指标及其判断标准进行了展示。

表 13-1　模型拟合度指标

适配度指标	拟合标准	参考来源
标准化残差均方根 RMR	SRMR<0.08	Hu&Bentler(1999)
近似误差均方根 RMSEA	RMSEA<0.06	Browne&Cudeck(1993)
比较拟合指数 CFI	CFI>0.90	Bentler(1988,1995); Hu&Bentler(1999)
成长拟合指标 IFI	IFI>0.90	Yu(2006)
塔克·刘易斯指数 TLI	TLI>0.90	Hu&Bentler(1999)
卡方自由度比 CMIN/DF	1<CMIN/DF<3	Mclver(1981); Kline(2005); Wheaton(1977); Hair, Tatham, Anderson, & Black(1998)

在 AMOS 环境中,点击左侧工具栏中“Calculate estimates”进行运算,运算结束后,点开“View text”结果页面,点击“Model Fit”查看模型拟合度指标并进行比对,如图 13-6 所示。

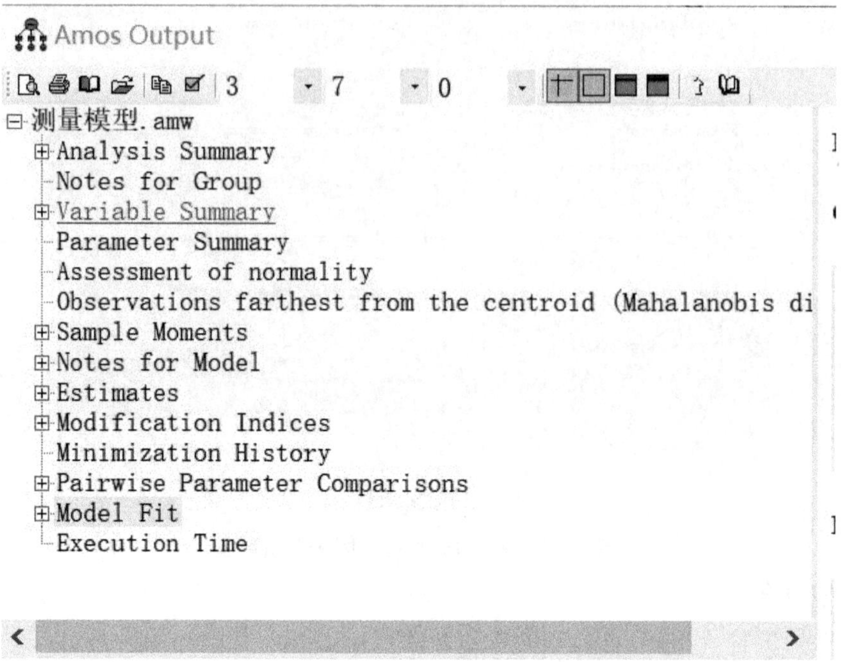

图 13-6 AMOS 运行验证性因子分析结果

3. 信度与效度分析

在模型拟合较好的基础上,我们将对模型的信度与效度进行进一步检验。

可以通过因子载荷系数、组合信度 CR 对模型信度进行检验,而对模型效度的指标进行检验,主要是由平均方差抽取量 AVE(也叫收敛效度)与各显变量间相关系数决定的,表 13-2 给出了检验信效度的指标和标准。其中,因子载荷系数是指潜变量到各测量变量的标准化回归系数,它反映了潜变量对测量变量的解释力。所以,因子载荷系数越高,说明潜变量对测量变量的解释能力就越强。因而对于未满足因子载荷值标准的测量变量,应考虑予以删除,并重新做验证性因子分析。

同时,组合信度是指测度变量之间的相关程度,反映了测度变量之间的内部一致性。也就是说,各测量变量间的相关性越强,潜变量对它们的解释力越强,就具有越好的内部一致性。AVE 指的是一个潜变量对其所有测量变量的综合解释能力, AVE 数值越大,意味着潜变量可以对其相应的测量变量进行解释的能力就越强,也就是说,测量变量表现出潜变量特征的能力就更强,具有更好的收敛效度。另外,组合信度 CR 值与平均方差抽取量 AVE 均根据因子载荷系数计算得到,下方分别列出了计算 CR 与 AVE 值的公式:

$$CR = \frac{(\sum \lambda)^2}{(\sum \lambda)^2 + \sum \theta};\ AVE = \frac{\sum \lambda^2}{(\sum \lambda^2) + \sum \theta}$$

其中，λ 为因子载荷量，θ 为测量误差值

比较平均方差抽取量平方根与潜变量之间的相关系数(皮尔逊相关系数)可以检验出区别效度。当 AVE 的算术平方根大于潜在变量间对应相关系数的绝对值时，则说明其内部相关性要大于外部相关性，表明潜在变量之间是有差别的，那么判别效度高。

表 13-2　信效度检验指标及标准

判断指标		标准
信度检验	因子载荷量 λ	λ≥0.7
	组合信度 CR 值	CR≥0.6
效度检验	平均方差抽取量 AVE	AVE≥0.5
	平均方差抽取量平方根	√AVE>相关系数

在 AMOS 环境操作中，点击“View text”，找到并点击左方面板“Estimates”可在右方找到“Standardized Regression Weights”并查看各测量变量的因子载荷系数，通过计算可得到 AVE 值与 CR 值。另外，在“Estimates”中找到“Implied(for all variables)correlation”即各潜变量间的相关系数值，分别与对应的 AVE 平方根值进行比较，即可判断模型的区别效度。

四、案例分析

近年来，随着旅游业发展的日趋成熟以及旅游者需求的日趋多元化，夜间旅游作为一种早已存在的旅游类型正引起前所未有的关注。夜间旅游是满足人民对美好生活的向往、拉动旅游消费、推动供给侧结构性改革、丰富文化内涵的一种重要方式，它将为旅游经济的持续健康发展提供新的动力。以光影、视觉等科技为依托，以各种形式呈现出来的夜游产品，已经引起了广大市民和游客群体的广泛参与。在我国，一些地方已经开始自觉地对夜间旅游进行发展，并朝着目的地形象管理、品牌塑造方向前进。在旅游产品同质化泛滥的背景下，越来越多的旅游供给方在加固旅游地形象上下功夫，同时也促成了我国旅游品牌意识的觉醒。

我们尝试研究夜间旅游背景下品牌体验对目的地品牌资产的贡献程度，在此基础上探索游客对当地夜间旅游品牌忠诚问题。数据共包含 235 个观测值，包括品牌意识、品牌形象、感知质量、品牌资产和品牌忠诚 5 个所需变量。其中，对品牌意识的测量反映为 3 个问项指标(即观测变量)，对品牌形象的测量反映为 11 个问项指标，对感知质量的测量反映为 7 个问项指标，对品牌资产的测量反映为 3 个问项指标，对品牌忠诚的测量反映为 4 个问项指标。在不区分性别、年龄、婚姻状况的情况下，探索 5 个变量间的因果关系。

通过翻阅已有相关研究，在充分了解目的地品牌相关理论的基础上，我们提出了以下 4 个假设内容：

假设 1：品牌意识对品牌资产有显著正向作用；

假设 2：品牌形象对品牌资产有显著正向作用；

假设 3：感知质量对品牌资产有显著正向作用；

假设 4:品牌资产对品牌忠诚有显著正向作用。

在问卷设计时,亦是参考了现有的成熟量表,并根据夜间旅游的特征及专家访谈法的结果进行调整,最后形成正式量表。对各观测变量进行测量时,采用李克特五分量表,从 1 到 5 依次为非常不同意到非常同意。

首先通过 SPSS 软件,对搜集得到的数据样本进行初步的信效度检验与异常值检测,得到问卷 Cronbach's α 系数为 0.917,KMO 值为 0.939,说明问卷具有良好的信效度。同时,通过因子分析发现品牌形象中的一个问项指标因子载荷系数低于 0.4,因而予以删除处理。接下来,运用 AMOS 构建结构方程模型探索变量间的因果关系。

第一步,我们需要构建模型。在 AMOS 环境中,运用工具栏工具,绘制出各潜变量与对应的观测变量与残差项。为了方便识别,分别令每个潜变量下的其中一条观测变量因子载荷系数设为 1,选中各潜变量并建立相关关系,这里我们采用协方差法。录入数据并将各观测变量与数据一一匹配,最终得到图 13-7。

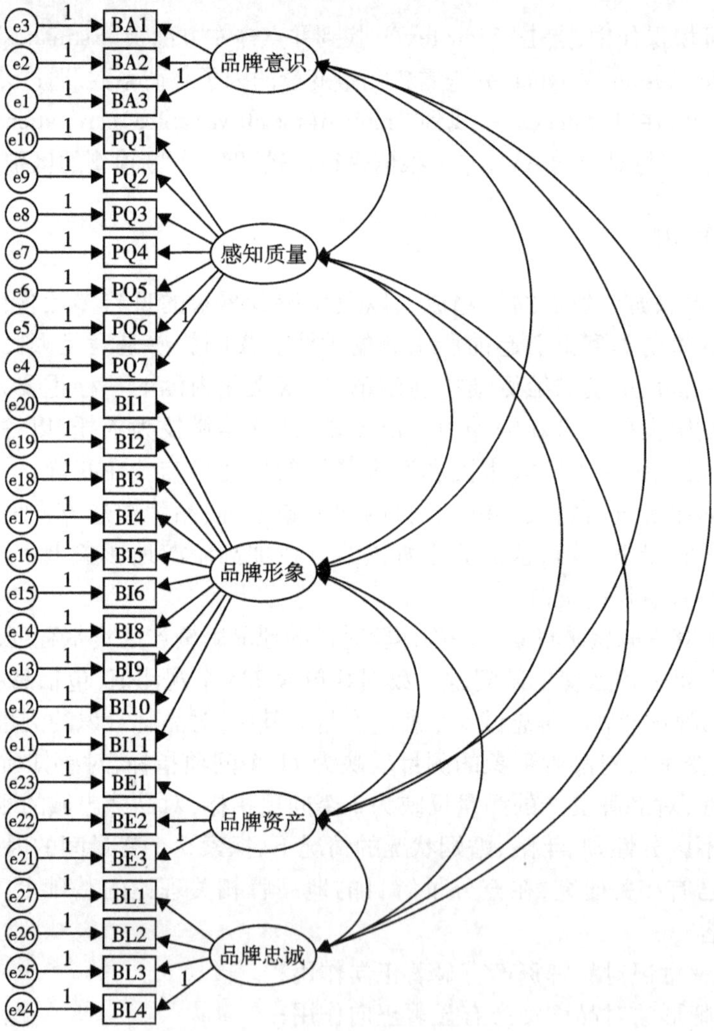

图 13-7 验证性因子分析模型

接下来,选中工具栏“Analyze properties”图标,分别选择最大似然法和需要的输出结果。点击保存并运行。

第二步,我们来观察我们所构建模型与数据样本的拟合水平。打开工具栏中“View text”图标,在“Output”窗口中找到“Model Fit”,可以发现判断模型拟合的指标汇总,如图13-8所示。并整理得到模型的拟合数值,如表13-3所示。通过表中反应的各指标数值结果来看,尽管个别如TLI值低于临界值0.9,RMSEA值高于0.07,但是,由于其他指标均在要求的标准范围内,因而,整体上看,模型的拟合情况尚可。

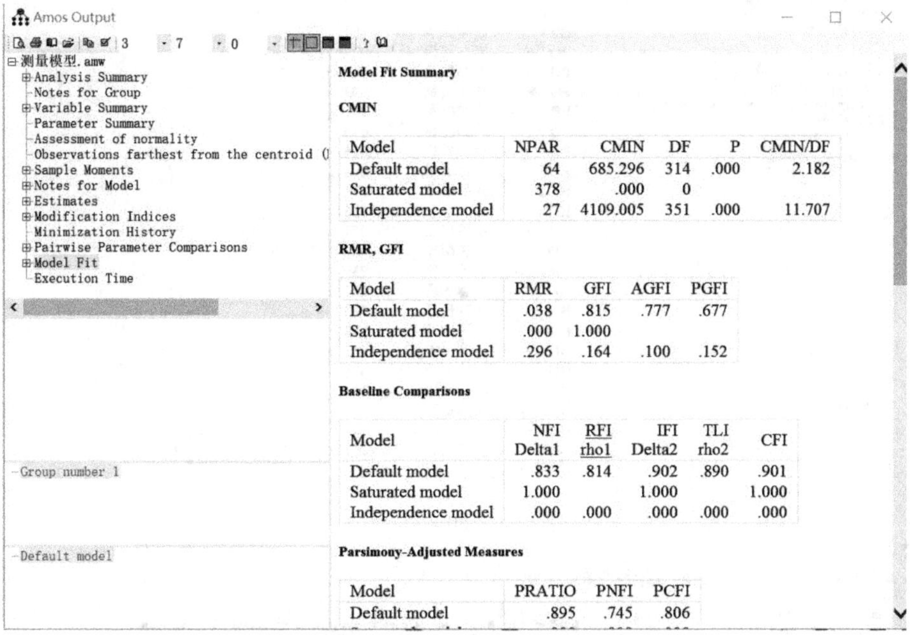

图13-8　AMOS中模型拟合结果窗口

表13-3　模型拟合数值

指数	拟合标准	拟合水平
标准化残差均方根 SRMR	SRMR<0.08	SRMR=0.055
近似误差均方根 RMSEA	RMSEA<0.06	RMSEA=0.071
比较拟合指数 CFI	CFI>0.90	CFI=0.901
成长拟合指标 IFI	IFI>0.90	IFI=0.902
塔克·刘易斯指数 TLI	TLI>0.90	TLI=0.890
卡方自由度比 CMIN/DF	1<CMIN/DF<3	CMIN/DF=2.182

第三步,我们来检验模型的信效度水平。在“Output”窗口中找到“Estimates”,并分别找到“Standardized Regression weights”和“Implied(for all variables)Correlations”表格,得到标准化后的各问项指标的因子载荷系数与各潜变量间的相关系数,如图13-9所示。通过计算与整理,我们最终得到验证性因子分析结果,其中,表13-4反映了建构模型的因

子载荷系数,AVE 值与 CR 值,以此得到模型的信度与收敛效度。根据各数值结果我们可以了解到,品牌形象下的 6 个观测变量因子载荷、感知质量中 3 个观测变量的因子载荷的结果均低于标准 0.7,且导致了品牌形象的 AVE 值低于标准值 0.5,因此,对这 9 个观测变量予以删除处理。整理结束,感知质量、品牌形象潜变量下分别有 4 个观测变量。

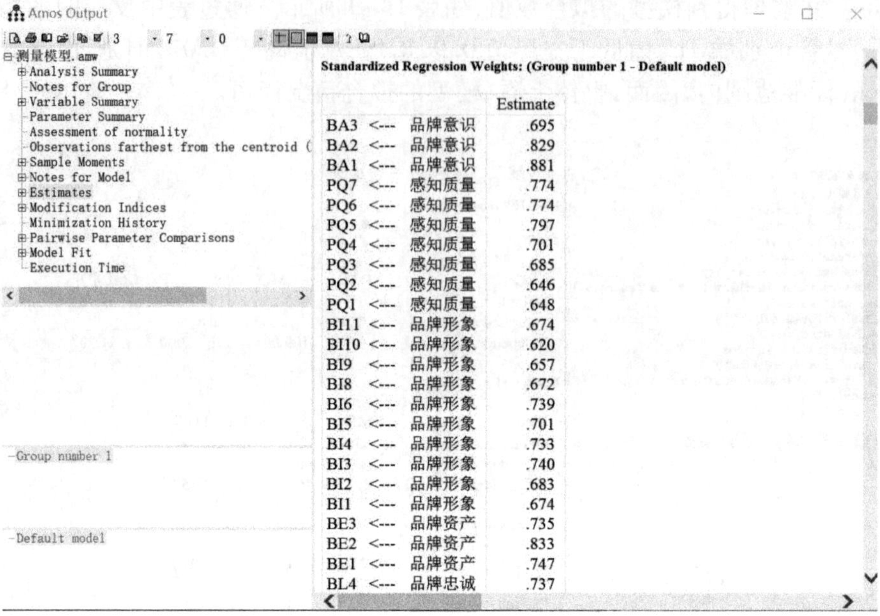

			Estimate
BA3	<---	品牌意识	.695
BA2	<---	品牌意识	.829
BA1	<---	品牌意识	.881
PQ7	<---	感知质量	.774
PQ6	<---	感知质量	.774
PQ5	<---	感知质量	.797
PQ4	<---	感知质量	.701
PQ3	<---	感知质量	.685
PQ2	<---	感知质量	.646
PQ1	<---	感知质量	.648
BI11	<---	品牌形象	.674
BI10	<---	品牌形象	.620
BI9	<---	品牌形象	.657
BI8	<---	品牌形象	.672
BI6	<---	品牌形象	.739
BI5	<---	品牌形象	.701
BI4	<---	品牌形象	.733
BI3	<---	品牌形象	.740
BI2	<---	品牌形象	.683
BI1	<---	品牌形象	.674
BE3	<---	品牌资产	.735
BE2	<---	品牌资产	.833
BE1	<---	品牌资产	.747
BL4	<---	品牌忠诚	.737

(a)

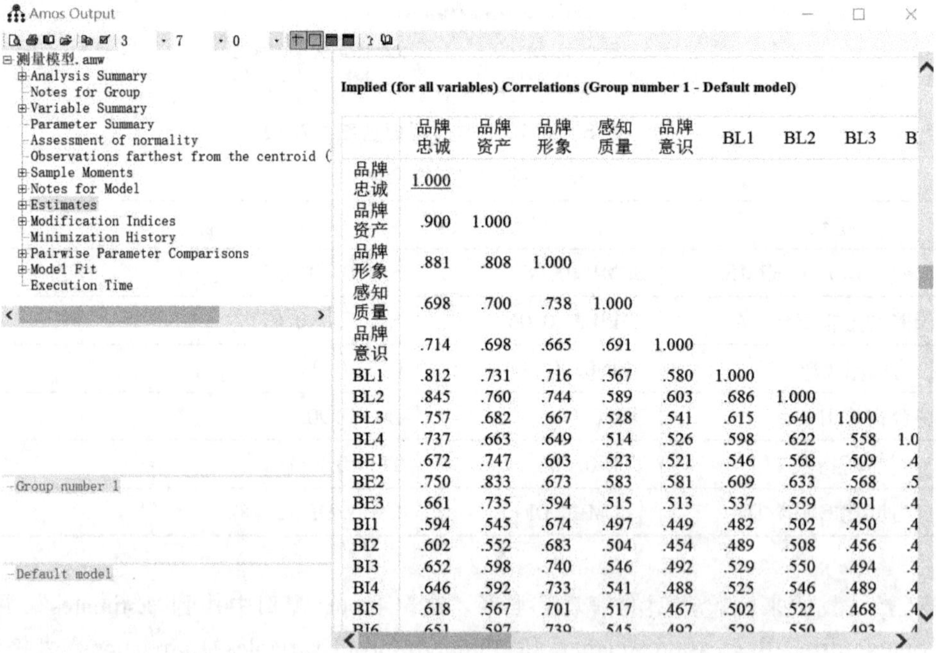

	品牌忠诚	品牌资产	品牌形象	感知质量	品牌意识	BL1	BL2	BL3	B
品牌忠诚	1.000								
品牌资产	.900	1.000							
品牌形象	.881	.808	1.000						
感知质量	.698	.700	.738	1.000					
品牌意识	.714	.698	.665	.691	1.000				
BL1	.812	.731	.716	.567	.580	1.000			
BL2	.845	.760	.744	.589	.603	.686	1.000		
BL3	.757	.682	.667	.528	.541	.615	.640	1.000	
BL4	.737	.663	.649	.514	.526	.598	.622	.558	1.0
BE1	.672	.747	.603	.523	.521	.546	.568	.509	.4
BE2	.750	.833	.673	.583	.581	.609	.633	.568	.5
BE3	.661	.735	.594	.515	.513	.537	.559	.501	.4
BI1	.594	.545	.674	.497	.449	.482	.502	.450	.4
BI2	.602	.552	.683	.504	.454	.489	.508	.456	.4
BI3	.652	.598	.740	.546	.492	.529	.550	.494	.4
BI4	.646	.592	.733	.541	.488	.525	.546	.489	.4
BI5	.618	.567	.701	.517	.467	.502	.522	.468	.4
BI6	.651	.597	.739	.545	.492	.529	.550	.493	.4

(b)

图 13-9　AMOS 中变量因子载荷系数表与相关系数结果窗口

表 13-4 验证性因子分析结果

因子	指标	因子载荷	CR	AVE	因子	指标	因子载荷	CR	AVE
品牌意识	BA1	0.881	0.846	0.649	品牌形象	BI5	0.701		
	BA2	0.829				BI6	0.739		
	BA3	0.695				BI8	0.672		
感知质量	PQ1	0.648	0.882	0.519		BI9	0.657		
	PQ2	0.646				BI10	0.620		
	PQ3	0.685				BI11	0.674		
	PQ4	0.701			品牌忠诚	BL1	0.812	0.868	0.622
	PQ5	0.797				BL2	0.845		
	PQ6	0.774				BL3	0.757		
	PQ7	0.774				BL4	0.737		
品牌形象	BI1	0.674	0.901	0.478	品牌资产	BE1	0.747	0.818	0.600
	BI2	0.683				BE2	0.833		
	BI3	0.740				BE3	0.740		
	BI4	0.733							

再次进行第二步与第三步检验新模型的拟合情况与信效度，该过程称作模型修正。模型修正不仅可以通过因子载荷值实现，还可以通过“Modification indices”中给出的提示，结合理论与实际意义，对模型进行修正。经过反复的修正以找到拟合度最好的最终模型。表 13-5 显示，新的模型拟合情况与第一次相比有了很大提升，表明新的模型拟合度水平更高。

表 13-5 第二次模型拟合值结果

指数	拟合标准	第一次拟合水平	第二次拟合水平
标准化残差均方根 SRMR	SRMR<0.08	SRMR=0.055	SRMR=0.047
近似误差均方根 RMSEA	RMSEA<0.06	RMSEA=0.071	RMSEA=0.064
比较拟合指数 CFI	CFI>0.90	CFI=0.901	CFI=0.952
成长拟合指标 IFI	IFI>0.90	IFI=0.902	IFI=0.953
塔克·刘易斯指数 TLI	TLI>0.90	TLI=0.890	TLI=0.942
卡方自由度比 CMIN/DF	1<CMIN/DF<3	CMIN/DF=2.182	CMIN/DF=1.949

表 13-6 与表 13-7 分别显示了第二次验证性因子分析的结果和各潜变量的相关系

数与 AVE 平方根值。由表可知,模型有着良好的信度、收敛效度与区别效度。至此,验证性因子分析已经完成。

表 13-6 第二次验证性因子分析结果

因子	指标	因子载荷	CR	AVE	因子	指标	因子载荷	CR	AVE
品牌意识	BA1	0.884	0.846	0.649	品牌忠诚	BL1	0.814	0.868	0.622
	BA2	0.829				BL2	0.848		
	BA3	0.690				BL3	0.754		
感知质量	PQ4	0.693	0.859	0.604		BL4	0.734		
	PQ5	0.813			品牌资产	BE1	0.741	0.817	0.600
	PQ6	0.782				BE2	0.838		
	PQ7	0.814				BE3	0.737		
品牌形象	BI3	0.742	0.539	0.824					
	BI4	0.762							
	BI5	0.696							
	BI6	0.736							

表 13-7 区别效度检验

构念	品牌忠诚	品牌资产	品牌形象	感知质量	品牌意识
品牌忠诚	0.789				
品牌资产	0.603	0.775			
品牌形象	0.711	0.683	0.734		
感知质量	0.696	0.665	0.773	0.777	
品牌意识	0.713	0.697	0.676	0.631	0.806

第二节 结构模型分析

通过上一节的内容我们可以知道,一般的 SEM 可以分为两个子模型:测量模型和结构模型。测量模型显示了观测变量和潜变量之间的关系。换言之,测量模型指定了每个测量值反映到某一个潜变量上的模式。测量模型的结果帮助我们了解所构建的模型在多大程度上代表了被调查现象中存在特征的水平,以及数据样本测量结果的一致性程度。在保证了模型与数据很好拟合的基础上,我们在这一节来学习模型中因果关系的检验，即结构模型分析。

一、什么是结构模型分析

结构模型分析主要是研究潜变量间的相互关系。它也可以被看成一个回归模型，其中路径系数就是路径分析模型的回归系数，被用来衡量变量之间影响程度或变量的效应大小（标准化系数、非标准化系数）。

根据结构模型输出的结果，我们通常利用路径系数（β）、显著性水平（p 值）与决定系数（R^2）3 个数值来判定结构模型中各潜变量间的因果关系是否显著，并在多大程度上可以被解释。

二、结构模型分析的步骤

当检验完测量模型的信效度以后，需要进行结构模型分析，以检验我们假设的因果关系。与分析测量模型步骤相同，结构模型分析也需要经过模型构建、运算准备、模型识别、模型估计等步骤。

第一步，绘制结构模型图。结构模型与测量模型不同，它研究的是潜变量间的关系，因而用此处箭头根据假设关系将潜变量相连表示因果关系。在画图中，如果有两个及以上外生变量，则需要将这些外生变量通过双向箭头相连，同时，内生变量需要增加残差项。

在 AMOS 环境中，通过左侧工具栏绘制出结构模型图，如图 13-10 所示。

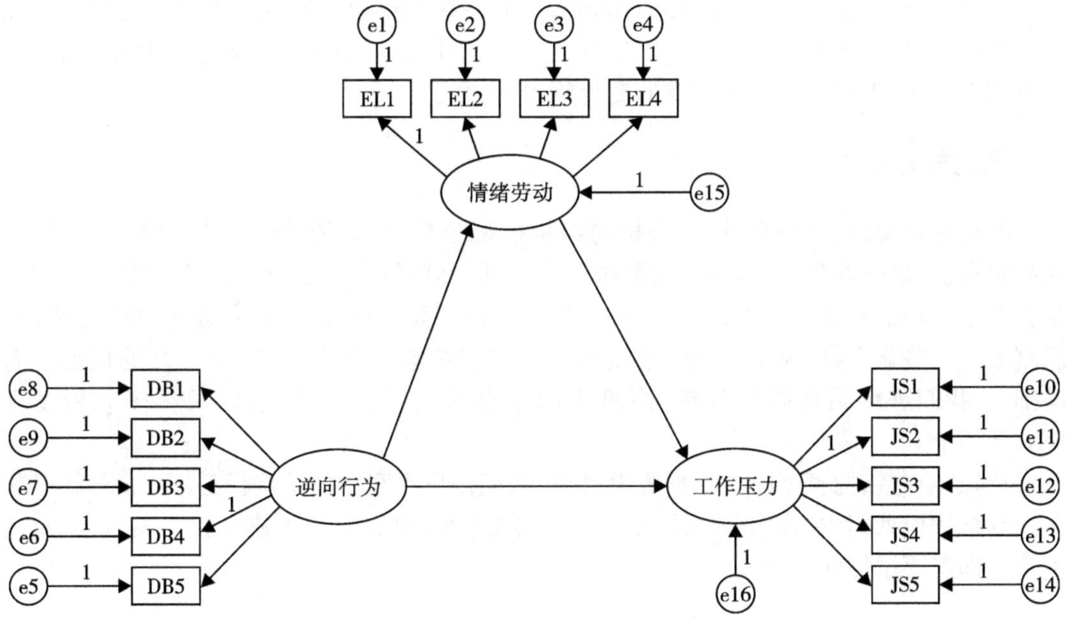

图 13-10 结构模型

第二步,设置运行条件,包括估计法的设置、结果输出选项等,可以参照操作验证性因子分析的步骤。选择最大似然法,并在输出内容中选择我们需要的结果,点击保存,并运行。

第三步,在运行结束以后,点开"Output"结果页面。首先依然要分析模型的拟合水平,点开"Model Fit",查看各拟合指标,如 CMIN/DF 值、SRMR 值、RMSEA 值、CFI、IFI、TLI 等指标,并与临界值进行比较。若模型拟合结果并没有达到预期,则可以对模型进行进一步修正,直到模型与数据达到理想拟合水平。

第四步,检验假设关系。在输出结果页面中,点击"Estimates"查看"Regression weights""Standardized regression weights",以及"Squared multiple correlations"3 个表格,分别判断假设关系的显著性、路径系数以及解释水平。

通过"Regression weights"表中 C. R. 值与 p 值我们可以判断假设关系是否显著。其中,C. R. 为检验统计量,也称临界比率(critical radio),是参数估计值除以标准误差以后所得,相当于 T 值。如果该值大于 1. 96,则表明该回归系数在 $p=0.05$ 水平上达到显著性水平,也就是说,该假设关系成立。p 值(p value)为显著性检验过程中的一个重要指标,表示在原假设为真时,出现偏离原假设值的观测值的概率,即拒绝原假设的概率,此时,说明模型反映的线性关系显著。通常取值为 0. 05,0. 001,并描述为在显著性水平 0. 05/0. 001 水平下,对推断结果可靠性的判断。

Standardized regression weights,通俗地讲,是标准化后各潜变量间的回归系数值,又称为路径系数。通常在论文写作中我们汇报的即标准化的路径系数。

Squared multiple correlations 即内生变量能够被解释的变异量,也即我们常说的 R^2。R^2 也称作决定系数(coefficient of determination),反映回归直线对观测值的拟合程度。在线性关系中,R^2 的取值范围在 0 ~ 1,R^2 值越接近于 1,表明预测值与真实值越接近;而当 R^2 越接近于 0,表明模型能够解释的变化越少。

三、案例分析

结构方程模型分为测量模型分析与结构模型分析,我们依然选用上一节的案例,研究品牌意识、品牌形象、感知质量与品牌资产之间,品牌资产与品牌忠诚之间的因果关系是否成立。在上一节案例中,我们对 4 个变量进行了验证性因子分析,通过这个过程,我们删去了一些显变量,模型的整体信度与效度得以检验并提升,在一个良好的模型拟合基础上,我们进行结构模型分析,检验我们提出的假设是否成立,以及在多大程度上成立。

首先,绘制结构模型图。根据假设关系,我们作出本案例的结构模型图,如图 13-11。在绘制结构模型图中,我们需要注意,外生变量之间需要有双箭头建立相关关系,以及内生变量都需要添加残差项。

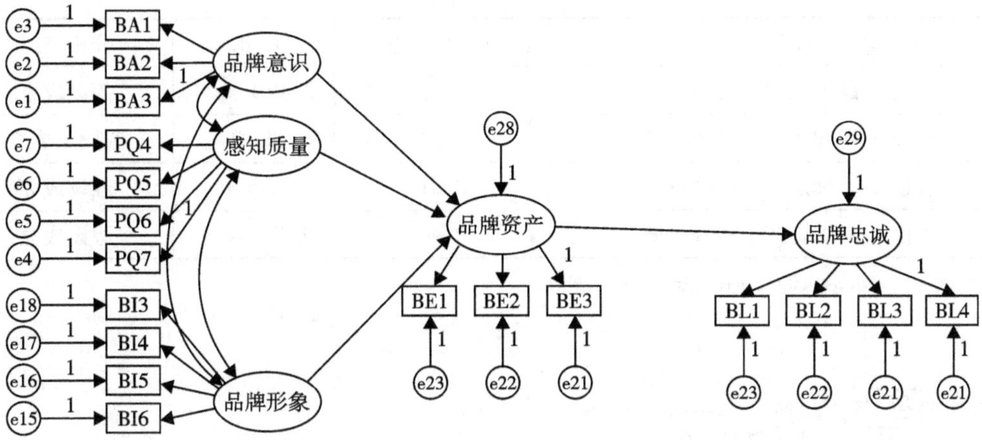

图 13-11　结构模型

第二步，设置运行条件。选中工具栏"Analyze properties"图标，分别选择最大似然法和需要的输出结果，录入数据并将显变量与模型一一匹配，点击保存并运行。

第三步，在输出结果中，首先检验模型的拟合情况。检验假设关系时，要确保模型与数据拟合水平较高。根据输出结果，结构模型的拟合水平情况如表 13-8 所示。由此可知，结构模型与数据样本拟合水平良好。

表 13-8　结构模型拟合度结果

指数	拟合标准	拟合水平
标准化残差均方根 SRMR	SRMR<0.08	SRMR=0.047
近似误差均方根 RMSEA	RMSEA<0.06	RMSEA=0.066
比较拟合指数 CFI	CFI>0.90	CFI=0.948
成长拟合指标 IFI	IFI>0.90	IFI=0.949
塔克·刘易斯指数 TLI	TLI>0.90	TLI=0.938
卡方自由度比 CMIN/DF	1<CMIN/DF<3	CMIN/DF=2.011

接下来，在输出页面中找到"Estimates"并点击，分别找到"Regression weights"，"Standardized regression weights"，以及"Squared multiple correlations"三个表格，找到假设关系的显著性水平、路径系数 β 以及解释力 R^2。结果分别如表 13-9、图 13-12 所示。

表 13-9 假设检验

假设关系	标准化系数	C. R.	分析结果
假设 1:品牌意识→品牌资产	0.28	3.49 * * *	假设成立
假设 3:感知质量→品牌资产	0.07	0.72	假设不成立
假设 2:品牌形象→品牌资产	0.61	5.17 * * *	假设成立
假设 4:品牌资产→品牌忠诚	0.96	9.89 * * *	假设成立

注:* * * 表示 $p<0.001$,即在 0.001 水平上显著。

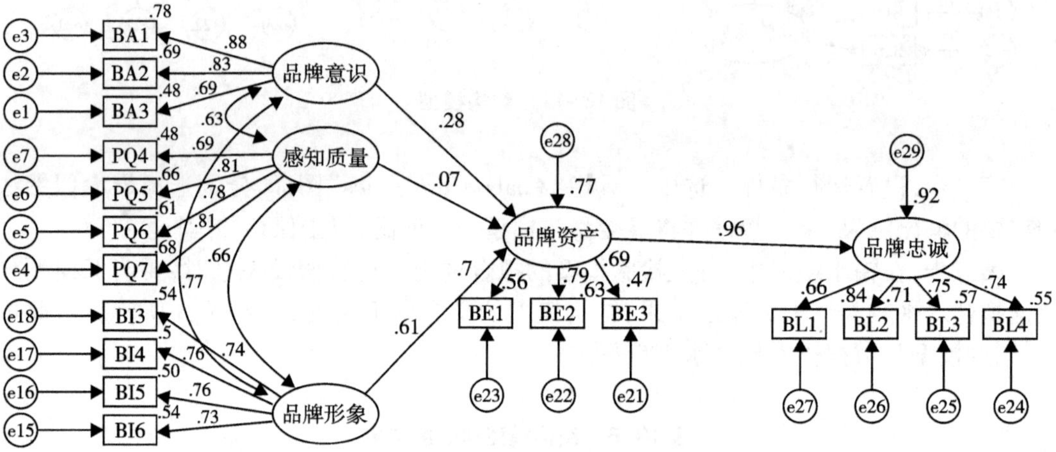

图 13-12 结构模型分析结果

根据结构模型结果,可以看出品牌意识显著正向影响了品牌资产($\beta=0.28$, $p<0.001$),品牌形象也显著影响了品牌资产($\beta=0.61$,$p<0.001$),品牌意识与品牌形象两个变量解释了 77% 的品牌资产变化,品牌资产显著影响了品牌忠诚($\beta=0.96$,$p<0.001$),且能够解释 96% 品牌忠诚的变化。因此,假设 1、假设 2 和假设 4 成立。

第三节 多群组分析

新冠肺炎疫情席卷全球,给世界经济带来了无法弥补的损失。尽管世界上许多国家都采取了相应的措施来应对这次疫情的冲击,但是由于病毒的强传染性、高扩散性,再加上各个国家的防疫效果不一,因此,各个国家的经济受到这次疫情的影响程度也是不一样的。也就是说,各国的经济受影响程度会由于国家防疫的有效性以及该国经济恢复力不同而有所差异,这就是调节效应。当我们想要探究适配于某一个群体的因果关系,是否在其他情况下也成立时,可能会用到多群组分析方法。

一、多群组分析相关概念

(一)调节效应

在了解多群组分析之前,我们首先需要清楚调节变量及其作用。

当因变量 Y 与自变量 X 的关系受到第三个变量 M 的影响时,我们说变量 M 为调节变量,通常调节变量会影响因果关系的方向与大小,概念模型如图 13-13 所示。也就是说,调节变量自身并不直接参与自变量对因变量的影响,但是调节变量的存在会对自变量与因变量之间关系的强度和(或)方向产生影响。对调节效应的检验,也就是通过检验自变量与调节变量在互动后,对因变量的影响是否显著来达到的。这时,它的数学公式可以表示为

$$Y = \beta_0 + \beta_1 X + \beta_2 M + \beta_3 XM + \varepsilon$$

在绘制统计图时可以用图 13-14 来表示。

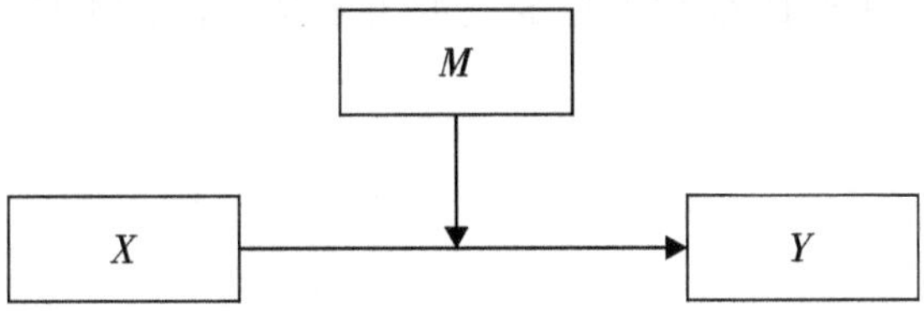

图 13-13　调节效应概念

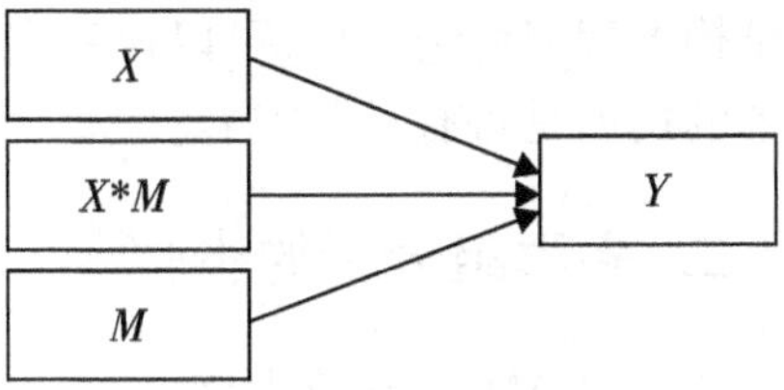

图 13-14　调节效应统计

调节效应与交互效应类似,然而它们并非相同。在因果关系检验中,虽然调节效应的检验与交互效应相同,都是通过自变量与调节变量相乘的项(X×M)的回归系数是否显著来判断。然而,在交互作用中,两变量地位是同等且可替换的,而在调节作用中自变量与调节变量位置不可替换。因而,从某种程度上来说,调节效应是交互效应的特殊类型。

然而,变量类型不同,调节效应检验的方法也就不同。根据我们日常研究经验,调节变量既可以是分类变量,如性别、年龄层、受教育水平等,也可以是连续变量,如工作年限、采用李克特量表测量的抽象变量等。我们也会遇到自变量为分类变量或者连续变量的情况。在结构方程模型中,因变量通常为连续变量,在此基础上,自变量与调节变量类别的不同可以分别用表 13-10 中的方法检验调节效应。

表 13-10　不同数据类型调节效应检验方法

调节变量	自变量	
	分类变量	连续变量
分类变量	方差分析	分组回归
连续变量	分层回归	分层回归

从表 13-10 中可以了解到,当调节变量为连续变量时,根据第十二章内容可知,判定

调节效应时，常用的方法是以自变量与调节变量的交互项对因变量的影响为依据。当自变量与调节变量均为分类变量时，采取多元方差分析检验交互作用的显著性。而如果我们想选择人口统计学特征按群体来检验不同情况下连续自变量对因变量的影响时，由于人口统计学问项因子多为分类变量，因而，这里就考虑到多群组分析方法。

（二）什么是多群组分析

多群组分析探究的是适配于某一个群体的路径模型图，相对应的参数是否也能合适应用于其他群体。也即评估所研究的理论模型在不同样本群间是否相等或具有参数不变性，检验的也是跨群体稳定性问题。多群组意味着同一模型与不同的样本数据。多群组分析原理是将原先在单一样本的单一共变结构关系分割成数个平行共变结构，继而对这些共变结构进行分析，判断影响因素对不同总体的影响是否具有等同性的方法。在操作过程中，主要是通过对不同群组模型的参数进行限制，并分别以不同组群数据对模型进行拟合，根据拟合结果之间是否存在显著性差异来判断调节效应是否显著。多群组分析实际上用于分类变量作调节变量的情况，检验调节变量对因变量影响的调节效用。通过结构方程多群组分析，可以让我们知道，不同的组别内各变量的关系是否保持不变，各因子的均值是否有显著差异。

二、多群组分析的步骤

我们以 AMOS 环境为例。

第一步，建立多群组。点击“Analyze”菜单栏，找到“Manage groups”，并将“Group number 1”改成对应的名称。这里我们以性别举例，将名称写为“male”。完成之后，我们会在左侧信息栏中看到我们所命名的群组，如图 13-15。

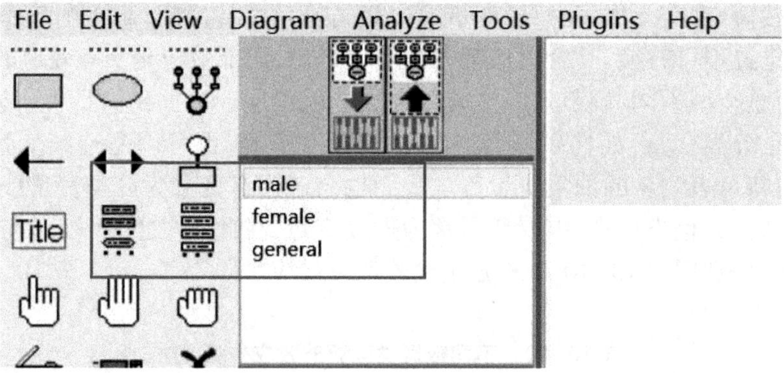

图 13-15　建立多群组

第二步，数据匹配。在左侧工具栏中选择“Data file or using”图标，在窗口中选择“Grouping variable”，选择我们想要细分的变量，如性别，并将变量的类别一一对应各群组。这里如果已经在数据集中给出了分组值，则可以继续进行。否则，我们可以使用“分组值”来为名义变量赋值。最后点击确认。如图 13-16 所示。

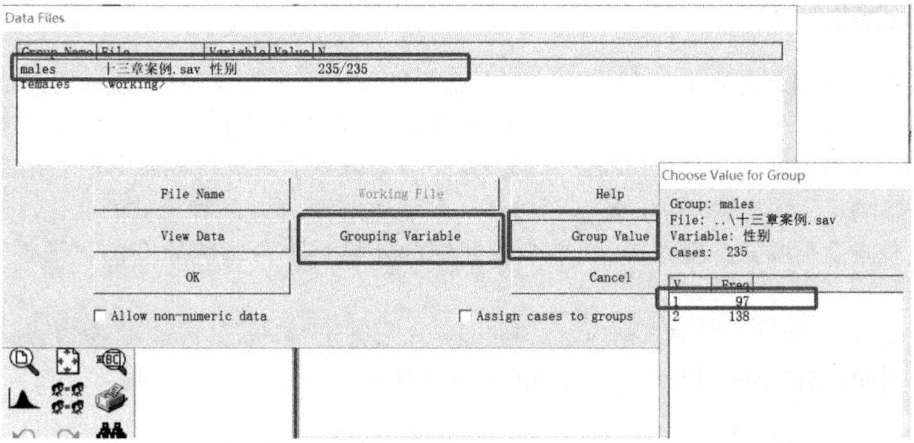

图 13-16　分群组窗口

第三步，设置约束参数。此步又称为关于模型不变性的设定，即通过检验是否具有跨群组不变性来检验调节效应。点击“Analyze”菜单栏，选择“Multiple-Group Analysis”，在弹出的窗口中，包括设定测量系数相同、增列测量截距项相同、增列结构系数相同、增列结构结局相同、增列结构平均数相同、增列结构协方差相同、增列结构残差相同以及增列测量误差相同等，通常，我们按窗口中给的默认设置操作。如图 13-17。

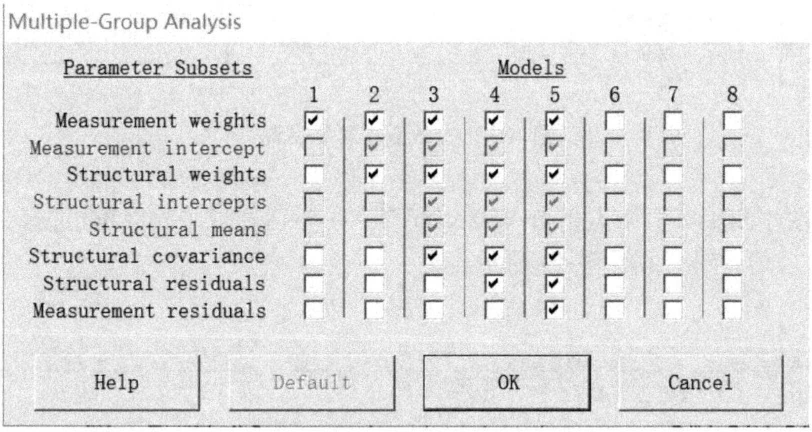

图 13-17　设置约束参数窗口

在“Analysis properties”中，分别勾选“Estimation”中“Emulisre16”，与“output”中所有选项。

到此步，我们已经做好了多群组分析准备工作，点击运算，即可得到多群组分析结果。通过点击不同群组，我们可以分别看到它们的模型拟合与模型比较结果。

三、案例分析

我们依然延续使用本章前两节的案例，根据结构模型结果，我们可以得出，品牌意识显著正向影响了品牌资产（$\beta=0.28$，$p<0.001$），品牌形象也显著影响了品牌资产（$\beta=0.61$，$p<0.001$），品牌意识与品牌形象两个变量解释了77%的品牌资产变化，品牌资产显著影响了品牌忠诚（$\beta=0.96$，$p<0.001$），且能够解释96%品牌忠诚的变化。假设1、假设2和假设4成立。现在，我们来检验性别的差异是否会影响原有的显著性与影响强度。

首先，在左侧群组栏中双击“Group number 1”，弹出“Manage groups”窗口，新增两个组并分别命名为“male”和“female”，如图13-18所示。

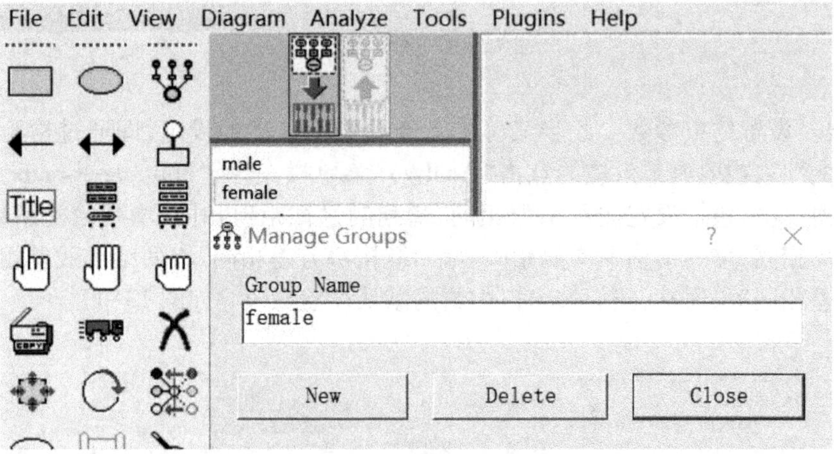

图13-18　设置多群组名称

其次，在左侧工具栏中点击“Select data files”，分别进行录入数据、选择分群组变量以及匹配对应值，结果如图13-19所示。

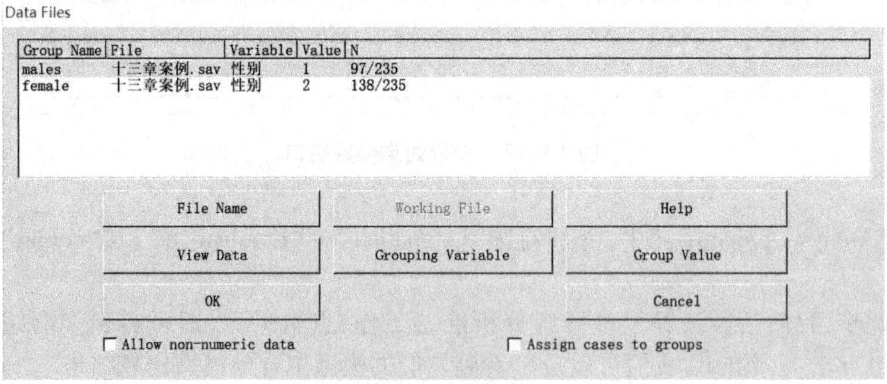

图13-19　匹配各群组数据

第三步，在"View"菜单栏中选择"interface properties"，在弹出的窗口中，点击"Misc"将"Allow different path diagrams for different groups"打钩。然后在"Analyze"菜单中选择"Multiple-group analysis"并默认弹出窗口中对参数的约束，此步自动限制了因子载荷系数、协方差系数、路径系数。设置完成后，点击运行，当出现图 13-20 时，表示已成功运行出结果。

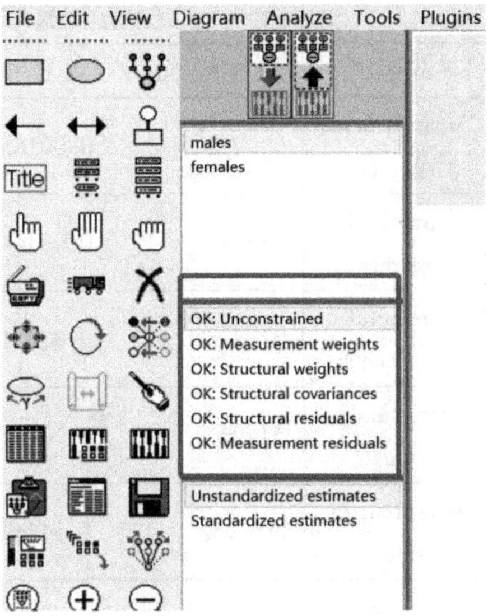

图 13-20　运行成功显示

在结果输出页面中，我们通常先检查一下各约束模型的拟合值水平，然后再看路径关系情况。

在输出结果中，找到"Model fit"输出结果，将判别模型拟合度水平指标进行汇总整理得到表 13-11、表 13-12，从两表中可以知道，相对于未约束模型，测量加权模型、结构加权模型、结构协方差模型、结构协误差模型、测量误差模型卡方值分别变化了 31.711，36.1，51.898，51.961，115.182，其中，测量误差模型 p 值大于 0.05，说明该模型与未约束模型相比，没有明显差异，模型较为稳定。尽管加权模型、结构加权模型、结构协方差模型、结构协误差模型四个模型中测量出来的 p 值小于 0.05，但由于表 13-12中，卡方值的变化量的 p 值均小于 0.05，所以我们认为各约束模型与未约束模型间没有明显差异。进一步观察 IFI 值、TLI 值、CFI 值与 RMSEA 值，可以判断各模型拟合度水平良好，模型较为稳定。

表 13-11　多群组分析适配

Model	CMIN	DF	P	CMIN/DF	RMR	IFI	TLI	CFI	RMSEA	AIC	ECVI
Unconstrained	467.967	256	0.000	1.828	0.05	0.92	0.903	0.919	0.06	639.967	2.747
Measurement weights	499.678	269	0.000	1.858	0.066	0.913	0.9	0.912	0.061	645.678	2.771
Structural weights	504.067	273	0.000	1.846	0.067	0.913	0.901	0.912	0.06	642.067	2.756
Structural covariances	519.865	279	0.000	1.863	0.074	0.909	0.899	0.908	0.061	645.865	2.772
Structural residuals	519.928	281	0.000	1.85	0.074	0.909	0.9	0.908	0.06	641.928	2.755
Measurement residuals	583.149	299	0.000	1.95	0.074	0.891	0.889	0.891	0.064	669.149	2.872

表 13-12 不变性检验结果

Model	ΔCMIN	ΔDF	P	ΔCMIN/DF	ΔRMR	ΔIFI	ΔTLI	ΔCFI	ΔRMSEA
Measurement weights	31.711	13	0.00265	0.03	0.016	-0.007	-0.003	-0.007	0.001
Structural weights	36.1	17	0.00444	0.018	0.017	-0.007	-0.002	-0.007	0
Structural covariances	51.898	23	0.00051	0.035	0.024	-0.011	-0.004	-0.011	0.001
Structural residuals	51.961	25	0.00121	0.022	0.024	-0.011	-0.003	-0.011	0
Measurement residuals	115.182	43	1.64549	0.122	0.024	-0.029	-0.014	-0.028	0.004

模型拟合度检验之后，我们进一步观察路径系数的变化。多群组分析能够直接检验群内、群间的路径系数之间是否存在显著差异。不同性别下路径系数的结果如图 13-21、图 13-22 所示。

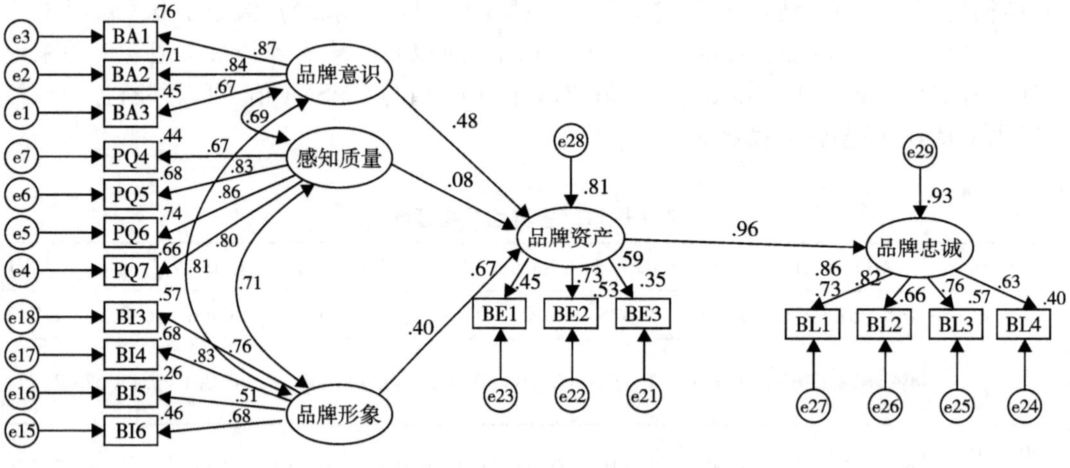

[males];Standardized estimates;Unconstrained

卡方值=467.967(p=.000);自由度=256

卡方/自由度=1.828

CFI=.919;GFI=.812;AGFI=.748;

NFI=.840;IFI=.920;RMSEA=.060

图 13-21 男性夜间旅游品牌忠诚模型

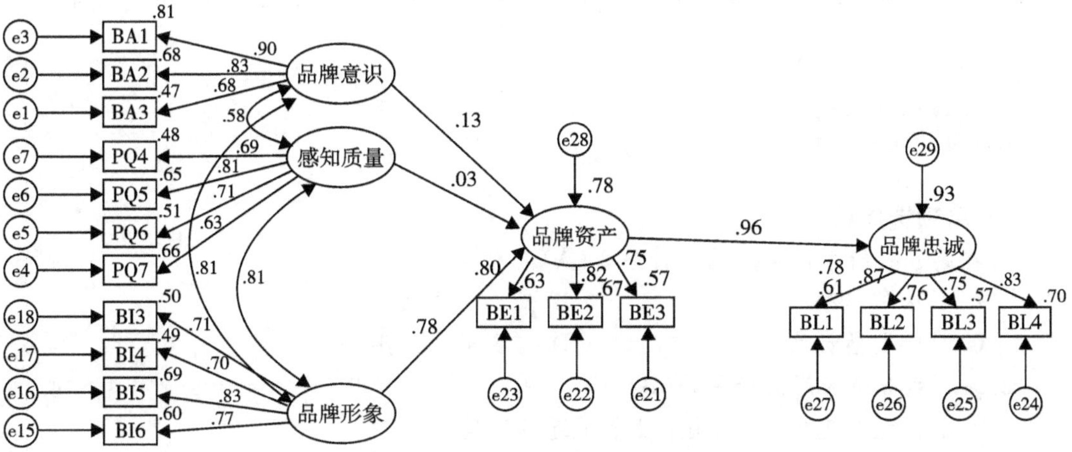

[males];Standardized estimates;Unconstrained

卡方值=467.967(p=.000);自由度=256

卡方/自由度=1.828

CFI=.919;GFI=.812;AGFI=.748;

NFI=.840;IFI=.920;RMSEA=.060

图 13-22 女性夜间旅游品牌忠诚模型

并且各自的假设关系显著性与强度也表现出不同,相关结果如表 13-13 所示。

表 13-13 分性别假设关系检验结果

男性组			假设关系	女性组		
标准化系数	C. R.	分析结果		标准化系数	C. R.	分析结果
0.484	2.61 **	假设成立	品牌意识→品牌资产	0.129	1.472	假设不成立
0.078	0.645	假设不成立	感知质量→品牌资产	0.025	0.178	假设不成立
0.404	2.252 *	假设成立	品牌形象→品牌资产	0.777	4.474 ***	假设成立
0.964	4.846 ***	假设成立	品牌资产→品牌忠诚	0.965	9.541 ***	假设成立

因此,根据结构模型结果,我们可以得出,在男性群体中,品牌意识显著正向影响了品牌资产(β=0.48,p<0.01),品牌形象也显著影响了品牌资产(β=0.40,p<0.05),品牌意识与品牌形象两个变量解释了 81% 的品牌资产变化,品牌资产显著影响了品牌忠诚(β=0.96,p<0.001),且能够解释 93% 品牌忠诚的变化。与未区分性别相比,假设 1、假设 3 和假设 4 成立,但在显著性与解释力上有所差异。而在女性群体中,品牌意识与品牌资产间的关系并不显著,品牌形象显著影响了品牌资产(β=0.77,p<0.001),品牌意识与品牌形象两个变量解释了 78% 的品牌资产变化,品牌资产显著影响了品牌忠诚(β=0.97,p<0.001),且能够解释 93% 品牌忠诚的变化。

最后,我们还可以通过临界比率值,即输出结果"Pairwise parameter comparisons"中的

"Critical ratios for differences between parameters",来判断男女性群体组间路径系数的差异。

章节习题

一、单项选择题

1. 在路径分析中最常用的估计法是(A)。

A. 最大似然法　　B. 最小二乘法

C. 贝叶斯估计法　　D. 广义最小二乘法

2. 多群组分析应用的场景是(B)。

A. 自变量是连续变量,调节变量是连续变量

B. 自变量是连续变量,调节变量是分类变量

C. 自变量是分类变量,调节变量是连续变量

D. 自变量是分类变量,调节变量是分类变量

3. 以下不能用于处理路径分析问题的数据分析软件是(D)。

A. LISREL　　B. SAS　　C. Amos　　D. Excel

4. 根据结构模型输出的结果,(C)不是用来判定结构模型中各潜变量间的因果关系的数值。

A. 路径系数(β)　　B. 显著性水平(P 值)

C. 卡方 (χ^2)　　D. 决定系数(R^2)

5. (A)又称为观测变量(observed variable),是可直接观察并测量的变量。

A. 显变量　　B. 潜变量　　C. 外生变量　　D. 内生变量

二、判断题

1. 路径分析无法对一些不可直接测量的变量进行处理,特别是在社会学、心理学领域中,许多研究所涉及的一些主观性较强的变量都无法直接进行准确的测量。　(×)

2. 路径分析与相关分析和回归分析方法,既有相似之处,又存在着支撑了各自发展的差异。　(√)

3. 调节变量本身会直接参与到自变量对因变量的影响过程,调节变量的存在也会影响自变量和因变量之间关系的强度和(或)方向。　(×)

三、名词解释

1. 路径分析。

路径分析(path analysis)是一种研究多个变量之间因果关系及其强度的统计方法与技术,如今也称为结构方程模型(structure equation model,SEM)。

2. 测量模型。

测量模型(measurement equation)也称验证性因子分析(confirmatory factor analysis, CFA),主要描述潜变量与指标间的关系。

3. 结构模型。

结构方程分析描述的是潜变量之间的关系。也可以看作一个回归模型,其中路径系

数即路径分析模型的回归系数，用来衡量变量之间影响程度或变量的效应大小（标准化系数、非标准化系数）。

4. 多群组分析。

多群组分析探究适配于某一个群体的路径模型图，相对应的参数是否也适配于其他群体，也即评估所研究的理论模型在不同样本群间是否相等或具有参数不变性，检验的也是跨群体稳定性问题。

四、简答题

1. 简述路径分析的优势与使用限制。

答：路径分析在于研究模型中变量的影响关系，用于对模型假设进行验证。它的优势体现在：

①路径分析引入了潜隐变量（latent variable）概念，用于表示不可直接观测的变量（unmeasured variable）。如我们在开头提到的游客满意度、品牌忠诚度、生活满意度等。并允许变量间具有测量误差。

②它可以容纳多环节的因果结构，同时处理变量间互为因果关系的非递归模型。通过路径图直观地展现复杂的因果关系，据此进行更深层次的分析，如比较各种因素间的相对重要程度，计算变量与变量间的直接与间接影响，典型如中介效应。

另一方面，使用路径分析也有其假设条件与限制。主要体现在：

①需要有足够的样本量；

②各潜变量的观测变量至少为三个；

③各变量间的多重共线性程度不能太高；

④在常用的极大似然估计法中，因变量分布需满足多元正态分布。

2. 简述路径分析中有关测量模型与结构模型在 AMOS 环境中的实现步骤。

答：测量模型在 AMOS 环境中的实现步骤：

第一步，构建模型并做好准备工作。

第二步，模型拟合。

第三步，信度与效度分析。

结构模型在 AMOS 环境中的实现步骤：

第一步，绘制结构模型图。

第二步，设置运行条件，包括估计法的设置、结果输出选项等。

第三步，在运行结束以后，点开“Output”结果页面。

第四步，检验假设关系。

第十四章　研究报告撰写

学习目标

1. 了解并掌握研究报告的基本特点与结构。
2. 了解并掌握绪论与文献述评的作用与主要内容。
3. 了解研究方法包含的主要内容与作用。
4. 了解结果、讨论与结论的主要内容以及分别在研究报告中的作用。

第一节　研究报告概述

一、什么是研究报告

研究报告指的是整个研究工作,包括计划、实施、收集、整理和分析等一系列研究过程的总结,它是对研究成果的一种书面陈述。研究报告以文字、图表等形式呈现研究的过程、方法和结果,旨在向同行和相关的读者表明,对所研究的问题是怎样进行研究的,取得了怎样的成果,这些成果对于认识和解决相关问题有怎样的理论和现实意义,等等。一份好的研究报告,可以将自己的研究结果完整而准确地反映出来。认真做好调研工作,这是非常重要的:首先,是用文字来记载科研成果,展示科研水准,推动学术发展,推动社会进步,一旦出版,就能在更大的范围内流传,对社会有很大的影响力。其次,研究报告的写作能够对已经取得的研究结果进行进一步的验证和完善,也有可能有助于研究者在已有研究结果的基础上发现新的、有价值的研究问题,乃至开辟新的研究方向。最后,在学术研究中,应体现科学精神,培养科研人员的逻辑思维能力,使思维条理清晰。研究本身不会自然而然地形成逻辑严密、说服力强的研究报告,它需要研究者对研究成果加以整理,组织成报告。因此,撰写研究报告,是提高研究者分析、归纳、演绎、判断、推理能力的一种好手段。撰写科学规范的研究报告,是研究者必须具备的重要研究能力之一。如果不能通过撰写科学规范的研究报告,明确地表达研究成果,有效地与同行进行学术沟通和交流,即使研究本身的质量很高,这样的研究也会失去应有的价值。

研究报告又被称为科学报告,它是对研究过程和研究结果的一种概括和总结,是用事实和数据来说明和解释问题的一种报告。这一类型的报告具有相对固定的写作结构,需要对所用的方法和所用的材料进行具体、清楚的描述，能够客观地展现研究过程，对研究结果进行合理的解释。其中，实验报告、调查报告和观察报告就是其中的几种。

二、研究报告的基本特点

一篇研究报告的质量，决定了它是否有意义。研究报告的质量主要表现在科学性、创新性、理论性和逻辑性等方面。

（一）科学性

科学性是研究报告的先决条件和依据。研究报告的科学性主要有三个层面：第一，报告内容的科学性。它表现为报告的内容和资料必须是真实的，具体是指研究报告的内容、材料、结果必须是客观存在的事实，可以经得起科学的验证和实践的考验。要正确认识和使用每个概念、每个数据，要客观、充分、严谨，不能主观臆测，不能扭曲事实，捏造数据，以达到“预期目的”。第二，报告表述的科学性。它的特点是表述准确、明白，这是表达最基本的要求，在使用上要贴切，不能有疏漏、差错或歧义。在表达概念时，要对其作出科学的界定，或者选用适当的科技词汇，排除言语上的歧义，并要将其表达得精确。对研究成果的表达，一定要有正确的观点，并且要根据事实来进行论证，不管是对因果关系的阐述，还是对结论的利弊和价值的阐述，或者是对结论的实用性和可行性的阐述，都必须从事实出发。推理要有逻辑性，不能做无的放矢的猜测。第三，报告结构的科学性。报告是对客观事物事理的一种反映，其结构要严谨，逻辑要严密。运用综合方法，从已掌握的材料得出结论。

（二）创新性

创新性是研究报告的核心与灵魂。别人没有提出过的理论、概念和观点，别人没有用过的研究方法，别人没有观察到的现象，在实验和调查中第一次获得的数据，等等，都属于创新性的研究成果。研究报告的创新之处在于是否有创新，而非创新的大小问题。一个特定的报告，其创新性可以高一点，也可以低一点，但是它总是会有一些独特的地方，它总是会对充实科技知识的宝库、促进科技的发展产生一定的影响。“首次提出”和“首次发现”固然是一项有重要意义的科研成果，但这类成果毕竟是少数；在某个事件上有了新的见解，在某个领域有了新的发展，都是创新的范畴。一篇研究报告通常在某一个方面应该具有创新性，或者是发现新理论，或者是提出新观点，或者是解决新问题，或者是得出新结论，等等，不能随波逐流，也不能简单地复制、模仿、照搬前人的成果。基于创新的需要，研究报告的撰写不能等同于教科书（讲义）、实验报告或工作总结。教科书是一种对已有知识进行介绍和传授的工具，它的主要受众是外行人和初学者，所以，教科书非常重视系统性、完整性和连续性，在写作时要尽量做到循序渐进，深入浅出。在实验报告或工作总结等方面，需要对实验的过程和操作、数据资料、做了哪些工作、如何做的、有哪些成绩和缺点、有哪些经验和体会等进行较为详尽的描述，即便是对别人的工作进行了重复，也要将其记录下来。研究报告中所报道的是研究者自己的研究成果，因此，与他人重复的研究内容，基础性的知识，某些一般性的、具体的实验过程和操作或数学推导，以及比较浅显的分析，等等，这些都应被删去，或者只是进行简单的说明，主要是要突出自己的心得,与此同时,应对原始材料进行整理,有取舍,有提高,要形成新观点、新认识、新结论。

(三)理论性

研究报告的写作要有一定的理论依据,要有科学的理论作为指导。研究报告要将调查、实验、观测的结果,从理论的高度进行分析,将感性认识上升到理性认识,从而找出具有规律性的东西,得出科学的结论。报告中所提到的新发现、新创造,不仅要有实际意义,还要有理论意义,要有很强的理论性。

(四)逻辑性

一篇研究报告,应该是内容与形式相结合的产物。内容指的是主题和材料,形式指的是逻辑结构、语言表述等。报告的内容固然具有决定性,但其形式并非消极被动,而是具有重大意义。人的思维活动离不开概念、判断和推理等思维方式的运用。这种思维方式不仅是人们认识事物的一种手段,同时也是构建研究报告的基础。要把握好研究报告内容间的逻辑关系,提高研究报告的逻辑性,就必须掌握好研究报告的逻辑思维方法。作为一个整体,逻辑思维方法是由一系列不同又相互联系的方法构成的,其中主要包括归纳和演绎的方法、分析和综合的方法、从具体到抽象和从抽象上升到具体的方法、逻辑和历史统一的方法。逻辑思维方法不仅是报告写作中内容安排和逻辑论证的方法,而且是进行科学研究的方法。

研究报告的科学性、创新性、理论性和逻辑性得到了学术界的普遍认可,并与客观现实相一致。在编写研究报告时,要遵循研究报告的这些基本特征,要根据现实情况,提出问题,分析问题,解决问题,得出一个合理、客观、可行的结论。

三、研究报告的基本结构

清楚研究报告的类型以后,还必须进一步了解研究报告是由哪些基本结构组成的,也就是研究报告的结构问题。任何研究报告都有自己的结构,无结构不成研究报告。研究报告的结构是研究内容的外在表现,是研究人员在撰写研究结果时对其所作的布局、规划和安排。一篇研究报告,其结构应当是一气呵成的。毛泽东同志有一句话:写文章要讲逻辑。就是要注意整篇文章的结构,开头、中间、结尾要有一种内部的联系,不要互相冲突。这就是说,一篇文章要层次分明、头尾连贯、符合逻辑,必须有一个完整的结构。

研究报告的结构并非一成不变,但也有规律可循。研究报告的基本结构可以分为三大部分:①前置部分,指正文以外的有关资料;②主体部分,指研究报告的主体;③附注部分,指正文后所附的资料。

(一)前置部分

前置部分通过有关项目简要说明报告的基本情况,包括以下几部分内容。

1.题目

题目通常具有三方面的基本功能:一是概括全文,即对文章的内容进行准确的总结,通常都要求提纲明确,并与文章的标题相匹配;二是为了吸引读者,很多人都会“以题取文”,只有报告的题目足够吸引人,他们才会去阅读报告的内容,通常看标题的人比看正文的人要多得多;三是为了方便搜索,题目是搜索报告的一个重要指标,一个好的题目,可以帮助研究报告的推广与传播。题目不需要全句,通常只是文章的“帽子”“标签”“称呼”,并不能反映出具体的内容,一般不必用完整的句子,而多用名词、词组。报告题目一定要反映出报告所阐述的主要问题,并且要尽量使用最恰当、最简明的词语,对整篇文章进行总结,并能吸引人的注意力,做到准确、中肯、鲜明、简练、醒目。让人一看到标题,就能大致了解文章所要讨论的内容,从而激发起对整篇文章的兴趣。在给文章命名时,要恰如其分,一般不用象征、比喻等修辞手法拟题。题目也不能过大或过小。过大,会让人读后觉得太空;过小,则涵盖不了所写的内容。另外,要控制题目的字数,“惜字如金”,最好不要超过20个字,且其中不能用标点符号。常用的题目命名方式有直叙式、疑问式、主副结合式等。

2. 研究人员姓名及工作单位

报告研究人员的署名包括:参加撰写报告的人员;参与选定研究题目和制定研究方案的人员;直接参与全部或主要部分研究工作并做出贡献的人员。如有两人或多人共同撰写一份报告,则按各人所做的贡献大小或按惯例排序。研究者的单位是本单位及其具体单位的名称。

3. 摘要

摘要即摘录要点,是对报告内容的简短陈述,提示报告的主要观点、见解、论据或概括地介绍报告的主要内容。摘要是一份没有注释和评论的简报。摘要的作用是向读者传达一篇文章所要表达的信息。读者只需先看一眼摘要,便可决定是否要读整篇文章。也就是说,在不阅读全文的情况下,读者可迅速、准确地把握报告的主要观点,获得必要的信息。摘要有两个特点:一是独立性,即它是一篇完整的短文,可以独立使用,也就是说,不阅读全文,不借助任何注释,就能获得必要的信息;二是自含性,是指摘要的内容应包括与报告同等量的主要信息。

报告摘要通常有两种类型:①资料性摘要(报道性摘要)。一般包括研究目的、方法、结果和结论。期刊报告或会议报告绝大多数属于资料性摘要。目的包括研究、研制、调查的目的;方法包括所用的原理、理论、条件、对象、材料、工艺、结构、手段、设备、程序;结果包括实验、仿真或研究的结果,包括数据、关系、观察的现象及性能等;结论包括结果的分析、研究、比较、评价、应用或价值。②指导性摘要(指示性摘要),其主要是指综述性文章。在以搜集文献资料为主,辅以注释、非常客观、很少评述的一类综合性文章中,它的摘要大多是具有指导性的。其只陈述报告的主题范围、报告梗概或报告轮廓,不需要写出方法,也不必给出结论或结果;对于回顾过去、察看现状、展望未来、提出合乎逻辑的、具有启发性的评价和建议的综述性文章,除陈述文章的主题范围外,还要给出文章的结论。

撰写摘要应注意:①要用字准确、阐述简明;要切实把握住报告的核心和精髓。②要客观,切忌空洞议论、模棱两可(如“叙述了工作原理”“提出了一种新方法”“给出了系统集成”“有一定参考价值”等不具体的提法)。一方面,摘要通常不使用第一人称,也极少使用第二人称,多使用“本文”“本研究”“研究者”这样的第一或第三人称,或不使用人称,以表达客观性;另一方面,摘要通常不会对报告的优缺点进行自我评价,也不会和以前的作者进行比较。③应避免与"引言"或"结论"的简单重复,摘要中不使用图解、表格、化学结构式以及非公知公用的符号和术语。

4. 关键词

关键词是一种表达报告主题内容信息的词汇或术语。关键词具有两方面的作用:一是画龙点睛,关键词指的是在报告中最主要、最关键、重复率最高的词或短语,读者可以根据它的名字来猜测含义,这样可以帮助读者理解整个主题。二是为了方便搜索,常用关键词作为关键字索引加入文献搜索中。为便于文献检索,信息存储,应该从报告,尤其是标题和摘要中,选择一些最能体现报告中心内容、表明报告主题的词语、短语或术语。关键词通常是以名词为主,其字数一般是4到6个,至多10个。通常情况下,用逗号、分号或空白分隔,最后一个关键字之后不用标点符号。

5. 正文目录

正文目录是报告结构标题的顺序排列。目录按章节排列编写,标明页数,便于阅读。目录按三级标题编写,即章、节、目等依次标出。目录中的标题应与正文中的标题相一致。

6. 图表目录

图表目录是有图表的章节分别按图、表编码排列。图3-1 ×××(图的名称),列于图的下方;表3-1 ×××(表的名称),列于表的上方。

(二)主体部分

主体部分是对研究成果的详细表述,主要包括以下几部分内容。

1. 绪论

绪论,又称导论、前言和引言等,提出研究的问题和选题的目的、文献综述、研究的起点、研究方法,以及与报告题目内容相关的基本概念或基本理论。

2. 本论

本论是表达研究者个人研究成果的核心部分,主要包括方法、结果、讨论等。本论是对问题进行分析、论证的主体,也是体现学者的学术成就与学术水准的关键所在。一份研究报告的质量如何,很大程度上取决于它的本论部分是如何写作的。本论部分在写作中应注意以下几点:一是要有足够的证据,有较强的说服力;二是条理清晰,结构严谨;三是立意与素材的统一性。

3. 结论

结论是一篇报告的收束部分,它是在对研究结果与讨论的基础上,通过严谨的逻辑推理与论证而得到的最终结论。论文的结论主要有两个方面的内容:①提出论证结果。主要是对全文所讨论的问题进行总结,并提出自己的总体看法与观点。②为下一步的研究指明方向。在报告的总结环节,研究人员往往在总结自己的研究结果之外,也指出课题研究中的缺陷,为其他研究人员指明方向、提供线索。在一份报告中,结论的重要性不容忽视。

(三)附注部分

附注是对正文相关内容的必要说明,包括以下几部分内容。

1. 附录

附录为不宜放在正文中但有参考价值的内容，如调查问卷、公式推演、编写程序、原始数据附表等。

2. 参考文献

参考文献是研究者在撰写研究报告过程中所查阅参考过的文献。报告所列的参考文献是与本报告密切相关的，对撰写报告起过重要参考作用的主要的文献。列出的参考文献一般要写清书名或篇名、研究者、出版者和出版年份等。参考文献先列中文参考文献，后列外文参考文献。

3. 调查附记

调查附记是研究者为撰写报告而进行的调查活动及其结果的记录。一般要列出调查单位名称。

4. 科研活动

研究者在学习期间发表的报告和文章，参加的课题研究、学术研讨会和调查研究活动、获得的奖励等。

5. 致谢

研究者对报告写作过程中提供帮助的人表示感谢，特别是对报告指导教师表示感谢。致谢语一般放在文章最后。致谢的用语要诚恳、简洁恰当。

第二节　绪论与文献述评

一、绪论

在规范的研究报告，尤其是学位报告中，绪论这一章是不可或缺的。绪论是研究报告的序幕，是整个报告的引子。绪论也常称为前言、导言、引言和导论等。绪论的主要作用在于引起读者的阅读兴趣。绪论这一章主要是回答“研究什么问题”（what）和“为什么要研究这个问题”（why），其目的是引导读者进入报告主题，帮助读者理解报告内容。绪论起着给读者“第一印象”的作用。

（一）绪论的主要内容

在研究报告的绪论中，应阐明报告的写作原因及研究的意义，前人对此问题的研究取得了怎样的进展，本文的研究目标、所使用的方法、所要解决的问题及其理论意义。一般为学术期刊所用的研究报告，在绪论部分，应尽量做到言简意赅，直截了当，切合实际。如果研究报告的篇幅比较长，比如学位论文的绪论，就可以写得详细一些，甚至可以写成一个章节。在报告的绪论部分，还可以添加历史回顾和背景材料、课题所涉及的问题的分析和工作范围、应用到的基本理论和原理、实验的材料和资料等方面的内容。具体来说，研究报告的绪论部分通常会涉及以下五方面内容：研究背景和研究问题阐述，研究假设构造，研究目标设计，研究方法概述，研究目的和意义分析。

1. 研究背景和研究问题阐述

在研究报告中，研究背景通常以“课题的提出”或“课题的背景”作提示进行阐述，主要是介绍为什么要研究这个课题、本课题研究有何价值。研究背景的分析通常可以从三个层面来展开：一是从国际大背景的宏观的层面进行阐述，二是从国内的中观的角度来考虑，三是从本省、市（区）的实际出发，从与课题直接相关的微观的角度来分析。如果课题不大，那么其研究的三个层面相应地递减，调整为本国、本省、本市区。总体上说，研究背景中主要应阐述为什么要对此课题进行研究。其中对中观和微观层面的分析应详尽一些，特别是对已开展了一段时间并已取得了一定成果的研究课题，更是应该把这些情况作为研究背景写清楚。各个不同层次的背景之间要讲究逻辑的顺序，但也会有一定的交叉、重复。在研究背景的末尾，应该尽可能地指出该课题的特点和创新之处。对研究主题和研究问题的描述，既可以是直接的叙述，也可以从揭示矛盾、提出问题的角度入手，一个好的研究主题能够让读者产生浓厚的兴趣，并产生积极的思维。研究主题应反映研究者主张什么、否定什么、提倡什么、反对什么的学术性倾向与见解。创新不仅是研究报告最突出的特点，而且也是衡量研究报告是否有价值的一个重要指标。要想让研究主题有创新，一是要注意选择一个还没有人涉及的课题；二是选择某个领域的一个分支或侧面，没有人涉及，导致了知识空白；三是有些课题，虽然前人已经做了一些研究，但是在实践中，还有一些缺陷，或者是历史上的局限性，或者是方法上的局限性，甚至是错误的，所以，弥补这些缺陷，纠正这些错误，也是创新的一个重要方面；四是在多个学科交叉的地区选择主题，这类地区往往存在着学术研究的空白。

2. 研究假设构造

在进行一项研究时，首先要有一个合适的假设，以便更好地确定问题的实质，激发研究的灵感，并为数据的收集提供依据。研究假设指的是一种理性猜测或预感，或者是对一个尚未解决的有意义的问题所做的尝试性回答。研究假设是以前人研究为基础，或者以一定的理论为基础，并且可以很容易地进行证实或证伪工作。通常来说，良好的假设有如下几个基本特点：①必须是合理的，符合某种逻辑关系；②必须符合已有的事实或原则；③应当有一种方法，可以用来测试其正确性；④要尽量用最简洁的语言来表述。通过构建研究假设，可以更好地集中研究问题，明确研究方向，从而更好地理解研究。在确定了研究假设后，研究中的变量关系、研究的主题就会变得清晰、明朗。在提出假设时，还需要解释假设的基础和原因，让读者理解假设是合理的。要明确重点名词和关键变量，并给出操作性定义，有助于更好地了解变量的含义，减少模糊。特别是对于一些抽象、笼统且较为复杂的名词，更要对其进行清晰地定义，并作出必要的说明。

3. 研究目标设计

设计研究目标的依据是研究假设（或者说研究的理论构思）。研究假设指的是一种理论构想，为了对该假设进行验证，必须将其进一步地转化和分解成可以被验证、可以被操作和系统化的几个目标，也就是要设计一定的研究目标。任意性质的研究假设（一定的假设）都可以被分解为多个对应的研究目标，而不同的研究目标所采取的研究类型也是不一样的。因为研究目标的不同，所以在研究变量和指标以及研究对象的选择上，也就自然而然地存在着很大的差别。与此类似，对相关性与因果性的研究假说，也应根据各自的特点，设计不同的研究目标，采用不同的研究方法进行验证。良好的研究目标设计应能够满足专门价值、研究实力、研究条件和研究兴趣四个方面的要求。专门价值是指它对假设证明的科学性、有效性、简明性和可重复性。研究实力包括三个方面的内容：①研究人员的知识结构，它具体包含了知识的核心与边缘，可扩展的方向以及可深化的层次。②研究人员的思维特点，它具体包含了思维品质特点和思维路线特点（演绎与归纳、积累与推测等）。③科研的经验，其包括运用各种研究方法的熟练程度和相关的经历。研究条件是对实现研究目标所需资源的粗略估算，以及对科研成果的初步规划。所谓研究兴趣，就是研究人员基于理性的抉择，根据自己的喜好，对自己感兴趣的事物进行二次抉择，是一种情感上的抉择。与其他实践活动相比，研究活动是一种更需要主体能动性和创造性的活动，如果选择了自己感兴趣的内容，就一定可以让整个研究活动变成一种追求满意的过程，从而激发出人的创造性思维。

4. 研究方法概述

研究方法概述主要是明确解决问题的主要方式和途径。研究方法有很多，包括文献法、比较研究法、访谈法、问卷法、观察法、个案法、实验法等。一个大的课题往往需要多种方法。小的课题可能主要是一种方法，但也要利用其他方法。如果是实验研究，应写明实验的样本情况，实验的自变量、因变量以及实验过程中还会采取其他方法。研究方法的概述还应说明拟采用方法的前提是什么，需做哪些准备。例如，在介绍选择案例或研究对象时，需说明选择的标准，还需说明在做了哪些初步调研后才确定拟采用的方法。

5. 研究目的和意义分析

研究目的和研究意义即研究有关问题的必要性，其原因可能是多种的，如以往的研究在某些方面尚未取得结论，或是以往的研究结果包含若干错误，或是以往的研究中提出的新问题尚需深入探讨。若拟开展的课题与涉及范围更大的课题相关，需说明为什么要研究该大课题中某一方面的问题。研究者通常可以从两个方面探讨研究的意义：一方面，指出课题的学术价值，说明它在哪些方面能提供新的认识和新的知识；另一方面，提出课题的实际意义，即它对实践的直接或间接、短期或长期的指导作用。在绪论中阐述研究课题的意义时，在简要介绍前人有关这个课题的研究情况以及达到的水平的基础上，引出本研究有何发展的叙述。

（二）撰写绪论应注意的主要问题

绪论是研究报告的重要组成部分，也是衡量研究报告写作成功与否的重要标志之一。绪论的写作质量，不仅会影响到读者对报告的兴趣，还会影响到他们对研究内容的理解，同时也是报告评阅人判断报告质量的一个重要因素。因为绪论要求尽可能地在较短的时间里对多个问题进行阐述，所以写好绪论就显得尤为重要。在撰写时需要注意以下几个问题：

第一，开门见山，不绕圈子。避免大篇幅地讲述历史渊源，过多地引用他人的研究成果，过度地介绍课题的立项过程。

第二，言简意赅，突出重点。不应过多叙述同行熟知的及教科书中的常识性内容，确实有必要提及他人的研究成果和基本原理时，只需以参考引文的形式标出即可。在绪论中提出本文的工作和观点时，意思应明确，语言应简练。绪论部分的写作必须注意防止面面俱到，不着边际，文不对题。

第三，要注重现实，尊重科学。在讨论课题的研究意义时，要注意不要用“极具学术价值”“填补国内外空白”“首次发现”等不恰当的词语；同时也要注意不用客套话，如“才疏学浅”“水平有限”“恳求指教”“抛砖引玉”等措辞。

第四，绪论的内容不能等同于摘要，不要对基础理论进行阐释，不要对基本公式进行推论、证明，不要对研究方法进行详细的介绍。绪论通常要与结论呼应，绪论中所提的问题要在结尾处给出答案，但又要注意防止绪论与结论的雷同。

第五，对于所要研究的问题，不能过于模糊，或一笔带过，使读者对所要研究的主题产生模糊的印象，从而使读者无法集中注意力于所要研究的主题。

第六，绪论部分不能长篇大论地谈自己的感受，更不要自吹自擂，抬高自己，贬低别人。不要用夸大或空泛的词句来说明研究意义，或者毫无根据地否定前人的研究成果，或者以歪曲事实的方式来突出自己研究的价值。

（三）撰写绪论时常见的问题

绪论作为研究报告的开端，提出文中要研究的问题，向读者作简要的说明，引导读者阅读和理解全文。绪论篇幅长短没有明确的规定，不是研究报告的重点和核心，往往会被一些研究者忽视，在撰写中往往会存在这样那样的问题。在撰写绪论时经常遇到的主要问题如下：

第一，绪论中无研究背景或背景过于简单。这是研究报告绪论写作中最常见的问题。无背景或背景资料过于简单的绪论会给读者或审稿人这样的感觉：研究者没有全面系统地检索以往研究文献，对以往文献的研究不够深入，对相关研究领域的国内外最新进展和动态不甚了解，这样就会让读者或审稿人对本课题的研究创新性、前沿性和科学性等产生怀疑。

第二，绪论中无研究目标或对研究目标的叙述过于简单。对研究拟解决的问题即本课题达到的研究目标应是绪论中需要阐述的，是绪论的重要组成部分之一。否则，读者就不知道该研究要达到什么研究目标。对研究目标的阐述应具体，而不应笼统地描述成“……提供科学依据”。

第三，绪论部分过于冗长，内容选择过于分散、琐碎。主要表现在对研究背景资料分析和引用他人研究成果过多，研究意义的阐述过于详细，研究方法介绍过于具体。过于冗长的绪论不仅在内容上会影响对报告的核心和主体部分的讨论，给读者留下本末倒置的感觉，而且会在一定程度上分散读者的注意力，甚至使其放弃阅读。

第四，绪论中无参考文献。该问题在国内的研究报告中比较普遍。绪论无参考文献的原因主要有两类：一是研究者在研究设计和撰写报告前没有全面地进行文献检索，没有系统地掌握本课题研究的相关文献。二是不知道在绪论中如何恰当地引用文献。几乎任何研究都是以往研究的进一步深入。所以绪论中引用参考文献非常重要，特别是在描述课题背景和对前人所做研究工作进行回顾时。这样既可以通过文献说明该研究的科学性和必要性，又可以使读者通过其他文献了解本课题的背景。在引用研究文献时，研究者务必注意参考相关研究领域的权威的文献，引用最新发表的研究成果，这样才能有力地说明选题的科学性和新颖性。一篇报告如果对其来源、历史与现状交代不清，且仅有的几条参考文献又是多年前的研究，其科学性和新颖性无疑会大打折扣。

第五，绪论中缺乏研究方法、研究对象和研究材料等信息。在绪论中应该简要地介绍该研究所采用的研究方法、研究对象和研究材料等，这样可使读者更深入地了解研究者将怎样解决问题，关于什么是研究对象，什么是研究素材，可以简单地概括一下，具体的说明应该放在“研究方法”一节。一些读者在看了绪论之后，就可能会决定要不要接着看，而不用等到看完了“研究方法”那一节才发现，自己对这篇报告中使用的研究方法毫无兴趣。

二、文献述评

在进行一个课题的研究前，需要对该课题的研究状况有一个全面的了解。不管是什么样的课题，与此课题有关的问题几乎都已经得到了人们的广泛关注。即便是科研上有了重大“突破”，也需要吸收前辈的研究成果，借鉴前辈的经验。文献述评指的是研究者在阅读、选择、比较、分类、分析和综合的基础上，对有关研究问题的现状、新动态、新发展、新发现、新方法和新观点展开回顾和评论，尽可能多地从他人的研究和工作中汲取有价值的东西。

（一）文献述评的作用

文献述评帮助选择研究课题。文献述评是一种收集、整理、选择、提炼在一段时间里，某一学科、某一专业或技术的研究成果、发展水平以及研究动态等信息资料，并作出综合性的分析和评论，为研究者们提供关于研究课题的历史、现状、当前争议的热点及发展趋势的情报资料，可以让研究者更好地了解该领域的研究现状、存在的主要问题和研究动态，进而选择具有重要意义和价值的研究课题。文献述评是进行科研工作的前提与基础。文献述评应针对具体的研究课题，对当前学界的研究成果进行系统的分析与评价。文献评述的目的是对这个研究主题所在的特定领域内，已经被人们思考和研究过的信息进行整理，并对该主题上的权威学者的成果进行系统的展示、归纳和评论。在作出进行一项研究的决定前，一般需要注意以下几个问题：该研究属于哪个领域，对该问题已经了解多少，已完成的研究有哪些，以往的建议与对策是否成功，有没有提出新的研究方向和研究主题。简单来说，文献述评是一切科学研究的基础。通过对已有研究成果的回顾，可以帮助研究者更好地理解已有研究成果的特征和不足之处。文献述评主要是围绕所研究的问题进行的，然而，所评论的文献也可能在问题、目标、概念框架或方法、程序等方面与当前的研究相一致，这些提出了相似的问题或具有相同的目标的研究与目前的研究也是有联系的。同时，对前人所用的研究方法进行分析，也有助于研究者对自己所用的研究方法或步骤的可行性进行分析与判断。他人关于一个相似或相关问题的概念依据，可以为目前所研究的问题的概念依据提供基础，或者为新概念的发展提供基础。举例来说，为了达到一系列类似的目的，其他人也许会采取和你截然不同的方式。理解他们在研究成果和方法上的成败，对于你所使用的方法来说也很重要，因为这可以作为对比各种方法与其他研究成果的依据。

文献述评有助于丰富研究的假设，改进研究设计。通过文献述评，有助于研究者对相关研究的进展和困境有一个清晰的认识；为后续研究人员提供思考——今后的研究能否取得更为重要、更有意义的成果；对于不同理论的立场说明，能够提出不同的概念框架；它是新的假说的产生和研究理念的依据，是对一种现象或一种行动的可能解释；明确概念之间的前提条件，了解和借鉴别人对重要概念的定义和度量方法；在此基础上，对已有研究进行完善和批评，挖掘新的研究思路和方法，并对已有的相关研究进行检验。

（二）文献述评的特点

文献述评是文献叙述和评论的简称，它指的是在对大量的相关研究文献进行全面的搜集和阅读的基础上，通过归纳整理、分析鉴别，对所研究的问题在一段时间之内，已经取得的研究成果、存在的问题以及新的发展趋势等展开的系统、全面的叙述和评论。一个成功的文献述评，至少应具备三个基本特征。

1. 综合性

文献述评与“读书报告”“文献复习”“研究进展”等有相似的地方，它们都是从某一方面的专题研究报告或报告中归纳出来的。但是，文献述评既不像“读书报告”“文献复习”一样单纯地把一级文献客观地归纳报告，也不像“研究进展”一样只讲科学进程，它的一个显著特点是知识的密集性和综合性，综合归纳以往研究文献之精华，集中展示本课题的研究动态和发展趋势，在短短的篇幅内，向读者呈现海量的信息量，是一种高度压缩的文献产物。文献述评的综合程度越高，其价值也就越大。

2. 评论性

文献述评除了对文献资料进行综合叙述外，另一个显著特点是评论性。任何文献资料，都是在特定的社会环境中产生的，它或多或少地体现着撰写者的立场、见解和知识水平。所以，研究人员应当以分析批判的目光，来辨别和评价现有资料的真假。在这个基础上，认识它们的学术价值，以便在自己的研究中加以妥当运用。文献述评的核心是一个“评”字，即“评论”和“叙述”并用。所谓“叙述”，就是搜集“百家”之言，进行全面的分析和整理；“评论”就是将研究人员的看法与实际经历相结合，对文献中的看法与结论作出评价，并提出自己的看法、意见与建议，指出过去研究中出现的问题，并对未来的发展作出展望。

3. 前沿性

文献述评不是直接反映科学研究的成果，而是以研究文献为研究的对象，对某一方面的专题搜集大量情报资料，并经综合分析和评论后而写成的一种学术论文。文献述评指的是针对某一研究领域，对前人所做的工作进行分析和描述，需要对国内外相关研究的动态、前沿性问题，作出较为详细的说明和评述，并提供一些参考文献。在写作文献述评的时候，不会对理论论证进行重点强调，也就是不会要求文章的理论性，会着重对客观的叙述、综合的分析和批判的评论进行重点强调，并要求它能对某项研究的新动态、新趋势、新水平、新原理和新技术等进行全面系统的反映。这就是文献述评的前沿性特点。

（三）文献述评的撰写方法

1. 文献述评的主要内容

文献述评的主要内容由引言、正文、结论和参考文献四大部分组成。

引言。引言提出问题，主要是说明写作的目的、意义和作用，简要介绍有关的概念。定义以及文献述评的范围，说明有关主题的现状或争论焦点，使读者对全文要叙述的问题有一个初步的轮廓。

正文。正文部分是全文的“躯干”。通过比较各家对同一问题的不同看法及其理论根据，阐明问题的来龙去脉和研究者的见解，其主要包括各阶段的发展状况、当前的研究现状和未来的发展趋向三方面的内容。正文部分要写得准确、客观、透彻、全面、清晰和精炼。

结论。与研究性报告的结论有些类似，在文献述评的结论部分主要是对正文部分的论证结果，提出几条语言简明、含义确切的意见，并且要简要地概括主题，指出题目的重点以及结论，最好提出自己的见解：赞成什么、反对什么。结论部分一般包括研究的结论、研究的意义、存在的分歧、有待解决的问题和发展趋势等。

参考文献。参考文献作为文献综述的一个重要部分，通常位于文章的最后，它不仅可以表达出对被引用学者的尊敬，还可以表明文章中引用的资料是有根据的，更重要的是可以帮助读者在深入探讨某些问题时，找到相关文献的线索。因为文献评述这样的报告是从文献中产生的，而不是像研究报告那样产生于研究活动。因此，在研究报告或其他文章中，可以按实际需要而略之；但是，文献述评的参考文献却不能省略，其编排应思路清晰，便于查找，其内容应按照所列出的线索，准确地找到被引用的文献。同时，我们也可以从这些文献中了解到这些文献研究的深度与广度。

2. 文献述评正文的写作

文献述评的主体部分，由于书写方法的不同，其格式也不是固定的。可以按照时间先后顺序，可以按照不同的问题，也可以从不同的角度，对不同的主题进行评述。无论采用何种形式的述评，都要对所搜集到的文献资料进行归纳、整理及分析对比，明确有关主题的历史背景、发展现状和发展趋势，并对这些问题进行评述。正文部分，尤其要重视具有代表性、科学性、独创性的文献引证和评论。文章主体的写作方式有三种：纵式写法、横式写法、纵横结合式写法。纵式写法主要用于描述历史背景，横式写法主要用于描述目前状况，纵横结合式写法相对全面系统，可用于作出较为可靠的趋向预测。

（四）撰写文献述评应注意的问题

由于文献述评的特点，它的写作不同于读书笔记、读书报告，也不同于一般的研究报告。在撰写文献述评时应注意以下八个方面的问题：

第一，文献搜集要全面。要写好一篇好的文献述评，首先要有丰富而全面的文献资料，如果不能充分而全面地搜集到足够多的文献，很难写出高质量的文献述评。文献评述具有较大的信息量和较强的综合性，因此，在进行评述时，应尽可能广泛地收集一次研究文献。无论在横向或纵向上，都应保证所收集的研究资料的范围，以便为文献的研究工作奠定坚实的基础。

第二，引用文献要有代表性。文献述评指的是研究者在一定时期内，对一个学科领域中所出版的文献进行了广泛的搜集和阅读，并对这些文献中的主要观点和结论进行了汇总、摘录或摘译，有目的地将大量零散的文献资料分别进行了整理、分类、归纳、综合，最后撰写出来的一种能够对该学科专业的研究现状和发展趋势进行阐述的专题情报研究报告。因此,文献述评就是一种基于第一次和第二次的文件而产生的文件,也就是第三次文件。经过对比可以看出,述评报告与原始报告有很大区别,因为述评报告不是对某一研究课题研究过程及其结论与讨论的报道,更不是对报告内容的摘要和索引,不能简单地对文献进行罗列。文献述评是一种对大量相互联系的文献进行分析、比较、评述而形成的一种高层文献材料的综合性讨论。文献述评所引用的研究文献,不仅要有一定的数量,更要有一定的质量,有一定的典型意义,还有较高的检索价值,也就是所引用的研究文献,必须注重代表性和权威性。所以,在收集文献资料时,要将目标锁定在主流文献上,比如该领域的核心期刊、经典著作、权威学者的观点和论述等,这是文献述评的"必修课"。

第三,要忠实于原文。在文献评述中,所引的文献应当尽可能地保持其原貌,并尽可能地减少对原文献的注释和引述。所引用的文献应为可使用的,且为研究人员本人已读过的。有些研究者为了节省时间,甚至投机取巧,在撰写文章时,将一次性文献资料中的参考文献当作引用文献,这种做法不仅违背了文献述评中参考文献引用的基本原则,还对读者极不负责任。在文献评述中,所引用的数据、结果、结论一定要与原文的真实面貌相一致,不能有任何的主观判断,更不能进行无中生有的想象或推测、加工。如果是基于对别人评论的阅读或者对别人评论的节选,那么就会有一定的偏颇之处,甚至会有误传之嫌。有的研究者对所收集的资料原文中没有的内容、数据,经过自己的"推理""加工"后写入文献述评中,这是绝对不允许的。由于文献述评中有研究者自己的分析和评论。故在撰写时应分清研究者自己的观点和引用文献资料的内容,不能篡改引用文献的内容。

第四,文献述评的重点是评论。文献述评侧重于"评论",即对研究现状的评价、展望、建议等,"叙述"仅为"概述",起到辅助作用,为评论作铺垫作用,并不注重全面。许多文献评述仅仅是东抄西拼地罗列出来的,没有对所引用文献的内容进行全面的分析和概括,也没有提出自己的观点、见解和建议。文献述评尽管是描述和评论的有机结合,但它绝不是对现有文献的重复、罗列和概括性的介绍,而是需要对以往研究的优点、不足和贡献展开批判性的分析与评论,是对引用的文献的再概括和再创造。文献述评是叙述与评论相结合的产物,"叙述"是基础,是对前人发表的文献收集整理、综合和加工的过程;"评论"则是在对引用文献的收集整理、综合和加工的基础上,提出自己的看法、观点和建议。"叙述"和"评论"两者相辅相成,缺一不可,只"叙述"不"评论",是一种单纯的文献堆砌;只"评论"不"叙述",形同"无源之水",缺乏科学性。

第五,要尽量避免大量引用原文,要用自己的语言把研究者的观点说清楚,从原始文献中得出一般性结论。文献述评的目标是,通过对以往和当前的研究结果进行深入的分析,明确当前的研究状况、要进一步解决的问题以及今后的发展方向,并以相关的科学理论为基础,与特定的研究条件和现实需求相结合,对各类研究结果展开评述,并提出自己的看法、意见和建议。应该注意到,文献述评并非对过去研究结果的简单介绍和列举,它是一种在研究人员仔细阅读之后,对某个研究领域在某个时期内的发展进行了系统性的总结,并根据现实需求,提出自己的看法的一种创新的研究活动。

第六,要紧紧地围绕研究问题展开述评。文献述评是一种以大量原创性文献为载体而形成的情报性文献，其主要功能在于为科研工作提供全面的信息和指导。通过阅读文献综述，读者能够花费较少的时间，获得最新的、全面的信息，对过去的研究中所取得的主要进展、存在的主要问题以及未来的发展趋势有一个清晰的认识，从而能够在掌握学科动态的前提下，对自己的工作进行及时的引导，为确定自己的课题提供一个参考体系。所以，文献述评不是一个数据库，而是要紧扣主题的"问题"，保证被评述的现有研究结果与课题的研究有直接的关系，其内容要紧紧围绕课题进行，并且能够系统、全面地反映被研究对象的历史、现状和发展趋势，以及研究内容的方方面面。目前，在对现有文献进行评述时，普遍存在着评述内容与所要研究的问题相脱离或互不相关的问题。

第七，在检索以往文献时，研究者应该注意这样一些重要内容：研究设计情况（包括程序和资料搜集手段），选取的总体和使用的取样方法，给予定义的变量，可能影响研究结果的无关变量，有可能加以避免的错误，进一步研究的建议。

第八，要详细地列出参考文献。文献述评指的是对大量的研究文献展开搜集、分析、归纳和综合，并将其以一种高度浓缩的文章形式呈现出来，从而向人们提供一种比较完整的、系统的情报信息。参考文献虽置于文献述评的末尾，但也是文献述评中不可缺少的一环，应将所引文献的内容详尽地列举出来。对引用文献进行详尽的标注，具有三个重要的作用：一是为知识产权保护的需要，应标明引文出处，表示尊重被征引者的劳动成果；二是说明文献述评是用之有据的，反映述评的可信程度；三是为读者提供据此查检文献信息的线索。因此，引用文献均要求按正文中引用顺序编码，并注明著者姓名及文献出处。

第三节　研究方法

研究方法的描述是研究报告中十分重要的组成部分，主要回答"如何研究"（how）这个问题。读者不仅需要了解研究结果，更需要了解研究是如何开展的。只有深入地了解研究方法，读者才能客观地评价该研究是否科学，是否有意义和价值。研究方法这部分的撰写，要以对以往研究的文献述评为基础，针对绪论部分提出的研究问题，全面深入地描述研究方法，包括研究的实施方法、研究对象和研究样本的选取，研究变量的测量、数据的统计分析方法等，使读者可以根据研究报告描述的研究方法，独立地重复开展这项研究工作。

一、研究的实施方法

在研究中，可供选择的研究数据搜集方法有很多。例如，文献法、访谈法、观察法、问卷法、实验法和统计资料法等。每种研究方法又有多种具体的实施方式。例如，观察法可分为直接观察和间接观察，参与观察和非参与观察，结构观察和非结构观察，抽样观察和跟踪观察；访谈法可分为结构式访谈和非结构式访谈，直接访谈和间接访谈，个别访谈和集体访谈，定向型访谈和非定向型访谈，一次性访谈和重复性访谈；问卷法可分为一次性问卷和重复性问卷，报刊问卷、邮政问卷和送发问卷，自填问卷和访问问卷；实验法可分为实验室实验和实地实验,前实验、真实验和准实验,对比实验,析因实验、探索性实验和模拟实验,定性实验和定量实验。各种不同的研究方法都有其优点、局限性和特定的适用条件,同时,其各自的搜集研究资料与数据的形式、类型、设计方式也不尽相同。因此,要根据研究目标和研究问题的性质,对研究所采用的具体实施方法进行详细的描述和说明。例如,当采用实验法时,需要详细地说明实验刺激是什么,如何组成实验组和控制组,如何分配实验被试;当采用问卷法时,需要详细地说明调查问卷的结构和主要内容、调查总体、调查样本和调查的实施方式;当采用观察法时,需要详细地说明观察主体、观察仪器、观察时间、观察程序和观察结果的记录方式等;当采用文献法时,需要详细地说明文献的形式、文献的选取、文献的质量以及文献资料的处理分析方法等。总之,无论采取哪一种研究方法,研究者都应该在研究报告的实施方法部分详细地说明研究方法的具体实施方式和一些具体的细节,以便读者深入地了解研究的具体实施方式。

二、研究对象和研究样本

任何一项课题的研究,都必须有一个特定的研究对象。这些对象可以是人物,可以是事物,也可以是文献,也可以是其他的文字材料。数量可以是一个、几个,也可以是成千上万个。不过,选择实验对象并非随意。①它取决于课题的性质,由课题的性质确定什么作为课题研究的对象。②无论什么样的研究对象,都必须保证通过对它进行科学研究能够得出可靠的结论。③确定研究对象应考虑其现实性和可能性,即根据研究者所具备的条件能否对研究对象进行研究。④确定研究对象时还应考虑研究效率和效益,尽可能在比较短的时间内,以比较少的投入取得较大的研究成果。在研究报告中,研究者要对作为研究对象的人物和他们的行为展开详细的描述,特别是在实验研究或调查研究的报告中,更要对确定研究对象的方法和样本的抽样方法进行专门的介绍。例如,研究总体是什么,即研究总体的界定方法;研究样本是如何从总体中抽取的,是概率抽样还是非概率抽样(如果是概率抽样,那么究竟是简单抽样、等距抽样、分层抽样还是整群抽样);研究样本的规模有多大,样本规模是如何确定的;研究对象的特点与结构(包括性别、年龄、文化水平、职业、职称、职务、经济状况等);等等。

三、研究变量的测量

在研究中,最重要的、应用最广泛的变量分类是将变量分为自变量、因变量和无关变量三种类型。研究者需要向读者详细地说明在研究中哪些是自变量,是如何操纵这些自变量的;哪些是因变量,因变量是如何测量的;哪些是无关变量,这些无关变量是如何控制的。在此基础上,还需要说明研究变量之间的因果关系的测量方式。在描述研究变量时,研究者需要详细地描述研究变量的数目、性质和特点、测量水平以及无关变量的控制措施。

四、数据的统计分析

数据的实证性研究通常会涉及数据的统计分析问题。对从研究中得到的有效数据展开统计分析，将其转化为数据表达形式的研究资料，并将其用数量化的方法来表述，这就是研究结果的定量描述。通过对实验结果进行量化，能够更好地、更精确地反映实验中存在的问题。在研究中，研究结果定量描述的数学工具是应用统计学。应用统计主要用于研究内容的分类整理、编制数据的各种图表、定量分析和由样本推论总体等。对研究数据使用统计方法，进行变量之间关系或规律性的分析、推论，形成量化描述，增加了研究的科学性和有效性。由于研究目标、研究问题和研究方法等的不同，每一项具体的研究所采用的数据处理和分析方法会有很大的差异。有的以定性分析为主，辅之以简单的描述性统计分析；有的则以定量的统计分析为主，在复杂的统计分析基础上，还需要建立模型。所以，在研究方法和研究设计中，研究者还需要对研究数据的统计分析方法(包括数据的初步整理分析方法、缺省值处理方法、建模方法，以及所采用的统计分析软件等)向读者作进一步的说明。

第四节　结果、讨论和结论

研究的结果、讨论和结论部分描述研究有何发现，并将研究结果客观地呈现给读者。它是整个研究过程的结晶，是体现研究报告科学性、创新性及实用性的关键。这部分主要是回答“研究出什么”(what)这个问题。

一、结果

“结果”是一份报告最重要的组成部分，也是研究人员辛苦工作的成果。主要内容为：以文字、图表等形式，对所获得的数据进行描述。它是研究人员对自己最初设计的意图或问题的直接答案，同时也是研究人员进行深入探讨并得出结论的基础。因此，如何做好“结果”这一项工作，就显得尤为重要。研究结果以叙述性的文字为主，但是，为了使结果更加清晰，便于读者理解，还经常会补充一些图形，使结果更加直观和形象。许多调查结果的形式既有图又有文。叙述部分所占篇幅应大于图表所占篇幅。结果部分是一篇报告的论据，所以在资料和数据的编排使用上：①要注意前后次序，层次分明，使之符合报告的思维逻辑，层层推进，前后照应，主次分明，因果关系明确，使读者易于明白。②要明确主次，详细和简要要适当，在有限的篇幅内，清晰地表达出主要的结论，剔除不相干的信息，然后对普通信息和已知信息进行精简和浓缩。这样可以让与本课题有紧密联系的材料，尤其是本研究中的新发现和新结论得到充分的表现，从而避免了罗列材料、主次不分，以及被一般数据掩盖了重点和核心。③研究结果的陈述不要掺入研究者的主观意见和看法，以及其他人的研究成果，不宜评述研究成果的内涵，只是需要客观地描述事实与数据，评论应放在讨论部分展开。④不论结果是阳性还是阴性，肯定还是否定，成功还是失败，符合还是不符合预期效果，都应该如实地反映。切不可“以偏概全”“报喜不报忧”。

另外，在报告写作过程中，要注意：①不要“以偏概全”，不要只从逻辑思维上得出结论，要注重量化和定性分析的结合；②在对数据进行研究时，不能仅限于一般实例，而是要运用一定的统计学方法,由量变中反映出物的本质特征;③对于已经在统计图上显示出来的情况,不必用语言来重复描述,只需指出数据所反映的情况;④结果只能是对已搜集到的资料的一个客观的总结,不能夸大其词,不能武断地得出结论,也不能武断地扩展和发挥;⑤本文的研究结果应当以数据和事实为依据,语言上的表述应当简洁明了,得出的结论应当清晰明确。

在写作研究结果部分时,存在的主要问题是:①没有对数据进行统计处理,只是使用了原始数据,或者是没有选择正确的统计处理方法,使得结果不具有科学性,从而产生了错误的结论。②文与图画的内容重叠,即对相同的内容进行文字说明,也要用图画来表示。正确的做法是:能简明表述的就不用图。③结果叙述逻辑性不强,层次不分明,因果关系不明确,重点不突出。④在结果中夹杂以往研究成果,使读者分不清哪些是研究者的成果,哪些是他人的研究成果。⑤结果描述"报喜不报忧"。

二、讨论

"讨论"是研究者根据研究得出的客观事实和结论,结合自己对理论和实践的认识,通过自己的分析和思考,对本课题所研究的问题提出自己的认识、建议和设想。

对于研究结果的理解,仁者见仁,智者见智,但是,作为研究人员,一定要对研究结果进行全面、透彻的分析。这就需要研究人员不仅要参与研究的整个过程,要有充足的感受和经验,还要精通理论和实践,要善于提问并对问题进行思考,要擅长从理论的角度、逻辑的角度、实践的角度,多角度地展开分析和探讨。在进行分析和讨论的过程中,可以使用一些理论和说法,可以提出一些改进的意见、建议和措施,可以提出一些自己的看法、想法和思考,还可以提出新的问题、新的设想,以供进一步研究。在讨论中,应该以自己的研究作为主要线索,将自己的研究结果和有关的研究成果进行对比,从而得出研究结论。研究讨论可以围绕以下几个方面来展开:①对比分析本课题在研究目标、研究方法和研究结果等方面与以往研究文献的差异和优点,并从中引出新的观点、结论,探求新的规律;②对本课题的研究结果进行深入的分析,充分表达研究者对研究问题的新观点、新思想和新建议;③对本课题的研究意义、研究价值和研究创新点作出恰如其分的评价;④对本课题的研究结果的推广应用条件进行实事求是的说明;⑤对本课题在研究方法和研究设计方面存在的主要问题和局限性进行分析说明,提出进一步完善的建议,对有待于进一步研究和解决的问题提出展望。

在撰写研究讨论时存在的主要问题有:①简单地、不加选择地罗列各种观点,缺乏自己独特的分析和评论;②没有紧密结合研究结果进行讨论,偏离研究主题和研究结果;③讨论分析逻辑性不强,观点不明确,技术路线不清晰,结构不合理;④所得的结论超越了本课题研究结果所应得到的结论。

三、结论

研究报告的结论,是研究报告正文的最后部分,即结尾部分,是本论部分分析论证的必然结果,它往往是本论部分重点的提示和强调,它的内容与绪论(或导言)有着密切的关系,应该与绪论相呼应。结论应该是对某些学术问题做综合概括,或提出解决问题的途径,或提出进一步应解决的问题。

(一)研究报告结论的重要性

从研究报告的写作目的、结论的作用和结构的要求等三个方面看,结论的写作都是必不可少的。

第一,报告的写作目的就是展示其结论。研究报告是一门学科的科研成果在书面上的反映。报告撰写的宗旨是:对本学科的研究成果进行总结与推广,对本学科的技术与理论进行阐释,进行学术交流,促进科研的进步与发展。很明显,从撰写研究报告的目的来看,任何一篇有发表价值的报告,都应该将其明确的结论呈现给读者,让读者能够得到清晰的科技新知识和新信息。如果没有一个确定的结论,那就是没有必要写出来,也没有必要出版,出版出来也会让读者看不懂。所以,在撰写科研报告时,必须有相应的结论。

第二,结论是报告的精髓和归宿。人们在决定是否阅读某篇报告时,往往先看标题和结论。这表明,结论的作用是很大的。它能体现报告的价值,是报告的精髓和归宿。正如一些学者所言,"结论对全篇报告,起画龙点睛的作用,是全篇报告的归结":①"结论是科学技术报告最终和总体的论点";②"结论是整个课题研究结果的总判断、总评价,是研究结果的逻辑发展,是整篇报告的归宿,在全篇文章中起画龙点睛的作用";③就像"画龙"而不"点睛"的美术作品不能算已经完成的作品一样,在研究中,一篇千言万语而无"归宿"的文字也不能算一篇报告。那些全文没有"最终和总体的观点"的报告,那些缺乏对"整个课题研究结果的总判断和总评价"的文章,只不过是罗列了一些表面现象,拼凑了一堆枯燥无味的材料,很难称为报告。

第三,结论是报告的基本构成成分。研究报告是一种论说性科技写作文体。而论说文的基本结构包括引论、本论和结论三个部分。因此,任何一篇结构完整的报告,都要在引论中提出问题,在本论中分析论证问题,在结论中解决问题,从而结束全文。可见,从结构要求上讲,科技报告也必须有结论。没有结论的报告不称其为报告,起码不能算一篇完整的报告。报告的一般格式包括:题名、作者姓名和单位、摘要、关键词、绪论、正文、结论、致谢、参考文献表(注释)、附录等部分。由此可见,结论是完整的报告所必须具备的要素。

(二)研究报告结论的内容与格式

结论是报告中继摘要、绪论之后,从前瞻的角度第三次重申问题的重要性和研究的价值。其内容包括:①研究取得的主要结果,指出这些发现或结果的重要内涵,对结果的潜在意义提出可能的说明;②本研究工作与前人工作的比较,作者做了哪些修正、补充、发展或否定;③研究的不足之处、遗留问题、建议或展望等。当然,并不是所有的结论都要具备上述内容,其中,②和③的内容不是必需的,作者在写作时可根据具体情况而定,但第①项是必不可少的。对于上述第①项这类篇幅较短的文章,如果结论在摘要和绪论中已经明确给出,则在整篇文章的最后不需要重复出现。在此强调的是,结论在文章最后可省略不等于整篇文章没有结论或不写结论。另外,在研究报告写作中,如果不能导出结论,也可以没有结论而进行必要的讨论。讨论是对目前难以解释或解决的问题的评估和论证,体现了报告内容的延续性,对读者应有启迪作用。

在撰写研究结论时,当结论部分的内容很多时,可以将其进行分条,并用数字标号表示,每个标号都是一个独立的段落,由一个或几个句子组成。若结论段落的篇幅不大,则可不分段落,整篇为一个段落,包含几个句子。在结论中,我们可以提供一些重要的资料,但是,这些资料以文字为主,通常不会有任何图解、表格或公式。

(三)研究报告结论撰写应注意的问题

根据研究结论的作用和格式要求,研究报告结论是对全文的总结和概括,因此报告研究结论的撰写显得尤为重要。研究报告结论的撰写应注意以下几点:

首先,研究结论应概括准确,措辞严谨。研究报告要在正确表达意思的基础上,提出相应的结论。以点带面、语焉不详等,都会影响文章的理论水平,影响文章的整体质量。结论中的肯定和否定要清楚,不能用“大概”“可能”之类的字眼,否则会给人一种似有似无的印象,从而对研究结果的真实价值产生怀疑。不能说什么“抛砖引玉”,更不能说什么“学术价值极高”“填补了国内外的空白”。如果可以的话,作者应该在总结部分着重说明自己的研究与前人的比较有什么进步和特点,这样才能体现出自己的创新,也是一篇研究报告的精华。不肯定或没有充分依据的内容不能作为结论主体。如果有必要,可以用提问的方式,或者用陈述的方式来表达。在很多国际学术期刊的审稿评审表中,都会有一个“结论是否有正文充分的论据支持”的评分。所以,在结束语一节中,每个句子都应该是有根据的。

其次,研究结论应简洁精练。在研究报告结论写作中,应注意行文要简练、简短,不再展开论述,不对报告中各段的小结做简单重复。有些研究者不了解结论写作的这一要求,或者在结论中继续对某些问题展开论证,或者把报告中各段的主要内容在结论中重复写出,这都是不符合要求的。结论中一般不再出现图表,主要是文字表达,可以引用文章中得出的一些关键数据,但不宜过多,旨在发现内涵和对研究内容的理论提升。

最后,文尾结论应避免与绪论或摘要雷同。结论是通过对研究对象进行考察或对研究结果的分析,准确、简洁地揭示其原理及普遍性,应比研究结果更推进一步。结论一般与绪论相呼应,在绪论中提出的问题,在结论中应有解答。但需要注意的是,结论不应与绪论或摘要雷同。由于摘要、绪论和结论必然会涉及全文,所以在写作过程中,不能简单地将这三个部分进行重复,而要采取合理的逻辑结构。文章结尾若没有专门的结论,则应在摘要或绪论的结尾处对整篇文章作出清晰的总结。如果在论文的结尾处安排了一个专门的结论,那么请注意,在绪论的结尾部分,必须对报告的内容、工作或结构做一个简要的介绍,而不是在这里提出文章的主要结论。而文末不结式的结构安排,通常是针对短文、快报或篇幅较短的杂志,显得更为直接。随着现代刊物对载文信息量要求的日益提高,后一类型的结构会使用较多。当然,在这类结构的报告中,若在文尾加上一个短句作为回顾性总结,会更加符合多数读者的阅读习惯。

章节习题

一、单项选择题

1. 研究报告的灵魂是(D)。

A. 材料　B. 提纲　C. 正文　D. 主题

2. 被认为“是研究报告的骨架”的是指(C)。

A. 组织材料　B. 撰写正文　C. 写作提纲　D. 确定主题

3. 对文章中的词语、引文出处等所做的说明,是指(C)。

A. 引证　B. 摘要　C. 注释　D. 结论

4. 对绪论的写作要求有(D)。

A. 简明、扼要　B. 具体、鲜明

C. 简明、扼要、具体　D. 简明、扼要、具体、鲜明

二、判断题

1. 研究报告的质量高低通常体现在科学性、创新性、理论性和逻辑性等方面。(√)

2. 绪论部分通常会涉及以下五个方面内容:研究背景和研究问题阐述;以往研究文献评述,深入分析以往研究所取得的主要成果、存在的主要问题,以及对本课题研究的借鉴意义;研究假设构造;研究方法概述;研究目的和意义分析。(×)

3. 在研究中,最重要的、应用最广泛的变量分类是将变量分为自变量、因变量和无关变量三种类型。(√)

三、名词解释

1. 研究报告。

研究报告是整个研究工作,包括计划、实施、收集、整理和分析等一系列研究过程的总结,是对研究成果的一种书面陈述。通常以文字、图表等形式将研究的过程、方法和结果表现出来,其目的是告诉同行和有关读者,对于所研究的问题是如何进行研究的,取得了哪些结果,这些结果对于认识和解决有关问题有哪些理论和实际意义等。

2. 绪论。

绪论是研究报告的序幕,是整个报告的引子。绪论也常称为前言、导言、引言和导论等。绪论的主要作用在于引起读者的阅读兴趣。绪论这一章主要是回答“研究什么问题”(what)和“为什么要研究这个问题”(why),其目的是引导读者进入报告主题,帮助读者理解报告内容。

3. 文献述评。

文献述评是研究者在对以往相关研究文献进行阅读、选择、比较、分类、分析和综合的基础上,对相关研究问题的现状、新动态、新发展、新发现、新方法和新观点进行综述和评论,尽可能多地从他人的研究和工作中汲取有价值的东西。

四、简答题

1. 简述文献述评的特点。

答:文献述评是文献叙述和评论的简称,是指在全面搜集、阅读大量的有关研究文献

的基础上，经过归纳整理、分析鉴别，对所研究的问题在一定时期内已经取得的研究成果、存在问题以及新的发展趋势等进行系统、全面的叙述和评论。一个成功的文献述评至少具有以下三个基本特点。

(1)综合性。文献述评的综合性越强，文献述评的价值就越大。

(2)评论性。指出以往研究存在的问题，并对发展前景提出预测。

(3)前沿性。要求能全面系统地反映某项研究的新动态、新趋势、新水平、新原理和新技术等。

2. 结论的撰写应注意哪几个方面问题？

答：根据研究结论的作用和格式要求，研究报告结论是对全文的总结和概括，因此报告研究结论的撰写显得尤为重要。研究报告结论的撰写应注意以下几点：

(1)研究结论应概括准确，措辞严谨。在许多国际刊物的审稿评审表中都明确提出“结论是否有正文充分的论据支持”这一项。因此，结论部分的每一句话都要有依据。

(2)研究结论应简洁精练。结论中一般不再出现图表，主要是文字表达，可以引用文章中得出的一些关键数据，但不宜过多，旨在发现内涵和对研究内容的理论提升。

(3)文尾结论应避免与绪论或摘要雷同。

第十五章　研究伦理

学习目标

1. 了解社会科学研究的伦理概念与准则。
2. 了解社会研究中的伦理问题。
3. 了解并掌握旅游研究者在研究中需承担的伦理责任。

第一节　研究伦理概述

一、什么是伦理

处理人类行为及品格的哲学分支被称为道德哲学,也被称为伦理。简单地讲,伦理实际上就是了解正确或者错误的标准,然后作出正确的选择。但是,正确的选择并不像许多伦理文献所描述的那样直截了当。研究中遇到的绝大多数伦理问题都不会像"旅游者在景区内可以随意扔垃圾吗?"或者"导游应该强迫旅游者购物吗?"这样直截了当。

许多伦理学家认为:基于道德准则总是存在需要做的正确选择。另一些伦理学家认为,需要做的正确选择最终还得依赖个人。而许多哲学家则认为:伦理是一种行为科学。Twin 认为:"伦理涉及人类生活依赖的最基本准则。"有关伦理问题,从 Socrates 到 Plato,哲学家已经讨论了 2500 年。许多伦理学家将正在形成的伦理信仰看作是当代的法律问题,比如,正在成为伦理指南的准则经常被转换为明天的法律和规章制度。指导人类产生应有行为的价值则被认为是道德价值,比如,文明、尊敬、诚信、公正、责任等。

综上所述,伦理是一个哲学分支,它涉及人类的行为规范,是一门规范科学。因此。伦理始终与行为规范、道德标准,以及行为指南紧密相连,涉及人类对"正确"和"错误"的判断。

二、科学研究的伦理准则

(一)受益而无害

受益指的是科学研究中的被研究者及相关个人和群体的利益最大化,无害指的是使被研究者受到的伤害最小化。在旅游研究过程中,研究者在这一点上会面临极大的挑战。一些需要在旅游世界、旅游情境或旅游场景中实施的研究过程，可能明显地对旅游者的个体体验过程产生介入效应，这不仅会导致旅游者的体验质量受到影响并引发研究过程中的矛盾甚至冲突，而且还会对研究结果的真实性产生影响。

（二）知情同意

在研究过程中如果存在对被研究者产生伤害（包括身体、心理、法律等意义上的伤害）的风险，就需要保证研究的参与者的自愿参与和知情同意。“知情同意是研究中最基本的伦理准则。参与者应该完全了解研究的目的和本质，并且是在不受强制的情况下同意参与。”这一准则强调参与研究的被研究者在整个研究阶段都具有自由地进入和退出、质询和了解的权利，知悉参与研究可能给自己甚至他人带来的所有潜在危险和危害。

知情同意准则在强调研究伦理的同时，也给一些科学研究建立了进入障碍，尤其是对于一些自身本来就包含欺骗性问题的研究带来了挑战。在这种情况下，研究者会面临两难的处境。但无论如何，研究者有保护被研究者安全的特殊责任。

（三）诚实与完整

很多科学研究过程本身就是一种公开的社会行为，而科学研究成果在社会上予以发布更是和公开性密不可分的。在这种情况下，科学家对自身工作及其成果的诚实态度就十分重要。在正规的研究流程当中，每个阶段都会涉及研究者对被研究者、研究的委托人、社会、学术界同行的诚实问题。在研究的所有流程中，研究人员都需要诚实，应当追求真实、准确、客观、完整地从事研究并报告科学研究的成果。

有违诚实与完整伦理准则的突出表现是欺诈和抄袭。欺诈是在发表研究成果时有意捏造数据，或篡改实验结果。而抄袭则涉及把别人的研究成果、思想或数据的大部分内容当作自己的研究并发表。抄袭和欺诈一样，也是科学研究中的严重的道德错误。虽然有些抄袭较为隐晦，机器识别不出来，但科学工作者应当始终怀有一颗“科学良心”，对抄袭伎俩自警而不取。

（四）对被试者及其权益的尊重

在很多关于人的社会科学研究当中，保护研究对象的权益是另一条重要的伦理准则。站在研究者的角度来说，科学家为了准确地把握研究对象的行为特征，包括态度、意见、行为及他们的人口统计特征，在研究过程中往往会谋求获得一些个人私密信息，甚至将被试者置于某种尴尬的境地。例如，在一些社会调查当中，对于经济状况、财产状况、婚姻状况等信息的调查，就属于一些个人隐私，很多被调查者并不情愿向外人透露。在这种情况下，调查者应努力遵守保密原则，设法通过一些技术手段（如向所有实验者分发一个保密的实验身份号）解决被试者对自己身份泄露的担心。这种在保密性上所做的努力，对研究者和被研究者都有好处。对于被试者来说，可以使其免受因信息公开而感到窘迫和情绪紧张，而对研究者来说，也比较容易得到被试者的积极配合。从这里可以看出，要想做到保密，可能最重要的方法就是匿名。

第二节　社会研究中的伦理准则

在大多数的字典和日常用法中,伦理(ethics)通常和道德(morality)相提并论,两者都涉及对与错的问题。但什么是对?什么是错?根据什么标准来区分?每个人都有自己的一套标准。这些标准也许是宗教或政治意识形态,或是对什么可行、什么不可行的实际观察结果。

《韦氏新世界辞典》(*Webster's New World Dictionary*)对伦理的定义就很典型,它把伦理定义为"与特定职业或群体相一致的行为标准"。虽然这个说法会让追求绝对道德的人感到不满,不过,我们在日常生活中就把道德与伦理当作群体成员的共识了。不同群体有不同的道德标准,这一点毫不意外。如果你们要在某个社会里好好生活,了解那个社会的道德标准是十分有用的。对从事社会研究的学术共同体来说,亦是如此。

如果你们要从事社会研究工作,那么,了解一些共识就相当重要。这些共识是判断研究者在社会调查中的行为是否得体的标准。这一节将概括一些社会研究中最重要的通行准则。

一、征得同意

以前经常会听到这样的案例:有人被劝说参加了一项研究,但是最终却受到了伤害。其中,明显最坏的案例是涉及药物或者军事的研究。幸运的是,这样的事情现在很少发生,因为通过普遍存在的正式以及非正式的检查,这类事情发生的概率已经被最小化。但是,如果发生了这样的事情,其原因通常都是因为破坏了研究所需要遵守的一个重要伦理原则——征得同意原则,即在进行研究之前,应该首先征得研究对象的同意,比如,在研究对象是那些将被调查的个人或者被研究的群体时,研究对象就有权从调查或者研究中退出,并有权拒绝回答问题或者拒绝被研究。因此,在研究的每个步骤开始之前,研究者都应该首先征得研究对象的同意,这点是非常重要的。

二、自愿参与

社会研究经常(虽然并非总是)要介入他人的生活。访问员登门拜访或是将问卷寄到家中,都意味着在受访者没有提出要求的情况下,一项会让其耗时费力的活动就要开始了。参与社会实验,还会干扰研究对象的日常活动。

更有甚者,社会研究经常要求他人透露其私人信息——有些甚至是其亲友都不知道的信息。而且,社会调查还经常要求受访者把这些信息告诉陌生人。其他的专业人士,例如医生和律师,也需要类似的信息。然而,医生和律师提出这样的要求,则被视为是合理的,因为他们需要这些资料来维护当事人的切身利益。但是社会研究者则无法作出如此保证,他们只能像医学家一样,申明这些研究最终将帮助全人类。

另外,自愿参与原则又直接违背了很多科学方面的考虑。一般来说,如果实验对象或调查研究的受访者都是自愿的,科学上所要求的一般性就受到了威胁。究其原因,是因为这样的研究可能会反映那些愿意参与的人的特性,而不能概括所有的人。最明显的例子就是描述性调查,除非受访者是经科学抽样的并包括了志愿者和非志愿者,否则研究者就不能把抽样调查结果推论到总体。

自愿参与是重要的原则,却难以真正地完全遵循。当你们认为有充分正当的理由违反这项规范时,那么,遵守科学研究的其他道德规范就显得更重要了,例如不能伤害研究对象等。

三、对参与者无害

1974 年,美国颁布了《美国国家研究法案》(*National Research Act*),并相应成立了美国国家生物医学和行为科学研究人类被试者保护委员会,该委员会被授权负责规定,当涉及人类研究对象时,研究者应该遵循的基本伦理准则。随后该委员会发布了《贝尔蒙特报告》(*The Belmont Rebort*),详细规定了三大核心原则:对人的尊重——参与研究必须出于自愿并且基于对所参与研究内容的完全知情,进而要求研究人员,特别注重对弱势群体及缺乏完全自主能力的被试者的保护。受益原则——研究活动不得伤害被试者,理想化的做法是,能够让他们从研究中获益。公正原则——研究所带来的负担与利益必须在社会成员中公平地分担与分享。

社会研究还可能迫使研究对象面对平常情形下鲜有考虑的问题,即使这类信息并不直接透露给研究者,类似的问题也会发生。如此一来,研究本身就可能成为研究对象无休止的痛苦根源。例如,如果研究项目事关伦理规范,那么研究对象也许会质疑自己的道德,也许在研究结束之后,质疑还会延续下去。再譬如,不断深入地提问会伤害研究对象脆弱的自尊。

“自愿参与”和“对参与者无害”的伦理规范,已经越来越正式化,形成了“知情同意”(informed consent)的共同理念。该理念要求,基于自愿参与的原则而进入研究的对象,必须完全了解他们可能受到的危害。例如,参与医学实验的受试者,会在事前的讨论中被告知实验的内容,以及所有可能遭遇的危险。实验执行者会要求他们签署一份声明,表明他们已了解实验的危险,但仍选择参加。当受试者被注射会引起生理反应的针剂时,这个过程的价值,就更加明显。然而,打个比方,当参与观察者赶往某个城市暴动现场以研究越轨行为时,还要来一套手续就不现实了。在后一种案例中,虽然研究者必须不对被观察者造成伤害,但实现这一承诺的方式并非通过“知情同意”。

就像自愿参与原则一样,对参与者无害原则,在理论上,很容易为人们所接受,却很难在实际中遵循。然而,对这个问题保持敏感度、多一些实际经验,可以让研究者在处理微妙问题时更加老练。

四、提供研究信息

人类是自治的,他们拥有进行调查以及决定是否参与调查的自由意志。因此,为了实现研究对象的自由意志,他们需要完全了解研究的性质,以及研究的进展。只有这样,研究对象才能真正同意参与。换句话说,在给出同意参加研究的决定之前,研究对象应该被完全地"告知"。由于研究是一项非常复杂的活动,因此,潜在研究对象希望被告知的方面也会有很多,包括:研究人员的姓名、雇主、资金资助者,支持研究的个人或者组织,研究如何启动、研究目的,所收集数据的性质,发布结果的安排,结果是否将被用于政策制定,等等。上述举例并不能完全涵盖被调查人员需要知道或感兴趣的信息,研究者在向研究对象提供信息之前,应根据研究内容对信息进行合理选择。

五、有权利退出

作为研究对象的个人或者组织的另一重要权利就是退出研究。在研究开始时,由于认为研究是有趣的,因此,研究对象同意参加研究。但是,随着研究的进行,研究对象开始逐渐失去对于研究的兴趣。让作为研究对象的个人或者组织清楚地知道无论什么原因,在任何他们不愿意被继续研究的时候都有权退出研究是非常重要的。对于组织来说,退出研究可能要比个人更容易些。有时,个人会开始感到作为研究对象有强迫感,甚至产生疑虑。因此,研究人员在数据收集时应尽量不使作为研究对象的个人感到压力或者不安。有时,也会出现这样的情况:调查对象开始感到面谈过程并不像他们开始时所想象的那样轻松愉快,调查者却没有注意到调查对象的这种情绪变化。让研究对象感到,他们可以随时说出自己的想法,并且可以单方面地退出研究是非常重要的。

六、匿名与保密

保护研究对象的权益与身心健康最首要的就是保护他们的身份,特别是在进行调查研究的时候。如果披露研究对象被调查时的反应,必定会伤害他们,因此,坚守这项规范就显得至关重要。匿名和保密这两种技巧(两者经常被混淆),则能在这方面帮助研究者。

在一项研究中,如果研究者与阅读者都无法将应答和应答者对应起来时,那么该研究的匿名(anonymity)性就得到了保证。在一个典型的访谈式研究中,受访者不可能是匿名的,访员是从一个可识别的研究对象那里收集数据的。一个匿名的例子,就是以邮寄方式进行的问卷调查,如果在问卷回收前,问卷上没有任何可识别的标记,那么就保证了匿名性。

当研究者能够识别特定研究对象的应答,且承诺不会将其公开时,该研究就达到了"保密"(confidentiality)的要求。例如,在一项访谈调查中,尽管研究者能够公开某位受访者提供的收入数据,但研究人员会向对受访者保证,绝对不会发生这类事件。

当某个调查项目是保密的、而非匿名的,研究者就有责任向研究对象说明事实。而且,研究者绝不能将两者的术语与意涵混为一谈。

除了个别例外,研究者对应答者所提供的数据必须予以保密。

研究者可以利用几种技巧来避免这些危害,从而更好地保证研究的保密性。首先访谈者和其他能够接触到应答者可识别特征的人,都要经过伦理责任的教育。此外最基本的方法是删除研究中不必要的受访人身份信息。同样在访谈调查中,研究者需要保留可识别调查对象的数据,才能和他们再度联络,以核实已经完成的访问,或取得原先访问中所遗漏的资料。当确认访同已经结束且肯定不再需要有关对象的更详尽资料时,就可以放心地把所有可识别受访者身份的数据从访谈手册上删除。有很多问卷的设计,都把所有可识别受访者身份的数据放在第 1 页,当不再需要知道研究对象的身份时,就可以把首页撕掉。

七、避免欺骗

征得研究对象同意明显是为了避免欺骗。但是,也有一些研究人员认为:在揭发一些穷凶极恶的组织或者个人时使用一些欺骗手段是合理的。例如,为了调查某地区导游强迫购物以获取折扣的现象而假装自己的导游身份、为了调查某酒店的餐饮安全问题而假装应聘等。为了开展研究,一些研究人员一直都在准备使用伪装和掩饰等手段。

在能够获取的知识利益超过了通过遵守保密和匿名规范所能够最小化伤害的前提下,使用一些欺骗手段或许是可以被接受的。尽管调查者没有必要为了达到研究目的,总是努力地保持诚实、直接和清晰,但是,他们也不应该经常地使用欺骗手段。他们不应该窃取数据,不应该直接向研究对象撒谎。尽管可以在一定程度上隐瞒个人身份,但是,他们不应该违背其曾经向研究对象所作出的承诺。在处理明显的欺骗与公开之间的平衡时,调查者应该充分考虑到研究对于研究对象,而不仅仅是自己带来的后果。

八、分析与报告

身为社会研究者,你们对研究对象负有许多伦理上的义务。同时,在学术共同体中,你们对同行也负有伦理责任。这些责任与数据分析和报告研究结果的方式有关。在任何严谨的研究中,研究者应该比任何人都熟悉研究技术的缺点和错误。研究者有责任使读者了解这些缺点,哪怕这些缺点十分愚蠢。

举例来说,如果与研究分析有关,即使是负面的(negative)实验结果也应该报告出来。在科学报告中有一个不合宜的神话,那就是只有正面的(positive)实验发现才值得报告(有时候期刊编辑也会犯相同的错误)。然而在科学上,知道两个变量相关或不相关具有同样的重要性。

同样,还有一种情况应该坚决避免,就是研究者为了顾全面子而把自己的发现说成是周密计划的结果。其实有许多研究发现都在意料之外——虽然这些发现在事后回顾时,似乎都是显而易见的。当你们意外发现一个有趣的关联时该怎么处理呢?用虚拟假设等手段来粉饰这种情况,不仅不诚实,同时也会误导缺乏经验的研究者,让他们误以为所有的科学探索事先都需要经过严谨的计划和组织。

一般来说,科学因开诚布公而进步,因自我保护和欺骗而受阻。只要你们把进行某项研究时经历过的所有困难和问题和盘托出,你们就可以对自己的同行——甚至对整个科学探索有所贡献。这样,你们可以帮助他们避免犯同样的错误。

最后还有一点需要补充。有一种观点认为研究者的马虎大意也同样可以被视作伦理问题。如果一个研究项目耗竭了有限的研究资源,并且(或是)错误地将研究强加于那些无益的研究对象,那么,许多学者就会将其视作违背伦理原则的行为。这并不是说所有的研究都必须产生积极的结果,而是说研究应该以一种趋向于积极结果的方式进行。

第三节 旅游研究中的伦理问题

一、旅游研究者对社会所承担的伦理责任

旅游研究通常都是以日常社会生活作为研究背景的,除非研究者利用实验室来研究个体在不同的旅游刺激下的生理反应,或从事数学运算,或给现实世界建立模型。

但不管研究是在现实世界还是在实验室进行,旅游研究者都应对社会承担伦理责任,应确保他们的研究不会影响到参与者和其他社会成员的日常体验。这是很重要的问题,特别是对那些试图从活动参与者处收集资料的旅游研究者来说更为重要,因为旅游活动的本质是脱离日常生活,旅游体验的目的是要在另一个世界中,中断"日常生活",逃逸、挑战、愉悦、学习和放松。

可以想象一下,你正在树荫下休息,周围很安静,这时一个研究者要对你进行调查,你会愿意参与他们的研究吗？为什么会或不会？如此多的侵扰将导致旅游研究遭到社会的摒弃,也可能引起参与研究的人数减少,甚至没有人乐意参与研究。

在一些领域,某些管理者会阻止对旅游者和类似的团体进行"过分审问"。国家和地方政府部门都应该遵循这个准则,如需要提出申请、得到政府的许可才能进行研究。一般而言,管理者们可以允许或不允许你接近他们的委托人或成员,而这主要取决于你的研究目的、研究方法和研究结果的潜在用途。有时,即使是出于良好意愿的研究也可能不被允许,因为管理者认为研究者会改变经营的状况,或者该研究可能会干扰他们成员的整体生活质量,或者会产生负面的旅游体验。

二、旅游研究者对学术界所承担的伦理责任

旅游研究者不仅属于旅游接待业研究领域,它还属于一个包括更多学科的科学领域。作为这两个团体的成员,旅游研究者有义务遵循研究的伦理规范。任何与伦理原则相冲突的行为不仅会影响研究者本人,对整个组织成员的声誉也将造成很大的影响。因此,为了确保所有的研究者都按照伦理的原则行事,各个不同的学科领域也已构建了自己的伦理准则。

这些有关研究的伦理准则,保证了研究者在对待被研究个体、使用研究方法以及保证研究结果的公正性方面承担伦理责任。

在学术界,研究中贯穿伦理方针的一个步骤就是实施同行评议。同行评议要求有资历的研究者对研究申请的质量和可行性进行评估,也包括评估研究报告的质量和完整性。评议专家的目的是确定所评论的研究者的工作是否维护和尊重研究参与者的权利,不论研究参与者是人类还是非人类都应受到此类保护和尊重。当然他们还要试图确定

研究者是否有进行研究所要求的研究技术和理论知识，收集资料时所使用的方法是否合适，资料的收集和分析是否恰当、符合伦理。

三、旅游研究者对参与者所承担的伦理责任

研究者首要的任务就是要保护人类和非人类参与者的权利。从根本上说，研究者必须保证在进行研究的任何阶段，参与者不受到任何伤害。我们所重点讨论的是有关人类参与者而不是非人类参与者的伦理保护问题（如果没有特别说明），对被研究者的伤害可定义为四种：身体上的伤害、心理上的伤害、法律上的伤害和其他伤害。

（一）身体上的伤害

在旅游接待业研究领域，保证参与者、研究助手和研究者不受到任何身体上的伤害是研究者应该承担的责任，特别是与旅游研究相关的职业健康和安全的问题。旅游研究应避免使参与者和研究者身体上处于有危险或受伤害状态。

（二）心理上的伤害

旅游研究不应该使参与者产生恐惧或尴尬的情绪感受，同时，也不能让参与者感到自卑或压抑。尽管原因很不好鉴定，也许有时候这种情感的产生在有些情况下是有益的。当然，参与者拥有了解研究的目的和在研究的任何阶段退出的权利。

（三）法律上的伤害

在进行旅游研究的过程中，研究者可能会遭遇到一些令他们陷入进退两难境地的情况。特别是，研究者可能会得到一些非法活动的信息。在着手研究之前，研究者应该明确他们的责任以及如何看待自己所扮演的角色。作为研究者必须清楚地知道自己所扮演的角色。只有保护了参与者的合法权利，那么研究者获取的非法活动的研究资料才会受到保护。

（四）其他伤害

在研究过程中，还可能存在对参与者或其他与研究间接相关的人造成危害的潜在途径。如评估性研究可能暗示了裁员的必要性，这将迅速导致旅游接待业工作人员丧失工作机会和收入减少。采用比较研究，总会使一方显示出比另一方好，这样会导致其中一方的合同的减少，而根据乘数效应，这将对整个区域造成更为广泛深远的影响，使得该区域人员收入减少。对某旅游目的地的旅游吸引物和旅游设施进行评估研究，发现旅游地安全或标准的执行出现问题时，研究结果会导致企业倒闭、工作就业机会减少。也就是说研究者需要保护个体的权利，同时又要知道研究会带来的危害。

四、旅游研究者对发起人所承担的伦理责任

所有的研究都应该以一种符合伦理的方式来实施。这在应用性研究中尤为重要，因为委托人或发起人在研究设计和报告中可能存在一种偏见。研究者受到伦理标准的约束，因此这种偏见是不能接受的。研究者必须对自己、学术界、公众和发起人承担相应的伦理责任。

在为发起人或者是委托人工作时，有两种类型的研究：有条件的和无条件的。有条件的研究有很多的限制，这些限制条件可能是时间、资金、人员或研究设计等，这些约束条件可能会单个地或者是共同地影响整个研究设计，当然也包括对伦理问题的影响。研究者应该确定这些约束条件是否会引起伦理的或非伦理的行为和结果。这并不意味着所有的有条件的研究都是非伦理的。有条件约束的研究需要注明具体的限制条件，但是这些限制条件并不意味着研究可以无视伦理问题。无条件的研究没有什么约束条件，发起人或委托人极少能对研究进行干预。这种研究允许研究者在研究的时间安排和方案设计上有充分的自主权。

为发起人或委托人工作时，应该与其签订合约，并明确地描述对各个群体所承担的责任。研究者还应该在合约中明确阐述知识产权的归属问题。一些合约规定研究材料和知识产权的归属权隶属发起人或委托人，倘若研究者签署了这类合约，那么研究者若要使用资料，就必须得到发起人或委托人的同意。在有的情况下，合约中有一部分要求研究者签订一个“保密条款”，因为研究者有时会收集涉及“商业机密”的信息。

五、旅游研究者对自身承担的伦理责任

对于研究者来说，需要注意一些关键问题。作为学术界的一员，研究者必须保证他们没有参与任何不当的研究行为。研究中的不当行为包括欺骗（歪曲研究事实）和剽窃。研究中的欺骗行为既指研究者或研究团体捏造事实进而报告虚假数据，也包括研究设计中出现的代表性偏误，特别是由于研究方法的应用而导致的偏误。剽窃是把别人的作品据为己有。这两种失当行为都是不道德的，不符合伦理的。研究者不能滥用与研究相关的权利。

六、旅游研究者为什么要讲究伦理

基本上，旅游研究者都必须遵循伦理的原则，以确保他们保护了参与研究的个体（包括非人类参与者）的权利，维护了学术界的名声。同时也确保了知识的更新与发展是建立在讲究伦理原则的科学发现的基础之上的，因此，这些科学发现应该能推动社会的进一步发展。例如，对研究者来说，讲究伦理意味着他们能够在内心保持自尊，因为他们在研究过程中遵守了伦理道德和职业操守。

章节习题

一、单项选择题

1. 1974 年，美国国家生物医学和行为科学研究人类被试者保护委员会发布了《贝尔蒙特报告》，详细规定了（D）三大核心原则。
   A. 自愿原则，受益原则，公正原则
   B. 对人的尊重，受益原则，知情同意原则
   C. 对人的尊重，诚实完整原则，公正原则

D. 对人的尊重,受益原则,公正原则

2. 在社会研究中,(A)的伦理规范,已经越来越正式化,形成了“知情同意”(informed consent)的共同理念。

A.“自愿参与”和“对参与者无害”

B.“对人的尊重”和“对参与者无害”

C.“自愿参与”和“诚实完整”

D.“对人的尊重”和“诚实完整”

3. 在一项研究中,如果研究者与阅读者都无法将应答和应答者对应起来时,那么该研究的(B)就得到了保证。

A. 保密性　B. 匿名性　C. 完整性　D. 诚实性

4. 当研究者能够识别特定研究对象的应答,且承诺不会将其公开时,该研究就达到了(A)的要求。

A. 保密性　B. 匿名性　C. 完整性　D. 诚实性

5. 旅游研究者对学术界所承担的伦理责任涉及以下三个方面(B)。

A. 避免身体上的伤害;维护学术界的声誉;进行伦理的研究

B. 保护个体的权利(或者是非人类参与者);维护学术界的声誉;进行伦理的研究

C. 避免心理上的伤害;维护学术界的声誉;进行伦理的研究

D. 避免法律上的伤害;维护学术界的声誉;进行伦理的研究

二、判断题

1. 在研究的每个步骤开始之前,我们都应该首先征得研究对象的同意,这点是非常重要的。(√)

2. 在社会研究中,自愿参与是重要的原则,却难以真正地完全遵循。(√)

3. 对参与者无害原则,在理论上,很容易为人们所接受,在实际中也较容易遵循。(×)

三、名词解释

1. 伦理。

伦理是一个哲学分支,它涉及人类的行为规范,是一门规范科学。因此。伦理始终与行为规范、道德标准,以及行为指南紧密相连,涉及人类对“正确”和“错误”的判断。

2. 同行评议。

同行评议要求有资历的研究者对研究申请的质量和可行性进行评估,也包括评估研究报告的质量和完整性。评议专家的目的是要确定所评论的研究者的工作是否维护和尊重研究参与者的权利,不论研究参与者是人类还是非人类都应受到此类保护和尊重。

3. 匿名与保密。

保护研究对象的权益与身心健康最首要的就是保护他们的身份,特别是在进行调查研究的时候。如果披露研究对象被调查时的反应,必定会伤害他们,因此,坚守这项规范就显得至关重要。匿名和保密这两种技巧则能在这方面帮助研究者。

四、简答题

1. 科学研究的伦理准则是什么?

答:科学研究的伦理准则有:(1)受益而无害;(2)知情同意;(3)诚实与完整;(4)对作为被试的人及其权益的尊重。

2. 为什么要讲究伦理?

答:基本上,旅游研究者都必须遵循伦理的原则,以确保他们保护了参与研究的个体(包括非人类参考者)的权利,维护了学术界的名声。同时也确保了知识的更新与发展是建立在讲究伦理原则的科学发现的基础之上的,因此,这些科学发现应该能推动社会的进一步发展、进步。例如,对研究者来说,讲究伦理意味着他们能够在内心保持自尊,因为他们在研究过程中遵守了伦理道德和职业操守。

附　录

附录一　常用概率分布表

附表 1　标准正态分布

$$P\{Z > z\} = \Phi(z) = \int_{-\infty}^{z} \frac{1}{\sqrt{2\pi}} e^{-\omega^2/2} \mathrm{d}\omega$$

$$\Phi(-z) = 1 - \Phi(z)$$

z	0.00	0.01	0.02	0.03	0.04	0.05	0.06	0.07	0.08	0.09
0.0	0.5000	0.5040	0.5080	0.5120	0.5160	0.5199	0.5239	0.5279	0.5319	0.5359
0.1	0.5398	0.5438	0.5478	0.5517	0.5557	0.5596	0.5636	0.5675	0.5714	0.5753
0.2	0.5793	0.5832	0.5871	0.5910	0.5948	0.5987	0.6026	0.6064	0.6103	0.6141
0.3	0.6179	0.6217	0.6255	0.6293	0.6331	0.6368	0.6406	0.6443	0.6480	0.6517
0.4	0.6554	0.6591	0.6628	0.6664	0.6700	0.6736	0.6772	0.6808	0.6844	0.6879
0.5	0.6915	0.6950	0.6985	0.7019	0.7054	0.7088	0.7123	0.7157	0.7190	0.7224
0.6	0.7257	0.7291	0.7324	0.7357	0.7389	0.7422	0.7454	0.7486	0.7517	0.7549
0.7	0.7580	0.7611	0.7642	0.7673	0.7704	0.7734	0.7764	0.7794	0.7823	0.7852
0.8	0.7881	0.7910	0.7939	0.7967	0.7995	0.8023	0.8051	0.8078	0.8106	0.8133
0.9	0.8159	0.8186	0.8212	0.8238	0.8264	0.8289	0.8315	0.8340	0.8365	0.8389
1.0	0.8413	0.8438	0.8461	0.8485	0.8508	0.8531	0.8554	0.8577	0.8599	0.8621
1.1	0.8643	0.8665	0.8686	0.8708	0.8729	0.8749	0.8770	0.8790	0.8810	0.8830
1.2	0.8849	0.8869	0.8888	0.8907	0.8925	0.8944	0.8962	0.8980	0.8997	0.9015
1.3	0.9032	0.9049	0.9066	0.9082	0.9099	0.9115	0.9131	0.9147	0.9162	0.9177

续附表1

z	0.00	0.01	0.02	0.03	0.04	0.05	0.06	0.07	0.08	0.09
1.4	0.9192	0.9207	0.9222	0.9236	0.9251	0.9265	0.9279	0.9292	0.9306	0.9319
1.5	0.9332	0.9345	0.9357	0.9370	0.9382	0.9394	0.9406	0.9418	0.9429	0.9441
1.6	0.9452	0.9463	0.9474	0.9484	0.9495	0.9505	0.9515	0.9525	0.9535	0.9545
1.7	0.9554	0.9564	0.9573	0.9582	0.9591	0.9599	0.9608	0.9616	0.9625	0.9633
1.8	0.9641	0.9649	0.9656	0.9664	0.9671	0.9678	0.9686	0.9693	0.9699	0.9706
1.9	0.9713	0.9719	0.9726	0.9732	0.9738	0.9744	0.9750	0.9756	0.9761	0.9767
2.0	0.9772	0.9778	0.9783	0.9788	0.9793	0.9798	0.9803	0.9808	0.9812	0.9817
2.1	0.9821	0.9826	0.9830	0.9834	0.9838	0.9842	0.9846	0.9850	0.9854	0.9857
2.2	0.9861	0.9864	0.9868	0.9871	0.9875	0.9878	0.9881	0.9884	0.9887	0.9890
2.3	0.9893	0.9896	0.9898	0.9901	0.9904	0.9906	0.9909	0.9911	0.9913	0.9916
2.4	0.9918	0.9920	0.9922	0.9925	0.9927	0.9929	0.9931	0.9932	0.9934	0.9936
2.5	0.9938	0.9940	0.9941	0.9943	0.9945	0.9946	0.9948	0.9949	0.9951	0.9952
2.6	0.9953	0.9955	0.9956	0.9957	0.9959	0.9960	0.9961	0.9962	0.9963	0.9964
2.7	0.9965	0.9966	0.9967	0.9968	0.9969	0.9970	0.9971	0.9972	0.9973	0.9974
2.8	0.9974	0.9975	0.9976	0.9977	0.9977	0.9978	0.9979	0.9979	0.9980	0.9981
2.9	0.9981	0.9982	0.9982	0.9983	0.9984	0.9984	0.9985	0.9985	0.9986	0.9986
3.0	0.9987	0.9987	0.9987	0.9988	0.9988	0.9989	0.9989	0.9989	0.9990	0.9990

附表2　χ^2 分布

例:对于自由度 $\upsilon=10$, $P\{\chi^2>15.99\}=0.10$。

υ	α						
	0.5	0.25	0.1	0.05	0.025	0.01	0.001
1	0.45	1.32	2.71	3.84	5.02	6.63	10.83
2	1.39	2.77	4.61	5.99	7.38	9.21	13.82
3	2.37	4.11	6.25	7.81	9.35	11.34	16.27
4	3.36	5.39	7.78	9.49	11.14	13.28	18.47
5	4.35	6.63	9.24	11.07	12.83	15.09	20.52
6	5.35	7.84	10.64	12.59	14.45	16.81	22.46
7	6.35	9.04	12.02	14.07	16.01	18.48	24.32
8	7.34	10.22	13.36	15.51	17.53	20.09	26.12
9	8.34	11.39	14.68	16.92	19.02	21.67	27.88
10	9.34	12.55	15.99	18.31	20.48	23.21	29.59
11	10.34	13.7	17.28	19.68	21.92	24.72	31.26
12	11.34	14.85	18.55	21.03	23.34	26.22	32.91
13	12.34	15.98	19.81	22.36	24.74	27.69	34.53
14	13.34	17.12	21.06	23.68	26.12	29.14	36.12
15	14.34	18.25	22.31	25	27.49	30.58	37.7
16	15.34	19.37	23.54	26.3	28.85	32	39.25
17	16.34	20.49	24.77	27.59	30.19	33.41	40.79
18	17.34	21.6	25.99	28.87	31.53	34.81	42.31
19	18.34	22.72	27.2	30.14	32.85	36.19	43.82
20	19.34	23.83	28.41	31.41	34.17	37.57	45.31
21	20.34	24.93	29.62	32.67	35.48	38.93	46.8
22	21.34	26.04	30.81	33.92	36.78	40.29	48.27
23	22.34	27.14	32.01	35.17	38.08	41.64	49.73
24	23.34	28.24	33.2	36.42	39.36	42.98	51.18
25	24.34	29.34	34.38	37.65	40.65	44.31	52.62
26	25.34	30.43	35.56	38.89	41.92	45.64	54.05
27	26.34	31.53	36.74	40.11	43.19	46.96	55.48
28	27.34	32.62	37.92	41.34	44.46	48.28	56.89
29	28.34	33.71	39.09	42.56	45.72	49.59	58.3
30	29.34	34.8	40.26	43.77	46.98	50.89	59.7
35	34.34	40.22	46.06	49.8	53.2	57.34	66.62
40	39.34	45.62	51.81	55.76	59.34	63.69	73.4
45	44.34	50.98	57.51	61.66	65.41	69.96	80.08
50	49.33	56.33	63.17	67.5	71.42	76.15	86.66
100	99.33	109.14	118.5	124.34	129.56	135.81	149.45

附表3 t分布

例:对于自由度 $\upsilon=10$,$P\{t>1.812\}=0.05$,$P\{t<-1.812\}=0.05$,$P\{|t|>1.812\}=0.1$前两个是单侧(右侧或左侧),第三个是双侧检验。

υ	α					
	单侧检验					
	0.1	0.05	0.025	0.01	0.005	0.0005
	双侧检验					
	0.2	0.1	0.05	0.02	0.01	0.001
1	3.078	6.314	12.706	31.821	63.657	636.619
2	1.886	2.920	4.303	6.965	9.925	31.599
3	1.638	2.353	3.182	4.541	5.841	12.924
4	1.533	2.132	2.776	3.747	4.604	8.610
5	1.476	2.015	2.571	3.365	4.032	6.869
6	1.440	1.943	2.447	3.143	3.707	5.959
7	1.415	1.895	2.365	2.998	3.499	5.408
8	1.397	1.860	2.306	2.896	3.355	5.041
9	1.383	1.833	2.262	2.821	3.250	4.781
10	1.372	1.812	2.228	2.764	3.169	4.587
11	1.363	1.796	2.201	2.718	3.106	4.437
12	1.356	1.782	2.179	2.681	3.055	4.318
13	1.350	1.771	2.160	2.650	3.012	4.221
14	1.345	1.761	2.145	2.624	2.977	4.140
15	1.341	1.753	2.131	2.602	2.947	4.073
16	1.337	1.746	2.120	2.583	2.921	4.015
17	1.333	1.740	2.110	2.567	2.898	3.965
18	1.330	1.734	2.101	2.552	2.878	3.922
19	1.328	1.729	2.093	2.539	2.861	3.883
20	1.325	1.725	2.086	2.528	2.845	3.850
21	1.323	1.721	2.080	2.518	2.831	3.819
22	1.321	1.717	2.074	2.508	2.819	3.792
23	1.319	1.714	2.069	2.500	2.807	3.768
24	1.318	1.711	2.064	2.492	2.797	3.745
25	1.316	1.708	2.060	2.485	2.787	3.725
26	1.315	1.706	2.056	2.479	2.779	3.707
27	1.314	1.703	2.052	2.473	2.771	3.690
28	1.313	1.701	2.048	2.467	2.763	3.674
29	1.311	1.699	2.045	2.462	2.756	3.659
30	1.310	1.697	2.042	2.457	2.750	3.646
40	1.303	1.684	2.021	2.423	2.704	3.551
60	1.296	1.671	2.000	2.390	2.660	3.460
80	1.292	1.664	1.990	2.374	2.639	3.416
100	1.290	1.660	1.984	2.364	2.626	3.390
120	1.289	1.658	1.980	2.358	2.617	3.373
200	1.286	1.653	1.972	2.345	2.601	3.340

附表4 F分布

例：自由度 $\nu_1=5$，$\nu_2=10$，$P\{F>3.33\}=0.05$

$\alpha=0.05$

ν_2	ν_1									
	1	2	3	4	5	6	7	8	9	10
1	161.45	199.50	215.71	224.58	230.16	233.99	236.77	238.88	240.54	241.88
2	18.51	19.00	19.16	19.25	19.30	19.33	19.35	19.37	19.38	19.40
3	10.13	9.55	9.28	9.12	9.01	8.94	8.89	8.85	8.81	8.79
4	7.71	6.94	6.59	6.39	6.26	6.16	6.09	6.04	6.00	5.96
5	6.61	5.79	5.41	5.19	5.05	4.95	4.88	4.82	4.77	4.74
6	5.99	5.14	4.76	4.53	4.39	4.28	4.21	4.15	4.10	4.06
7	5.59	4.74	4.35	4.12	3.97	3.87	3.79	3.73	3.68	3.64
8	5.32	4.46	4.07	3.84	3.69	3.58	3.50	3.44	3.39	3.35
9	5.12	4.26	3.86	3.63	3.48	3.37	3.29	3.23	3.18	3.14
10	4.96	4.10	3.71	3.48	3.33	3.22	3.14	3.07	3.02	2.98
11	4.84	3.98	3.59	3.36	3.20	3.09	3.01	2.95	2.90	2.85
12	4.75	3.89	3.49	3.26	3.11	3.00	2.91	2.85	2.80	2.75
13	4.67	3.81	3.41	3.18	3.03	2.92	2.83	2.77	2.71	2.67
14	4.60	3.74	3.34	3.11	2.96	2.85	2.76	2.70	2.65	2.60
15	4.54	3.68	3.29	3.06	2.90	2.79	2.71	2.64	2.59	2.54
16	4.49	3.63	3.24	3.01	2.85	2.74	2.66	2.59	2.54	2.49
17	4.45	3.59	3.20	2.96	2.81	2.70	2.61	2.55	2.49	2.45
18	4.41	3.55	3.16	2.93	2.77	2.66	2.58	2.51	2.46	2.41
19	4.38	3.52	3.13	2.90	2.74	2.63	2.54	2.48	2.42	2.38
20	4.35	3.49	3.10	2.87	2.71	2.60	2.51	2.45	2.39	2.35
21	4.32	3.47	3.07	2.84	2.68	2.57	2.49	2.42	2.37	2.32
22	4.30	3.44	3.05	2.82	2.66	2.55	2.46	2.40	2.34	2.30
23	4.28	3.42	3.03	2.80	2.64	2.53	2.44	2.37	2.32	2.27
24	4.26	3.40	3.01	2.78	2.62	2.51	2.42	2.36	2.30	2.25
25	4.24	3.39	2.99	2.76	2.60	2.49	2.40	2.34	2.28	2.24
30	4.17	3.32	2.92	2.69	2.53	2.42	2.33	2.27	2.21	2.16
35	4.12	3.27	2.87	2.64	2.49	2.37	2.29	2.22	2.16	2.11
40	4.08	3.23	2.84	2.61	2.45	2.34	2.25	2.18	2.12	2.08
45	4.06	3.20	2.81	2.58	2.42	2.31	2.22	2.15	2.10	2.05
50	4.03	3.18	2.79	2.56	2.40	2.29	2.20	2.13	2.07	2.03
55	4.02	3.16	2.77	2.54	2.38	2.27	2.18	2.11	2.06	2.01
60	4.00	3.15	2.76	2.53	2.37	2.25	2.17	2.10	2.04	1.99
80	3.96	3.11	2.72	2.49	2.33	2.21	2.13	2.06	2.00	1.95
100	3.94	3.09	2.70	2.46	2.31	2.19	2.10	2.03	1.97	1.93
200	3.89	3.04	2.65	2.42	2.26	2.14	2.06	1.98	1.93	1.88
400	3.86	3.02	2.63	2.39	2.24	2.12	2.03	1.96	1.90	1.85
1000	3.85	3.00	2.61	2.38	2.22	2.11	2.02	1.95	1.89	1.84

附表5 F分布

例:自由度 $\nu_1=5$, $\nu_2=10$, $P\{F>5.64\}=0.05$

$\alpha=0.01$

ν_2	ν_1									
	1	2	3	4	5	6	7	8	9	10
1	4052	4999	5403	5625	5764	5859	5928	5981	6022	6056
2	98.5	99	99.17	99.25	99.3	99.33	99.36	99.37	99.39	99.4
3	34.12	30.82	29.46	28.71	28.24	27.91	27.67	27.49	27.35	27.23
4	21.2	18	16.69	15.98	15.52	15.21	14.98	14.8	14.66	14.55
5	16.26	13.27	12.06	11.39	10.97	10.67	10.46	10.29	10.16	10.05
6	13.75	10.92	9.78	9.15	8.75	8.47	8.26	8.1	7.98	7.87
7	12.25	9.55	8.45	7.85	7.46	7.19	6.99	6.84	6.72	6.62
8	11.26	8.65	7.59	7.01	6.63	6.37	6.18	6.03	5.91	5.81
9	10.56	8.02	6.99	6.42	6.06	5.8	5.61	5.47	5.35	5.26
10	10.04	7.56	6.55	5.99	5.64	5.39	5.2	5.06	4.94	4.85
11	9.65	7.21	6.22	5.67	5.32	5.07	4.89	4.74	4.63	4.54
12	9.33	6.93	5.95	5.41	5.06	4.82	4.64	4.5	4.39	4.3
13	9.07	6.7	5.74	5.21	4.86	4.62	4.44	4.3	4.19	4.1
14	8.86	6.51	5.56	5.04	4.69	4.46	4.28	4.14	4.03	3.94
15	8.68	6.36	5.42	4.89	4.56	4.32	4.14	4	3.89	3.8
16	8.53	6.23	5.29	4.77	4.44	4.2	4.03	3.89	3.78	3.69
17	8.4	6.11	5.18	4.67	4.34	4.1	3.93	3.79	3.68	3.59
18	8.29	6.01	5.09	4.58	4.25	4.01	3.84	3.71	3.6	3.51
19	8.18	5.93	5.01	4.5	4.17	3.94	3.77	3.63	3.52	3.43
20	8.1	5.85	4.94	4.43	4.1	3.87	3.7	3.56	3.46	3.37
21	8.02	5.78	4.87	4.37	4.04	3.81	3.64	3.51	3.4	3.31
22	7.95	5.72	4.82	4.31	3.99	3.76	3.59	3.45	3.35	3.26
23	7.88	5.66	4.76	4.26	3.94	3.71	3.54	3.41	3.3	3.21
24	7.82	5.61	4.72	4.22	3.9	3.67	3.5	3.36	3.26	3.17
25	7.77	5.57	4.68	4.18	3.85	3.63	3.46	3.32	3.22	3.13
30	7.56	5.39	4.51	4.02	3.7	3.47	3.3	3.17	3.07	2.98
35	7.42	5.27	4.4	3.91	3.59	3.37	3.2	3.07	2.96	2.88
40	7.31	5.18	4.31	3.83	3.51	3.29	3.12	2.99	2.89	2.8
45	7.23	5.11	4.25	3.77	3.45	3.23	3.07	2.94	2.83	2.74
50	7.17	5.06	4.2	3.72	3.41	3.19	3.02	2.89	2.78	2.7
55	7.12	5.01	4.16	3.68	3.37	3.15	2.98	2.85	2.75	2.66
60	7.08	4.98	4.13	3.65	3.34	3.12	2.95	2.82	2.72	2.63
65	7.04	4.95	4.1	3.62	3.31	3.09	2.93	2.8	2.69	2.61
80	6.96	4.88	4.04	3.56	3.26	3.04	2.87	2.74	2.64	2.55
100	6.9	4.82	3.98	3.51	3.21	2.99	2.82	2.69	2.59	2.5
200	6.76	4.71	3.88	3.41	3.11	2.89	2.73	2.6	2.5	2.41
400	6.7	4.66	3.83	3.37	3.06	2.85	2.68	2.56	2.45	2.37
1000	6.66	4.63	3.8	3.34	3.04	2.82	2.66	2.53	2.43	2.34

附表6 D.W.检验上下界

α = 0.05 的上下界

n	k = 2		k = 3		k = 4		k = 5		k = 6	
	d_L	d_U	d_L	d_U	d_L	d_U	d_L	d_U	d_L	d_U
15	1.08	1.36	0.95	1.54	0.82	1.75	0.69	1.97	0.56	2.21
16	1.10	1.37	0.98	1.54	0.86	1.73	0.74	1.93	0.62	2.15
17	1.13	1.38	1.02	1.54	0.90	1.71	0.78	1.90	0.67	2.10
18	1.16	1.39	1.05	1.53	0.93	1.69	0.82	1.87	0.71	2.06
19	1.18	1.40	1.08	1.53	0.97	1.68	0.86	1.85	0.75	2.02
20	1.20	1.41	1.10	1.54	1.00	1.68	0.90	1.83	0.79	1.99
21	1.22	1.42	1.13	1.54	1.03	1.67	0.93	1.81	0.83	1.96
22	1.24	1.43	1.15	1.54	1.05	1.66	0.96	1.80	0.86	1.94
23	1.26	1.44	1.17	1.54	1.08	1.66	0.99	1.79	0.90	1.92
24	1.27	1.45	1.19	1.55	1.10	1.66	1.01	1.78	0.93	1.90
25	1.29	1.45	1.21	1.55	1.12	1.66	1.04	1.77	0.95	1.89
26	1.30	1.46	1.22	1.55	1.14	1.65	1.06	1.76	0.98	1.88
27	1.32	1.47	1.24	1.56	1.16	1.65	1.08	1.76	1.01	1.86
28	1.33	1.48	1.26	1.56	1.18	1.65	1.10	1.75	1.03	1.85
29	1.34	1.48	1.27	1.56	1.20	1.65	1.12	1.74	1.05	1.84
30	1.35	1.49	1.28	1.57	1.21	1.65	1.14	1.74	1.07	1.83
31	1.36	1.50	1.30	1.57	1.23	1.65	1.16	1.74	1.09	1.83
32	1.37	1.50	1.31	1.57	1.24	1.65	1.18	1.73	1.11	1.82
33	1.38	1.51	1.32	1.58	1.26	1.65	1.19	1.73	1.13	1.81
34	1.39	1.51	1.33	1.58	1.27	1.65	1.21	1.73	1.15	1.81
35	1.40	1.52	1.34	1.58	1.28	1.65	1.22	1.73	1.16	1.80
36	1.41	1.52	1.35	1.59	1.29	1.65	1.24	1.73	1.18	1.80
37	1.42	1.53	1.36	1.59	1.31	1.66	1.25	1.72	1.19	1.80
38	1.43	1.54	1.37	1.59	1.32	1.66	1.26	1.72	1.21	1.79
39	1.43	1.54	1.38	1.60	1.33	1.66	1.27	1.72	1.22	1.79
40	1.44	1.54	1.39	1.60	1.34	1.66	1.29	1.72	1.23	1.79
45	1.48	1.57	1.43	1.62	1.38	1.67	1.34	1.72	1.29	1.78
50	1.50	1.59	1.46	1.63	1.42	1.67	1.38	1.72	1.34	1.77
55	1.53	1.60	1.49	1.64	1.45	1.68	1.41	1.72	1.38	1.77
60	1.55	1.62	1.51	1.65	1.48	1.69	1.44	1.73	1.41	1.77
65	1.57	1.63	1.54	1.66	1.50	1.70	1.47	1.73	1.44	1.77
70	1.58	1.64	1.55	1.67	1.52	1.70	1.49	1.74	1.46	1.77
75	1.60	1.65	1.57	1.68	1.54	1.71	1.51	1.74	1.49	1.77
80	1.61	1.66	1.59	1.69	1.56	1.72	1.53	1.74	1.51	1.77
85	1.62	1.67	1.60	1.70	1.57	1.72	1.55	1.75	1.52	1.77
90	1.63	1.68	1.61	1.70	1.59	1.73	1.57	1.75	1.54	1.78
95	1.64	1.69	1.62	1.71	1.60	1.73	1.58	1.75	1.56	1.78
100	1.65	1.69	1.63	1.72	1.61	1.74	1.59	1.76	1.57	1.78

附录二 调查问卷示例

温泉旅游目的地竞争力调查问卷

1. 温泉使用目的是？
   a. 生意往来 b. 聚会 c. 观光休闲 d. 使用会议场所
   e. 增进健康 f. 疗养
2. 最近一年到访温泉旅游目的地的次数？
   a. 1 次 b. 2 ~ 5 次 c. 6 ~ 9 次 d. 10 次以上
3. 您到访温泉旅游目的地时的伙伴是？
   a. 家人亲戚 b. 朋友 c. 团队
4. 您在温泉旅游目的地停留时间是？
   a. 当日 b. 1 晚 2 天 c. 3 晚 4 天 d. 其他
5. 住宿时主要使用以下哪个设施？
   a. 星级酒店 b. 快捷型旅馆 c. 休闲度假村 d. 亲友家
   e. 其他
6. 餐饮如何解决？
   a. 住宿设施内的餐厅 b. 一般餐厅 c. 自己做 d. 盒饭
   e. 其他
7. 在温泉旅游中个人支出的费用总共是（　　　　）元。
8. 温泉目的地的信息情况是如何获得的？
   a. 电视广播 b. 杂志宣传册 c. 报纸 d. 互联网
   e. 旅行社 f. 亲友推荐 g. 其他
9. 您的性别？
   a. 男 b. 女
10. 您的年龄是？
    a. 20 岁以下 b. 21 ~ 30 岁 c. 31 ~ 40 岁 d. 41 ~ 50 岁
    e. 51 岁以上
11. 您的职业（所属行业）是？
    a. 销售管理 b. 旅游服务业 c. 公务员 d. 学生
    e. 专业技术型 f. 私营企业 g. 教育业 h. 其他
12. 您的居住地在（　　　　）省（直辖市/自治区）（　　　　）市。

13. 下列温泉旅游问题中,请根据您认为的重要性标出来。

问题序号	问项	完全不重要	不重要	一般	重要	非常重要
ST01	设施使用的便利性					
ST02	交通的便利性					
ST03	设施之间空间的便利性					
ST04	温泉旅游目的地的信息					
ST05	旅游资源信息					
ST06	住宿设施的便利性					
ST07	住宿设施的多样性					
ST08	住宿设施的价格体系					
ST09	温泉使用价格					
ST10	温泉设施的多样性					
ST11	餐饮设施的卫生程度					
ST12	疗养娱乐设施的魅力性					
ST13	温泉疗养对皮肤病有疗效					
ST14	温泉疗养对肝病有疗效					
ST15	温泉疗养对关节炎有疗效					
ST16	温泉疗养对心脏病、胃病有疗效					
ST17	幸福感					
ST18	愉快感					
ST19	兴奋感					
ST20	增进家人之间的关系					
ST21	所属集团间的社会关系					
ST22	维持人际关系					
ST23	温泉旅游社会视角					
ST24	康养的社会认识					
ST25	体验民间治疗偏方					
ST26	缓解身体上的紧张					
ST27	体验温泉治疗秘方					
ST28	体验温泉水温治疗					
ST29	心理上的再充电					

14. 您认为该旅温泉旅游地与其他温泉旅游目的地相比,是否具有竞争力?

a. 没有竞争力　　　b. 一般　　　c. 有竞争力

15. 您认为该旅温泉旅游地与其他温泉旅游目的地相比,是否具有魅力性?

a. 没有魅力性　　　b. 一般　　　c. 有魅力性

16. 您认为将该旅温泉旅游地与其他温泉旅游目的地相比,是否对该旅游目的地有浓厚的家乡情?

a. 没有　　　b. 一般　　　c. 有

非常感谢您的耐心回答!

参考书目

BACHARACH S B,1989. Organizational Theories:Some Criteria for Evaluation[J]. Academy of Management Review,14 (4):496-515.

BAUMARD P,2001. What Approach with Which Data[M]. London:Sage Publications.

CAREY A,1967. The Hawthorne Studies:A Radical Criticism[J]. American Sociological Review,32(3):403-416.

COMTE A,1988. Ferré F. Introduction to Positive Philosophy[M]. Indianapolis:Hacke Publishing Company,Inc.

COOK T D,et al,1979. Quasi-Experimentation:Design and Analysis Issues for Field Settings[M]. Boston:Houghton Mifflin Company.

DAVIS J H,et al,1989. Some Social Mechanics of Group Decision Making:The Distribution of Opinion,Polling Sequence,and Implications for Consensus [J]. Journal of Personality & Social Psychology,57 (57):1000-1012.

DAVIS J H,et al,1993. Quantitative Decisions by Groups and Individuals:Voting Procedures and Monetary Awards by Mock Civil Juries [J]. Journal of Experimental Social Psychology,29 (4):326 -346.

MERTON R K,1968. Social Theory and Social Structure [M]. New York:Free Press,a Division of Macmillan Pub.

Neuman,2000. Social research methods:Qualitative and quantitative approaches[M]. MA:Allyn & Bacon.

艾尔·巴比,2020. 社会研究方法[M]. 邱泽奇,译. 北京:清华大学出版社.

爱因斯坦,等,1999. 物理学的进化[M]. 周肇威,译. 长沙:湖南教育出版社.

白子怡,等,2019. 基于 GIS 的旅游景区空间分布特征及影响因素定量分析:以云南省 A 级旅游景区为例[J]. 云南大学学报(自然科学版),41(5):982-991.

保罗,等,2005. 实用研究方法论:计划与设计[M]. 7 版. 顾宝炎,牛冬梅,陈国沪,等译. 北京:清华大学出版社.

贝利,1986. 现代社会研究方法[M]. 许真,译. 上海:上海人民出版社.

伯克·约翰逊,等,2015. 教育研究定量、定性和混合方法[M]. 4 版. 马健生,等译. 重庆:重庆大学出版社.

查尔默斯,2007. 科学究竟是什么[M]. 3 版. 鲁旭东,译. 北京:商务印书馆.

陈明芳,2008. 学位论文文献综述的语类结构与视角[J]. 外语与外语教学(12):12-16.

陈楠,2018. 基于游客逆向行为的旅游服务从业人员工作压力研究:以情绪劳动为中介变量[J]. 哈尔滨商业大学学报(社会科学版)(2):117-128.

陈楠,2022. 旅游统计学实务与 SPSS 应用[M]. 2 版. 北京:中国社会科学出版社.

陈楠,等,2009. 基于无助理论的残疾人旅游障碍与旅游参与意图关系研究:结构方程式模型的应用[J]. 旅游学刊,24(9):47-52.

陈向明,2000. 质的研究方法与社会科学研究[M]. 北京:教育科学出版社.

陈晓萍,等,2012. 组织与管理研究的实证方法[M]. 2 版. 北京:北京大学出版社.

仇立平,2015. 社会研究方法[M]. 重庆:重庆大学出版社.

丁斌,2015. 专业学位硕士论文写作指南[M]. 2 版. 北京:机械工业出版社.

范明林,等,2018. 质性研究方法[M]. 上海:格致出版社.

风笑天,2002. 社会调查中的问卷设计[M]. 天津:天津人民出版社.

风笑天,2009. 社会学研究方法[M]. 3 版. 北京:中国人民大学出版社.

盖尔·詹宁斯,2007. 旅游研究方法[M]. 谢彦君,陈丽,译. 北京:旅游教育出版社.

贾俊平,等,2007. 统计学[M]. 3 版. 北京:中国人民大学出版社.

卡麦兹,2009. 建构扎根理论:质性研究实践指南[M]. 边国英,译. 重庆:重庆大学出版社.

康国华,等,2018. 旅游产业发展与区域经济增长的动态关系的定量分析:以河南省为例[J]. 河南大学学报(自然科学版),48(3):282-291.

李冬,2019. 全域旅游产业统计分类与指标体系构建[J]. 统计与决策,35(14):32-36.

李怀祖,2017. 管理研究方法论[M]. 3 版. 西安:西安交通大学出版社.

李润洲,2012. 研究问题的遮蔽与彰显:对教育硕士生撰写学位论文的思考[J]. 学位与研究生教育(11):31-34.

李枭鹰,2011. 文献综述:学术创新的基石[J]. 学位与研究生教育(9):38-41.

林聚任,等,2004. 社会科学研究方法[M]. 济南:山东人民出版社.

刘冰洁,等,2021. 互联网旅游统计体系初探[J]. 统计与决策,37(13):50-54.

刘亚男,等,2023. 我国旅游业高质量发展研究综述[J]. 西南师范大学学报(自然科学版),48(4):109-116.

马天,2019. 旅游体验测量方法:重要回顾与展望[J]. 旅游科学,33(3):37-49.

梅瑞迪斯·高尔,等,2016. 教育研究方法[M]. 6 版. 徐文彬,侯定凯,范皑皑,等译. 北京:北京大学出版社.

纽曼,2006. 社会研究方法:定性和定量的取向[M]. 5 版. 郝大海,译. 北京:中国人民大学出版社.

齐斯克,1985. 政治学研究方法举隅[M]. 沈明明,贺和风,杨明,译. 北京:中国社会科学出版社.

邱皓政,2009. 量化研究与统计分析:SPSS 中文视窗版数据分析范例解析[M]. 重庆:重庆大学出版社.

孙定钊,2019. 从数学角度分析旅游中的定量研究[J]. 度假旅游(3):45.

王琪,2010.撰写文献综述的意义、步骤与常见问题[J].学位与研究生教育(11):49-52.

王秀玲,2018.大数据在旅游统计中的应用研究[J].产业与科技论坛,17(23):47-48.

韦伯,2005.社会学的基本概念[M].顾忠华,译.桂林:广西师范大学出版社.

文军,2006.西方社会学理论:经典传统与当代转向[M].上海:上海人民出版社,2006.

文军,等,2010.质性研究概论[M].北京:北京大学出版社.

谢彦君,2018.旅游研究方法[M].北京:中国旅游出版社.

谢彦君,2018.旅游研究方法[M].北京:中国旅游出版社.

谢宇,2012.社会学方法与定量研究[M].2版.北京:社会科学文献出版社.

许春晓,等,2018.旅游研究方法[M].武汉:华中科技大学出版社.

杨杜,2013.管理学研究方法[M].2版.大连:东北财经大学出版社.

杨学儒,等,2019.管理学研究方法与论文写作[M].北京:机械工业出版社.

杨振之,等,2023.旅游研究:哲学与范式[J].旅游学刊,38(3):125-135.

袁方,1997.社会研究方法教程[M].北京:北京大学出版社.

袁国宏,等,2023.结构方程模型之旅游研究述评[J].西部旅游(3):84-86.

张康之,2023.论科学研究中的想象以及相似性思维[J].河南师范大学学报(哲学社会科学版),50(3):31-40.

赵卫宏,2017.管理学研究方法论[M].北京:经济管理出版社.

庄虔友,2012.略论社会科学研究中的研究设计[J].社会科学管理与评论(1):11-17,111.